中华全国律师协会知识产权专业委员会 / 编

中国知识产权律师年度报告

—— 2021 ——

Annual Report 2021:
Chinese Lawyers on Intellectual
Property Practices

中国法制出版社
CHINA LEGAL PUBLISHING HOUSE

序

PREFACE

创新是引领发展的第一动力，保护知识产权就是保护创新。近年来，我国以前所未有的力度加强知识产权保护，带动创新活力全面提升，知识产权创造、保护、运用等“全链条”跃升，我国正在从知识产权引进大国向知识产权创造大国转变。

在中央政治局第二十五次集体学习时，习近平总书记从国家战略高度和进入新发展阶段要求出发，再次对知识产权保护工作提出重要要求。习近平总书记在主持学习时强调，知识产权保护工作关系国家治理体系和治理能力现代化，关系高质量发展，关系人民生活幸福，关系国家对外开放大局，关系国家安全。全面建设社会主义现代化国家，必须从国家战略高度和进入新发展阶段要求出发，全面加强知识产权保护工作，促进建设现代化经济体系，激发全社会创新活力，推动构建新发展格局。

为深入贯彻落实习近平总书记和中央关于知识产权工作的重要指示和安排部署，中华全国律师协会知识产权专业委员会（以下简称知产委）在司法部、中华全国律师协会指导下积极开展各项工作，在过去的一年里，知产委继续与最高人民法院、最高人民检察院等加强沟通，开展座谈会议，就知识产权保护工作进行交流，知产委委员从知识产权律师的视角出发，结合自身业务经历，就知识产权保护工作提出问题，分享经验，以期切实开展各项工作，助力知识产权保护。

推动我国知识产权保护工作的全面发展和进步，是知识产权律师的重要职责。知识产权律师是知识产权保护队伍的中坚力量，知识产权律师应当积极主动并深入参与到知识产权保护的全过程。

本书与《中国知识产权律师年度报告2020》结构上大体一致，在此基础上进一步完善，汇总一年来知识产权领域的最新发展，反映知识产权律师的思考与探索，帮助了解知识产权保护领域的最新情况，助推国家知识产权事业的发展。

编委会

2021年4月26日于北京

目 录

CONTENTS

第1章 著作权

第2章 商 标

第3章　反不正当竞争

第4章　地理标志

第5章　专　利

第6章　商业秘密

第7章　植物新品种

第8章　商用化

CHAPTER 1

第 1 章

著作权

新法观察[①]

一、《著作权法》

立法/修订主要内容：

1. 增加惩罚性赔偿制度，法定赔偿上限提高到500万元，明确法定赔偿数额下限为500元

2. 规定视听作品，将类电作品改为视听作品

3. 对广播权进行合理扩张

4. 修改作品定义，作品客体类型开放

5. 合作作品的著作权归属明确

6. 规定演员职务表演权利归属

7. 明确著作权集体管理组织是非营利法人，规范管理，信息公开

律师评析：“法律不是嘲笑的对象，而是法学研究的对象；法律不应受裁判，而应是裁判的准则。”法律的修改并非追求所有人的满意，追求所有人的满意事实上也做不到。法律仅仅是平衡各方利益，著作权法在这一点上表现得尤为突出，著作权案件背后反映的其实是利益之争，是产业之争。当下著作权法修改十年磨一剑，这把剑已经成品，如何解释条文是所有著作权应用者的首要学习任务，在解释中应用，在应用中完善。相信随着知识产权

① 李静传，泰和泰（北京）律师事务所；张荣康，泰和泰（北京）律师事务所；廖获，上海融力天闻律师事务所。

共同体的不懈努力，对著作权法核心概念、核心法条、核心条款会有逐步共识的理解，在解释中推进著作权法理论和实践水平的提升。

二、《关于加强著作权和与著作权有关的权利保护的意见》

立法/修订主要内容：2020年11月16日，最高人民法院印发《关于加强著作权和与著作权有关的权利保护的意见》（以下简称《意见》）。《意见》的出台，旨在通过明确法律适用规则，倡导诚信诉讼，遏制著作权侵权行为。《意见》要求，通过提升知识产权审判质效，切实加强文学、艺术和科学领域的著作权保护，充分发挥著作权审判对文化建设的规范、引导、促进和保障作用，激发全民族文化创新创造活力，推进社会主义精神文明建设，繁荣发展文化事业和文化产业，提升国家文化软实力和国际竞争力，服务经济社会高质量发展。

《意见》强调，要依法加强创作者权益保护，统筹兼顾传播者和社会公众利益，坚持创新在我国现代化建设全局中的核心地位。依法处理好鼓励新兴产业发展与保障权利人合法权益的关系，协调好激励创作和保障人民文化权益之间的关系，发挥好权利受让人和被许可人在促进作品传播方面的重要作用，依法保护著作权和与著作权有关的权利，促进智力成果的创作和传播，发展繁荣社会主义文化和科学事业。

《意见》指出，要推进案件繁简分流试点工作，着力缩短涉及著作权领域类型化案件审理周期。完善知识产权诉讼证据规则，允许当事人通过区块链等方式保存、固定和提交证据，有效解决知识产权权利人举证难问题。依法支持当事人的行为保全、证据保全、财产保全请求，综合运用多种民事责任方式，使权利人在民事案件中得到更加全面充分的救济。

此外，《意见》还对全面适用署名推定规则、妥善审理新类型案件、销毁侵权复制品及材料和工具、充分弥补权利人损失、准确认定侵权故意以及引导当事人诚信诉讼等问题作出了具体规定。

律师评析：著作权是重要的知识产权类型，加强著作权保护对提升国家文化软实力、建设社会主义文化强国具有重要作用。而在法院的审判实践中，近年来著作权纠纷的数量大、增长速度快、典型争议性的新问题多，出台《意见》正是为了回应技术发展对著作权保护实践的需求，对于审判实践中相关问题的处理具有较为显著的指导意义，也为律师开展相关业务提供了指引。

三、《最高人民法院关于修改〈最高人民法院关于审理侵犯专利权纠纷案件应用法律若干问题的解释（二）〉等十八件知识产权类司法解释的决定》

立法/修订主要内容：《最高人民法院关于修改〈最高人民法院关于审理侵犯专利权纠纷案件应用法律若干问题的解释（二）〉等十八件知识产权类司法解释的决定》已于2020年12月23日通过，自2021年1月1日起施行。作为衔接《民法典》生效实施的配套动作，最高人民法院对现有的知识产权司法解释进行了全面清理和修订，其中涉及若干著作权相关的司法解释，特别是对《最高人民法院关于审理著作权民事纠纷案件适用法律若干问题的解释》《最高人民法院关于审理侵害信息网络传播权民事纠纷案件适用法律若干问题的规定》进行了相应修改，以适用新的司法实践的需要。

律师评析：相较于专利、商标等其他知产领域，著作权领域的司法解释工作一直相对“滞后”，如《最高人民法院关于审理著作权民事纠纷案件适用法律若干问题的解释》制定于2002年，《最高人民法院关于审理侵害信息网络传播权民事纠纷案件适用法律若干问题的规定》制定于2012年，较之同一时期的专利、商标领域重磅司法解释频出的情况，显得并不协调。实际上著作权法领域是新型案件频出、审判实践变化最快的领域之一，司法解释工作的滞后使当事人和律师无所是从，相关案件的审判一致性也容易出现问题。此次司法解释修订工作一方面系《民法典》生效的配套动作，另一方面也体现了与最新修订的《著作权法》内容相协调，对相关领域的指导意义不言自明。

四、《最高人民法院关于依法加大知识产权侵权行为惩治力度的意见》

立法/修订主要内容：为公正审理案件，依法加大对知识产权侵权行为的惩治力度，有效阻遏侵权行为，营造良好的法治化营商环境，结合知识产权审判实际，提出以下意见要点：

1.加强适用保全措施，特别是对行为保全、证据保全等措施的及时审查与灵活适用。

2.加强停止侵权的先行判决及责令销毁制造假冒、盗版商品的材料和工具等的适用。

3.依法加大赔偿力度，积极运用各类权威平台、专业技术手段获取的数据作为依据，依法支持惩罚性赔偿主张，充分弥补权利人损失。

4.加大刑事打击力度，对网络事实侵犯知识产权犯罪的证据进行综合认定，对特定期间及累犯行为从重处罚，并严格追缴违法所得、加强罚金刑的适用。

律师评析：长期以来知识产权类案件判赔额偏低一直为人诟病，特别是著作权类案件，相较于商标、专利领域动辄千万乃至过亿的高额赔偿，相去甚远。司法判赔额在某种意义上已经影响了著作权作为知识产权的价值，直接影响了创作者的积极性和著作权的市场定价。此次出台的意见加大对包括著作权在内的知识产权侵权的惩治力度，并强调对于行为保全、先行判决等措施的适当运用，同时着重强调对于赔偿力度的提高，与《民法典》及新修订的《著作权法》惩罚性赔偿的规定先衔接，并对刑事案件的相关认定进行指导，对于震慑潜在侵权主体、维护权利人合法利益、增强市场活力和创作积极性，均具备较为重要的正面意义。

五、《刑法修正案（十一）》

立法/修订主要内容：将《刑法》第217条修改为："以营利为目的，有下列侵犯著作权或者与著作权有关的权利的情形之一，违法所得数额较大或者有其他严重情节的，处三年以下有期徒刑，并处或者单处罚金；违法所得数额巨大或者有其他特别严重情节的，处三年以上十年以下有期徒刑，并处罚金：

（一）未经著作权人许可，复制发行、通过信息网络向公众传播其文字作品、音乐、美术、视听作品、计算机软件及法律、行政法规规定的其他作品的；

（二）出版他人享有专有出版权的图书的；

（三）未经录音录像制作者许可，复制发行、通过信息网络向公众传播其制作的录音录像的；

（四）未经表演者许可，复制发行录有其表演的录音录像制品，或者通过信息网络向公众传播其表演的；

（五）制作、出售假冒他人署名的美术作品的；

（六）未经著作权人或者与著作权有关的权利人许可，故意避开或者破坏权利人为其作品、录音录像制品等采取的保护著作权或者与著作权有关的权利的技术措施的。"

律师评析：《刑法修正案（十一）》对侵犯著作权罪条款进行了修订，一方面将原罪名限定的"著作权"扩展至"著作权相关权利"，将保护范围扩展至侵犯表演权和破坏技术措施的行为，填补了以往法条规定的空白；另一方面提供了刑罚标准，违法所得数额巨大或者有其他特别严重情节的，处三年以上十年以下有期徒刑，相较以往的七年封顶有显著提高。从法条结构来看，一改原先作品、制品混杂规定的方式，对作品和制品进行了分别论述，并将信息网络传播与复制发行分离，立法层次更为科学。综上，《刑法修正案（十一）》对侵犯著作权罪条款的修订顺应了著作权保护的实践需要，不论从立法技术还是规制效果而言，均有显著进步。

六、《最高人民法院、最高人民检察院关于办理侵犯知识产权刑事案件具体应用法律若干问题的解释（三）》

立法/修订主要内容：第2条在《刑法》第217条规定的作品、录音制品上以通常方式署名的自然人、法人或者非法人组织，应当推定为著作权人或者录音制作者，且该作品、录音制品上存在着相应权利，但有相反证明的除外。

在涉案作品、录音制品种类众多且权利人分散的案件中，有证据证明涉案复制品系非法出版、复制发行，且出版者、复制发行者不能提供获得著作权人、录音制作者许可的相关证据材料的，可以认定为《刑法》第217条规定的“未经著作权人许可”“未经录音制作者许可”。但是，有证据证明权利人放弃权利、涉案作品的著作权或者录音制品的有关权利不受我国著作权法保护、权利保护期限已经届满的除外。

第7条除特殊情况外，假冒注册商标的商品、非法制造的注册商标标识、侵犯著作权的复制品、主要用于制造假冒注册商标的商品、注册商标标识或者侵权复制品的材料和工具，应当依法予以没收和销毁。

上述物品需要作为民事、行政案件的证据使用的，经权利人申请，可以在民事、行政案件终结后或者采取取样、拍照等方式对证据固定后予以销毁。

第10条对于侵犯知识产权犯罪的，应当综合考虑犯罪违法所得数额、非法经营数额、给权利人造成的损失数额、侵权假冒物品数量及社会危害性等情节，依法判处罚金。

罚金数额一般在违法所得数额的一倍以上五倍以下确定。违法所得数额无法查清的，罚金数额一般按照非法经营数额的百分之五十以上一倍以下确定。违法所得数额和非法经营数额均无法查清，判处三年以下有期徒刑、拘役、管制或者单处罚金的，一般在三万元以上一百万元以下确定罚金数额；判处三年以上有期徒刑的，一般在十五万元以上五百万元以下确定罚金数额。

律师评析：近年来，侵犯著作权相关的大案、要案频发，如涉案金额高达3.3亿元的仿冒乐高案、著名作家郑渊洁举报的淮安“2·22”特大侵犯著作权案等，此类案件体现出团伙化、专业化的作案特点，往往涉案人数众多、涉案金额极高、对权利人的损害极大，社会影响极为恶劣。为规制类案的发生，《最高人民法院、最高人民检察院关于办理侵犯知识产权刑事案件具体应用法律若干问题的解释（三）》应运而生，该解释中对作者身份和获取许可的推定规则、侵犯著作权的复制品、材料及工具的销毁、罚金金额认定等均进行了详细阐述，为有关部门办理侵犯著作权案件提供了切实可行的指导，也为杜绝侵权者再犯、提高震慑力度等提供了相关依据，有力回应了《民法典》生效和《著作权法》修订的相关精神，进一步增强了权利人维权的可预期性，起到了较好的司法和社会效果。

典型案例

一、上海翡翠东方传播有限公司广州分公司与北京百度网讯科技有限公司侵害作品信息网络传播权纠纷案①②

案情聚焦

原告认为被告百度公司在其服务器中存储侵权影音文件，使用户得以凭借百度网盘实现秒传、离线下载、分享、在线播放对应作品，侵害了原告翡翠广州分公司的作品信息网络传播权，并通过MD5值定位侵权作品的方式发函通知。原审法院认为，百度网盘确实具备离线下载、秒传、分享、在线播放等功能，但原告发出的告知函中所提供的文件哈希值数据和作品名称，无法指向现存于百度网盘中涉及侵权的涉案影视作品的上传者，且该上传者是否对涉案影视作品享有相关权利的情况也不可知，在具体侵权人不明、具体侵权网络地址不明的情况下，不能构成有效通知，所以百度不侵权。

二审法院认为，网络地址指向的是可以定位文件的地址，于网页就是网址，于网盘文件就是文件于网盘服务器中的文件值。在通过百度网盘进

① 廖荻，上海融力天闻律师事务所。

② 一审案号：广东省广州市天河区人民法院(2017)粤0106民初25288号；二审案号：广州知识产权法院(2019)粤73民终3881号。

行在线播放时，百度网盘源代码显示的文件路径中调取的文件ID标识就是标准的MD5值。原告要求百度删除侵权文件，提供的侵权文件名和网络地址（即侵权文件的调取ID，标准的MD5值），属于有效通知。另外，法院认为用户通过上传或秒传方式获得涉案影视作品链接，百度公司为其提供在线播放服务并不侵权，但用户通过离线下载或分享方式获得链接，百度公司构成侵权。

律师评析

本案是国内首个判决网盘“彻底删除文件”的维权案件。通过司法判决明晰了网盘运营边界线，对以百度网盘为代表的网盘运营商未来的运营模式产生了实质性影响。判决可谓对网盘平台意义空前，未来将会对百度云所代表网盘运营模式产生改变。这意味着“分享”等功能导致网盘不再是单纯的信息存储空间服务商，此技术极易生成大量侵权链接导致盗版泛滥传播，因此，网盘不能再简单地适用“避风港”原则进行免责，而应该具有更高的审核义务。并且，网盘此后不能利用“通知删除”只删除具体的链接，而需要从根本上定位到服务器上的资源文件进行删除，而依照侵权链接的不同来进行通知并非必须、必要。该案对网盘类服务商的经营模式会产生实质性影响，为互联网行业内同类产品和服务的合规及维权提供了重要的参考标准。

二、央视国际网络有限公司诉上海聚力传媒技术有限公司2016欧洲杯盗播侵权案①②

案情聚焦

关于涉案赛事是否构成作品，法院认为涉案足球赛事节目通过多机位的

① 廖荻，上海融力天闻律师事务所。

② 一审案号：上海市浦东区人民法院（2017）沪0115民初88829号。

设置、镜头的切换、慢动作的回放、精彩镜头的捕捉、故事的塑造，并加以导播创造性的劳动，充分体现了创作者在其意志支配下的对连续画面的选择、编辑、处理，可以将其认定为《著作权法》意义上的类电影作品，认可了体育赛事节目的独创性能够达到类电影作品的要求。同时，浦东区人民法院进一步论述了关于在处理独创性有无与独创性高低的关系上应坚持的规则：一是给予作品著作权保护的基本标准原则上是统一的，只要体现作者的个性就满足独创性的最低要求；二是作品独创性的高度关系作品的保护强度，而非给予作品著作权保护的条件。涉案足球赛事节目是否构成作品的独创性判断仍应以最低限度的独创性为标准。这两点原则是对目前是否构成作品且能够得到著作权法保护的新的突破。

关于赔偿方面，法院综合考虑欧锦赛足球赛事的商业价值、收视率、被告侵权故意、原告已发布的版权声明、正版许可费等因素。最终确定每场比赛100万元的赔偿额。

律师评析

法院认定涉案足球赛事节目通过多机位的设置、镜头的切换、慢动作的回放、精彩镜头的捕捉、故事的塑造，并加以导播创造性的劳动，充分体现了创作者在其意志支配下的对连续画面的选择、编辑、处理，根据层进式判断方法，构成《著作权法》意义上的类电影作品。

该案率先认定了体育赛事节目构成类电影作品，并且在侵权赔偿数额上给予了合理的判赔，充分保护了体育赛事的知识产权。该判决引起了社会广泛关注，对体育赛事构成作品的认定也将对整个体育行业、传媒行业的发展趋势产生实质性的影响。同时，该案促进了体育传媒产业的良性竞争，对规范传播秩序、净化传播空间起到了正面影响，是响应国家知识产权战略布局和促进法治建设总体发展里程碑式的案例。本案的赔偿数额也充分地保障了重大体育赛事权利人的知识产权，也是将来大型体育赛事判赔的重要参考。

三、上海市闵行区人民检察院对D站侵犯著作权提起公诉[①]

案情聚焦

2015年6月至2019年初，被告人温某某以福州市嘀哩科技有限公司名义经营www.dilidili.com等网站。其间，被告人温某某雇用被告人郑某某、被告人林某先后担任公司在线部主管，负责网站影视作品的播放、下载等技术管理；雇用被告人黄某担任商务部主管，负责网站广告招商等。被告人温某某等人在经营该网站期间，未经著作权人许可，通过网站向公众传播上海童园文化传媒有限公司、北京爱奇艺科技有限公司、深圳市腾讯计算机系统有限公司、上海新创华文化发展有限公司等权利单位享有许可使用权的作品共计6000余集，并通过网站发布广告牟利。2020年6月4日、5日，公安机关先后将被告人温某某、郑某某、林某、黄某抓获，4人到案后对主要犯罪事实均供认不讳。2020年10月10日，公诉机关以侵犯著作权罪对4名被告人提起公诉。

上海市徐汇区人民法院经审理后认为，被告人温某某、郑某某、林某、黄某结伙，以营利为目的，未经著作权人许可，通过信息网络复制发行他人的影视作品，传播他人作品的数量远超二千五百部以上，属于有其他特别严重情节，其行为均已触犯我国刑法相关规定，犯罪事实清楚，证据确实、充分，应当以侵犯著作权罪追究其刑事责任，属共同犯罪，其中被告人温某某在共同犯罪中起主要作用，系主犯。被告人郑某某、林某、黄某在共同犯罪中起次要、辅助作用，系从犯，应当从轻、减轻处罚。

法庭当庭作出宣判：被告人温某某犯侵犯著作权罪，判处有期徒刑三年三个月，并处罚金人民币一百万元，禁止被告人温某某至刑罚执行完毕之日或者假释之日起三年内从事互联网视频网站职业。被告人郑某某犯侵犯著作权罪，判处有期徒刑二年，缓刑二年，并处罚金人民币十万元。被告人林某犯侵犯著作权罪，判处有期徒刑二年，缓刑二年，并处罚金人民币十万元。被告人黄某犯侵犯著作权罪，判处有期徒刑二年，缓刑二年，并处罚金人民币五万元。禁止被告人郑某某、林某、黄某在缓刑考验期限内从事互联网视

① 张一超，上海融力天闻律师事务所。

频网站职业，被告人的违法所得予以追缴，查获的本案赃证物品予以没收。

律师评析

本案是一起网络侵犯动漫影视作品著作权的案件，被告人温某某等人在网站上免费向公众提供动漫影视作品的播放和下载，因此被告人及辩护人均提出不具有侵犯著作权罪中的“以营利为目的”。根据2011年《关于办理侵犯知识产权刑事案件适用法律若干问题的意见》，犯罪嫌疑人温某某等人在经营网站期间为了吸引流量、提高知名度，并通过在网站发布广告的方式获取收益，应当认定为“以营利为目的”，属于间接营利行为。另外，根据相关司法解释，对于通过信息网络向公众传播他人作品的行为，可以从非法经营数额、传播他人作品的数量、传播他人作品的被点击次数、以会员制方式传播他人作品的，注册会员的人数等判断其是否构成犯罪以及犯罪的严重程度。本案中公诉机关采用传播他人作品的数量为标准，并将集数作为被侵权作品数量的统计单位具有合理性。根据2010年10月最高人民法院刑事审判二庭《关于就网上影视复制品数量计算等问题征求意见的函》，“包含1部及以上电影，或1集及以上电视剧的1个视频文件视为1份”，因此公诉机关将每集“具有独创性表达的完整视频内容”作为统计单位符合实践和法理。本案中审判机关以事实为依据、以法律为准绳，依法对被告人温某某等人作出判决，庭审过程公正公开、裁判准确、符合法理。

四、北京新浪互联信息服务有限公司与北京天盈九州网络技术有限公司、乐视网信息技术（北京）股份有限公司著作权及不正当竞争纠纷案再审①②

案情聚焦

北京市高级人民法院对北京新浪互联信息服务有限公司（以下简称新浪

---

① 李静传，泰和泰（北京）律师事务所；张荣康，泰和泰（北京）律师事务所。

② 一审案号：北京市朝阳区人民法院（2014）朝民（知）初字第40334号；二审案号：北京知识产权法院（2015）京知民终字第1818号；再审案号：北京市高级人民法院（2020）京民再128号。

公司）与北京天盈九州网络技术有限公司（以下简称天盈九州公司）、乐视网信息技术（北京）股份有限公司（以下简称乐视公司）著作权及不正当竞争纠纷案作出再审判决，认定涉案中超赛事节目构成类电作品，新浪公司关于涉案赛事节目构成类电作品的再审主张成立，撤销北京知识产权法院作出的二审判决，维持北京市朝阳区人民法院此前作出的一审判决。

该案历时5年，一审法院判决涉案中超赛事画面受著作权保护，但二审法院则判决涉案赛事不构成电影作品，曾改判驳回新浪公司全部诉求。

该案争议焦点在于，体育直播赛事是否构成类似摄制电影的方法创作的作品？法院对赛事节目是否符合电影作品的固定要件及是否具有独创性进行了深入讨论。此次再审判决结果也将对蓬勃发展的体育及相关产业带来重大影响。北京市高级人民法院经再审认为，该案再审有两大争议焦点：一是涉案赛事节目是否构成类似摄制电影的方法创作的作品；二是天盈九州公司、乐视公司的涉案行为在上述前提下如何定性及其法律责任承担。

关于争议焦点一，法院审理认为，对于电影类作品的独创性认定，应当以独创性之有无作为认定标准。涉案赛事节目是极具观赏性的对抗性的足球赛事节目，为适应直播、转播的要求，该类赛事节目的制作充分运用了多种创作手法和技术手段。涉案赛事节目在制作过程中，大量运用了镜头技巧、蒙太奇手法和剪辑手法，在机位的拍摄角度、镜头的切换、拍摄场景与对象的选择、拍摄画面的选取、剪辑、编排以及画外解说等方面均体现了摄像、编导等创作者的个性选择和安排，具有独创性，不属于机械录制所形成的有伴音或无伴音的录像制品，符合电影类作品的独创性要求。二审法院认定涉案赛事节目的独创性高度较难符合电影类作品的要求，系认定有误，应予以纠正。

关于争议焦点二，法院指出，根据现行著作权法的规定，被诉直播行为既不属于信息网络传播权也不属于广播权调整的范围，应适用《著作权法》第十条第一款第十七项“兜底”权利条款，因此，被诉直播行为侵犯了新浪公司对涉案赛事节目享有的“著作权人享有的其他权利”，对新浪公司认为上述行为亦构成不正当竞争的主张，不予支持。

北京市高级人民法院认为，二审判决在事实认定和法院适用方面存在错误，应予以纠正和撤销。新浪公司的再审主张部分成立。虽然一审判决未根据当事人的主张对涉案赛事节目所属的作品类型作出认定存在瑕疵，但是在认定其构成作品的基础上，认定天盈九州公司的涉案行为侵犯了新浪公司对涉案赛事节目“著作权人享有的其他权利”并据此部分支持了新浪公司的诉讼请求，上述裁判结果正确，对其判决结果予以维持。

综上，北京市高级人民法院判决撤销北京知识产权法院作出的（2015）京知民终字第1818号民事判决书，维持北京市朝阳区人民法院作出的（2014）朝民（知）初字第40334号民事判决书。

律师评析

该案确认了体育赛事节目构成类电影作品，引起了社会广泛关注，对体育赛事构成作品的认定也将对整个体育行业、传媒行业的发展趋势产生实质性的影响。首先，本案再审中对于“独创性”的分析与以往类案存在重大差异，再审判决中有如下认定：对于作品的独创性判断，只能定性其独创性之有无，而无法定量其独创性之高低。从体系解释的角度，电影类作品与录像制品的划分标准应为独创性之有无，而非独创性之高低。这与以往司法实践中以独创性高低区分类电作品和录像制品的标准形成了显著差异，并以此论证体育赛事节目具有独创性，进而构成类电作品。其次，北京市高级人民法院对“摄制在一定介质上”的定义进行了剖析，认为“摄制在一定的介质上”要求的规范意义在于摄制者能够证明作品的存在，并据以对作品进行复制传播。同时，《著作权法实施条例》第二条有关作品的定义仅规定“能以某种有形形式复制”，即作品具有“可复制性”即可，并未将“固定”或“稳定地固定”作为作品的构成要件。因此，《著作权法实施条例》第四条有关电影类作品定义中规定的“摄制在一定介质上”并不能等同于“固定”或“稳定地固定”。

总体而言，再审判决对于“独创性”要求的认定，事实上大幅降低了对于作品构成要件的要求，影响范围也不仅仅局限于体育赛事范畴，其他类似的连续画面作为表现形式的智力成果，如网络游戏等构成作品的认定标准同样大幅降低，体现了法院加强对权利人保护的司法趋势。与此同时，对于“介质”的相关认定，事实上也暗合了最新修订的《著作权法》的相关精神，即从“有形形式复制”到“一定形式表现”，认定标准的放款不言自明。

综上，本案中的相关认定对过往司法实践中乃至国内传统著作权法理论的一些固有观念产生了冲击，其影响力并不简单局限于体育赛事领域，各级法院对于后续类案的判决方向值得关注。

五、深圳市腾讯计算机系统有限公司、腾讯科技（深圳）有限公司等与广州点云科技有限公司侵害作品信息网络传播权纠纷案（涉5G云游戏首案）①②

案情聚焦

原告腾讯公司系涉案五款游戏的著作权人。原告认为被告点云公司在其运营的云服务器上放置涉案五款游戏并向公众提供的行为侵害了原告享有的信息网络传播权，同时认为被告宣传游戏、提供有偿增值服务、保存游戏账号密码、限制游戏功能和信息链接、提供可选画面传输质量等的行为构成不正当竞争，将其诉至法院。

法院认为，游戏运行时生成的整体画面构成以类似摄制电影的方法创作的作品，应受到著作权法保护；被告于云服务器放置游戏，使用户可远程体验游戏的行为，构成对游戏画面的交互式传播，侵犯了游戏画面信息网络传播权，应承担侵权责任。

针对不正当竞争行为的认定，法院分析认为：

1.限制游戏功能及信息链接的行为，包括但不限于阻碍营销宣传、资讯

---

① 王宇扬，上海融力天闻律师事务所。

② 一审案号：杭州互联网法院（2020）浙0192民初1329号、杭州互联网法院（2020）浙0192民初1330号。

广告、周边商品交易等行为损害了游戏运营商的合法利益，构成不正当竞争，应承担侵权责任；

2. 云游戏平台和游戏运营商各方享有的用户并非此消彼长的关系，前者针对游戏所作宣传行为不会致使游戏运营商用户流失，故不构成不正当竞争；

3. 云游戏平台为用户提供与云游戏链接相关的有偿增值服务系云游戏合理商业模式范畴，未触及游戏运营方利益；

4. 云游戏平台为用户提供可选的游戏画面传输质量属于前述信网权侵权行为的范畴，且不会使得用户对游戏本身的服务质量产生怀疑，不损害原告竞争利益；

5. 云游戏平台经用户许可为其保存游戏账号密码并自动执行登录游戏操作的行为并未触及游戏运营商的竞争利益，而系用户自由处分其所有的数据之行为，即使发生安全问题亦不损害游戏运营商利益，不构成不正当竞争。

律师评析

该案系国内云游戏侵权及不正当竞争首案。法院认定，云游戏平台未经授权将游戏作品置于云服务器向公众提供，侵犯了游戏整体画面的信息网络传播权。而在认定云游戏平台是否构成不正当竞争时，则针对原告主张行为予以具体分析，结合云游戏商业模式，分析特定行为是否损害原告利益、扰乱竞争秩序以及违反商业道德。

1. 本案结合信网权侵权行为的构成要件，对云游戏技术原理作出正确、详尽的分析，首次确立了云游戏模式下信息网络传播侵权的审查标准和分析方法。

2. 本案厘清了云模式下著作权与反不正当竞争保护的边界，为正确适用法律起到示范作用。在判断云游戏经营过程中的特定行为是否构成不正当竞争时不能一概而论，须具体判定行为是否违反诚实信用原则和公认商业道德，是否危害正当的竞争秩序。若前述行为能为著作权法专项权利或权益所覆盖，或未造成游戏运营商合法权益的损失，则不应适用反法予以调整。

3.鼓励技术创新与保护权利人权益的平衡。法院在案件审理中，始终坚持审慎包容的态度，以促进创新竞争和有利于消费者的长远利益为指引，在网络平台、用户和同行业竞争者之间予以利益平衡。该案为5G云游戏这一新兴产业的发展起到了重要的指引作用，倡导云技术服务提供商尽合理注意义务，在尊重并保障游戏权利人合法权益的前提下，进行技术创新和促进产业发展。

六、高阳等与金色视族（北京）影视文化有限公司等著作权权属、侵权纠纷案（《追气球的熊孩子》著作权纠纷案）①②

案情聚焦

原告系一次高空拍摄地球活动的策划和实施者，其将摄像机和GPS装置固定在气球上，开启相机录制状态后放飞，随后历经艰难找回掉落设备，于相机自动录制的视频中截取图片并作处理，形成一系列涉案图片，并附在其后续创作的、记录其拍摄活动的涉案文章中。被告从原告处获得前述创意细节后，发布标题为《追气球的熊孩子》的广告视频，其故事情节的思想主旨与原告文章所述拍摄活动雷同，不同之处在于视频中主人公系在陌陌APP网友的帮助下找回设备，被告以此作为广告创意为陌陌APP作推广。原告将被告诉至法院，主张被告广告视频中有17处与原告作品实质性相似，侵害了其对涉案文章及截图享有的著作权，该主张即成为本案争议焦点。

一审法院认为，原告文字作品与被告视频无论是整体上还是具体细节上，均仅在思想上相似，但基本表达不同或基本表达相同部分的个性化判断

① 王宇扬，上海融力天闻律师事务所。

② 一审案号：北京市朝阳区人民法院（2015）朝民（知）初字第20524号；二审案号：北京知识产权法院（2017）京73民终797号。

和选择空间较小而发生思想与表达的混同，不构成实质性相似，因此不构成著作权侵权。另，法院认为原告截取图片来源于摄像机自动拍摄的视频，该视频并非源自人的创作行为，无法满足独创性的要求因而难以构成作品。既然该视频本身无法构成作品，作为其组成部分的截图更不可能构成作品，由于原告对截图进行的后期修改亦没有产生足以使其满足独创性要求的实质性改变。故涉案截图不构成作品，被告不构成侵权。

原审法院基于截图产生来源非作品，而直接否认其构成摄影作品可能性，该观点遭到了二审法院的否定和推翻。二审法院认为，图片和视频构成作品须满足的独创性标准不同，因此本案应当单独对涉案截图予以独创性分析。二审法院具体考察了涉案截图产生过程中原告的拍摄目的、对象、手法、器材、角度、设置，以及后期调整等人为因素，认为前述行为充分体现原告对涉案图片具体表达的个性化判断和选择，涉案截图充分体现原告的智力创造和审美，因此符合摄影作品独创性标准，构成作品。二审法院认定被告视频的相关截图与原告涉案截图构成实质性相似，因此认定其构成著作权侵权。

律师评析

近年来，随着人工智能技术的发展，作品的创作过程越来越无需人为因素介入，通过深度学习便能使计算机自动生成与人为创作成果无异的精美作品，因此，学界关于“机器生成物能否构成作品”的争论也越来越激烈。本案涉案作品便是由相机自动拍摄的视频截图而产生的结果，二审法院基于摄影作品独创性标准，结合本案中人为因素对涉案截图生成过程的影响，认定由相机自动拍摄的视频截图构成作品。本案成功化解了传统著作权法在面对新技术所引发的疑难问题，为类案的正确分析和处理起到示范作用。

1.本案一审法院进一步厘清涉类电作品侵害文字作品著作权纠纷中关于实质性相似的判断方法，其综合运用了思想—表达二分法、“场景原则”和“思想与表达混同原则”等，对两作品从整体上就原告列举的17处具体情节均作出详尽分析和判断，将不受著作权法保护的思想予以排除，明确了受著作权法保护之客体范围与公有领域思想的界限。

2.二审法院深刻揭示了不同作品类型所要求的独创性高度并不相同，因此，在判断是否构成作品时不能脱离具体作品类型而谈独创性标准。在本案中，二审法院没有仅因录像制品不构成作品便否定组成前述视频的逐帧图片构成摄影作品的可能性，而是依据摄影作品独创性标准对涉案截图生成过程进行了具体判断，正确认定其构成作品。

3.该案为“相机自动拍摄物是否包含人的智力创造”之问题确立了人为介入因素的分析方法，即综合考量人的拍摄目的、对象、手法、对于相机器材的选择、对镜头的设置、角度以及后期调整等人为因素对相机生成过程是否构成实质性影响。该案深刻揭示了对于那些体现了人工干预、选择并带有明确目的的拍摄，即使实际拍摄过程主要由机器自动完成，但只要满足了一定的艺术性，就不能否认其可以构成作品。

七、《华清浴妃图》苏绣著作权侵权纠纷案①②

案情聚焦

以山水工笔见长的知名画家曹某，为完成工笔人物画《华清浴妃图》，曾多次赴西安等地采风，积累创作素材与灵感，并最终于2004年绘制完成了长3.6米、宽1.4米的涉案画作，随后收录在其出版的个人画集中，一直未出售。

画面表现了文学经典中的场景：在众多侍女簇拥下，贵妃出浴。主图部分绘有12名姿态各异的唐代美女，或举宫扇，或捧铜镜，上书篆体“华清浴妃图”字样，左上为行书体现《长恨歌》部分内容，图中美女的头饰、衣饰及裙摆上绘着形态大小不一的牡丹花和绿叶，画中还有祥云廊道幔帐等隐约可见。

2008年3月，以画作为底稿的《华清浴妃图》刺绣作品在苏州镇湖问世，由濮某带领工作室9名绣娘耗时1年完成。该作品用400万米蚕丝线制成，与

① 李静传，泰和泰（北京）律师事务所；张荣康，泰和泰（北京）律师事务所。

② 一审案号：江苏省苏州市中级人民法院（2018）苏05民初557号；二审案号：江苏省高级人民法院（2019）苏民终1410号。

原画作等比例大小，突出以针代笔，以线上色。

2016年5月，曹某的委托代理人王某到濮某工作室进行调查，并进行了录音录像，濮某在录音录像中表示，其多年前曾将一幅《华清浴妃图》苏绣作品售于一家公司，价格为80多万元。随后在双方微信聊天中，濮某根据王某要求对《华清浴妃图》苏绣作品进行报价：与原作大小一样的刺绣价格170万元，略小一些的70cm × 170cm价格为86万元。

在曹某看来，濮某未经许可擅自复制其作品并出售获利，侵犯了其复制权、发行权等著作权，于是诉至法院，要求判令被告濮某立即停止侵权行为并销毁侵权作品；同时赔偿经济损失及合理开支合计近260万元。

被告濮某依画制作苏绣，是否构成侵权？根据著作权法的规定，相较于复制权，改编权是具有新的独创性表达的权利。

苏绣是画稿、图案、造型、针法、绣工、色彩、技艺、装裱等多方面的综合体现，苏绣和绘画是两种不同领域不同载体的不同表达方式。尽管有的苏绣以画作作为底稿，但经过绣线、绣层的改编，已经形成新的表达。因此本案中，被告濮某依画制作苏绣并非简单复制，绣品实质是对原告曹某画作《华清浴妃图》的改编，侵害的是原告改编权，并非侵犯原告复制权。

在案件审理过程中，承办法官仔细了解了苏绣创作的过程。一方面，并非所有画作中的颜色均适合作为苏绣创作丝线颜色的定色，苏绣的颜色要比画作丰富许多。一根丝线可以分解为“绒、丝、毛”，最细的1根丝线劈成352毛。刺绣一幅《华清浴妃图》，大致估算需要赤橙黄绿青蓝紫等20多大类颜色，每一类颜色又由浅到深十几种。

画作中人物头发的水墨色，苏绣要用黑色、棕色、青灰色、黄灰色、绿灰色5套色线，每套色线从浅到深18种颜色来绣制，使得头发的颜色在不同角度的光线下过渡得非常自然，也让直发盘发的纹理质感非常自然。

另一方面，不管是绣制花卉还是绣制衣服，都需要绣娘在配色的基础上，研究使用不同粗细的“绒、丝、毛”线，再设计丝线排布的方向，通过丰富多彩的颜色和灵活多样的针法体现花卉的灵动、衣服的飘逸和面料的丝光质感，这一过程需要绣娘创造性劳动。

根据著作权法的规定，创作作品的公民是作者，改编已有作品而产生的作品，其著作权由改编人享有，但行使著作权时不得侵犯原作品的著作权。

承办法官表示，一件好的苏绣作品融合了高水准的艺术和高标准的工艺，与抄袭他人文字作品的复制不同，在不同介质上用刺绣绣制原已存在的、享有著作权的绘画作品，不但要具备一定的技巧，更要注入自己对原作的理解及配制比原作更丰富的色彩，在自己的“再现品”绣品中增加自己的创造性劳动。因此，濮某对于自己的绣品《华清浴妃图》享有著作权。但濮某侵犯了曹某对《华清浴妃图》依法享有的改编权。故判决濮某立即停止侵权，赔偿原告22万元，并在媒体公开赔礼道歉。

至于具体赔偿金额，一方面，独特的苏绣技艺使得苏绣作品具有了较高的市场价值。濮某依画制作苏绣虽然侵犯了原告享有的作品改编权，但是并不能抹杀其在苏绣作品中体现的较高艺术水准。制作、销售苏绣作品的过程属于非物质文化遗产保护，应当认定被告等人的刺绣技艺在苏绣作品价值中占据较高的比例。

另一方面，虽然苏绣作品的制作需要绣娘付出再创作劳动，但是绣制内容即绣制画作底稿的选择，仍然对最终的绣品具有很大的影响，选择一幅好的适合绣制的画作，是保证后期绣品质量的前提。因此曹某对画作《华清浴妃图》的创作，对绣品《华清浴妃图》的品质及其销售价格亦存在一定程度的影响。

综上，法院综合考虑画家、绣娘的知名度、原画作的艺术造诣及市场欢迎度、刺绣作品的独创性程度、所付出的艺术加工以及非物质文化遗产生产性保护等因素，确定被告濮某立即停止侵权，赔偿原告22万元，并在媒体公开赔礼道歉。

律师评析

本案虽然以被告濮某（绣娘）被认定侵权为结果，但是在法院认定中肯定了刺绣作者在创作苏绣过程中的独创性，进而认定《华清浴妃图》绣品创作的过程属于演绎而非复制，绣品本身系著作权法保护的作品。本案的核心要义仍然在于对“独创性”的认定，因绣品系根据画作刺绣而成，在以往的类案中往往认为该过程并不能体现作者自身独特的安排取舍，因而并非创作行为，但是法院认为绣娘对于丝线的选择、色彩表现的安排取舍等能够体现创造性劳动，也即赋予了绣品相对独立的著作权保护，为其他类似案件中绣娘等传统工艺者保护自身权利提供了思路与启示。

八、“乐高”玩具刑事案①②

案情聚焦

“Great Wall of China”拼装玩具等47个系列663款产品系乐高公司（LEGO A/S）创作的美术作品，乐高公司根据该作品制作、生产了系列拼装玩具并在市场上销售。自2015年起，被告人李海鹏指使被告人杜志豪等人购买新款乐高系列玩具，并通过拆解研究，着手复制乐高玩具，此后，被告人李海鹏又指使其余被告人设立玩具生产厂，对乐高玩具进行1：1复刻、设计、开模、生产，最后将复刻所得玩具以“乐拼玩具”的名义，通过淘宝、速卖通、阿里巴巴等网络平台对外销售。涉案经营数额高达3.3亿元。

本案原审法院认为，被告人以营利为目的，未经著作权人许可，复制发行乐高公司享有著作权的美术作品，非法经营数额巨大，情节特别严重，被告人最高获刑六年，并处以其他刑罚。

律师评析

本案为一起“复刻”乐高公司——一家享誉全球的玩具制造公司所发行的积木拼装玩具所引起的侵犯著作权刑事案件。涉案金额之巨大，引起了社

① 高欣，上海融力天闻律师事务所。

② 一审案号：上海市第三中级人民法院（2020）沪03刑初28号；二审案号：上海市高级人民法院（2020）沪刑终105号。

会各界的广泛关注。从本案的案件事实和证据中能够看出，本案案涉人数众多且各有明确分工，几乎覆盖了从打样、设计、开模、生产、销售为止的全生产销售流程，且案涉数额特别巨大（非法经营数额达人民币3.3亿余元）、侵权产品的市场流通率极广，严重侵犯了乐高公司的权益。因此，本案的落槌定音，既维护了我国知识产权在国际上的声誉、保护了乐高公司的权益，又向社会上有意向或正在从事类似活动的侵权者敲响警钟，同时，本案也为后续同类型案件的审理提供了借鉴思路。

该犯罪团伙所获得的非法经营数额已高达3.3亿元。仿冒乐高玩具的乐拼玩具在前述期间大量涌入市场，以近乎相同的积木和图纸设计侵害了乐高公司享有的著作权，以极低的价格不合理地抢占了原本属于乐高公司的消费者市场，加之侵权期间长达数年，给乐高公司造成了极大的损失，并且破坏了市场经济秩序、助长侵权的不良风气，造成了极为恶劣的社会影响。故，本案审理之初，就因为该案被害人乐高公司的知名度以及该案所涉金额的巨大、侵权性质的恶劣而受到了社会的广泛关注，本案的审理法官，综合考虑了各被告人在案件中担任的角色、其违法所得等各项因素，对各被告人处以相应的罚金以及刑期，做到了罪刑相适应，维护了社会秩序和被害人的权益，维护了法律的威严。

九、北京畅游时代数码技术有限公司与广州游城网络科技有限公司、北京百度网讯科技有限公司侵害计算机软件著作权纠纷案①②

案情聚焦

畅游时代公司系《新天龙八部》游戏的开发者、运营者，游城公司未经畅游时代公司许可，搭建、运营所谓“奇门天龙”游戏私服，通过修

---

① 李静传，泰和泰（北京）律师事务所；张荣康，泰和泰（北京）律师事务所。

② 一审案号：北京知识产权法院（2018）京73民初804号；二审案号：北京市高级人民法院（2019）京民辖终139号。

改、增删畅游时代公司《新天龙八部》游戏客户端文件的行为，向玩家提供私服服务。本案的侵权认定包括服务器端和客户端两个方面，其中服务器端的侵权认定为涉案私服游戏的运行是建立在对《新天龙八部》游戏内容调用的基础上，结合私自架设服务器运营游戏的性质、机理等考量因素，可以推定涉案私服游戏的服务器端程序与《新天龙八部》游戏的服务器端程序构成实质性相似。虽然存在游城公司独立编写服务器端程序的可能性，但独立编写通常具有很高的成本要求且可能无法实现与客户端程序的完整通信和调用，这与意图通过私服游戏快速获益的目的不相符。据此，北京知识产权法院作出一审判决，全额支持了畅游时代公司200万元的赔偿请求。

律师评析

本案涉及《新天龙八部》软件著作权侵权的相关纠纷，以往类案中针对程序实质相似的判断往往需要通过证据保全、鉴定的方式进行，部分案件中甚至出现了事实上的“以鉴代审”的情况，导致权利人维权不确定性较多，时间和金钱成本高企。本案中原告通过对私服安装方式、私服与官方服务器游玩比对等形式进行举证，法官通过高度盖然性的认定标准推定双方程序实质相似，为类似案件中权利人维权举证提供了可供参考的宝贵经验。

十、西安佳韵社数字娱乐发行股份有限公司与上海箫明企业发展有限公司侵害作品信息网络传播权纠纷案①②

案情聚焦

西安佳韵社公司称被告上海箫明公司在其运营的“飞幕”手机客户端平

① 李静传，泰和泰（北京）律师事务所；张荣康，泰和泰（北京）律师事务所。

② 一审案号：北京互联网法院（2020）京0491民初2769号。

台，通过信息网络非法向公众提供涉案作品《我的团长我的团》的在线播放业务。原告拥有涉案作品的独家信息网络传播权。被告的行为未经原告授权许可，即通过信息网络传播涉案作品。被告的行为侵害了原告的合法权益，给原告造成了经济损失。

法院经审理认定，被告将涉案作品剪辑并上传至服务器中的行为在著作权法中规定了信息网络传播权，就是以有线或者无线方式向公众提供作品，使公众可以在其个人选定的时间和地点获得作品的权利。其中对于“提供作品”而言，是指通过上传到网络服务器、设置共享文件夹或者利用文件分享软件等方式，将作品置于信息网络中，使公众能够在个人选定的时间和地点以下载、浏览或者其他方式获得。换句话说，“提供作品”并不是以实际提供了多少作品为判断依据，而是以提供作品的可能性为准。

网络用户在被告APP相关栏目中发布涉案作品片段的行为的认定，网络用户通过“听音识剧”功能查找并在线播放涉案作品后，可以另行选择发布于被告设置的不同栏目中，公众可以在其个人选定的时间和地点在线浏览、获得涉案作品。被告也未提交证据证明作品的片段是用户上传。因此，被告视为作品片段的直接提供者，同样侵犯了原告享有的信息网络传播权。据此，一审法院判决被告立即停止侵权并赔偿原告经济损失60000元。

律师评析

“提供行为”的认定是信息网络传播权侵权案件中的核心要点，过往诸多判决中对此也有较多精彩论述。本案中被告主张其提供“听音识剧”服务以及为用户提供影视剧信息的行为属于合理使用，不构成侵权。飞幕APP提供的“听音识剧”服务，是用户向APP输入声音，使用AI音源智能识别系统，为该用户展示音源来源的影视片段，该片段时长不超过1分钟。在功能和目的上，被告提供的“听音识剧”服务是向不熟悉影视作品的用户介绍影视作品，并使其知晓该影视作品名称并了解输入音频所对应的1分钟片段，并非提供在线播放业务。但是正如法院的认定，该比对的前提仍然是被告将影视剧片段上传至其服务器，用户通过听音识剧功能可以在其选定时间地点得到影视剧片段，即交互式传播的“可能性”才是侵权认定的核心，而非作品数量和比例。

近年来，随着人工智能等技术的发展应用，出现了大量的新型法律问题，如人工智能创作物的可版权性问题，如本案中的人工智能技术不当运用带来的侵权风险，但是类案中剥离技术“光环”之后，对于侵权行为本质的剖析并未超出传统版权法的框架，在这一过程中更多需要考虑的是各方间的利益平衡，特别是促进传播与保护权利人之间的平衡，是对司法实践参与者的终极考验和金标准。

重点关注①

一、《著作权法》第三次修订

《著作权法》的修订在今年格外受社会关注。4月30日，《著作权法（修正案草案）》向社会征求意见；8月17日，《著作权法修正案（草案二次审议稿）》公开征求意见。以上修正案草案公布后都引发了广泛而热烈的讨论。

11月11日，全国人大常委会通过修改《著作权法》的决定，新《著作权法》将于2021年6月1日起施行。我国十年磨一剑的《著作权法》修法终成正果。

本次修法涉及多处修改，包括对作品定义、作品类型划分进行修改，增加视听作品类型，引入侵权惩罚性赔偿制度，明确保护著作权的技术措施的定义，对著作权的合理使用增加不以营利为目的的限制性规定等，这些修改在版权业界、学界引发了关注和讨论。

此外，12月26日通过的《刑法修正案（十一）》规定，侵犯著作权罪最高获刑十年，销售侵权复制品罪最高获刑五年。

---

① 李静传，泰和泰（北京）律师事务所；张荣康，泰和泰（北京）律师事务所；廖荻，上海融力天闻律师事务所。

二、最高法印发加强著作权和与著作权有关的权利保护的意见

11月16日，最高人民法院印发《关于加强著作权和与著作权有关的权利保护的意见》(以下简称《意见》)。《意见》的出台，旨在通过明确法律适用规则，倡导诚信诉讼，遏制著作权侵权行为。《意见》要求，通过提升知识产权审判质效，切实加强文学、艺术和科学领域的著作权保护，充分发挥著作权审判对文化建设的规范、引导、促进和保障作用，激发全民族文化创新创造活力，推进社会主义精神文明建设，繁荣发展文化事业和文化产业，提升国家文化软实力和国际竞争力，服务经济社会高质量发展。

《意见》强调，要依法加强创作者权益保护，统筹兼顾传播者和社会公众利益，坚持创新在我国现代化建设全局中的核心地位。依法处理好鼓励新兴产业发展与保障权利人合法权益的关系，协调好激励创作和保障人民文化权益之间的关系，发挥好权利受让人和被许可人在促进作品传播方面的重要作用，依法保护著作权和与著作权有关的权利，促进智力成果的创作和传播，发展繁荣社会主义文化和科学事业。

《意见》指出，要推进案件繁简分流试点工作，着力缩短涉及著作权领域类型化案件审理周期。完善知识产权诉讼证据规则，允许当事人通过区块链等方式保存、固定和提交证据，有效解决知识产权权利人举证难问题。

三、《视听表演北京条约》生效

4月28日，《视听表演北京条约》于北京正式生效。《视听表演北京条约》于2012年6月26日缔结，是世界知识产权组织管理的一项旨在保护表演者对其录制或未录制的表演所享有的精神权利和经济权利的国际版权条约，这也是新中国成立以来第一个在我国缔结、以我国城市命名的国际知识产权条约。

作为中国版权事业的里程碑和惠及全球表演者的新起点，《视听表演北

京条约》的缔结和生效，将全面提升国际社会对表演者权利保护的水平，促进视听产业的健康发展，充分保障视听表演者的权利，进一步激发其创造热情，丰富了精神文化产品，保护传统文化和民间文艺，对促进文化多样性发展起到了有力的推动作用。

四、“剑网2020”专项行动启动

6月17日，国家版权局、工业和信息化部、公安部、国家互联网信息办公室四部门联合启动打击网络侵权盗版“剑网2020”专项行动。

“剑网2020”专项行动于6月至10月开展，针对网络版权保护面临的新情况新问题，聚焦5个重点领域，开展视听作品版权专项整治、电商平台版权专项整治、社交平台版权专项整治、在线教育版权专项整治，加大“学习强国”学习平台版权保护力度，大力整治在线教育培训中存在的侵权盗版乱象，切断盗版网课的灰色产业链条；巩固重点领域版权治理成果，严厉打击网络游戏私服、外挂等侵权盗版行为，推动完善网络音乐版权授权体系，强化对大型知识分享平台的版权监管，继续巩固网络文学、动漫、网盘、应用市场、网络广告联盟等领域取得的工作成果。

五、2020年中国版权金奖颁发

11月17日，国家版权局公布2020年中国版权金奖获奖名单。本届中国版权金奖共评选出作品奖6个、推广运用奖5个、保护奖5个和管理奖4个，《三体》三部曲、电影《攀登者》等榜上有名。

“中国版权金奖”自2008年开始设立，每两年评选一次，设置有作品奖、推广运用奖、保护奖和管理奖等奖项，鼓励和表彰在版权推广、运用、保护和管理方面作出突出贡献者。该奖项是中国版权界的最高奖项和唯一国际级奖项，由国家版权局和世界知识产权组织共同评定，也是世界了解中国版权相关产业发展成果及趋势的一扇重要窗口。

六、海南自由贸易港知识产权法院设立

12月31日，海南自由贸易港知识产权法院揭牌。这是中国官方继在北京、上海、广州以后设立的第四个知识产权法院。海南自由贸易港知识产权法院管辖计算机软件著作权第一审案件及海南省基层人民法院上诉的著作权侵权案件。最高人民法院党组书记、院长周强说，设立海南自由贸易港知识产权法院，是以习近平同志为核心的党中央作出的重大决策部署，是贯彻落实习近平总书记关于海南自由贸易港建设重要指示精神，严格保护知识产权、服务创新驱动发展、推动构建新发展格局的重要举措。

周强表示，要发挥知识产权审判职能作用，为海南自由贸易港建设营造良好法治环境。要准确适用民法典关于知识产权、数据权利保护等规定，贯彻执行民法典司法解释，推动民法典统一正确实施，依法服务科技创新和数字经济发展。

七、国家版权局下发著作权行政执法证据审查和认定的通知

11月15日，国家版权局经广泛征求意见后下发《关于进一步做好著作权行政执法证据审查和认定工作的通知》(以下简称《通知》)。《通知》明确，根据投诉人提交的权利证明文件以及侵权证据，著作权行政执法部门能够直接认定被投诉人的行为构成侵权的，无需委托鉴定机构进行鉴定。著作权行政执法部门可依法查处通过虚构授权、虚假授权等方式非法传播他人作品的侵权行为，依法规范权属不清、不正当维权等行为。

《通知》在审查投诉人出示权利证明、审查投诉人提供侵权证据方面，作出了具体规定。此外，《通知》还对侵权认定进行了规定。要求投诉人提交权利证明文件以及侵权证据等相关证据材料后，被投诉人主张已经取得著作权人或者与著作权有关的权利人许可的，应当提交取得许可的证据，著作权行政执法部门应当进行调查核实。

八、抄袭指控层出不穷的现状思考

2020年涉及“抄袭”的侵权新闻事件层出不穷，如音乐领域的“野狼Disco”事件、《兰花草》抄袭事件；影视剧领域的《隐秘的角落》侵权事件、《沐浴之王》侵权事件；盲盒领域的泡泡玛特抄袭事件；快消领域的淘宝一姐服装版式抄袭事件；等等。特别是年末于正、郭敬明被诸多影视业从业人员抵制，一改以往对侵权的否认态度，向被侵权方公开道歉，但仍无法阻挡《晴雅集》电影的下架。诸多具备公众影响力的抄袭事件的处理掺杂着公众舆论的倾向性，在《著作权法》修订及各类国际协议知产保护约定日趋严格的当下，律师在内的相关从业人员应当深思。

九、《传奇》游戏的“龙争虎斗”

12月9日，盛趣游戏、旭玩科技联合发布声明，宣布净网行动启动。气势恢宏的“宣言”或许令一路陪伴《传奇》成长的玩家为之一振。事实上，这已是盛趣游戏及关联公司在今年下半年发布的第5份声明。

2020年6月3日，盛趣游戏子公司亚拓士发布维权声明，称娱美德违反授权禁令。仅5日后，亚拓士再次发布反驳声明，称娱美德恶意曲解法院裁定，混淆视听愚弄公众。11月12日，亚拓士就娱美德授权中传星耀发布维权声明。11月30日，亚拓士就金丰星界与娱美德在华授权行为发布维权声明。而后的12月，盛趣游戏方加大力度，分别在12月9日、14日连发两份联合声明。双方纠纷案件中涉及行为保全乃至合同诈骗相关的刑事案件，对于在国内运营长达20年、拥趸众多的《传奇》游戏未来的走向影响深远。

十、2020粤港澳大湾区知识产权交易博览会举办

2020粤港澳大湾区知识产权交易博览会（以下简称2020知交会）于11月13—19日在线上举办。11月19日下午，2020知交会圆满收官，2020知

交会成功促成知识产权意向交易128.5亿元，实现专利和商标交易金额共计17.23亿元，地理标志产品达成交易11.1亿元，版权达成交易金额1.44亿元。在新冠肺炎疫情防控形势依然严峻，国际市场仍未全面开放的情况下，相关数据均比2019知交会有较大幅度的提升，充分体现了在国家创新驱动发展战略实施过程中，以创新成果交易为主要特征的知识产权交易比传统产业经济具有更强的生命力。

2020知交会在参展规模及国际化程度、交易规模等方面，刷新了纪录。线上参展机构达2469家，是上一届线下知交会参展机构规模的8倍多，国际化程度进一步提高，有来自35个国家的国外展商134家，港澳台展商41家。展示知识产权展品1.7万件，其中专利4949件、商标5727件、地理标志产品334个、版权510件。展示知识产权产品5486件，涉及专利1.25万件、商标24313件、版权11036件。本届知交会实现知识产权交易18.67亿元，其中专利和商标交易金额共计17.23亿元，比去年增长15.97%，版权达成交易金额1.44亿元，涉及版权2323件。地理标志产品达成交易金额11.1亿元，比去年增长23.20%，涉及地理标志产品90件。知识产权拍卖成交金额达2970万元，比去年增长17.39%，其中，专利拍卖成交9项，金额1610万元；商标成交17项，金额1360万元。拍卖项目成交率达100%，专利拍卖溢价率最高达30%，商标拍卖溢价率最高达35%。实现知识产权质押融资金额3.3亿元。

CHAPTER 2

第2章

商　标

新法观察[①]

《商标侵权判断标准》

2020年6月15日国家知识产权局发布《商标侵权判断标准》，自公布之日起施行。该标准对商标法意义上商标的使用、未经权利人许可的含义、商标近似及混淆误认的判断、不指定颜色注册商标的规范使用作出了相应规定，特别是对于在包工包料的加工承揽经营活动中承揽人使用侵犯注册商标专用权商品的性质，以及经营者在销售商品时附赠侵犯注册商标专用权商品的性质，予以了规定。

典型案例

一、“MIKA米家”商标反向混淆能否按被告获利主张索赔案[②]

案情聚焦

浙江省高级人民法院经审理认为，小米通讯公司在相同或类似商品上使用了与联安公司涉案“MIKA米家”商标相近似的“米家”标识，容易引起

① 商家泉，北京高文律师事务所；吕甲木，浙江海泰律师事务所；杨卫华，中伦律师事务所。

② 一审案号：浙江省杭州市中级人民法院（2017）浙01民初1801号；二审案号：浙江省高级人民法院（2020）浙民终264号。

相关公众的混淆，构成对联安公司涉案注册商标专用权的侵害。联安公司主张按照侵权人因侵权获得的利益确定赔偿数额。

一审法院采纳了两上诉人即小米通讯技术有限公司、小米科技有限责任公司提交的被诉侵权商品总销售额，并根据被诉侵权商品的销售价和京东世纪贸易公司提供的进货价计算出毛利润率为30%，再酌定被诉侵权标识对于商品利润的贡献率，确定赔偿数额1200万元。对此，浙江省高级人民法院认为，首先，关于毛利润率，计算方法应为（销售价-进货价）/销售价×100%，一审法院采用了不同计价标准的销售价（含税）和进货价（不含税），计算方法存在错误，导致所得的毛利润率明显偏高。其次，侵权人因侵权所获得的利益一般应按照侵权人的营业利润计算，对于完全以侵权为业的侵权人，可以按照销售利润计算。本案两上诉人显然不属于以侵权为业的情形，一审法院以毛利润率计算侵权获利缺乏依据。营业利润系扣减销售费用、管理费用、财务费用后所得，通常明显低于毛利润，由于在案证据不能反映被诉侵权商品摊销的各项费用，导致营业利润率无法查明。最后，关于被诉侵权标识对商品利润的贡献率，联安公司并未对此提供证据加以证明，其对两上诉人自行提交的评估报告中的数据亦不予认可，故一审判决认定贡献率的依据不足。

需要指出的是，以侵权人的获利计算赔偿数额时，应当注重被诉侵权商品销售利润与侵权行为之间的因果关系。在反向混淆的情况下，侵权人的经营能力、品牌知名度、营销推广能力明显强于商标权人，特别在商标权人对注册商标的使用和宣传有限的情况下，侵权人的销售利润往往远高于商标权人的损失，但对于侵权人基于其自身的商标商誉或者商品固有价值获得的利润，商标权人无权进行索赔。本案中，两上诉人的商品销售利润来源于多种因素，包括自身的企业声誉、技术力量、销售渠道等，尤其是被诉侵权商品上同时使用了小米科技公司的“小米”商标，消费者购买时亦会关注该商标的商誉。就“米家”标识而言，其对于被诉侵权商品利润的贡献主要来源于该标识经过两上诉人的宣传和使用积累的商誉，该部分商品利润与被诉侵权行为之间欠缺直接因果关系，故一审判决以侵权人的获利计算赔偿数额依据不充分。

综上，一审判决对于两上诉人侵权获利的计算方法有误，确定的赔偿数额依据不足，应予纠正。由于联安公司因被侵权受到的实际损失和两上诉人因侵权所获得的利益均难以确定，涉案商标亦无合理的许可使用费可供参考，本案应当适用法定赔偿。

律师点评

本案涉及商标反向混淆能否按被告获利主张索赔问题。

1.侵犯商标权中的“反向混淆”

商标权中的“反向混淆”，是指大企业对小企业“跑马圈地、弱肉强食”，在后大量使用小企业的在先商标，造成公众误认为小企业的商品是来源于大企业或对大企业的产品进行仿冒。“反向混淆”实际是《商标法》第57条的应有之义，为该条所涵盖。混淆不仅包括现实的误认，也包括误认的可能性，不仅包括可能使一部分消费者误认为大企业的产品来源于小企业之外，还包括可能使一部分消费者误认为小企业的产品来源于大企业，即构成“反向混淆”。

在我国，浙江省高级人民法院判决的百事可乐“蓝色风暴”案，被告百事公司在后使用浙江蓝野酒业公司在先注册的“蓝色风暴”商标，法院认为，这将造成权利人与其注册商标之间的联系被割裂，冲击注册商标基本制度，使得注册商标失去其基本的识别功能，也将使得原告为谋求市场声誉、拓展市场空间、塑造良好企业品牌价值的潜力受到抑制，原告受到损失是明显的。浙江省高级人民法院终审判决百事公司停止使用，并赔偿300余万元。

商标“反向混淆”是围绕权利人的商标“符号”展开的，不同于“反向假冒”，后者是将自己商标使用在了权利人的“产品”上。在商标“反向混淆”案件中，并未引起消费者对被告产品来源的混淆，但确实对权利人造成了损害，有两个后果：一方面，使消费者误认为权利人商品来源于被告，从而割裂商标联系功能，此种后果似乎权利人并未受到直接经济损失；相反，权利人的商标因被告的使用反而具有更高的经济价值，增加了竞争优势。另一方面，是误使消费者认为权利人的商品为“傍名牌、搭便车”的假冒伪劣产品，这是权利人不愿意看到的。

从财产权角度来看，商标“反向混淆”行为破坏了商标标识与特定来源之间的联系，从而会损害权利人的权利圆满状态；从商标法的制止反不正当竞争功能角度来看，商标“反向混淆”不利于维护公平的市场竞争秩序，具有不正当性，应当予以禁止。

2.“反向混淆”是否适合选择“被告获利”的赔偿承担方式

反向混淆情况下，修复原告权利损害至原状的努力，重在弥补割裂的商标商品之间的联系，以及消除大众误认为权利人商品为假冒伪劣产品的倾向，金钱赔偿无此种功能，只有通过消除不良影响来达到。

依据《商标法》第63条，赔偿数额选择是有顺序的，首先是权利人的直接损失，其次是被告因侵权的获利，再次是许可费合理倍数，最后为法定赔偿。如此设置的目的，在于“填平原则”的应用。一般认为，商标保护的是商誉，而非标识本身，标识保护则可能是著作权法的范围。商誉不同于名声，后者是“知名度”，是形象；前者是“美誉度”，是形象带来的经济后果，名声使消费者知道某商标在某商品上在使用，商誉是消费者购买特定商品的决定因素。在正常“傍名牌、搭便车”的混淆侵权情况下，如果行为人的行为致使消费者误认为其商品或服务来源于商标权人，仿冒的目的在于利用商标权人的商誉，那么由此获得的收益，自然属于因侵权行为实施而获得的收益，权利人当然可以选择“侵权人因侵权所获得的利益”确定赔偿额。但是在商标反向混淆发生时，行为人实施的将他人商业标志使用于自己商品上的行为，并未使消费者误认为行为人的商品来源于商标权人，也没有利用商标权人的商誉，这一行为所带来的收益完全取决于行为人自己的产品质量及因此的商誉、完善的管理、顺畅的销售渠道、同时使用其他商标而产生的销售力，甚至可能与商标权人毫无关系，如果将此收益归于商标权人，对于商标权人来讲属于“不劳而获”，双方利益对比失衡。同“武松打虎”案一样，商标侵犯他人著作权，因此按商标基于商誉而销售获利判赔给著作权人是不合适的。

不以“侵权人因侵权所获得的利益”来确定“反向混淆”案件的赔偿额，能否选择“被侵权所受到的实际损失”来计算赔偿额呢？此时，因行为人的高知名度，往往提升了商标权人商标的销售力，商标权人不仅没有受到实际损害，往往可能获得了更多的直接经济收益，从而使部分消费者误认为权利人商品是低廉的、质量低劣的仿冒商品，在提升销售力对冲的前提下，可以忽略不计，此时，举证证明“实际损失”将是十分困难的。

据此，只能适用法定赔偿或参照许可费倍数，由法院酌情确定赔偿数额。赔偿数额作为商标权人恢复商标权利圆满状态的一部分，恢复权利圆满状态请求权的大部分由消除影响来实现。本案中，在判决消除影响弥补“割裂联系”的损害同时，以“因果关系”再将一审1200万元赔偿改判为300万赔偿，符合商标法法理，对于反向混淆案件确定赔偿标准具有指引作用。

二、马顺仙与玫琳凯公司侵害商标权及不正当竞争纠纷案①

事件回放

本案中，玫琳凯公司主张马顺仙对正品产品实施了刮码等被诉侵权行为侵害了其享有的涉案注册商标专用权以及给其“直销+产品+售后服务”商业模式带来损害，认为马顺仙的行为对涉案商标所承载的区分来源、品质信誉保障等功能造成损害，故构成商标侵权行为。马顺仙则认为根据商标权权利用尽原则，其以合法手段获取被诉侵权商品后，涉案商标专用权即告用尽，故其不构成商标侵权和不正当竞争。

浙江省高级人民法院二审认为，商标专用权人依法享有禁止他人未经许可在同一种商品或类似商品上使用与其注册商标相同或近似的商标，

① 一审案号：浙江省杭州市中级人民法院（2017）浙01民初972号；二审案号：浙江省高级人民法院（2020）浙民终479号。

但是，商标专用权人或经其授权的人所制造的商品在被第一次投放到市场后，权利人即丧失了在一定地域范围内对它进一步的控制权，凡是合法取得了该商品的人均可以对该商品进行自由处分，该原则被称为商标权权利用尽原则。该原则的宗旨是在保护商品生产者的商标专用权的同时，兼顾销售者和一般消费者的合法利益，促进商品流通，维护正常的市场交易秩序。从商标承载的识别商品来源、品质信誉保障等功能出发，商标法下对侵权行为的界定，其根本上是以该行为是否妨碍商标功能的实现作为判断标准。因此，当商品通过合法途径进入到流通领域后，如果他人实施再销售等商品再次流转行为并未破坏原有商标功能的发挥，就没有必要被禁止。

本案中，玫琳凯公司虽然提交了马顺仙网店有部分消费者质疑的评论，但这些少量评论并不足以证明刮码产品对玫琳凯公司涉案商标专用权造成商标侵权意义上的损害。

因此，马顺仙的被诉侵权行为既没有导致涉案商标的识别来源功能受损，不会造成相关公众的混淆误认，也未影响消费者对于商品本身的品质和商标权人信誉的评价，更不会影响消费者对商品本身的使用。马顺仙的被诉侵权行为可以适用商标权权利用尽原则，不构成对涉案商标权的侵害，马顺仙的该节上诉理由成立，一审法院对此认定不当，应予纠正。

律师点评

本案涉及对品质担保功能破坏的商标侵权认定问题。

1.关于品质担保功能与侵犯商标专用权

商标法主要保护的是识别功能，品质担保功能及广告功能等均是识别及区分功能的延伸。对商标任何功能的损害，均是侵犯商标专用权。其中，识别功能的破坏主要由《商标法》第57条第1项、第2项规制，对于品质担保功能的破坏，应以《商标法》第57条第7项“给他人的注册商标专用权造成其他损害的”予以规制。

2. 关于权利用尽

商标权权利用尽包含国内用尽，即首次销售权利穷竭，有观点认为，商标权是一种将使用商标的商品首次投放市场的控制权，是和财产权对接的工具，首次商标专用权的商品投入市场后，一旦合法地转移到购买者手中，就不再处于商标专用权的控制范围之内，不再控制继续的流通行为。商标权权利用尽还包含国际用尽，即平行进口。无论是国内用尽还是国际用尽，商标权权利用尽均是基于保护商品自由流通而设立，主要是维护社会公众的合法权益，寻求在公众和权利人利益之间实现一种合理平衡而提出的。但权利用尽后，也可能会出现“权利用尽后的起死回生”。当商品的质量、包装等出现问题仍然继续销售，致使该商品的质量脱离权利人的管控，进而损害权利人商誉的行为时，也会构成侵权。即商标不仅保护来源识别功能，还保护品质担保功能。

3. 关于本案

本案二审查明，被诉侵权产品系马顺仙以合法方式取得，产品上虽然已被刮除了二维码和部分可以追溯玫琳凯公司美容顾问或直销员的生产批号等信息，但玫琳凯公司在一、二审庭审中均确认被诉侵权产品系正品，即马顺仙在销售中并未改变商品的品质。且根据一、二审查明的事实，被诉侵权产品本身外包装未有缺失，产品来源信息清晰可见，其他如生产日期、保质期、成分等化妆品类产品的必要信息，消费者亦可通过外包装上的标注所获取。因此，二审法院认为，在被诉侵权产品为正品的情况下，虽然二维码及生产批号部分信息被刮除，但该商品来源于玫琳凯公司属于客观事实，涉案商标区分商品来源的功能并未受影响，不会导致相关公众对商品的来源产生混淆误认。至于商标的品质保障功能，在玫琳凯公司确认被诉侵权产品系其生产的情形下，该商品的质量始终处于玫琳凯公司的管控条件下，涉案商标的品质保障功能并不因二维码、生产批号等信息的缺失而受到影响。而马顺仙网店的目标客户应是对化妆品有一定了解的消费者，通过马顺仙在网站中对刮码的原因和来源的描述，其应当知道其购买的低于正常价格的产品系来自于玫琳凯公司但非其官方渠道的商品。因此，消费者对从马顺仙网店购买的产品的质量、包装有一定预期，也知晓其难以享受玫琳凯公司“直销+产品+售后服务”商业模式下的全部服务，故马顺仙的被诉侵权行为并不会导致玫琳凯的品牌价值在消费者心目中产生贬损或其他负面影响，不构成侵犯商标专用权。

三、景田（深圳）食品饮料集团有限公司与江苏百岁山净水设备有限公司“百岁山”商标侵权案①

事件回放

法院经调查特别注意到以下情况：1.被告一与被告二明知“百岁山”为限制使用的企业字号，为了获取不正当利益，仍执意将其企业名称变更为百岁山公司；2.被告对被控侵权商品进行了全方位、立体式的包装，从企业名称到商品的标识，全面复制和抄袭了涉案注册商标；3.被告重复侵权明显，被告二于2018年11月27日在空气净化装置和机器、饮用水过滤器、水净化设备和机器等商品上申请注册“百岁山”商标，该申请后一直处于异议中。被告二理应知晓该商标在使用上明显存在障碍。但被告二又通过受让的形式获得注册商标，且在受让的注册商标被宣告无效后，被告仍未及时停止侵权行为，恶意及重复侵权的故意明显。被告在宣传画册中故意将企业名称不正当标注为百岁山净水设备有限公司，背面标注的网址又为百岁山净水设备（昆山）有限公司，而被告百岁山公司的网址链接的正是该网站。被告企图通过混淆的形式为本案侵权认定增加难度，而且，在诉讼中，被告一将其股东变更为中国香港特区注册的公司，而原股东仍然为公司高级管理人员，意图逃避法律责任。

基于上述情况，法院认定被告属于恶意侵权。在诉讼过程中，经法院

① 一审案号：江苏省苏州市中级人民法院（2019）苏05知初1204号。

释明后，被告仍未在指定期限内提供其销售情况及销售记录，拒不配合以便于确定其侵权获利情况。由上，法院认定被告一与被告二为了获取不正当经济利益，有预谋、有组织实施侵权行为，侵权的主观恶意明显，符合适用惩罚性赔偿的条件，综合考量涉案注册商标的知名度、品牌价值、合理维权费用、被告侵权时间及规模、主观恶意等因素，采用法定赔偿原则并充分考虑惩罚性赔偿因素酌定赔偿金额，最终全额支持法定赔偿300万元。

律师点评

本案涉及恶意侵权的认定以及对恶意侵权的举证责任分配、责任承担的问题。

1.“明知或应知”到后来的“知道”与侵犯商标专用权及侵权责任承担

侵犯商标专用权的侵权责任包括绝对请求权和相对请求权的范围。绝对请求权依附于本权利存在而存在，不受诉讼时效影响，不考察故意或过失问题，包括停止侵权、消除危险、排除妨害等。相对请求权即侵权损害赔偿请求权，是绝对请求权被侵犯后新生的请求权或次生请求权，依附于绝对请求权，属于侵权之债，受诉讼时效影响，考察过错和过失。不清楚两种请求权归责原则的差异，就会导致所谓知识产权到底是无过错责任、过错推定责任还是过错责任的无意义争论。侵权损害赔偿问题，实质就是损害赔偿范围的问题。“明知或应知”到后来的“知道”，不是商标侵权是否成立的判断标准，更不是恶意侵权的判定标准，而是侵权定性后责任承担范围的考虑因素，即恶意侵权是加大侵权责任范围的考察因素，而非侵权定性的考虑因素。故此，本案仅凭“被告一与被告二明知‘百岁山’为限制使用的企业字号，为了获取不正当利益，仍执意将其企业名称变更为百岁山公司”而认定其有侵权恶意，是加大损害赔偿范围的考虑因素，不是侵权定性的考虑因素。

2. 恶意侵权与加重举证责任

举证责任不同于证明责任，完成举证责任不代表完成证明责任。证明责任可以减轻不能倒置，举证责任可以倒置不能免除。举证责任倒置是“谁主张，谁举证”的一般举证责任分配的例外情形。

《商标法》第63条第2款规定：“人民法院为确定赔偿数额，在权利人已经尽力举证，而与侵权行为相关的账簿、资料主要由侵权人掌握的情况下，可以责令侵权人提供与侵权行为相关的账簿、资料；侵权人不提供或者提供虚假的账簿、资料的，人民法院可以参考权利人的主张和提供的证据判定赔偿数额。”实际来看，《商标法》第63条第2款虽然作了相应规定，但不能随意使用“责令侵权人提供与侵权行为相关的账簿、资料”，这实际是一种变相的举证责任倒置，一旦随意使用，将不可避免地破坏“谁主张，谁举证”的一般举证责任原则。但对于本案这种重复恶意侵权的，使用“责令侵权人提供与侵权行为相关的账簿、资料”是加重恶意侵权者责任的一种形式，适用《商标法》第63条第2款是恰当的。

四、广州蓝月亮实业有限公司、蓝月亮（中国）有限公司与深圳金八马生活用纸有限公司等商标侵权及不正当竞争案[①]

事件回放

一审法院在确定侵权责任承担时，同时适用了《关于审理商标民事纠纷案件适用法律若干问题的解释》第13条规定的“人民法院依据商标法第五十六条第一款的规定确定侵权人的赔偿责任时，可以根据权利人选择的计算方法计算赔偿数额”。以及《商标法》第63条规定的“侵犯商标专用权的赔偿数额，按照权利人因被侵权所受到的实际损失确定；实际损失难以确定的，可以按照侵权人因侵权所获得的利益确定；权利人的损失

① 一审案号：广州知识产权法院（2018）粤73民初3161号。

或者侵权人获得的利益难以确定的，参照该商标许可使用费的倍数合理确定。”最终按照侵权获利的计算标准，判决赔偿经济损失及合理开支合计1000万元。

律师点评

本案涉及新商标法修订后，“被告侵权获利或原告所受损失”是否能随意选择关系。

1. 现行商标法将原商标法“被告侵权获利或原告所受损失”的选择关系调整为顺位关系

修改前的商标法就赔偿设置的“被告侵权获利或原告所受损失”是选择关系而非顺序关系。原《商标法》第56条规定，侵犯商标专用权的赔偿数额，为侵权人在侵权期间因侵权所获得的利益，或者被侵权人在被侵权期间因被侵权所受到的损失。而新《商标法》第63条对赔偿设置与版权、专利一样，是有顺序关系的，且将“原告所受损失”提到首位，颠倒了原商标法“侵权获利”与“经济损失”的顺序，还删除了“或者”二字，立法者这种借鉴版权和专利的修改及顺序排列并非随意设置，而是对原告“尽力举证”提供了要求：只有在原告“尽力举证”仍不能查明原告损失前提下，才可能适用被告获利的赔偿模式；只有在原告“尽力举证”仍不能查明被告获利且与侵权行为相关的资料主要由侵权人掌握的情况下，才可以责令侵权人提供与侵权行为相关的账簿、资料。因为在原告未“尽力举证”证明其经济损失和被告获益的前提下，一味要求被告就全部的销售数据及财务数据进行“证据开示”，是变相的举证责任倒置。如此一来，原告凭借“有利于原告维权”的借口便不再积极举证，而是借助法院进行举证责任倒置。不仅可能侵犯被告商业秘密，还会引领知识产权损害赔偿偏离正确方向。

2. 商标法呼应了侵权责任法的顺位关系设置

商标法将“原告损失”和“被告获利”的选择关系调整为顺序关系，

与原《侵权责任法》是相呼应的。王利明教授在《关于侵权责任编的修改意见》中认为，原《侵权责任法》第20条在表述损害赔偿时，首先要求按照实际损失赔偿，例外情形下才能按照行为人获利等赔偿，而不能由受害人选择按照行为人的获利赔偿，“‘原告损失或被告获利’的表述将会改变损害赔偿的一般规则，在相当程度上混淆了侵权损害赔偿与不当得利、无因管理的关系”。史尚宽先生在《债法总论》中认为，不当得利请求权是辅助性请求权，只能在通过其他请求权不能满足时才能行使。原告损失恰恰基于损害赔偿而被告获利恰恰基于不当得利，优先原告损失也是具有相应的法理基础的。

3. 商标法的顺位关系设置与民事诉讼法的举证责任缓和

举证责任不同于证明责任，完成举证责任不代表完成证明责任。证明责任可以减轻不能倒置，举证责任可以倒置不能免除。举证责任倒置是“谁主张，谁举证”的一般举证责任分配的例外情形。举证责任的倒置情形，民事诉讼法具有明确规定，涉及公司法、消费者权益保护法、劳动法、侵权法、专利法等。其中针对侵权行为规定的举证责任倒置为：高度危险作业、环境污染、高空坠物、饲养动物致损、缺陷产品、共同危险，涉及新产品制造方法的发明专利侵权。商标法不在其内。

证明责任减轻即举证责任缓和。所谓的举证责任缓和，就是在法律明确规定的情况下，因为原告某方面的障碍无法达到法律要求的证明标准时，适当降低其证明标准。当原告证明达到降低的证明标准时，就视为已经完成举证责任，之后交由被告承担举证责任。举证责任缓和不等于举证责任倒置。就商标损害赔偿而言，即先由原告一方尽力举证证明其具有损失的盖然性及因果关系，再交给被告证明原告没有损失或没有因果关系，被告不能证明的，顺位被告获利的模式后再由原告证明被告获利的盖然性及因果关系。可见，举证缓和要求双方都负担举证责任。而举证责任倒置是无条件的，符合法律要件就由被告负担，最终只有一方当事人负担举证责任。

4. 商标法的顺位关系以证明难易程度确定

据上分析，商标法规定的顺位关系，不涉及举证责任倒置而是举证责任缓和。当原告对自身损失的证明责任难度系数小于等于被告对自己获益证明责任系数时，不能适用被告获利模式。谨慎适用原告损失无法获得的推定、损失或获利与侵权行为因果关系的推定，原告直接选择被告获利就推定原告损失无法获得的实质就是举证责任倒置而非举证责任缓和。将损害赔偿与证明的难易程度关联，以权利人的损失为基础，其他诸如被告获利、合理许可费倍数依据证明难易程度不同顺位适用，不能明显高于原告损失。比如原告主张被告获利模式的，就不能免除原告就生产规模、市场供应能力的举证责任，直接将被告全部获利推定为原告损失。

5. 关于本案

本案在适用被告获利模式下，一审认为部分是正确的，即二原告已就被告的侵权获利进行了初步举证情况下，由于证明被诉侵权产品获利的相关证据主要由被告广州蓝月亮公司、金八马公司和理文公司掌握，故法院根据司法解释的规定责令被告广州蓝月亮公司、金八马公司、理文公司提供关于生产、销售被诉侵权产品的单价、数量、利润率、产品贡献率等数据。符合《商标法》第63条规定的“侵犯商标专用权的赔偿数额，按照权利人因被侵权所受到的实际损失确定；实际损失难以确定的，可以按照侵权人因侵权所获得的利益确定；权利人的损失或者侵权人获得的利益难以确定的，参照该商标许可使用费的倍数合理确定”。

但法院依据《关于审理商标民事纠纷案件适用法律若干问题的解释》第13条规定的“人民法院依据商标法第五十六条第一款的规定确定侵权人的赔偿责任时，可以根据权利人选择的计算方法计算赔偿数额”，认为在双方当事人均没有提交证据证明二原告的损失数额时，赔偿数额可以按照侵权人因侵权所获得的利益确定，值得商榷。根本原因还是原告没有完成原告损失的初步证明责任。无损失无救济是基本原则，被告获利不能直接推定为原告损失，而是需要原告完成初步证明具有损失的举证责任，比如商标已经实际使用及企业缴纳利税等情况，均可视为已经尽到初步举证责任，而不能直接免除。

实践中，众多司法判例不支持小企业起诉大企业要求适用被告获利高额索赔的，比如最高人民法院改判的卡斯特红酒案，均是这个道理，即必须有初步的原告损失和被告获利的因果关系证明，而非直接选择。

五、北京好车无忧信息技术有限公司与北京人人车旧机动车经纪有限公司确认不侵害商标权纠纷案①

事件回放

上诉人好车无忧公司系第14568556号“人人车”商标持有人，核定使用在第9类“计算机软件（已录制）；电脑软件（录制好的）”等商品上。2016年7月21日，人人车公司收到华为开发者联盟转发的好车无忧公司发出的投诉函，要求华为开发者联盟下架人人车公司的“人人车二手车”APP。其后，人人车公司于2016年11月1日、2016年11月11日、2016年11月22日、2016年12月7日、2016年12月23日等分别收到百度手机助手、苹果商店、小米应用商店、腾讯应用宝等转发的好车无忧公司发出的投诉函，要求相关平台下架人人车公司的“人人车二手车”APP。针对以上投诉，人人车公司曾于2016年11月11日、2016年12月2日、2016年12月8日、2017年1月23日通过苹果商店、小米应用商店、腾讯应用宝平台发出侵权投诉反通知，表明自身并未侵权。

2016年12月12日，好车无忧公司向北京市石景山区人民法院起诉人人车公司及北京善义善美科技有限公司侵害其第14568556号“人人车”注册商标专用权，该案于2016年12月19日被依法受理。2017年3月10日，好车

① 一审案号：北京知识产权法院（2016）京73民初1219号；二审案号：北京市高级人民法院（2019）京民终1654号。

无忧公司就该案提出撤诉申请，北京市石景山区人民法院于2017年3月10日作出（2016）京0107民初17102号裁定准许其撤诉。2017年12月14日，优舫公司向一审法院起诉人人车公司及北京善义善美科技有限公司侵害其第14568556号“人人车”注册商标专用权，该案于2017年12月19日被依法受理。2018年8月9日，优舫公司就该案提出撤诉申请，一审法院裁定准许其撤诉。

被上诉人遂提起本案确认不侵权之诉。二审法院认为，本案符合确认不侵权之诉的受理条件，第14568556号“人人车”商标核定使用的第9类商品、第35类服务、第42类服务，分别主要指向计算机及其外部设备、商业经营管理、计算机编程及相关服务，上述商品的功能、用途、消费对象以及服务的目的、内容、对象，均不涉及“人人车二手车”APP开展的二手车经纪服务，二者在服务的目的、内容、方式、对象等方面差异明显。一审法院认定第14568556号“人人车”商标核准注册的商品和服务与人人车公司通过“人人车二手车”APP开展的服务不构成类似商品与服务，进而确认人人车公司在二手车经纪服务上使用“人人车”标志不侵害好车无忧公司在第9类商品和第35类服务、第42类服务上享有的第14568556号“人人车”注册商标专用权，并无不当。

律师点评

本案涉及APP属性及APP名称的侵权认定问题。

在“互联网+”的时代，APP（Application的简称，指能够下载、安装、使用在智能手机里的应用程序软件）已经成为各行各业市场宣传、市场开拓、产品销售的必要工具、手段，APP本身作为软件的属性（第9类）与其实际承载的市场宣传、市场开拓、产品销售有时会差别巨大，但APP的名称与其他商品或服务的商标相同或近似时，就产生一种错觉或冲突，各地法院的判决，甚至同一法院的不同判决，对此的认识也不一样，需要予以厘清。

司法实践中，APP使用类别的判断，可以大概分为两种情形，第一种，APP本身是一种商品，即下载需要付费，或即便不付费，公众也使用的是该软件自身功能，此种情况下，APP属于在第9类软件产品上的使用；第二种，APP仅作为工具免费地向相关公众提供下载，其本质是通过提供其他服务盈利，APP本身没有单独的使用价值，此时则应当以其实际提供的服务作为APP使用类别的判断（如滴滴打车APP等）。APP程序的运行不是以该软件本身或使用该程序为交易目的，而是通过免费提供该软件获得某种他类服务，APP仅是一种工具、载体，类似于网站，对于消费者来说，APP名称所指向的不是软件商品本身，而是实际提供的某种他类服务或商品。依据商标法法理而言，商标必须和特定商品或服务结合，脱离商品或服务的商标，不再是商标，而顶多是著作权法意义上的标识，这属于共识。一个商标和什么商品或服务结合，最终判断的主体是消费者。

本案中，人人车公司通过“人人车二手车”APP开展的服务是借助计算机网络和通信工具等开发移动应用程序，并通过计算机网络整合二手车车源和二手车需求信息，为实现二手车流通提供二手车经纪服务，该服务本质上是利用信息网络通过应用软件提供以车源主体和买家主体为服务对象的居间经纪服务。对于该类利用信息网络通过应用软件提供的服务，与他人注册商标核定使用的商品或者服务是否构成相同或者类似，应结合应用软件具体提供服务的目的、内容、方式、对象等方面综合进行确定，不应当然认定其与计算机软件或者互联网服务构成类似商品或者服务。第14568556号“人人车”商标核定使用的第9类商品、第35类服务、第42类服务，分别主要指向计算机及其外部设备、商业经营管理、计算机编程及相关服务，上述商品的功能、用途、消费对象以及服务的目的、内容、对象，均不涉及“人人车二手车”APP开展的二手车经纪服务，二者在服务的目的、内容、方式、对象等方面差异明显，二审法院进而确认人人车公司在二手车经纪服务上使用“人人车”标志不侵害好车无忧公司在第9类商品和第35类服务、第42类服务上享有的第14568556号“人人车”注册商标专用权。

六、广东哈士奇制冷设备有限公司与国家知识产权局、第三人木星工业有限公司商标权无效宣告请求行政纠纷案[①]

事件回放

木星工业有限公司（以下简称木星公司）向国家知识产权局提出无效宣告请求，请求国家知识产权局对广东哈士奇制冷设备有限公司（以下简称广东哈士奇公司）注册的第9332936号“哈士奇及图”商标（以下简称诉争商标）予以无效宣告。木星公司认为，诉争商标的申请注册违反了《商标法》第28条的规定，已经与第G924870号“HUSKY The Original Cool Ideas Co.”商标构成使用在同一种或者类似商品上的近似商标。国家知识产权局支持了木星公司的请求，广东哈士奇公司对裁定不服，诉至法院。北京知识产权法院一审驳回了广东哈士奇公司的诉讼请求。二审中，上诉人提交了其与木星公司等签订的《和解协议》，二审法院主要依据该协议将原审判决和被诉裁定撤销。

二审法院认为，诉争商标与引证商标是否构成近似商标，两者并存是否会造成相关公众的混淆、误认，各引证商标的注册人作为直接利害关系人较其他相关公众而言更为关切。因此，在判断诉争商标与引证商标共存在类似服务上是否会导致相关公众的混淆、误认时，应当考虑引证商标注册人与诉争商标申请人达成的商标共存协议。一方面，在诉争商标标志与引证商标标志存在差异的情况下，商标共存协议可以作为排除混淆可能性的参考因素；另一方面，还应考虑商标权的私权属性，商标共存协议体现了引证商标注册人对其所享有的商标权部分权利空间的让渡和处分，根据意思自治原则，应当允许商标注册人自由处分其商标权。

本案中，广东哈士奇公司在原审庭审中明确表示对诉争商标核定使用的商品与引证商标核定使用的商品构成同一种或类似商品不持异议，本院经审

① 一审案号：北京知识产权法院（2017）京73行初7099号；二审案号：北京市高级人民法院（2019）京行终10145号。

查对此予以确认。诉争商标由中文“哈士奇”及圆圈图形构成，引证商标由英文“HUSKY The Original Cool Ideas Co.”及圆圈图形构成，虽然诉争商标的显著文字“哈士奇”与引证商标的显著文字“HUSKY”呼叫、含义等方面具有一定的对应性，但二者在文字构成、整体视觉效果上亦存在一定差异。木星公司提交的其与诉争商标权利人广东哈士奇公司签订的《商标共存同意书》，明确载明诉争商标与引证商标的具体信息，足以证明其已经同意诉争商标在核定使用的商品上维持注册。在无其他证据证明诉争商标与引证商标共存足以导致相关公众对商品来源产生混淆的情况下，诉争商标可以维持注册。

律师点评

本案涉及共存协议能否被适用而予以商标市场共存的民法法理问题。

1. 系争商标与引证商标高度近似、商品类似的其他判决：消费者至上还是私权保护

在上诉人第一精工株式会社因第15726573号“NOVASTACK”商标申请驳回复审行政纠纷一案中，一审法院认为系争商标与引证商标高度近似、商品类似，在不能排除相关公众对商品来源产生混淆误认可能性的情形下，即便有共存协议，商标的注册申请仍不予注册。二审法院则认为商标权作为一项私权，其权利人可依据意思自治原则对其商标权进行处分，两商标虽属于高度近似商标、类似商品，但在引证商标权利人签署了同意函的情况下，应遵允许诉争商标注册。本案展现了一审二审在商标法定位上的不同思维，一审侧重保护消费者不混淆的利益，二审则更注重商标私权属性。

2. 商标法引入消费者混淆误认的目的

我国商标法立足于赋予财产权角度，对这种财产权的保护和消费者无直接关系，仅在权利人的财产权是否被侵权处于事实混沌、真伪不明时，引入消费者概念，以测试是否有消费者混淆误认行为而导致权利人市场份额或利

益的减损。此时的消费者仅仅是一个法律概念。商标法交由消费者忍受“试错”成本时，消费者利益在商标法中却是反射利益而非直接可保护民事利益，消费者权利保护交由其他部门法调整。所以，商标领域的消费者就是用来从真实世界出发、还原交易过程，衡量权利人是否能成功起诉或撤销那些冒犯或试图冒犯它的人，而商标权人就是消费者的“代理复仇人”，在商标法领域，消费者因混淆而“试错”从而受到损失并寻求救济的权利，由商标权利人代为行使。这一理念体现在《商标法》第57条第2项“未经权利人许可”的前提及“容易导致混淆”的后果上。经过权利人许可的行为，不再考虑消费者“混淆”的利益保护。故此，共存协议只要真实体现了权利人处分其财产权利的意志，除非“双相同”的情况下，一般应遵循权利人民事意思自治，采纳共存协议。

3.“双相同”不能接受“共存协议”的民法法理分析：商标法中寻找美丽而澄清的民法身影

法律人应当以法律思维来思考，而非总是按照政策或者普世价值去思考问题。公众利益、消费者利益固然是一个阻止商标共存的理由，但该理由可以千篇一律地对很多商标法律问题适用，不涉及民法思维。民法典通过后，商标法律人更应该以民法思维来思考和解决商标疑难问题。一味地适用公众利益、消费者利益，使商标法律看上去毫无技术含量。

商标及商品完全相同的“双相同”不能接受“共存协议”的原因，除了保护消费者利益外，还涉及一个标的物能否同时赋予两个以上权利的问题，即“一物一权”原则。“一物一权”原则要求不得有互不相容的两个或者两个以上的物权同时存在于同一标的物之上。一个物之上只能设立一个所有权而不能同时设立两个或者两个以上的所有权，尤其不能同时设立两个或者两个以上在性质上相互排斥的对世权。商标共同申请，仍属于一个标的物赋予一个权利，视为一个产源，共同申请人按份或共同享有这一个权利，其权利的绝对性即对世权没有受到影响。商标许可同样没有违反“一物一权”原则。商标“双相同”的共存则不同，是在一个标的物上同时存在两个以上相互排斥的权利，不符合“一物一权”原则，其权利的绝对性即对世权不复存在。

上述“共存”限定于行政授权确权范围，和“先用权”导致的市场共存不同。因先用权产生的市场共存，影响有限，出于利益平衡考虑允许共存，但权利人可以要求先用权人“附加适当区别标识”。与确权中同时赋予两个权利虽然不同，但在“双相同”的不允许理由上，也有共通之处。所以，可以因先用权抗辩而导致“市场共存”，但在无法无效对方商标前提下，不能再以先用权为名在相同商品上申请注册相同甚至高度近似的商标，即便当事人之间达成了共存协议。

4.商标专用权与物权是否具有相通的法理分析

商标专用权属于无形财产，物权属于有形财产，很多人因此认为两者水火不相容，总是过分地考虑知识产权“无形”的特殊性并以此为借口排斥接近和借鉴民法现有成果，在讨论物权与知识产权的关系时，过分强调、夸大二者的区别，是不对的。商标专用权本质上属于私权，没有多大争议，即便属于民法特别权利法，也不会脱离民法的大集体。物权与商标专用权具有相同的权利即支配、使用、收益、排斥他人干涉，权利内容上是基本一致的，《民法思维与商标权救济》一书认为，商标权与物权具有相同的特征，即均为直接支配“物”的权利，均为支配“特定物”的权利，均为享受“物”之利益的权利，均为绝对性权利，详细论述了“物上请求权”能否适用无体财产的知识产权，并呼吁在商标权与物权之间建立起相互沟通的平台。

5.关于本案的思考与倾向性结论

基于对私权处置权的尊重，可以采纳当事人“共存协议”而允许近似商标的共存。而基于“一物一权”原则，即便当事人签署共存协议，“双相同”的商标也不能均予以注册而共存。

七、上海桑博生物科技有限公司与广州茶里集团有限公司侵害商标权纠纷案①

事件回放

上诉人桑博公司认为，侵权赔偿应结合所认定的被侵权商标数量，本案中仅涉及服务商标；其使用被诉侵权标识系基于对第三方授权的合理信赖，不存在主观恶意；加盟店不受上诉人控制，且上诉人已尽力制止可能的侵权行为；众多加盟门店未开业或已停业，实际使用时间不足半年，对外宣传逾400家门店仅为选址，并未实际开店，上诉人并未因对外宣传的1亿杯数量而获得销售利润，故不存在一审法院认定的侵权后果严重。被上诉人认为，上诉人发布了2018年卖出一亿杯奶茶的广告，其主张加盟商很多没有开业，或者已经退钱并无证据证明。若如上诉人所言，其对外宣传1亿杯和数百家加盟店均与事实不一致，那其应对该虚假宣传承担相应法律责任；而且，上诉人在进行上述宣传的同时已获得了利益，就不应在遭受诉讼时主张自己没有获利而不需赔偿。本案判决并未按照对外宣传的1亿杯数量而获得销售利润予以计算赔偿额，而是将该宣传作为能够印证其加盟商众多、销量较大以及影响较广的事实，从而得出上诉人侵权后果严重的事实，最终判决经济损失及合理开支300万元。

律师点评

自认分为诉讼上的自认及诉讼外的自认（庭外自认），本案涉及诉讼外自认的性质及能否适用免证问题。

1.诉讼上的自认及拟制自认

诉讼上的自认是指在民事诉讼过程中，一方当事人对自己不利的案件事

---

① 一审案号：上海市徐汇区人民法院（2019）沪0104民初1242号；二审案号：上海知识产权法院（2019）沪73民终387号。

实的承认。自认的事实产生拘束法院的效力（涉及第三人的利益、公共利益和身份关系除外）。其构成要件有四：（1）诉讼上的自认必须来源于当事人对案件事实的陈述；（2）诉讼上的自认必须发生于诉讼过程中；（3）诉讼上的自认必须与对方当事人的事实陈述一致，即自认的事实与对方当事人陈述的事实没有矛盾；（4）诉讼上的自认的表示应当是明确的。诉讼上自认的后果将直接免除对方当事人的举证责任。

《关于民事诉讼证据的若干规定》第3条规定："在诉讼过程中，一方当事人陈述的于己不利的事实，或者对于己不利的事实明确表示承认的，另一方当事人无需举证证明。在证据交换、询问、调查过程中，或者在起诉状、答辩状、代理词等书面材料中，当事人明确承认于己不利的事实的，适用前款规定。"

第4条为拟制自认，即"一方当事人对于另一方当事人主张的于己不利的事实既不承认也不否认，经审判人员说明并询问后，其仍然不明确表示肯定或者否定的，视为对该事实的承认"。

2.共同诉讼参与人的自认

《关于民事诉讼证据的若干规定》第6条规定，普通共同诉讼中，共同诉讼人中一人或者数人作出的自认，对作出自认的当事人发生效力。必要共同诉讼中，共同诉讼人中一人或者数人作出自认而其他共同诉讼人予以否认的，不发生自认的效力。其他共同诉讼人既不承认也不否认，经审判人员说明并询问后仍然不明确表示意见的，视为全体共同诉讼人的自认。

3.诉讼上自认与诉讼外自认的效力区别

诉讼上自认与诉讼外自认的效力区别主要表现在两个方面：（1）诉讼上的自认直接产生免除对方当事人的举证责任，其自认的事实具有拘束法院的效力（涉及第三人的利益、公共利益和身份关系除外）；诉讼外的自认只能作为证据使用，并不产生免除当事人的举证责任，其证据有无证明力和证明力大小，由法官依据法律规定并结合具体案情进行判断。（2）诉讼上的自认不可撤销（除非对方当事人同意），诉讼外的自认并无此属性。

《辽宁省高级人民法院关于商事审判中适用证据规则若干问题的指导意见》认为：（1）当事人在诉讼外对不利于自己的案件事实的承认，应比照一般证据进行正常的举证和质证，不能免除当事人的举证责任；（2）他案中的自认，因属于诉讼外的自认，仍须当事人举证。

4.关于本案一审被告广告宣传的自认问题

一审被告广告宣传的自认不属于诉讼中的自认，而属于庭外的自认，应比照一般证据进行正常的举证和质证，不能免除当事人的举证责任。本案判决并未按照对外宣传的1亿杯数量、400家门店而获得的销售利润予以计算赔偿额，而是将该宣传作为能够印证其加盟商众多、销量较大以及影响较广的事实，从而得出上诉人侵权后果严重，最终判决经济损失及合理开支300万元，该赔偿处于法定赔偿范围内，而不是按照被告获利模式予以计算，无疑是符合《关于民事诉讼证据的若干规定》的。

八、老百姓大药房连锁股份有限公司与临朐县老百姓大药店侵害商标权及不正当竞争纠纷案①

事件回放

上诉人老百姓大药房主张，被上诉人临朐县老百姓大药店在其门店招牌上突出使用“老百姓”字号，侵害了老百姓大药房的涉案第3579889号“老百姓”和第11994995号“老百姓大药房LBXPHARMACY”注册商标专用权。为证明其上述主张，老百姓大药房一审提交了鲁西6058号公证书、鲁西补证5号公证书，二审又提交了鲁西补证15号公证书。两份补证公证书中均未记载公证处是否到现场对公证地址进行调查核实，亦未对公证地址的修改补

① 一审案号：山东省潍坊市中级人民法院（2019）鲁07民初256号；二审案号：山东省高级人民法院(2020)鲁民终1092号。

正原因作出合理解释，公证程序存在明显瑕疵。两次补证公证书修改的公证地址“潍坊市临朐县金水苑小区北侧西段区间路”并非准确具体的地址，与临朐县老百姓大药店营业执照载明的“临朐县城金水苑小区北侧西段区间路商业楼11幢117号”并不具有唯一对应关系。根据鲁西6058号公证书记载内容及所附的现场照片可见，公证人员及申请人委托代理人仅对店铺外观进行了拍照，并未进入店铺内对其经营主体进行确认。综上，一审及二审法院均认为老百姓大药房本案中提交的三份公证书存在明显瑕疵，公证内容与临朐县老百姓大药店缺乏直接关联性，不能作为认定本案事实的依据，法院对该三份公证书不予采信。老百姓大药房主张临朐县老百姓大药店在其店面招牌上突出使用了“老百姓”标识，侵害了老百姓大药房的涉案商标专用权缺乏事实依据，不予支持。

律师点评

本案涉及公证书瑕疵导致不能被法院采纳问题，值得原告律师注意，也能够为被告律师提供更多的质证思路。

除上述公证书瑕疵外，常见的公证书瑕疵还包括：

1. 因未做清洁性检查、联网测试否认公证书效力相关判决

广东中凯文化发展有限公司与中国电信股份有限公司侵犯信息网络传播权纠纷案[①]中，第6448号公证书以及《现场记录》均不能证明在公证时所使用的计算机硬盘是否进行了清洁性检查，是否在计算机硬盘中预装了与本案相关的内容，而中国电信提供的第3419号公证书却证明在未连接互联网的情况下，在技术上确实存在着可以预先在本地电脑中设置目标网页也能产生在线播放涉案电影内容的假象。因此，中凯公司提交的上述证据并不能充分证明中国电信实施了侵犯信息网络传播权的行为。

---

① 最高人民法院（2012）民监字第16号。

2. 是否使用公证人员电子设备及操作人员是否为公证处工作人员

北京中文在线数字出版股份有限公司与中国联合网络通信有限公司巴彦淖尔市分公司侵害信息网络传播权纠纷案[①]中，从该公证书的内容看，公证保全时虽使用公证处的办公电脑，但公证人员未做《现场记录》，公证书中也未记载在进行相关操作前对所使用的电脑与互联网的连接状态、电脑刻录光盘的清洁性进行了检查，公证时的操作人员非公证处工作人员。

3. 未记载是否对移动硬盘进行清洁性检查及该移动硬盘是否始终处于公证处的保管监控之下

中国电影集团公司电影营销策划分公司与南宁市极速空间网吧侵害作品信息网络传播权纠纷上诉案[②]中，因移动硬盘的清洁性、“屏幕录像专家”的来源和移动硬盘中的原有文档属于局域网网络取证的三个重要方面，任何一个方面的缺失均会导致局域网网络取证不客观，南宁市东博公证处在进行公证的九个月甚至更长时间后才对公证当时的情况进行说明，其说明的内容无法对公证书的缺失部分进行有效的补正，故对于事后南宁市东博公证处的说明及补充说明的效力，法院不予认可。

4. 因公证程序瑕疵否认公证书效力相关判决

广东中凯文化发展有限公司与中国电信股份有限公司侵犯信息网络传播权纠纷案[③]中，一审法院认为，原告提供的（2014）宁秦证民内字第4428号公证书，该份公证形式属证据保全，故公证人员应亲历亲见、全程监督并客观记录当事人购买或者索取实物的过程、保全现场的真实情况，这是公证高证明力的客观依据以及公证法的内在要求。根据被告经营场所

① 最高人民法院（2013）民申字第469号。

② 广西壮族自治区南宁市中级人民法院（2012）南市民三终字第14号。

③ 江苏省南京市中级人民法院（2012）民监字第16号。

的监控显示……从2分30秒两名公证人员均已走出店铺至3分30秒邱红梅走出店门这段时间内，两名公证人员并未对邱红梅购买榴莲干的全过程进行实际客观的注视监督，明显与该公证书自身记载的“兹证明上述购物行为的全过程在公证人员的监督下进行……”不相符，两名公证人员均未做到亲历亲见、全程监督，故该公证程序存在明显违法……若公证程序严重违法或有重大瑕疵无法完全排除公证事项虚假，那么该份公证书便不能有效证明待证内容。本案中，（2014）宁秦证民内字第4428号公证书不能单独证明原告所主张的被告侵权的事实，仅能证明被告所经营店铺于2014年11月2日向邱红梅销售过榴莲干，至于所售榴莲干是否为涉案榴莲干，结合本案原、被告的现有证据，无法查明。二审进一步认为，被上诉人提供的监控录像证明，在邱红梅购买涉案商品过程中的付款、交付涉案商品、取得单据、邱红梅将商品放入自带红色购物袋等行为的关键环节，公证人员并不在现场实时监督。二审法院认为，公证书的记载并不符合客观实际，其记载的内容已被相反证据推翻。一审法院对公证书所欲证明的待证内容未予采信，符合法律规定。

九、国家知识产权局与华润雪花啤酒（中国）有限公司、第三人深圳恒峰投资有限公司商标权无效宣告请求行政纠纷案[①]

事件回放

诉争商标为第11480536号“雪荞”商标，由恒峰公司于2012年9月11日向原国家工商行政管理总局商标局（以下简称商标局）提出注册申请，核定使用在第32类“啤酒；矿泉水（饮料）；汽水；无酒精的开胃酒；奶茶（非奶为主）；果汁；无酒精果茶；豆类饮料；饮料制作配料；烈性酒配料”等商品上，专用期限至2024年2月13日。

① 一审案号：北京知识产权法院（2018）京73行初12347号；二审案号：北京市高级人民法院（2020）京行终5902号。

引证商标一为第3628283号“雪花”商标，申请时间和注册时间均早于诉争商标申请日，核定使用在第32类“啤酒；姜汁淡啤酒；姜汁啤酒；麦芽啤酒；果汁；无酒精饮料；矿泉水；果汁饮料；可乐；饮料制剂”等商品上，专用期限至2025年2月6日。引证商标二为第6390657号“雪花及图”商标，申请时间和注册时间均早于诉争商标申请日，核定使用在第32类“啤酒；姜汁淡啤酒；姜汁啤酒；麦芽啤酒；制啤酒用麦芽汁；制啤酒用蛇麻子汁；麦芽汁（发酵后成啤酒）；无酒精饮料；植物饮料；饮料制剂”等商品上，专用期限至2030年3月6日。引证商标三为第6390662号“雪花SNOW及图”商标，申请时间和注册时间均早于诉争商标申请日，核定使用在第32类“啤酒；姜汁淡啤酒；姜汁啤酒；麦芽啤酒；制啤酒用麦芽汁；制啤酒用蛇麻子汁；麦芽汁（发酵后成啤酒）；无酒精饮料；植物饮料；饮料制剂”等商品上，专用期限至2030年3月6日。

华润雪花公司请求依据2014年《商标法》第七条、第三十条、第三十二条、第四十四条第一款的规定，对诉争商标予以无效宣告。2018年9月12日，商标评审委员会作出的商评字[2018]第167729号《关于第11480536号“雪荞”商标无效宣告请求裁定被诉裁定书》（以下简称被诉裁定）。该裁定认为，诉争商标核定使用的全部商品与引证商标一、二、三已构成使用在同一种或类似商品上的近似商标，其注册违反了2013年修正的《商标法》（以下简称2013年《商标法》）第30条的规定，商标评审委员会对诉争商标予以无效宣告。一审法院认为，诉争商标与引证商标一、二、三未构成使用在同一种或类似商品上的近似商标。二审维持原判。

律师点评

本案涉及人民法院应一视同仁保护各类市场主体合法权益问题。

人民法院应当为营造稳定、公平、透明、可预期的营商环境提供有力的司法服务和保障，持续加强知识产权保护要求的是一视同仁保护各类市场主体合法权益，而不是只加强对大企业、知名商标的保护，而忽视中小企业的市场权益。

诉争商标是由行草字体书写、竖向排列的汉字“雪荞”构成的纯文字商标。引证商标一由横向排列的宋体汉字“雪花”构成。引证商标二由经过艺术化处理、横向排列的汉字“雪花”及“花”字中镂空的雪花图形构成。引证商标三由经过艺术化处理、竖向排列的汉字“雪花”“花”字中镂空的雪花图形以及与“雪花”含义相对应的英文“SNOW”构成。根据我国相关公众的认知习惯，汉字“雪花”是引证商标一至三的显著识别部分。诉争商标“雪荞”与引证商标一及引证商标二、三的显著识别部分“雪花”相比较，在文字构成、呼叫、含义等方面均存在差异，特别是整体视觉效果区别明显，即使使用在相同或类似商品上，亦不会导致相关公众对商品来源产生混淆、误认。

知识产权允许模仿，禁止仿冒，不能仅仅因为华润雪花公司属于世界级企业，争议商标实力对比悬殊，就主观推定其具有攀附的主观恶意，就对所有包含“雪”字的商标予以排斥，那是文字垄断的行为。因此，诉争商标的注册未违反2013年《商标法》第30条的规定。

十、最高人民检察院就侵犯“世界经理人”商标权与不正当竞争纠纷向最高人民法院抗诉案①

事件回放

最高人民检察院抗诉认为，再审判决认定资讯公司在其出版的《世界经理人週刊》上使用“世界经理人”不构成对文摘公司的商标侵权，属适用法律确有错误。事实与理由为：（一）第3226295号“世界经理人”文字商标具有显著性，文摘公司依法享有该商标的注册商标专用权。第一，第3226295号“世界经理人”商标申请日为2002年6月28日，核准注册日为2003年11

① 一审案号：北京市第一中级人民法院（2007）一中民初字第9692号；二审案号：北京市高级人民法院（2009）高民终字第2410号；再审案号：北京市高级人民法院（2012）高民再终字第1861号；抗诉后再审案号：最高人民法院（2017）最高法民再106号。

月14日，注册有效期至2013年11月13日，2014年2月24日经核准续展注册，续展注册有效期自2013年11月14日至2023年11月13日，该商标自核准至今仍处于注册有效期内。第二，根据原审查明的事实，文摘公司与商业媒介控股有限公司（Trade Media Holdings Limited，以下简称商业媒介公司）共同的母公司环球资源有限公司于1999年11月开始在中国大陆出版发行名称为《世界经理人文摘》杂志，该“世界经理人”标志经长期持续使用，已经与《世界经理人文摘》杂志形成了对应关系，消费者可以通过该商品标志区分商品来源。据此，“世界经理人”标志经过长期使用，已经在期刊、杂志等商品上取得了显著特征。第三，资讯公司于2012年1月16日针对第3226295号“世界经理人”商标向国家工商行政管理总局商标评审委员会（以下简称商标评审委员会）提出争议申请，商标评审委员会裁定对该商标予以维持。资讯公司又对商标评审委员会的维持裁定提起行政诉讼，该案经北京市第一中级人民法院一审判决维持被诉裁定，资讯公司上诉后，北京市高级人民法院二审判决驳回上诉，维持原判。商标评审委员会和两审行政判决均认为涉案第3226295号“世界经理人”商标经过长期宣传和使用，在其核定使用的商品上具有显著特征，可以作为商标注册。上述商标评审委员会和行政判决关于涉案商标具有显著性的认定，是专门针对涉案商标是否具有显著性的认定和裁判，足以推翻原审判决关于“‘世界经理人’本身具有较强的固定含义，从而弱化了其作为商标的显著性，不具备商标的识别作用”的认定。（二）资讯公司在其出版的《世界经理人週刊》上突出使用与“世界经理人”商标相同的文字，属不规范使用企业名称的行为，并造成了容易引起相关公众误认的结果，构成对文摘公司的商标侵权。1.企业对于自己的名称，依法享有使用权，但企业在使用名称时应当规范使用，不得侵犯他人的合法权利。资讯公司在工商部门注册登记的企业名称为“世界经理人资讯有限公司”，其在经营活动中应当按照工商登记的内容完整地使用企业名称，但资讯公司却在其出版的《世界经理人週刊》杂志名称中，突出醒目地使用了与“世界经理人”注册商标相同的文字，已经超出了对企业名称合理使用的范围，属于对企业名称的非正常使用。2.资讯公司出版的《世界经理人週刊》杂志与文摘公司出版的《世界经理人文摘》杂志为同类出版物，而“週刊”和“文摘”均为杂志类商品的通用名称，相关公众对于涉案杂志名称的认知部分主要是基于“世界经理人”五个文字，资讯公司在其杂志封面上突出使用了“世界经理人”文字，尽管字体、大小与《世界经理人文摘》的文字并不完全相同，但该突出使用行为容易造成相关公众对两个杂志产生混淆、误认的效果。资讯公司在其出版的杂志名称中突出使用“世界经理人”文字，足以造成相关公众对商品来源产生误认，构成对文摘公司的商标侵权，应当承担侵权责任。

最高人民法院再审认为，对于描述性用语的正当使用应该限于说明或客观描述商品特点，以善意方式在必要范围内予以使用，且不应导致相关公众将其视为商标而导致来源混淆。本案中，资讯公司在其出版的杂志的显著位置使用“世界经理人”字样，“週刊”两字相对较小，显然意在突出使用“世界经理人”这一名称。“世界经理人”是文摘公司的在先注册商标及商标的显著性部分，并非通用词汇。文摘公司的杂志《世界经理人文摘》及《世界经理人》已经长期发行并获得一定知名度。作为同行业的竞争者，资讯公司理应对于文摘公司的在先杂志《世界经理人文摘》及《世界经理人》有所了解，并应采取必要措施防止混淆。事实上，如果资讯公司意欲表明其杂志的内容或者特点，完全可以选择近似程度更低的标志以避免混淆。事实却是，资讯公司并未采取必要措施予以避让，仍然选择在与文摘公司涉案两注册商标核定使用的商品完全相同的商品上使用基本相同或者极为近似的标识，明显超出了说明或客观描述商品特点所需要的限度。期刊名称同样可以起到区别商标来源的作用和功能。资讯公司在与文摘公司涉案两注册商标核定使用的商品完全相同的商品上使用基本相同或者极为近似的标识，容易导致相关公众混淆误认。因此，资讯公司在其出版的杂志上突出使用“世界经理人”标志的行为不属于构成正当使用。

律师点评

本案涉及“商标正当使用”的判断是否考察混淆要件问题。

1.“正当使用”的历史沿革及司法实践对混淆误认要件的犹豫不决

“正当使用”的法理引用，最早通常源于2002年《商标法实施条例》第49条，即“注册商标中含有的本商品的通用名称、图形、型号，或者直接表示商品的质量、主要原料、功能、用途、重量、数量及其他特点，或者含有地名，注册商标专用权人无权禁止他人正当使用”。现行《商标法》第59条将《商标法实施条例》第49条正式纳入。我国台湾地区商标法存在“法定例外”，包含了“善意且正当使用抗辩”。

在我国以往司法实践中，有些涉及商标“正当使用”或“合理使用”的裁判文书中，法院将不会造成消费者混淆作为适用《商标法实施条例》第49条的要件。北京市高级人民法院对该问题的认识亦经历了一个反复的过程，其于2004年颁布的《关于审理商标民事纠纷案件若干问题的解答》第19条规定：“商标合理使用应当具备以下构成要件：（1）使用出于善意；（2）不是作为商标使用；（3）使用只是为了说明或描述自己的商品或服务；（4）使用不会造成相关公众的混淆、误认。”但北京市高级人民法院在2006年颁布的指导意见则认为要构成描述性使用或指示性使用等“正当使用行为”，不再将“相关公众不会造成混淆误认”作为必要条件。

2.“合理使用”与“正当使用”：侵权例外抗辩与不侵权抗辩

商标领域的“正当使用”抗辩有的也被称为“合理使用”抗辩，是导致混淆误认作为正当使用认定要件的原因之一，有必要对这两个概念进行厘清。“合理使用”属于著作权范畴的概念，“合理使用”的前提是侵犯了他人权利，但法律为公共利益视为合法，是对权利的一种限制，属于侵权例外抗辩；商标的“正当使用”本身未侵犯他人权利，是对商业标识第一含义的使用，是对一些和商标相同的符号的正当使用，即描述性使用不是对商标的使用，不属于商标法未经许可使用的范畴，属于不侵权抗辩，而非侵权例外抗辩。

在搞清楚“合理使用”与“正当使用”的区别后，我们发现，“正当使用”既然因为不是“商标性”使用或“商标法意义”上的使用，而形成的不侵权抗辩，当然不需要再考察混淆误认。“正当使用”是出于商业言论表达自由的保护，是第一性的，无论是否具有混淆误认，均不应苛责使用人，而应归责于权利人在选取相关商标时搭乘公共利益的“主观故意”，其选择商标时就应该预料到会妨碍他人正常使用而刻意制造这种冲突，后果应自行承担，个人私权的保护不能凌驾于言论表达自由之上，公路不能私自搭建停车位阻碍他人正常行驶，无论多大成本修建的停车位都不能妨碍正常行驶，市场自由竞争也是一样，与市场竞争具有密切关系的词汇一旦被注册为商标垄断使用，势必会增加一方的天然竞争优势并减弱竞争者的天然竞争优势，这种竞争优势与自身努力无关，而是来自于与竞争有关的公有领域词汇对竞争带来的先天优势。故此，在他人正当使用标识第一含义时，混淆误认的后果权利人应自行承担，而不应一味苛责竞争者进行合理避让，不应因具有混淆误认可能性的后果而直接推翻竞争者上述词汇，即混淆误认不是正当使用的判断要件。

CHAPTER 3

第3章

反不正当竞争

新法观察[①]

一、《民法典》颁布，知识产权侵权引入惩罚性赔偿机制

2020年5月28日全国人大通过了《民法典》,《民法典》第123条规定了民事主体依法享有知识产权，同时,《民法典》第1185条规定，对故意侵害他人知识产权，情节严重的应当予以惩罚性赔偿。从而从民事基本法层面确立了对于知识产权侵权行为的责任承担不再限于赔偿损失的填平原则，而是增加了惩罚性赔偿原则。知识产权侵权中引入惩罚性赔偿制度，对于恶意侵权且造成严重损失的侵权人给予最严厉的处罚，不但要剥夺其不当获得经济利益的权利，还要给予其严厉的警告，促使全社会回到尊重知识产权、反对不正当竞争、遵守市场竞争秩序的轨道上来。民法典的颁布将有力推动我国知识产权保护事业的发展。

《民法典》第1194条、第1195条、第1196条、第1197条对于网络侵权行为进行了规范。该法规定网络用户、网络服务提供者利用网络侵害他人权益的应当承担侵权责任，同时对网络服务提供者侵权补救措施与侵权连带责任的承担进行了规范。鉴于我们已经进入互联网时代，许多不正当竞争行为都是通过互联网实施的，作为民事基本法的民法典对网络侵权行为作出了专门规定，既显示了互联网在经济生活中的重要地位，也体现了立法者对互联网时代互联网侵权的高度重视和高瞻远瞩。民法典互联网专条使知识产权律

① 谢湘辉，国浩律师（深圳）事务所。

师在处理互联网反不正当竞争纠纷时有了明确的法律依据，使法院在审理互联网反不正当竞争纠纷时有了精确的裁量标准，为加大知识产权保护提供了强有力的制度保障。

二、国务院通过反不正当竞争部际联席会议制度

2020年11月12日国务院办公厅以国办〔2020〕107号文批复同意由市场监管总局牵头十七个部委成立反不正当竞争部际联席会议。该联席会议主要职能为贯彻落实党中央、国务院关于反不正当竞争工作的决策部署，加强对反不正当竞争工作的宏观指导等。反不正当竞争部际联席会议制度将反不正当竞争工作上升到一个更高的层面。

三、最高人民法院发布知识产权民事诉讼证据规则，旨在提高知识产权保护效率

最高人民法院于2020年11月17日发布了《关于知识产权民事诉讼证据的若干规定》，对知识产权民事诉讼中问题较为突出的证据提交、证据保全、司法鉴定以及诉讼中商业秘密保护等作出规定。该规定适当减轻权利人的举证负担，加强知识产权诉讼程序体系建设。该规定的颁布，有利于解决知识产权诉讼中的举证难、维权成本高等问题，对提高知识产权保护效率会有一定帮助。

最高人民法院于2020年12月29日作出《关于修改〈最高人民法院关于审理侵犯专利权纠纷案件应用法律若干问题的解释（二）〉等十八件知识产权类司法解释的决定》，对包括《最高人民法院关于审理不正当竞争民事案件应用法律若干问题的解释》在内的十八部涉及知识产权案件审理的司法解释进行了修改和完善，有利于提高反不正当竞争案件的审理效率和水平。

四、深圳特区修订知识产权保护条例，推出多项知识产权保护创新

深圳经济特区响应党中央国务院加大知识产权保护力度的号召，于2020年6月30日对《深圳经济特区知识产权保护条例》进行了修改，修改后的条例在反不正当竞争及知识产权保护领域有以下创新：

第一，创立知识产权行政查处案件自行调解制度，达成调解协议并履行的，可以不立案，立案后达成调解协议并履行的可以减轻或者免予行政处罚。这一规定大大缓解了行政案件不断增长的压力，也有利于营造和谐的营商环境。第二，对反不正当竞争案件中违法经营额的计算方式进行了详细列举，有利于律师代理此类案件，收集损失证据和索赔。第三，知识产权行政案件主管行政部门可以颁布行为禁令，从而及时有效地制止侵权，加大对权利人的保护力度。第四，对于故意侵犯知识产权且情节严重的行为，法院应实施惩罚性赔偿，并且列举了五种可以从重处罚的情形，为律师和法院在办理此类案件提供了法律依据。第五，支持仲裁机构、人民调解组织和协会开展知识产权纠纷仲裁调解工作，从而提高知识产权纠纷处理效率，改善营商环境。该条例还在完善电子商务平台和展会侵权投诉处理机制，建立健全知识产权信用评价、诚信公示和失信惩戒机制，在政府采购项目中建立知识产权合规承诺制度，健全境外知识产权纠纷预警防范机制，建立境外维权服务平台等方面作出了规定，完善了深圳特区知识产权保护制度，必将有利于提高深圳特区的知识产权保护水平，改善深圳特区的营商环境。

五、上海市颁布知识产权保护条例，细化互联网领域反不正当竞争的规定

上海市人大于2020年12月30日通过了《上海市知识产权保护条例》，并定于2021年3月1日起施行。该条例针对目前互联网领域高发的不正当竞

争行为，作了诸多创新的规定，并且个别条款还对2019年刚修订的《反不正当竞争法》相应条款有进一步的细化：

第一，该法第11条规定，经营者不得实施帮助其他经营者对销售数据、用户评价、应用排名、搜索结果排名进行虚假或者引人误解的商业宣传；该条还列出了三种情形，实际上是在《反不正当竞争法》第8条的基础上作了补充，有利于律师和法院准确认定《反不正当竞争法》第8条规定的不正当竞争行为。

第二，该法第15条规定，经营者不得编造、传播或者指使他人编造传播虚假信息或者误导性信息，损害竞争对手的商业信誉、商品声誉。经营者对竞争对手的商品，不得作出虚假或者误导性的风险提示信息，损害竞争对手的商业信誉、商品声誉。该条具体列出三种情形，实际上在《反不正当竞争法》第11条的基础上进行了细化，有利于律师和法院准确认定传播行为。

第三，该法第16条规定，经营者利用网络从事生产经营活动，应当遵守法律法规和商业道德，不得利用技术手段，通过影响用户选择或者其他形式实施下列妨碍、破坏其他经营者合法提供的网络产品或者服务正常进行的行为，包括……无正当理由对其他经营者合法提供的网络产品或者服务实施拦截、关闭等干扰行为；违背用户意愿，下载、安装运行应用程序，影响其他经营者合法提供的设备、功能或者其他程序正常运行；对非基本功能的应用程序不提供卸载功能，或者对应用程序卸载设置障碍，影响其他经营者合法提供设备、功能或者其他程序正常运行。该规定与《反不正当竞争法》互联网专条一致，但是该规定从司法实践中归纳总结并列出了以上三种具体情形，是在《反不正当竞争法》互联网专条基础上的进一步完善，有利于律师和法院准确认定互联网不正当竞争行为，从而有效地为权利人提供法律服务，保护权利人的合法权利，维护网络经营环境和市场秩序。

典型案例

一、腾讯公司与深圳微源码软件开发有限公司、商圈（深圳）联合发展有限公司、侯团增不正当竞争纠纷案[①②]

案情聚焦

2016年初，腾讯公司发现，深圳微源码软件开发有限公司（以下简称微源码公司）开发的一款名为“数据精灵”的软件，配合其提供的特定微信版软件、天下游软件（上述三款软件以“数据精灵”软件包的形式在网络上供公众付费下载），可以在手机终端实现腾讯公司微信软件服务不具有的“定点暴力加粉、公众号图文回复、关键词回复、一键点赞和评论、通讯录好友群发、微信群自动回复、定点摇一摇、微信群好友一键添加、微信群自动推广、多账号自由切换、通讯录好友群发、微信群群发、朋友圈内容一键转发”十三项特殊功能。这十三项特殊功能与腾讯公司正版微信软件形成交互关系，干扰了微信软件服务的运行数据，破坏了微信软件服务的系统运营环境和商业模式，侵害了腾讯公司的竞争利益。鉴此，腾讯公司遂以微源码公司、商圈（深圳）联合发展有限公司（以下简称商圈公司）、侯团增为共同被告向深圳市中级人民法院提起不正当竞争诉讼。

一审法院经审理认为，微源码公司、商圈公司、侯团增研发、运营数据精灵软件的行为，妨碍、破坏了腾讯公司向用户合法提供微信服务，给腾讯公司造成了损害，遂依据《反不正当竞争法》第12条第1款、第2款第4项的规定，认定被诉各方构成不正当竞争，应当承担连带侵权责任。

被诉各方不服，上诉至广东省高级人民法院。二审法院认为，被诉各方实

① 谢湘辉，国浩律师（深圳）事务所。

② 一审案号：广东省深圳市中级人民法院（2017）粤03民初773号；二审案号：广东省高级人民法院（2019）粤民终2093号。

施的行为具有不正当性和可责性，主要体现在：一是其他经营者的合法权益受到损害；二是消费者的合法权益受到损害；三是被诉行为扰乱了公平竞争的市场秩序；四是被诉行为有违诚实信用和商业伦理。基于此，二审法院认定被诉各方上诉请求不成立，遂驳回上诉维持原判。二审法院还在判决中对《反不正当竞争法》第12条第2款第4项规定不属于前三项规定的其他不正当竞争行为结合司法实践进行了归纳分析，认为可以从以下四个方面进行判断：第一，经营者是否利用网络从事生产经营活动并与其他经营者存在竞争关系；第二，经营者是否利用了技术手段，通过影响用户选择或者其他方式，实施了妨碍、破坏其他经营者合法提供的网络产品或者服务正常运行的行为；第三，该行为是否扰乱了市场竞争秩序，损害其他经营者或者消费者的合法权益；第四，经营者是否有违自愿、平等、公平、诚信原则以及商业道德。该判断标准为日后类似案件适用反法互联网专条的兜底条款提供了参考，具有指导意义。

律师评析

近年来，随着互联网的迅速普及和发展，网络“黑灰产”逐渐引起业内和法律界的关注。其中，挂靠软件又是网络“黑灰产”的典型代表，其始一出现就游走在合法的边缘，需要及时制定法律或者根据现有法律合理规制。

本案就是一起涉及微信挂靠软件不正当竞争的典型案例。微信定位为熟人社交软件，为了给广大微信用户提供一个安全、私密和不受干扰的私人社交空间，腾讯公司做出了相应的设计和制定了严格的用户规则。基于此，微信建立了庞大的用户群体，极大地方便了用户之间的社会交往，也给腾讯公司带来了巨大的流量收益。被告作为互联网经营者，瞄准了微信的巨大用户群体，开发了“数据精灵”挂靠软件，该软件通过抓取微信软件的数据，与之进行非正常数据交互，实现了微信软件不具有的包括“暴力加粉”和“一键转发”等13项特殊功能，破坏了微信软件的运营模式，严重影响了微信软件的安全性和隐私性，降低了微信用户的使用体验。被告的创新显然侵犯了腾讯公司的合法权益，危害了微信的正常运行，破坏了微信安全私密的社交环境，损害了广大消费者的利益。

本案起诉时，我国反不正当竞争法尚未增加第12条关于干扰互联网正常运营的条款（又称“互联网专条”），本案律师通过证明涉案侵权软件的十三项功能是通过与微信软件进行数据交互才得以实现，从而证明被告违反微信的管理制度，强行与微信发生交互，干扰微信的正常运营，违反了相关法律法规，构成不正当竞争。刚好在本案一审过程中，全国人大对《反不正当竞争法》进行了修改并于2018年1月1日实施，新《反不正当竞争法》增加了第12条，专门规制本案被诉侵权行为，使本案一、二审判决都有了明确的法律依据。反法的修订也间接证明了本案代理律师的诉讼策略是专业的，判断是准确的，该案的审理和报道反过来也推动了我国反不正当竞争法的修改和完善。

本案二审过程中，本案代理律师进行了大量细则的研究工作。我国《反不正当竞争法》第12条互联网专条第2款第4项为兜底条款，如何适用尚未定论。二审法院在查明事实的基础上，通过严谨的论述，分析归纳了“有关经营者不得利用技术手段破坏其他经营者服务正常运营的行为”的判断标准，这是全国法院首次做出这一分析认定，该认定对日后律师代理类似互联网不正当竞争案件和法院审理此类案件都具有指导意义。

二、欧宝电气（深圳）有限公司与广东施富电气实业有限公司不正当竞争案①②

案情聚焦

上诉人欧宝电气（深圳）有限公司（以下简称欧宝公司）因与被上诉人广东施富电气实业有限公司（以下简称施富公司）侵害商标权及不正当竞争纠纷一案，不服广州市南沙区人民法院一审判决，向广州知识产权法院提起

① 陈东生，广东育资（广州）律师事务所；张昭斌，广东育资（广州）律师事务所。

② 一审案号：广东省南沙区人民法院（2018）粤0115民初2364号；二审案号：广州知识产权法院（2019）粤73民终6976号。

上诉。

欧宝公司请求判令施富公司：1.立即停止销售侵权防雷器；2.赔偿因不正当竞争行为给欧宝公司造成的经济损失15016.62元以及合理开支；3.在《南方都市报》发表启事，消除施富公司销售侵权产品给欧宝公司造成的影响；4.承担本案诉讼费。

一审法院判决驳回欧宝公司的全部诉讼请求。欧宝公司提起上诉。

二审法院经审理认定本案的争议焦点为：1.被诉侵权产品是否德国OBO公司制造、销售的正品；2.施富公司是否构成侵害注册商标权；3.施富公司是否构成不正当竞争。

1.被诉侵权产品属于德国OBO公司制造、销售的正品

经一审法院查明，施富公司的证据链条完整，足以证明涉案产品为德国OBO公司生产的正品。欧宝公司提供的优质售后服务属于其提高自身产品竞争力的销售策略，不属于产品的实质差别。故二者属于“具有同样质量的商品”。

2.施富公司不构成侵害注册商标

首先，施富公司平行进口行为未对产品标识、包装进行改动，不损害涉案商标识别功能。涉案侵权产品为德国OBO公司制造、销售，产品质量受德国OBO公司控制，商标的质量保障功能并未受损。其次，消费者只看重产品品牌，对销售渠道未作要求，施富公司采取平行进口方式采购涉案侵权产品未损害消费者利益。最后，施富公司正当取得被诉侵权产品并进口销售，在未损害商标基本功能和消费者权益的前提下，其后续流通符合市场经济鼓励自由竞争的基本精神。综上，施富公司平行进口行为未损害涉案商标基本功能、消费者利益，亦未扰乱市场经济的基本秩序，不构成侵害商标权。

欧宝公司作为涉案商标的排他被许可人，其许可使用权受合同相对性制约，并不约束第三方。本案中，德国OBO公司与欧宝公司许可使用合同中

约定不从许可方处向被许可方转让商标的任何所有权或权益。欧宝公司仅取得商标的许可使用权并非商标专用权。施富公司作为合同外第三人未侵害商标权的前提下，不能突破合同相对性，认定施富公司侵害欧宝公司的许可使用权。

3.施富公司不构成不正当竞争

从平行进口形成的根源来看。施富公司平行进口行为与德国OBO公司的全球化布局，与欧宝公司在签订和履行商标许可合同的过程中，未对可能发生的产品销售地域、销售主体冲突进行明确划分和充分安排等因素有关。施富公司利用区域价格差异降低销售成本的行为符合市场规律，不属于因违反《反不正当竞争法》第2条的规定而应当予以规制的行为。

从施富公司合理注意义务来看，施富公司采购被诉侵权产品的付款凭证、购买发票齐全，并尽力审查生产商、销售商的资质和产品原产地证明，已尽到销售商的合理注意义务。至于德国OBO公司与欧宝公司的商标权许可使用协议并不属于施富公司的合理注意范围。

从施富公司行为的正当性来看，施富公司利用区域价格差异降低销售成本的行为符合市场规律，是自由竞争的必然结果。是理性追求利益最大化的选择。施富公司并没有在招投标过程中利用欧宝公司声誉增强自身竞争优势。因为施富公司在合同订立之后再进行平行进口，并不影响定价，不属于低价竞争行为。

从消费者权益保护角度来看，施富公司按照用户的要求采购被诉侵权产品，在消费者对产品原产地和从国外进口的事实有一定认知，未限定采购渠道的前提下，被诉侵权产品完全符合消费者要求，是消费者自行选择的结果，且施富公司未以低价竞争或隐瞒欺骗等手段损害消费者权益。

从欧宝公司利益受损情况来看，施富公司与欧宝公司在中国大陆市场同时销售德国OBO公司制造的产品，二者之间存在竞争关系，欧宝公司的市场利益可能因平行进口行为受到损害，但施富公司行为不具有反不正当竞争法意义上的可责性，施富公司不因欧宝公司利益受损构成不正当竞争。

最终二审法院驳回上诉，维持原判。

律师评析

平行进口，是指未经相关知识产权权利人授权的进口商，将由权利人自己或经其同意在其他国家或地区投放市场的产品，向知识产权人或独占被许可人所在国或地区进口。平行进口能让经销商通过区域价格差异降低销售成本，是市场主体在正常市场竞争中追求利益最大化的理性选择。但是平行进口也会对国内已经获得境外品牌方授权的经销商造成一定的冲击，由平行进口产生的法律纠纷也随之而来，平行进口是否侵犯了获得授权的本地经销商的知识产权以及是否构成不正当竞争，目前我国现行法律尚无明确规定。要判断是否侵犯知识产权和是否构成不正当竞争，应当以具体案情为出发点，探究商标法和反不正当竞争法的立法本意，并结合国家政策和社会经济大环境来考察平行进口的正当性，并最终作出判断。

关于平行进口的商标侵权问题，从目前法院的司法实践看，裁判的逻辑主要是看平行进口商品与国内市场上销售的商品无实质性差异，如果不影响商标的识别性，平行进口行为一般不构成商标侵权。

关于平行进口行为是否构成不正当竞争的问题。目前由于平行进口行为的合法性一直处于灰色地带。平行进口商容易搭借商标被许可人在本国长期经营积累起来的竞争优势，以更低的价格销售同类商品，获取不正当利益。在降低商标被许可人的市场竞争力的同时，也会破坏正常的市场竞争秩序。而且，由于平行进口商对商品质量一般不做严格把控，这会导致商品质量参差不齐，并容易与市面上通过正规渠道引进的商品造成混淆，消费者购买到质量较差的商品不仅自身利益受损，而且品牌商誉也大打折扣。但是，平行进口行为如果没有超出正常竞争的范畴，没有破坏竞争，则平行进口行为不构成不正当竞争。《反不正当竞争法》虽对不正当竞争行为进行了类型化，但对于平行进口也只能通过兜底条款解释。要判断平行进口有没有超出正常竞争的范畴，构成不正当竞争，涉及法理、政策多方面问题，不能简单判断。应当慎重考量具体平行进口行为对消费者、竞争秩序、商标权人、进口国商标权被许可使用人的影响程度，避免过分限制相关产业的发展。

在经济全球化的背景下，商标平行进口这一现象存在有其合理性，但是，平行进口商与授权经销商之间的矛盾也会一直存在。平衡好双方的利益，对于市场主体、竞争秩序和我国经济的长足发展都具有积极作用。

三、江苏苏萨食品有限公司与南方果园生物科技有限公司不正当竞争纠纷案①②

案情聚焦

原告江苏苏萨食品有限公司（以下简称苏萨公司）诉南方果园生物科技有限公司（以下简称南方果园公司）不正当竞争纠纷一案，已经一审、二审及最高人民法院再审判决。

苏萨公司请求判令南方果园公司：1.立即停止生产、销售与苏萨公司“特种兵生榨椰子汁”包装装潢近似的商品，并销毁未销售的侵权产品；2.赔偿经济损失40万元。

南方果园公司认为，“特种兵”商标违反商标法第十条第一款第八项的规定具有不良影响，“特种兵生榨椰子汁”产品混淆与攀附中国人民解放军的地位及声誉并使之商业化，依据反不正当竞争法司法解释第五条的规定，该产品的包装、装潢不具有合法性。

苏萨公司认为，“特种兵生榨椰子汁”产品的包装、装潢整体上并不会使相关公众误认该商品与特定兵种或军事物资存在特定联系，该包装、装潢中蓝白相间的迷彩背景象征海洋与椰汁，与特种兵元素无关。剥离商标因素后，该包装、装潢主要特征在于迷彩背景和正方形图形，仍具有显著性。

一审法院认定南方果园公司实施了不正当竞争行为并应承担相应责任，

① 朱彦臻，北京高文（西安）律师事务所。

② 一审案号：浙江省衢州市中级人民法院（2018）浙08民初342号；二审案号：浙江省高级人民法院（2019）浙民终459号；再审案号：最高人民法院（2020）最高法民再133号。

南方果园公司不服提起上诉，二审驳回上诉，维持原判。南方果园公司向最高人民法院申请再审。

再审认为，反不正当竞争法保护的包装、装潢应当不属于《商标法》第十条第一款规定的不得作为商标使用的标志。含有商标的包装、装潢通常整体发挥识别商品来源的作用，商标以外的其他包装、装潢要素能够独立发挥识别作用时，也需要予以保护。

苏萨公司请求保护的涉案包装、装潢整体中，与涉案商标标志构成完全相同的“特种兵”文字以及盾牌图形具有较为显著的识别作用，是以之为核心进行的设计构思，故作为包装、装潢构成要素的“特种兵”文字及盾牌图形，对涉案包装、装潢可保护性的判断具有重要影响。

根据《反不正当竞争法》第1条规定，其立法目的在于保护经营者和消费者的合法权益。如果包装、装潢的显著识别部分是可能损害公共利益的商业标识时，包装、装潢与该商业标识均不具有获得法律保护的正当性基础。否则，将导致无法依据商标法获得保护的标志，反而能够通过反不正当竞争法获得保护的不良导向。

在生效判决认定“特种兵”文字及盾牌图形作为商标注册将产生不良影响的情况下，涉案包装、装潢将与上述商标构成完全相同的文字及图形部分作为显著识别部分，且包装、装潢中的其他构成要素均与上述文字及图形具有较高关联程度，易引发消费者将包装、装潢的整体与“特种兵”产生联想，涉案包装、装潢同样不应当作为反不正当竞争法意义上的具有一定影响的包装、装潢进行保护。

据此，南方果园公司的相关再审理由成立，判决驳回原告起诉。

律师评析

本案重要借鉴意义在于，再审判决明确了反不正当竞争法保护的是合法权益。本案中涉及的“特种兵”商标和包装装潢都被生效判决认为是有害于社会主义道德风尚或者有其他不良影响的情况而不予保护。

但查询已注册商标发现，“兵”“兵船”“兵王”“兵圣”“兵舰”这些涉及兵的商标都有多个被商标注册的情况，甚至包括“特种兵”本身也有多个被注册的商标，而且我国人名中，叫“兵”“小兵”“大兵”等带兵字的名字也很常见；而且，特种兵应当也不是中国人民解放军的兵种，仅仅是民间的一种俗称，如果是一种兵种，也应当是国内外每个国家都有的兵种，不会和我国的特种兵建立唯一的对应关系，也就不会有害于社会主义道德风尚或者有其他不良影响。对于蓝白相间的迷彩图案，此类图案的服装被大量在民间穿着，甚至工地上的工服也大量使用，社会公众并没有感觉到这有害社会主义风尚，那么把饮料的包装设计成迷彩颜色也不会有害于社会主义风尚。

含有商标的包装、装潢通常整体发挥识别商品来源的作用，商标以外的其他包装、装潢予以独立保护的条件是什么？

再审判决认为商标以外的其他包装、装潢要素能够独立发挥识别作用是其获得法律保护的前提条件；包装、装潢中的其他构成要素均与商标标识具有较高关联程度并识别性较弱是不予保护的判断依据，但如果具有较低关联度并识别性较强是否证明该包装装潢应予保护呢？关联度及关联度的高低又如何把握呢？这是值得研究的问题。如果包装、装潢的显著识别部分是可能损害公共利益的商业标识时，去掉显著识别部分的包装、装潢是否就一定也失去法律保护的正当性，同样值得研究。

四、北京京东叁佰陆拾度电子商务有限公司与杭州追风信息技术有限公司不正当竞争纠纷案[①②]

案情聚焦

北京京东叁佰陆拾度电子商务有限公司（以下简称京东公司）、杭州追风信息技术有限公司（以下简称追风公司）因不正当竞争纠纷一案经杭州市

① 张佳佳，贵州贵达律师事务所。

② 一审案号：浙江省杭州市中级人民法院（2019）浙01民初656号；二审案号：浙江省高级人民法院（2020）浙民终330号。

中级人民法院作出一审判决。

京东公司请求判令追风公司：1.停止涉案不正当竞争行为；2.在搜狐网、腾讯网、新浪网、凤凰网、“今日头条”手机应用软件首页显著位置，在《法制日报》《中国知识产权报》第一版显著位置刊登声明持续30日，就本案不正当竞争行为向京东公司赔礼道歉、消除影响；3.赔偿京东公司经济损失1000万元及诉讼维权合理费用。

一审法院认为：首先，京东公司为“京东”手机应用软件的经营者，该软件为网络购物平台，而追风公司经营的“淘帮手”手机应用软件主要为淘宝、天猫等电商平台提供推广服务，将相关用户引流至相应电商平台进行网络购物，因此两者的经营模式和盈利方式虽有所区别，但“淘帮手”软件依托于网络购物平台，与网络购物平台本就存在着紧密的联系，两者的用户均为有网购需求的用户，两者的市场竞争优势也均取决于上述用户群体对其平台的关注程度，两者存在着对于用户群体及交易机会的争夺，故京东公司和追风公司之间存在竞争关系。其次，追风公司通过插入链接、强制进行目标跳转的方式，使安装了其“淘帮手”的用户点击京东广告后，插入“淘帮手”手机应用软件的链接，进而打开“淘帮手”手机应用软件而非“京东”软件，追风公司该行为是为了自身的经营利益，在他人的广告投放页面强行实现自己的操作指令，损害了京东公司的利益。最后，追风公司劫持了京东公司投放于其他手机应用软件的广告原本应导向京东软件的用户流量，在不付出任何经营成本的情况下，不正当地利用了他人的市场成果，为自己谋取商业机会，从而获取竞争优势，属于“食人而肥”的不正当竞争行为，既破坏了平等公平的市场竞争秩序，也违背了消费者的一般利益和社会公共利益，明显有悖于诚实信用原则和公认的商业道德，具有不正当性。因此，一审法院认定追风公司的行为构成对京东公司的不正当竞争，并判决追风公司承担京东公司经济损失及为制止侵权所支出的合理费用共计50万元。

追风公司不服上述一审判决，向浙江省高级人民法院提起上诉。二审法院认为一审判决认定事实清楚，适用法律正确，维持原判。

律师点评

在网络消费快速发展的今天，浏览机会的掌握与交易形成的可能性正比相关。于是，诸如此类由劫持流量引发的不正当竞争纠纷十分典型。

首先，线上服务仍然保持边界宽、受众广、更新快等特点，在互联网行业中所出现各种服务提供者、所涉及的服务内容和形式随时可能突破常规。《反不正当竞争法》第2条第3款规定，经营者是指从事商品生产、经营或者提供服务（以下所称商品包括服务）的自然人、法人和非法人组织。从该条款出发，其实并未将经营者仅限定为具有同业竞争关系的主体。针对实施扰乱市场竞争秩序、损害其他经营者或者消费者合法权益行为的法人、自然人或非法人组织，都应符合《反不正当竞争法》关于经营者的认定。本案中，追风公司虽然与京东公司不存在同业竞争关系，但显然追风公司为提供相关服务的法人，而其确实实施了未经京东公司同意，在其提供的网络产品或者服务中，插入链接、强制进行目标跳转的行为，故追风公司与京东公司不具备同业竞争关系不是构成不正当竞争与否的当然依据。此种认定正确适用了相关法律规定，且与新兴行业的发展趋势相适应，既有利于维护互联网服务经营者的合法权益，也有利于保护消费者不被误导和欺骗的权利。

其次，当下网购服务平台竞争激烈，对于品牌影响力的打造势必花费大量资金、人力、物力及时间。本案中，追风公司通过消费者点击京东广告插入链接、强制进行目标跳转。消费者在浏览到相关广告时，通常因广告所展现的内容而被吸引，有的消费者会直接点击广告链接进行查看，有的消费者会根据自身消费经验，对广告提供者的知名度、信誉等进行评价后再决定是否进入。显然，针对第一种情形，追风公司在插入链接、强制进行目标跳转时利用了京东公司投放的广告，在消费者因京东公司广告点击进入却非跳转至京东软件而是跳转至“淘帮手”软件界面时，导致京东公司丧失了交易形成的机会；针对第二种情形，追风公司还利用了京东公司因长期经营、宣传所积累的品牌力以吸引消费者点击广告。两级法院均认定追风公司损害了京东公司的利益。

最后，由于互联网侵权存在的边界宽、受众广、更新快等特点，对侵权人所应承担的经济损失赔偿可能高于传统行业，就判赔而言对于办理此类案件的律师及法官既是一个机会也是一个挑战。

五、爱奇艺科技有限公司与飞流网络科技有限公司不正当竞争案①②

案情聚焦

上诉人北京爱奇艺科技有限公司（以下简称爱奇艺公司）与上诉人随州市飞流网络科技有限公司（以下简称飞流公司）、被上诉人上海七牛信息技术有限公司（以下简称七牛公司）不正当竞争纠纷一案，经江苏省高级人民法院审理后作出二审判决。

原告爱奇艺公司成立于2007年3月27日，通过主办“爱奇艺网站”开展视频播放、广告发布等经营活动。爱奇艺网站向网络用户提供视频播放服务，其中一种经营模式为通过与相关著作权人签订《视频合作协议》以获得视频的信息网络传播权等授权，再由爱奇艺公司按一定数额的单价与有效点播量向著作权人支付许可使用费。

本案中爱奇艺公司提交了《心理师之灭门惨案》等近十部视频的合作协议等书证，均约定分成单价为2元/有效付费点播量。并明确“有效付费点播均应来自对此真正感兴趣的用户”“通过刷流量等方式恶意增加点击量属于不正当竞争行为”“重复手动展现、自行点击……通过任何程序或脚本模拟用户的检索、点击等会导致无效点播产生”。

飞流公司运营飞流网，2017年11月10日爱奇艺公司进行公证取证时，该网站首页上部广告语为“使用飞流网，流量飞速涨”，页面下部载有“飞

① 汪明政，贵州贵达律师事务所。

② 一审案号：江苏省常州市中级人民法院（2018）苏04民初51号；二审案号：江苏省高级人民法院（2019）苏民终778号。

流网是基于互联网以流量为主的平台，每天可提供百万IP、亿级PV、UV流量、点击流量、来路流量等服务支持安卓、苹果、PC全国各地分布更加真实”等内容。此外，飞流公司开发了名为“柠檬挂机”的计算机软件并进行推广。

为证明飞流公司在2017年9月至11月对爱奇艺公司非法刷量访问的日志数量达278275797次、涉及视频数量达80001部/集，爱奇艺公司提交了（2017）沪东证经字第36824号公证书。该公证书证实，涉案非法刷量访问数据的特征信息均与飞流公司柠檬挂机软件内置信息相符。同时，（2017）沪东证经字第32681号、第34988号公证书等证据表明，网络用户可以通过飞流网付费实现定向访问爱奇艺网相关视频的操作。

爱奇艺公司的证据已经达到高度盖然性的证明标准。而柠檬挂机软件系由飞流公司开发、控制，其有能力通过提交对应时期的后台数据来查明挂机软件当时调用的插件信息及UA信息等，但前述关键信息飞流公司均未予提供。故一审法院认定爱奇艺公司所主张的刷量行为均为飞流公司通过柠檬挂机软件实施。

一审法院认为，飞流公司作为独立的行为主体参与市场活动，收取费用为他人实施点播等网络访问行为，爱奇艺公司根据视频的被访问数据确定其版权费投入、广告投放等经营策略，飞流公司提供的流量或点击量亦是爱奇艺公司正常经营的利益指标，故爱奇艺公司、飞流公司之间存在市场竞争利益层面的交叉重合，对涉案“刷量”行为应适用《反不正当竞争法》予以判断。

根据《反不正当竞争法》第12条规定，利用网络领域的专业技术手段，妨碍其他经营者合法提供的网络产品或服务正常运行的行为，属于不正当竞争行为。爱奇艺公司诉称提及的视频访问数据对其网站正常运营的重要影响合乎情理，符合公众对该经营模式的认知，该类数据显然具有可观的商业价值，具有保护的必要性和正当性，而飞流公司利用其柠檬挂机软件所具备的技术手段，对爱奇艺公司网站所提供的视频进行所谓“刷量”，反复、机械地制造相关视频的点播量，但并不具有正常观看视频的实际需求，纯粹追求点击数值上升，其实质是以从事数据造假行为直接获取经济利益，虚增视频受青睐度，使得部分案外人因视频热播攫取额外的不当利益，明显违反诚实信用原则。而且妨碍爱奇艺公司对网站正常运营所产生数据的采集，误导爱奇艺公司的经营判断，甚至导致爱奇艺公司支出本无需支付的版权费，有悖公认的商业道德，符合法律关于不正当竞争行为界定的实质要件，应当认定为“其他妨碍、破坏其他经营者合法提供的网络产品或服务正常运行的行为”，依法应承担民事责任。一审法院判决，飞流公司停止不正当竞争行为，赔偿爱奇艺公司经济损失及制止不正当竞争行为所支付的合理开支共计90万元，并且刊登声明以消除影响。

二审法院认为，本案中，虽然飞流公司与爱奇艺公司经营的业务不存在直接竞争关系，但是飞流公司通过虚拟用户点击使得爱奇艺公司网站中的视频播放数据虚假增加，明显损害了爱奇艺公司基于视频访问数据所对应的商业利益，并对爱奇艺公司的正常经营、消费者的认知产生了误导，属于法律所规定的不正当竞争行为。

一方面，爱奇艺公司通过采集正常运营数据并基于这些数据制定经营策略、支付视频版权费、收取广告费，飞流公司的刷量行为污染了爱奇艺公司采集到的运营数据，对其网站正常经营服务产生了较大影响，属于经营者利用技术手段，通过影响用户选择或者其他方式，实施其他妨碍、破坏其他经营者合法提供的网络产品或者服务正常运行的行为。另一方面，飞流公司的刷量行为导致相关公众对虚构点击量的视频的质量、播放次数、关注度等产生了虚假认知，产生了引人误解的虚假宣传的后果，故其行为亦符合《反不正当竞争法》所规定的虚假宣传的构成要件。综上，飞流公司的刷量行为违反了《反不正当竞争法》第12条及第8条第2款的规定，构成不正当竞争。

二审法院驳回上诉，维持原判。

律师点评

本案涉及近年来较为常见的互联网“刷点击量”不正当竞争行为。随着互联网经济的蓬勃发展，互联网产品或者服务的好评率、交易单数、粉丝数、点击量等指标具有越来越大的商业价值，是投资者及相关市场主体进行投资、合作决策的重要依据，也是消费者进行消费决策的重要参考。为了制造虚假商誉，有些不法商家就采取虚假的刷好评、刷单、刷粉丝等方式提高自身美誉度，有的互联网服务提供者趁机提供相应造假服务谋取非法利益，在一定范围内形成数据造假灰色利益链。

虚假“刷点击量”等互联网数据造假行为，不但对正常的互联网产品或者服务提供者造成干扰和破坏，对其他市场主体的投资和决策造成干扰，也使消费者难以获取真实的产品和服务质量信息，危害堪称巨大，应当受到法律的严惩。

本案中，被告飞流公司通过制造虚假的点播量获利，违背了诚实信用的基本原则，其行为对原告爱奇艺公司的正常生产经营活动造成严重干扰，也误导了其他市场主体和消费者，具有不正当性和违法性，应当受到《反不正当竞争法》的规制，承担相应的法律责任。从中可以得出，市场经营主体通过造假谋取不正当竞争优势，或者为其他经营者造假的不正当竞争行为提供帮助，甚至专门以造假为业，都是不会有任何前途的。企业经营者只有拒绝造假行为，诚实经营，才能行稳至远。

六、北京百度网络科技有限公司与北京搜狗信息服务有限公司等不正当竞争纠纷案①②

案情聚焦

北京百度网讯科技有限公司、百度在线网络技术（北京）有限公司（以下简称百度公司）经调查发现，搜狗浏览器拦截百度网站地址，并跳转至搜

① 朱彦臻，北京高文（西安）律师事务所。

② 一审案号：北京市海淀区人民法院（2018）京0108民初42023号；二审案号：北京知识产权法院（2019）京73民终1675号。

狗导航网址，无论是直接在搜狗浏览器地址栏中输入目标网址还是更改浏览器主页设置或者设置标签页，均会跳转为搜狗导航网址。百度公司遂向北京市海淀区人民法院起诉北京搜狗信息服务有限公司、北京搜狗科技发展有限公司（以下简称搜狗公司），请求判令：1.搜狗公司立即停止对百度公司的不正当竞争行为；2.搜狗公司以公开、书面形式在其www.sogou.com网站首页显著位置连续三十天刊登声明，并在相应媒体（具体范围为搜狐网、网易、新浪网、人民网、腾讯网，平面媒体包括新京报、京华时报、法制日报、中国青年报）显著位置刊登声明，消除影响；3.搜狗公司赔偿百度公司经济损失500万元、合理支出10万元。

一审法院认为，搜狗公司的行为不具有正当性。第一，搜狗公司认为百度公司的涉案网址存在较高风险的抗辩理由不存在事实前提，原因是搜狗公司所提供的证据不足以证明涉案网址是“危险网址”，其亦未合理解释如何识别“危险网址”、如何判断并采取何种措施的合理性；第二，搜狗公司在无法证明确实受到百度公司不当行为影响的情况下，搜狗公司的正当防卫抗辩亦不具有客观上的合理性和必要性；第三，搜狗公司对全部带有百度公司ID标记的URL地址进行防范并跳转至自己经营的同类导航网址的行为，使百度公司可能丧失其在搜狗浏览器用户处的市场份额；第四，搜狗公司仅凭少部分用户的评价即进行上述行为，并非为消费者利益，而是在屏蔽同类产品后对自己产品的推荐，是为其自身利益的行为结果。

一审法院依据《反不正当竞争法》第12条第1款、第2款第1项，认定搜狗公司利用技术手段，在未经百度公司同意的情况下，强制进行目标跳转的行为违反了法律规定，构成不正当竞争，判决搜狗公司立即停止链接跳转行为，并向百度公司赔偿经济损失及合理开支合计105万元。搜狗公司不服，提起上诉。

二审法院认为，搜狗公司关于其不构成不正当竞争的主张并无事实和法律依据。搜狗公司通过影响用户选择，在未经百度公司同意的情况下，在其合法提供的网络产品或者服务中，强制进行目标跳转的行为违反了法律规定，构成不正当竞争。搜狗公司以用户评论作为涉案URL网址存在风险而采取防范措施具有正当性的依据不充分，不足以证明确实存在网页风险。从百度公司提交的证据及一审当庭勘验情况看，IE、Chrome等浏览器均可正常访问。搜狗公司所采取防范措施，缺乏充分的事实和理由。

二审法院还认为，搜狗公司主张本案不属于《反不正当竞争法》第12条第2款第1项的情形不成立，考虑到搜狗浏览器默认主页为搜狗网址导航，其全面拦截百度、hao123渠道商导流网址，无论是浏览器地址栏访问，浏览器设置标签页，还是设置主页，均导向搜狗网址导航，属于《反不正当竞争法》第12条第2款第1项规定的情形，应予规制，一审判决适用法律并无不当，遂驳回上诉，维持原判。

律师评析

随着互联网的发展，不正当竞争的行为方式也在发生着变化，不再局限于《反不正当竞争法》第6条规定的四种行为。由于网络载体的特殊性，互联网背景下的不正当竞争行为也具有其独特的特点，网络经营者开展经营活动应当遵循自愿、平等、公平、诚信的基本原则，遵守法律和商业道德，在追求利润最大化的过程中，不得损害他人合法权益。在该背景下，新《反不正当竞争法》第12条对网络不正当竞争行为进行了规制，主要列举了三种情形，分别是非法链接、产品服务破坏、非法不兼容，以及其他情形。

本案是典型的非法链接跳转案件，当中也涉及诚实信用原则及商业道德。诚实信用原则是民法的基本原则，在反不正当竞争法意义上，诚实信用原则主要以公认的商业道德的形式体现。反不正当竞争法所指的商业道德必须是公认的商业道德，即特定商业领域普遍认知和接受的行业标准，具有公认性和一般性。本案中，搜狗浏览器在未经用户同意的情况下，通过屏蔽特定URL地址强行进行目标跳转至搜狗网址导航产品页面的行为影响了用户的选择，使本欲选择百度网址导航产品的用户违背真实的选择意愿，且该产品与百度网址导航产品同样均提供网址导航服务，消费者不易察觉已经跳转至搜狗的网址导航产品页面中，或者可能使消费者在使用的过程中发生替代结果，从而使百度网址导航产品丧失更大的市场份额，这样的行为有违该领域公认的商业道德，若不禁止，不但不利于用户准确获取信息，还会造成恶性竞争，不利于个体经营者提高自身服务品质和维护良性市场竞争秩序。

七、丹麦奇新蓝罐有限公司与尤益嘉（上海）食品商贸有限公司等知名商品特有包装、装潢及虚假宣传案①②

案情聚焦

丹麦奇新蓝罐有限公司（以下简称丹麦蓝罐公司）成立于1933年，自1934年起生产蓝罐曲奇产品，系丹麦皇室供应商。自2009年开始丹麦蓝罐公司就已得到丹麦皇室的许可，准许其在产品上及市场推广中使用皇室御用认证。尤益嘉（上海）食品商贸有限公司（以下简称尤益嘉公司）推广销售皇冠曲奇产品，并标注产地为丹麦，丹麦蓝罐公司认为其宣传及销售皇冠曲奇产品构成不正当竞争，遂在北京市石景山区人民法院起诉尤益嘉公司，诉请：1.判令被告停止不正当竞争行为，即擅自使用知名商品特有包装、装潢及虚假宣传；2.判令被告公开道歉、消除影响；3.判令被告赔偿经济损失以及调查不正当竞争行为所支付的合理费用共计1000万元。

一审法院认定：尤益嘉公司在2013年12月22日《扬子晚报》B8版面刊登的皇冠曲奇产品广告以及2014年12月17日天猫商城卖家网页中显示的广告将产品产地描述为丹麦，该描述既无在案证据佐证真实性，亦与本案已查明的事实不符，存在虚假成分。

尤益嘉公司在电商及电视台的广告中使用欧洲宫廷人物聚会风格的图片

---

① 汪明政，贵州贵达律师事务所。

② 一审案号：北京市石景山区人民法院（2016）京0107民初1884号；二审案号：北京知识产权法院（2018）京73民终538号。

和画面中配以皇冠曲奇产品图案，并使用“皇家”“丹麦皇室御用”“御制配方”“皇家御制”等宣传语。但是在本案中并无皇冠曲奇产品与丹麦皇室相关联的证据，存在虚假成分。

尤益嘉公司在皇冠曲奇微信公众号发布的文章中使用“最”“NO.1”“第一名”“皇冠曲奇终于超越所有竞争者，成为市场的领先者，成为中国消费者最喜爱的曲奇产品！”等词汇和宣传语，对此，尤益嘉公司并无在全国范围内取得领先和全国相关公众喜爱欢迎的证据在案佐证，存在虚假成分。

据2013年至2014年期间《中国曲奇市场消费者研究》《mmr品牌资产》报告、“爱微帮”网站刊载的文章显示，全国范围内的相关公众对于皇冠曲奇产品的产地会误认为来自丹麦，对于皇冠曲奇产品的质量会误认为与丹麦蓝罐公司或丹麦皇室授权许可相关，故上述虚假宣传内容已构成引人误解的事实结果。

本案中，在蓝罐曲奇产品于2009年被丹麦王国女王玛格丽特二世赐予“丹麦皇室御用品牌”曲奇类产品的唯一认证并获准在产品上使用丹麦皇室王冠标志，且丹麦蓝罐公司将认证标志作为其产品品质的象征在全世界包括中国大陆地区进行连续多年的宣传推广后，同为销售丹麦曲奇产品的经营者，尤益嘉公司使用了无事实依据且具有暗示性、歧义性的广告信息对其经销的皇冠曲奇产品进行了全国性的宣传，致使全国范围内的相关公众对于该产品的产地、质量产生误解；进而误认为皇冠曲奇产品产自丹麦，使用丹麦皇室的御制配方制作并与“丹麦皇室御用品牌”认证有关联或其产品质量已获得丹麦皇室认可，在中国大陆地区的同行业中品质最优、排名第一；其上述宣传行为，具有主观攀附“丹麦皇室御用品牌”认证商誉的目的，抬高了尤益嘉公司经销宣传的皇冠曲奇产品的形象及市场影响力进而获得了不正当的竞争优势，同时也破坏了公平的市场竞争秩序，扰乱了相关市场的竞争环境，造成作为同业竞争者的丹麦蓝罐公司所取得的“丹麦皇室御用品牌”认证的市场价值降低，使其在相关市场上公平、平等的竞争机会受到了损害。

一审法院判决：尤益嘉公司立即停止涉案虚假宣传的不正当竞争行为；尤益嘉公司于判决生效之日起三十日内刊登声明，消除影响；尤益嘉公司赔偿经济损失200万元以及合理支出。尤益嘉公司不服判决，上诉至北京知识产权法院。

根据二审查明的事实，尤益嘉公司在涉案广告宣传中明确将生产地为印度尼西亚的皇冠曲奇产品的产地标注为丹麦，涉案广告宣传足以使相关公众将广告宣传中涉及的皇冠曲奇产品的产地误认是丹麦。同时，尤益嘉公司在电商及电视台的皇冠曲奇产品广告宣传中大量使用欧洲宫廷人物聚会风格的画面，并配有“皇家”“御制配方”“皇家御用”等宣传语，加之涉案皇冠曲奇的全称为皇冠丹麦曲奇，相关公众在接触到上述广告宣传时通常情况下会将宣传中的皇冠曲奇产品与丹麦皇室产生联系，进而认为皇冠曲奇产品的生产得到了丹麦皇室的授权。因此，尤益嘉公司实施的虚假宣传内容已构成引人误解。

二审法院驳回上诉，维持原判。

律师评析

本案中，尤益嘉公司为了获取不正当竞争利益，在广告中故意将涉案产品产地虚假宣传为丹麦，同时在电商及电视台的皇冠曲奇产品广告宣传中大量使用欧洲宫廷人物聚会风格的画面，并配有“皇家”“御制配方”“皇家御用”等宣传语，加之涉案皇冠曲奇的全称为皇冠丹麦曲奇，相关公众在接触到上述广告宣传时通常情况下会将宣传中的皇冠曲奇产品与丹麦皇室产生联系，进而达到攀附原告“丹麦皇室御用品牌”认证商誉的目的。同时尤益嘉公司使用了“最”“NO.1”“第一名”“皇冠曲奇终于超越所有竞争者，成为市场的领先者，成为中国消费者最喜爱的曲奇产品”等虚假宣传语来抬高自身产品美誉度。这些行为已经引人误解，获得了不正当的竞争优势。这些扰乱市场竞争秩序的行为必然为反不正当竞争法所禁止。

本案原告虽未举证证明其损失，但法院依然判决被告承担200多万元的赔偿。通过本案，警示了经营者在经营过程中不得采取虚假宣传、攀附他人商誉等方式来获取不正当竞争利益，否则将承担相应的甚至是较重的法律责任。同时，对于自身合法的宣传内容，经营者也应当依照法律的要求留存充分的证据，避免因未保留证据，不能证实宣传内容真实而在诉讼中承担不利后果。

八、中国平安保险（集团）股份有限公司与深圳平安国际大酒店有限公司不正当竞争纠纷案①②

案情聚焦

中国平安保险（集团）股份有限公司（以下简称中国平安）认为深圳平安国际大酒店有限公司（以下简称平安国际大酒店）在深圳市开办经营平安国际大酒店的行为侵犯其注册商标权，被告的企业名称构成不正当经营，遂向深圳市中级人民法院提起诉讼，请求判令平安国际大酒店：1.立即停止使用侵害中国平安第6974784号“平安”驰名注册商标专用权的企业名称、字号；2.立即变更企业名称，变更后的企业名称不得包含“平安”文字；3.赔偿中国平安经济损失人民币200万元及合理维权费用。

一审法院认为，平安国际大酒店使用“平安”作为字号，会造成相关消费者的混淆与误认，理由如下：1.平安国际大酒店与中国平安消费群体存在交叉、重叠关系。中国平安涉案“平安”商标主要核定使用于保险、银行、资本投资，酒店服务与保险、银行、资本投资同属服务业，其消费群体均系普通社会公众。需要强调的是，中国平安“保险、银行、资本投资”服务对象一般为收入较高群体，而高端酒店亦主要面向高收入人群，因此，平安国际大酒店与中国平安消费群体存在较强的交叉和重叠关系。2.中国平安涉案“平安”商标属于驰名商标，在相关类别应得到保护。3.上市公司、企业集团进行多元化经营，在其总部所在地开设酒店、宾馆极为常见。4.平安国际大酒店的企业名称不具有正当识别意义。5.平安国际大酒店的地理

① 张佳佳，贵州贵达律师事务所。

② 一审案号：广东省深圳市中级人民法院（2017）粤03民初1624号；二审案号：广东省高级人民法院（2019）粤民终1853号。

位置与高端酒店的定位，更加容易导致消费者的混淆与误认。一审法院同时还认为平安国际大酒店攀附中国平安商誉，进行不正当竞争的故意明显；进而认定平安国际大酒店违反了诚实信用原则，其行为不但会导致相关消费者对平安国际大酒店与中国平安的关系产生混淆与误认，同时也会削减中国平安涉案商标的显著性，平安国际大酒店的行为构成不正当竞争。

一审法院判决平安国际大酒店立即停止使用含有“平安”字号的企业名称、赔偿中国平安经济损失人民币200万元及维权合理开支。

平安国际大酒店不服上述一审判决，向广东省高级人民法院提起上诉。

二审法院认为一审判决认定事实清楚，适用法律正确，驳回上诉，维持原判。

律师评析

本案属于典型的擅自使用他人有一定影响的企业名称（包括简称、字号等），引人误认为是他人商品或服务并与他人存在特定联系的不正当竞争纠纷案件。

首先，本案所涉及的“平安”文字为中国平安注册商标，同时也系中国平安具有一定影响的商品名称。《最高人民法院关于审理商标民事纠纷案件适用法律若干问题的解释》第1条第1项规定，将与他人注册商标相同或者相近似的文字作为企业的字号在相同或者类似商品上突出使用，容易使相关公众产生误认的，属于给他人注册商标专用权造成其他损害的行为。依照该法律规定，由于平安国际大酒店并未突出使用“平安”二字，不构成商标侵权，本案应属于《反不正当竞争法》第6条第2项规定的擅自使用他人有一定影响的商品名称相同或者近似的标识，引人误认为是他人商品或者与他人存在特定联系的情形，属于不正当竞争纠纷。中国平安一审诉讼请求之一为：“请求判令平安国际大酒店立即停止使用侵害中国平安第6974784号“平安”驰名注册商标专用权的企业名称、字号”，系主张商标侵权抑或是不正当竞争未有明确，故一审法院在审理时就本案案由首先进行了认定，可见，选择与案件事实相统一的案由和法律适用将有利于人民法院对于案件的审理。

此外，本案所涉第6974784号“平安”商标核准使用的服务不包括平安国际大酒店所经营的餐饮、住宿等，而法院仍认定平安国际大酒店构成不正当竞争。由此表明，在适用《反不正当竞争法》第6条的规定主张他人构成不正当竞争侵权时，如果双方具有同业竞争关系，即使被告提供的是不相同或者不类似的服务，但只要存在未经许可使用的情形，而该情形又足以引人误认为是他人商品/服务或者与他人存在特定联系的，就可以认定构成不正当竞争侵权。

九、广州商讯展览服务有限公司与玛氏食品（中国）有限公司不正当竞争纠纷案①②

案情聚焦

玛氏食品（中国）有限公司（以下简称玛氏公司）认为广州商讯展览服务有限公司（以下简称商讯公司）生产、销售带有“玛氏”“MARS”商标的宠物食品，并在宠物食品及动物栖息用品上使用“玛氏”“MARS”进行宣传的行为侵犯了其未注册驰名商标并构成不正当竞争，遂向广州知识产权法院提起诉讼，请求判令商讯公司：1.停止生产、销售带有“玛氏”“MARS”商标的宠物食品，停止在宠物食品及动物栖息用品上使用“玛氏”“MARS”进行宣传的行为；2.在《中国知识产权报》刊登道歉声明，以消除影响；3.赔偿玛氏公司经济损失50万元，其中包括制止侵权的合理支出费用。

一审法院经审理认定：

1.商讯公司注册、使用涉案商标的行为不构成侵害玛氏公司未注册驰名商标权

玛氏公司向法院主张其未注册驰名商标权，应先证明涉案商标在商讯公

---

① 陈东生，广东育资（广州）律师事务所；李蓉，广东育资（广州）律师事务所。

② 一审案号：广州知识产权法院（2017）粤73民初3370号；二审案号：广东省高级人民法院（2019）粤民终2677号。

司注册之前已达到驰名程度。商讯公司注册涉案商标时间为2008年7月8日，而根据玛氏公司提交的2008年7月8日之前的证据表明玛氏公司生产、销售的宠物食品产品相关供货合同、购销合同中所涉的商标主要是“宝路”“伟嘉”等商标，审计报告所涉品牌亦主要为“伟嘉”和“宝路”，即使出现“玛氏”，也是“玛氏产品”“玛氏宠物产品”“玛氏公司的宝路伟嘉系列”等作为企业名称、字号使用的情形。故法院认定玛氏公司的证据不足以证明其将“玛氏”“MARS”作为商标在我国经过长期、广泛宣传使用，不足以证明上述商标在宠物食品商品上已为相关公众所熟知，具有驰名商标所应有的广泛影响力和知名度。

2.商讯公司仿冒侵害玛氏公司企业名称权已构成不正当竞争

玛氏公司根据《反不正当竞争法》第6条主张商讯公司仿冒侵害其企业名称权造成混淆的行为已构成不正当竞争。

法院认为虽然玛氏公司使用“玛氏”字号所产生权利应始自企业变更之日——2007年10月26日，但由于在这之前，相关公众已经清楚地了解美国玛氏公司（MARS，INCORPORATED）、玛氏公司以及知名宠物食品品牌宝路和伟嘉等之间的关联，而且玛氏公司在销售宝路和伟嘉等品牌宠物食品商品以及进行宣传时也陆续使用“玛氏”“MARS”字号，商标标识的知名度辐射到字号的知名度，进一步巩固了相关公众对于玛氏公司与“玛氏”“MARS”字号之间存在特定联系的认识。因此，当玛氏公司的企业名称变更为“玛氏食品（中国）有限公司”后，其继续在宝路和伟嘉等品牌宠物食品商品使用“玛氏”字号，玛氏公司的“玛氏”字号承继了前述市场知名度，在短期内即可在宠物食品上产生较高的知名度，符合反不正当竞争法及其司法解释关于企业名称权利的相关规定。故玛氏公司的“玛氏”字号在商讯公司申请注册“玛氏”“MARS”商标前已属于有一定影响的企业字号。

根据《最高人民法院关于审理不正当竞争民事案件应用法律若干问题的解释》第4条第2款、第3款规定，认定与知名商品特有名称是否相同或者近似，可以参照商标相同或者近似的判断原则和方法。即综合评估以下因素：

（1）玛氏公司字号的知名程度；（2）玛氏公司与商讯公司商品的类似程度；（3）玛氏公司字号与商讯公司使用的商标、标识字样的近似程度；（4）相关公众的注意程度；（5）商讯公司的主观意图以及是否存在实际混淆的证据；（6）其他因素。而（1）玛氏公司的“玛氏”字号在商讯公司申请注册“玛氏”“MARS”商标前已属于有一定影响的企业字号。（2）玛氏公司的商品为宠物食品，商讯公司“玛氏”“MARS”商标注册并使用在宠物食品、动物栖息用品商品类别上，由于宠物食品与动物栖息用品的消费者高度重合，两者属于类似商品。（3）比较两者中文商标、标识字样完全相同，至于商讯公司使用的“MARS”商标和玛氏公司的英文名称中商号为MARS，由于玛氏字号的知名度和持续宣传使用，相关公众已形成玛氏公司的“玛氏”字号与“MARS”之间存在对应关系的认识；结合一般公众注意力可认定商讯公司使用的“MARS”商标、标识字样与玛氏公司“玛氏”字号构成近似。（4）关于商讯公司的主观意图以及是否存在实际混淆的证据，根据玛氏公司提交的自2012年至2017年商讯公司涉案网店、相关博览会的公证取证证据，系列证据表明商讯公司在其涉案网店中故意使用在玛氏公司注明“宝路”和“伟嘉”品牌宠物食品图片，在其承办的博览会的网站中将“玛氏中国”等与玛氏公司相关的网站链接与商讯公司涉案淘宝网店的链接置于同一页面，并在参加的多场文化节、博览会上使用存在暗示其“MARS玛氏”产品与美国有特定联系的宣传内容，上述使用方式已足以导致相关公众产生混淆，并且证明了商讯公司存在攀附玛氏公司商誉进行不正当竞争的主观意图。（5）关于其他因素。在针对商讯公司涉案的“MARS”“玛氏”商标的相关无效宣告请求程序和后续行政诉讼中，知识产权法院判决、商评委裁定中均认为商讯公司申请注册的“玛氏”“MARS”商标存在损害在先商号权利的抢注情形。

综合以上五方面的因素，一审法院认定商讯公司在制造、销售的宠物食品所使用的“玛氏”“MARS”商标以及针对宠物食品和动物栖息用品的宣传中所使用的“玛氏”“MARS”标识字样，足以导致混淆误认，构成擅自使用玛氏公司有一定影响的“玛氏”字号的不正当竞争行为。

一审法院判决：商讯公司应于一审判决发生法律效力之日起，停止在其生产、销售的宠物食品上使用“玛氏”“MARS”商标，停止在宠物食品及动物栖息用品上使用“玛氏”“MARS”进行宣传的行为，并在一审判决发生法律效力之日起十日内在《中国知识产权报》上刊登声明，就其不正当竞争行为澄清事实、消除影响，并酌定商讯公司应向玛氏公司赔偿经济损失及合理开支共40万元。商讯公司不服一审判决，向广东省高级人民法院提起上诉。

二审法院经审理，驳回上诉，维持原判。

律师评析

随着经济的不断发展，知识产权的保护也日益受到关注。企业的名称字号、商标作为指向企业产品的显著性标识，越来越成为企业重视保护的核心知识财产。同时也会出现很多恶意抢注他人字号，将他人名称注册为商标等侵害他人商标权、不正当竞争的违法行为。

本案中，玛氏公司早期不注重商标、字号一体化的保护，未能及时注册商标，被商讯公司抢先注册。幸好通过代理律师的努力，两级法院经审查认定商讯公司将玛氏知名字号作为商标使用的行为构成不正当竞争，判令商讯公司停止在宠物食品及动物栖息用品上对涉案商标的使用。这个判决在一定程度上遏制了知名字号被抢注为商标的现象，也警醒了相关企业应重视商标字号的保护，做好商标注册、侵权监测等知识产权规范化工作，并及时开展维权。新企业也应该遵循基本商业道德，努力经营自身原创商标，不应投机取巧恶意抢注他人字号、商标。

十、重庆腾讯信息技术有限公司、深圳市腾讯计算机系统有限公司诉李某不正当竞争纠纷案①②

案情聚焦

原告重庆腾讯信息技术有限公司（以下简称重庆腾讯公司）、深圳市腾

① 谢湘辉，国浩律师（深圳）事务所。

② 一审案号：广东省深圳市南山区人民法院（2019）粤0305民初15319号。

讯计算机系统有限公司（以下简称深圳腾讯公司）诉被告李某不正当竞争纠纷一案，原告重庆腾讯公司、深圳腾讯公司向深圳市南山区人民法院起诉，请求判令被告：1.立即停止不正当竞争行为，包括：（1）在斗鱼（www.douyu.com）平台从事直播《一起来捉妖》游戏经营活动中使用、宣传具有修改地理位置功能的外挂设备及软件；（2）自行及招募代理宣传和销售具体修改地理位置功能的外挂设备及软件，并提供售后更新服务。2.在新浪、搜狐、网易网站的首页顶部通栏显著位置刊登声明，消除影响。3.赔偿原告经济损失和合理支出共计人民币450万元。

一审法院经审理认定，原告重庆腾讯公司是涉案游戏软件的著作权人，原告深圳腾讯公司经原告重庆腾讯公司授权获得该游戏的全球独家代理发行和运营的权利，并有权以自己名义针对侵害涉案游戏相关的所有著作权、商标权及不正当竞争等侵权事宜进行维权。重庆腾讯公司、深圳腾讯公司作为《一起来捉妖》游戏的经营者，其通过游戏的经营获得合法商业利益应受法律保护。被告从事了销售应用于该游戏的外挂设备及软件并从中获取经济利益的商业性行为，属于反不正当竞争法中规定的"经营者"。因此，原、被告均为本案的适格主体。

一审法院认为被诉行为具有不正当性。从客观上看，《一起来捉妖》游戏的商业利益主要包括游戏内的增值服务以及依托游戏知名度、影响力所开展的商业合作。被告李某销售外挂设备及软件的行为以较低的成本抢夺游戏经营者增值服务的交易机会，并从中获利，直接影响了原告的经济利益。不对此类行为加以限制，势必改变涉案游戏正常运行的生态环境，损害网络游戏行业和广大游戏玩家的利益。

一审法院认为被告具有主观过错。涉案游戏《一起来捉妖》在登录前需同意《腾讯游戏许可及服务协议》，其中明确约定，玩家不得通过非腾讯开发、授权的第三方软件、插件、外挂、系统，使用腾讯游戏及腾讯游戏服务或制作、发布、传播非腾讯开发、授权的第三方软件、插件、外挂、系统。同时，涉案游戏也通过玩家公约、官网文章、游戏公告的方式明确表明涉案游戏内禁止使用外挂、销售外挂的行为，一经发现一律封号。被告在宣传涉案外挂设备及软件中多次将“0封号”“坐在家里，捉全国妖精”作为商品的卖点，可见其对涉案外挂设备及软件的功能和涉案游戏禁止用挂、卖挂的情况是明知的。

一审法院判决李某销售外挂设备及软件应用于《一起来捉妖》游戏的行为构成不正当竞争，判决被告停止侵权，并向原告赔礼道歉，赔偿原告经济损失及维权合理开支人民币15万元。判决后双方均未上诉。

律师评析

随着互联网的发展和移动电子设备的普及，网络游戏已成为大众普遍选择的娱乐消遣方式，网络游戏行业随之获得迅猛发展。一款制作精良、程序稳定、获得玩家青睐的网络游戏产品能够给企业带来巨大的经济效益。网络游戏行业的发展，外挂行业也随之兴起，目前已形成了研发、制作、推广、销售的完整产业链条。游戏外挂的普及会影响游戏的公平性、安全性和娱乐性，如不加以限制，会对整个网络游戏产业造成损害。

司法审判过程中，法院对不正当竞争的认定过程存在认定标准不规范、论述不详尽等问题。具体而言，在一些案件当中，虽然法院进行了经营者性质的认定，但具体的分析过于简略，与此同时，一些法院在适用法律时，仅针对被告行为对原告所造成的损害进行了结果性描述，忽略了《反不正当竞争法》第2条所规定的不正当竞争行为对于市场秩序的破坏、对消费者及经营者利益的影响，以及对被告主观过错的论述，显示出随意性强的缺点，缺乏要件思维。

本案援引了《反不正当竞争法》第2条、第7条，对判断某一行为是否构成不正当竞争的论述过程具有重要借鉴意义，即对行为的判断应当首先立足于竞争秩序的分析，在此基础上平衡多元利益，而不是机械地根据特定合法权益、损害行为及主观过错的一般侵权行为范式进行判断。具体而言，应判断某一行为是否违反了诚实信用原则和行业公认的商业道德，是否扰乱了行业的市场竞争秩序，并损害了相关经营者和消费者的合法权益。

游戏运营商在针对外挂软件或销售游戏外挂等灰色领域产业行为进行维

权时，会更多选择采取技术措施进行防控或联合公安部门进行刑事打击，采取反不正当竞争手段救济案件的比例甚低。但由于技术措施的局限性及刑法的谦抑性，该两种规制手段已不足以打击严重泛滥的网络游戏外挂行为，本案通过反不正当竞争民事诉讼这一手段，对外挂行为进行了规制，对于净化网络游戏市场环境，保护网络游戏产业健康发展具有重要意义。

重点关注

一、人大常委会检查《中华人民共和国反不正当竞争法》实施情况①

事件回放

党中央高度重视完善社会主义市场经济体制，对维护公平竞争市场秩序、优化营商环境提出了明确要求。为深入贯彻落实党中央重大决策部署，全国人大常委会开展反不正当竞争法执法检查。对于反不正当竞争法实施情况，中国人大网公布了《全国人民代表大会常务委员会执法检查组关于检查〈中华人民共和国反不正当竞争法〉实施情况的报告》。

该报告主要包括执法检查工作情况的总结、反不正当竞争法实施取得的积极成效、法律实施中的突出问题、实施存在问题的主要原因以及对进一步贯彻反不正当竞争法的意见建议。

律师点评

该报告反映出国家重视反不正当竞争法的实施，其特殊之处在于，此次执法检查报告采用创新方法，首次运用大数据技术。该报告显示，抓取互联网舆情数据约4851万条，搜索指数约268.1万条，司法判决数据约5.3万条，学术期刊论文数据5900余条，对2011年1月至2020年10月期间，反不正当

① 谢湘辉，国浩律师（深圳）事务所。

竞争法的社会关注度、执法司法效果以及存在问题进行了全面分析，为检查组重点研判和检查网络经济领域法律实施情况提供有力支撑。

《反不正当竞争法》是我国第一部专门规范市场竞争行为的基础性法律，法律贯彻实施的情况总体向好，社会公众评价积极。但是，一些新兴领域如大数据、人工智能、区块链、物联网中的不正当竞争行为，仍存在着标准认定不清，缺少配套法律法规制度的问题。虽然反不正当竞争法对不正当竞争行为主要采取“列举+兜底”的方式作出了概括性规定，但若要具体落实规范市场竞争的诸多领域，仅依据反不正当竞争法的概括性规定是远远不够的，还需要健全与之配套的法规制度，否则容易导致不同部门不同地区对法律概念理解的差异。

随着网络经济和科技快速发展，不正当竞争行为出现向线上延伸的趋势，线上商业模式的不断创新又产生新的不正当竞争行为，如借助技术手段，衍生出广告屏蔽、流量劫持、数据杀熟、网络链接、骗取点击、捆绑软件、恶意侵犯等新型网络不正当竞争行为，刷单炒信、竞价排名等虚假宣传行为花样翻新，这些都对规范市场公平竞争带来新的冲击和挑战。

另外，今年面对新冠肺炎疫情的冲击，各地区各部门及时出台政策措施，加大反不正当竞争执法力度。市场监管总局组织市场主体开展“保价格、保质量、保供应”行动，司法机关依法严厉打击涉疫情制假售假、哄抬价格等扰乱市场秩序行为，全力支持和保障疫情防控，为做好“六稳”工作，落实“六保”任务发挥了积极作用。

二、国务院批准建立反不正当竞争部际联席会议制度①

事件回放

2020年11月12日，国务院办公厅复函市场监管总局，为进一步加强对反不正当竞争工作的组织领导和统筹协调，更好地研究解决维护竞争秩序重

① 汪明政，贵州贵达律师事务所。

大问题，国务院同意建立由市场监管总局牵头的反不正当竞争部际联席会议制度。

反不正当竞争部际联席会议制度的主要职能是：贯彻落实党中央、国务院关于反不正当竞争工作的决策部署，加强对反不正当竞争工作的宏观指导；研究并推进实施反不正当竞争工作的重大政策、措施；指导、督促有关部门落实反不正当竞争工作职责；协调解决全国反不正当竞争工作中的重大问题；组织开展对不正当竞争热点问题和典型违法活动的治理，加强有关部门在反不正当竞争工作方面的协作配合；加大对反不正当竞争法律法规和政策的宣传普及力度；完成党中央、国务院交办的其他事项。

联席会议由市场监管总局、中央网信办、教育部、工业和信息化部、公安部、民政部、司法部、住房城乡建设部、农业农村部、文化和旅游部、国家卫生健康委、人民银行、广电总局、银保监会、证监会、国家中医药局、国家药监局17个部门组成，市场监管总局为牵头单位。

根据反不正当竞争部际联席会议制度的要求，由市场监管总局牵头做好联席会议各项工作。各成员单位按照职责分工，深入研究反不正当竞争工作有关问题，制定相关配套政策措施或提出政策措施建议；积极参加联席会议，认真落实联席会议确定的工作任务和议定事项；加强沟通，密切配合，相互支持，形成合力，充分发挥联席会议作用，共同推进反不正当竞争工作。联席会议办公室加强对联席会议议定事项的跟踪督促落实，及时向各成员单位通报有关情况。

律师点评

党的十九届五中全会通过的《中共中央关于制定国民经济和社会发展第十四个五年规划和二〇三五年远景目标的建议》中关于“十四五”时期经济社会发展主要目标中就包括“公平竞争制度更加健全”，并在“全面深化改革，构建高水平社会主义市场经济体制”部分强调“加强反垄断和反不正当竞争执法司法，提升市场综合监管能力”。

2020年12月18日结束的中央经济工作会议将“强化反垄断和防止资本

无序扩张”确定为2021年的重点任务之一，并且明确提出“反垄断、反不正当竞争，是完善社会主义市场经济体制、推动高质量发展的内在要求”，“要加强规制，提升监管能力，坚决反对垄断和不正当竞争行为”。

因此，反不正当竞争工作是我国现阶段推动有效市场和有为政府更好结合进而推动经济高质量发展的内在要求，近段时间以来受到了前所未有的重视。

现行《反不正当竞争法》第3条规定，国务院建立反不正当竞争工作协调机制，研究决定反不正当竞争重大政策，协调处理维护市场竞争秩序的重大问题。此次国务院批复同意建立反不正当竞争部际联席会议制度就是积极落实《反不正当竞争法》第3条要求的有力举措。

反不正当竞争部际联席会议制度的建立，必将加强国家对反不正当竞争工作的宏观指导，推动反不正当竞争重大政策的研究和出台，同时加强有关部门在反不正当竞争工作方面的协作配合，形成合力，促进全国反不正当竞争工作中的重大问题更加及时、有效地解决。

三、瑞幸咖啡虚假宣传遭重罚[①]

事件回放

2020年1月31日，知名做空机构浑水声称，收到了一份长达89页的匿名做空报告，直指瑞幸数据造假。2月3日，瑞幸否认浑水所有指控。

2020年4月4日凌晨，瑞幸咖啡自曝造假22亿事件持续发酵，周五收盘，瑞幸股价再次大跌15.94%，报5.38美元。中国证监会此前称，对该公司财务造假行为表示强烈的谴责。

2020年4月7日，瑞幸咖啡宣布停牌，在完全满足纳斯达克要求的补充信息之前，交易将继续暂停。

2020年4月，市场监管总局对瑞幸咖啡（中国）有限公司、瑞幸（咖啡）

① 陈东生，广东育资（广州）律师事务所。

北京有限公司（以下合称瑞幸公司）涉嫌虚假交易等不正当竞争行为开展调查。

经查，2019年4月至12月期间，瑞幸公司为获取竞争优势及交易机会，在多家第三方公司帮助下，虚假提升瑞幸咖啡2019年度相关商品销售收入、成本、利润率等关键营销指标，并于2019年8月至2020年4月，通过多种渠道对外广泛宣传使用虚假营销数据，欺骗、误导相关公众，违反《反不正当竞争法》第8条第1款“经营者不得对其商品的性能、功能、质量、销售状况、用户评价、曾获荣誉等作虚假或者引人误解的商业宣传，欺骗、误导消费者”的规定，构成虚假宣传行为。

经查，北京车行天下咨询服务有限公司、北京神州优通科技发展有限公司、征者国际贸易（厦门）有限公司等43家第三方公司，为瑞幸公司实施虚假宣传行为提供实质性帮助，违反《不正当竞争法》第8条第2款“经营者不得通过组织虚假交易等方式，帮助其他经营者进行虚假或者引人误解的商业宣传”的规定，构成帮助虚假宣传行为。

2020年9月18日，市场监管总局及上海、北京市场监管部门，对瑞公司及北京车行天下咨询服务有限公司、北京神州优通科技发展有限公司、征者国际贸易（厦门）有限公司等45家涉案公司作出行政处罚决定，处罚金额共计6100万元。

律师点评

一般而言，对于上市公司的财务数据造假行为，是通过证券法对其进行规制，以保护证券投资人的利益和证券市场的公平公正秩序，不会再适用反不正当竞争法进行调整，除非上市公司的造假行为破坏了正常的市场竞争秩序，损害了其他潜在竞争者和消费者的利益才会再考虑是否对其进行规制。

根据我国《反不正当竞争法》第8条第2款的规定，经营者不得通过组织虚假交易等方式，帮助其他经营者进行虚假或者引人误解的商业宣传。瑞幸公司利用虚假财务数据欺骗、误导消费者，在市场中建立一定的竞争优势和交易机会。此举已经违反了《反不正当竞争法》的规定，需要市场监督部门介入调查。

针对财务造假等违法行为，除了根据《会计法》《证券法》作出相应处罚，还可以依据《反不正当竞争法》作出处罚。这也是我国首次依据《反不正当竞争法》对上市公司财务造假行为进行处罚。这次事件表明，上市公司的财务造假行为，不仅仅危害证券市场的稳定性，也会给市场正常竞争带来不良影响。一个繁荣、健康的资本市场离不开良好的市场秩序，因而需要相关部门运用好法律赋予的职责，加强监管和加大执法力度，包括综合运用行政处罚、刑事追责、民事赔偿及诚信惩戒等立体追责体系，重拳打击资本市场违法行为。

资本市场中出现的任何造假行为如果有可能对公平竞争造成影响，都应该纳入反不正当竞争调查。在以往的上市公司财务造假处罚中，如果仅依靠《证券法》对其进行调整，很有可能处罚过轻，导致违法成本过低。如果运用《反不正当竞争法》，其中针对情节严重的最严厉的处罚可以吊销营业执照，这对企业来说会有相当大的震慑力。因此将《反不正当竞争法》纳入追责体系，能够起到更好的规制作用。同时，资本市场中的所有市场参与者，都需引以为鉴，合法合规经营，共同维护良好的市场秩序和健康的市场生态。

四、阿里巴巴“二选一”涉嫌垄断行为被立案调查[①]

事件回放

市场监管总局根据举报，依法对阿里巴巴集团控股有限公司实施“二选一”等涉嫌垄断行为立案调查。对此，阿里巴巴发布公告称：“今日，阿里巴巴接到国家市场监管总局通知，依法对阿里巴巴涉嫌垄断行为立案调查。阿里巴巴将积极配合监管部门调查。目前公司业务一切正常。”

2020年12月23日在第十三届全国人民代表大会常务委员会第二十四次会议上，全国人民代表大会常务委员会执法检查组提交了关于检查《反不正

① 朱彦臻，北京高文（西安）律师事务所。

当竞争法》实施情况的报告，该报告将“二选一”归列为新形势下不正当竞争的其中一种“负面典型”，具体指的是“平台利用优势地位和商家对其的依赖性，采取不正当手段强迫经营者在平台间‘二选一’”。报告指出，在反不正当竞争领域“老问题依然突出，新问题层出不穷”，其中排除和限制竞争行为凸显。

律师点评

顾名思义，“二选一”指的是行为人要求被限制方只能与自己合作或者不与特定的竞争对手合作。一般限定交易包括限定他人与自己交易也包括限定他人与其指定的特定的人交易，“二选一”所覆盖的限定交易主要是限定他人不得与特定的人进行交易。这直接体现了对其交易相对人交易自由的限制，也在相关市场排挤了其竞争对手的竞争机会，因为“二选一”的实施本身就意味着同业竞争者被排挤出了该销售渠道。目前购物、外卖、社交、酒店旅游等电商市场集中度日益提高，有的平台利用优势地位和商家对其的依赖性，强迫中小商家在平台间“二选一”，如果商家被发现在其他平台销售，平台会对商家进行惩处甚至直接下线其所有商品。部分商家因此压减产能、裁减员工，导致线上影响向线下传导。

“二选一”行为在《反垄断法》上可以适用第17条予以规制，该条规定，具有市场支配地位的经营者，没有正当理由，拒绝与交易相对人进行交易，或者限定交易相对人只能与其进行交易或者只能与其指定的经营者进行交易，都属于滥用市场支配地位的行为。《反垄断法》禁止限定交易和拒绝交易的前提是，行为人具有市场支配地位，因为行为人只有具有了支配地位，其限定行为或拒绝交易的行为才具有强制力。简单来讲，市场支配地位就是经营者具有控制相关市场交易条件的能力或者阻碍其他经营者进入该相关市场的能力。

也就是说，阿里巴巴“二选一”实际上是一种拒绝交易的行为。从法律技术上说，垄断者拒绝交易在何种情况下会被认定为违反《反垄断法》是司法实务中较难认定的问题之一，因为在绝大多数的市场经济条件下，拒绝交易本身就是企业自由选择的一部分，遵循买卖自由的原则，商家实际上可以自由选择交易对象，只有当“垄断者”占有着市场支配地位而拒绝交易才可能违反《反垄断法》。

此次立案调查，并不意味着国家对平台经济鼓励、支持的态度有所改变，恰恰是为了更好规范和发展平台经济，引导、促进其健康发展，以期为中国经济高质量发展做出更大贡献。

五、广东小天才诉深圳市小天才不正当竞争纠纷案①②

事件回放

广东小天才科技有限公司（以下简称广东小天才公司）成立较早，该公司在第9类商品上拥有多个“小天才”或“小天才儿童平板”商标，其中第646497号商标注册于1993年。经过大量的广告宣传，广东小天才公司的“小天才”商标、“小天才”字号及“小天才”牌早教机、平板电脑、电话手表等产品在广东乃至全国范围内均具有较高的知名度。被告深圳市小天才电子公司（以下简称深圳小天才公司）成立于2012年12月3日，主要经营青少年学习平板、点读笔等产品。

2018年底，由于消费者投诉，广东小天才公司发现深圳小天才公司在全国多地以搭建展台的方式销售其生产的学习机，并在展台上突出使用“小天才”“小天才科技”“深圳市小天才电子有限公司”字样，导致众多消费者被误导从而购买深圳小天才公司的产品，且因存在产品质量问题，引发大量投诉，互联网上充斥消费者此类投诉，严重损害了广东小天才公司的信誉和产品声誉。

广东小天才公司为维护其合法权益，遂向深圳市中级人民法院提起诉讼，请求判令深圳小天才公司停止实施商标侵权及不正当竞争行为，并赔偿

① 谢湘辉，国浩律师（深圳）事务所。

② 一审案号：广东省深圳市中级人民法院（2020）粤03民初20号。

损失。其后，广东小天才公司又向深圳市中级人民法院提起行为保全申请，请求裁定深圳小天才公司立即停止实施侵权行为。

经过充分听取各方意见，深圳市中级人民法院认为，广东小天才公司请求保护的知识产权效力稳定，深圳小天才公司构成商标侵权及不正当竞争的可能性较高，被诉行为损害了广东小天才公司的合法权益，不采取行为保全措施会使广东小天才公司的合法权益受到难以弥补的损害，且采取行为保全措施不会损害社会公共利益。据此，深圳市中级人民法院作出行为保全裁定，要求深圳小天才公司立即停止在其展台上突出使用“小天才”或者“小天才科技”字样，立即停止在其展台上或官网上使用企业名称“深圳市小天才电子有限公司”进行宣传推广。

其后，经过正式开庭审理。深圳市中级人民法院作出一审判决，认定深圳小天才公司突出使用“小天才”和在展台中央使用“深圳市小天才电子有限公司”字样的行为构成商标侵权，注册并使用包含“小天才”字样的企业名称的行为构成不正当竞争，遂判令深圳小天才公司停止商标侵权及不正当竞争行为，办理企业名称变更登记，并赔偿广东小天才公司经济损失人民币400万元。此案判决经报道，引起消费者广泛关注。

律师点评

随着市场经济的发展，以知名的商标权、企业名称权益为代表的商业标识不仅起到了区分商品、服务来源和市场主体的作用，更为权利人带来可观的商业利益。通过“搭便车”“傍名牌”，不法经营者可以不经投入广告宣传和勤勉经营就能实现巨额利益，针对知名商标和企业名称等商业标识的侵权和不正当竞争行为也因此层出不穷。

小天才电话手表是目前国内畅销的儿童消费电子产品，具有极大的市场份额和占有率。正因如此，许多同业经营者为追求高额利润，纷纷“傍名牌”“蹭热度”。由于我国公司注册制度的不完善，不同地市的公司注册系统并没有联网，导致已被他人注册的企业字号，换一个地市仍然能够成功注册。从而引发大量企业名称侵权纠纷。本案就是一例典型的企业名称不正当竞争纠纷。

本事件中，深圳小天才公司在注册包含“小天才”字样的企业名称后，通过突出使用字号、不当使用企业名称的行为制造混淆，实施侵权行为，一审判决被告停止侵权广东小天才公司“小天才”商标的行为，并且责令被告停止使用包含原告“小天才”字号的企业名称，同时，认定被告构成恶意侵权，判令被告赔礼道歉并赔偿原告经济损失400万元。

由于被告在疫情期间还通过在互联网宣传“疫情期间学生在家学习特殊情况优惠”为由大肆推销侵权产品和继续搭建展台侵权销售，深圳市中级人民法院还根据原告的申请和案情的紧迫性，做出了行为保全裁定，避免原告的合法权益遭到恶意侵犯，也避免消费者的权益受到不合理的损害。该行为保全裁定的作出既符合最高人民法院知识产权案件行为保全司法解释的规定，更体现了我国加大知识产权保护的国策和司法为民的基本原则。

六、OPPO手机锁屏弹窗干扰获诉前禁令①②

事件回放

2019年6月20日，OPPO广东移动通信有限公司、广东欢太科技有限公司（以下简称OPPO公司、欢太公司）向杭州铁路运输法院申请诉前禁令，要求鹰隼信息科技（宁波）有限公司（以下简称鹰隼公司）立即停止通过技术等手段在OPPO手机锁屏及系统运行界面中进行弹窗干扰等一系列行为。

OPPO公司、欢太公司认为鹰隼公司作为“来电秀”APP的开发者和实际运营者，通过技术手段在OPPO手机用户解除锁屏后弹出全屏页面、广告弹窗、在锁屏状态时直接弹出全屏页面、在用户关闭任意移动应用程序后弹

① 陈东生，广东育资（广州）律师事务所。

② 一审案号：杭州铁路运输法院（2020）浙8601民初798号；二审案号：浙江省杭州市中级人民法院（2020）浙01民辖终844号。

出广告弹窗、在OPPO手机中模仿手机锁屏功能实施混淆的一系列行为已严重影响其手机健康生态环境和必要手机功能，损害其产品商誉、造成用户权益的严重损害，已构成不正当竞争。鹰隼公司辩称其在APP提供个性化服务+资讯推送、广告推送的行为不构成不正当竞争行为。

2020年7月20日，法院作出行为保全裁定，裁定认为鹰隼公司系列行为构成不正当竞争的可能性较高，而该APP下载量巨大，使用人数持续增长，投诉的用户人数增多，若不立即采取措施可能会使OPPO公司、欢太公司的合法权益受到难以弥补的损害，故责令鹰隼公司立即停止侵权。

律师点评

近年来，有关互联网诉讼的诉前禁令数量不断增加。诉前行为保全可有效制止知识产权侵权行为的持续，对已经发生或可能发生的损害后果及时喊停，它属于知识产权侵权救济的一种暂时性措施，有着维权“及时雨”的功能。在互联网不断繁荣背景下的网络侵权具有速度快、范围广、影响大等特点，这在某种程度上也促进了诉前行为保全法律的出台。最高人民法院于2018年12月出台《最高人民法院关于审查知识产权纠纷行为保全案件适用法律若干问题的规定》，为正确审查知识产权纠纷行为保全案件提供了裁判规范。

本案中，争议焦点在于是否存在不正当竞争可能性以及诉前禁令的必要性、合理性。就诉前行为保全的合理性、必要性可以依据2018年《最高人民法院关于审查知识产权纠纷行为保全案件适用法律若干问题的规定》第7条，法院在审查禁令时需考量四方面的因素：申请人的请求是否具有事实基础和法律依据；不采取行为保全措施是否会对申请人的合法权益造成难以弥补的损害；采取行为保全措施是否会导致当事人间利益显著失衡；采取行为保全措施是否损害社会公共利益。而对是否存在不正当竞争的审查，由于时间的紧迫性要求法院只能对是否存在不正当竞争的可能性作出形式上的审查，一旦出现错误的行为保全、恶意的行为保全，对被保全互联网经营者的损害也是难以估量的。

而目前适用禁令的案件，大多都是基础事实清楚的无争议纠纷。事实上，随着互联网商业模式的发展以及网络技术的更迭，司法实践中也出现了一些较为复杂的涉互联网不正当竞争诉讼。此时，诉前禁令该如何适用，值得每一位法律人思考。

七、蚂蚁金服诉企查查商业诋毁案①②

事件回放

浙江蚂蚁小微金融服务集团股份有限公司（以下简称蚂蚁金服集团）、重庆市蚂蚁小微小额贷款有限公司（以下简称蚂蚁微贷公司）与苏州朗动网络科技有限公司（以下简称朗动公司）不正当竞争纠纷一案，杭州铁路运输法院审理后作出一审判决。

蚂蚁金服集团、蚂蚁微贷公司请求判令朗动公司：1.立即停止商业诋毁及其他一切不正当竞争行为，立即停止以任何形式散布与原告蚂蚁微贷公司有关的清算程序的虚假或误导性信息，包括向特定对象主动推送，或通过其他途径和方式发布和公开，或使得特定或不特定对象可以通过主动查询的方式获得该等信息；2.立即撤回在被告经营和控制的途径内已经发布、公开或推送的与原告蚂蚁微贷公司相关的虚假或误导性信息，并且在原有信息发布范围内以相同方式发布澄清信息，提醒及要求受众停止利用该等虚假或误导性信息，并删除、撤回及停止散布已经基于该等虚假或误导性信息而进一步撰写及发布的文章、报道等；3.在企查查网站首页、《法制日报》、新浪网以显著的方式发布公开书面声明，澄清事实并为原告消除影响；4.赔偿两原告因商业诋毁及其他不正当竞争行为造成的经济损失，包括为制止侵权行为所支付的合理开支，共计495万元。

根据判决的内容，朗动公司作为从事企业征信业务的征信机构，其运

① 张佳佳，贵州贵达律师事务所；林雨璐，贵州贵达律师事务所。

② 一审案号：杭州铁路运输法院(2019)浙8601民初1594号。

营的企查查平台，是提供企业征信信息查询的大数据平台，企查查平台的主要功能在于运用信息技术手段对公共数据领域海量、分散的企业信息进行整合加工，形成企业征信信息的数据集合，并通过提供免费和付费查询功能，向用户开放，实现经济利益。大数据的采集、加工和交易过程，涉及原始数据主体、数据提供者、数据使用者和数据消费者各方利益。蚂蚁微贷公司作为原始数据主体，朗动公司利用信息抓取技术，通过多种渠道抓取公共数据中涉及蚂蚁微贷公司的企业数据，经过分类整理供企查查平台用户查询。

一审法院从蚂蚁金服集团、蚂蚁微贷公司是否具有反不正当竞争法保护的竞争性权益、被诉行为是否具有正当性、朗动公司的行为是否具有主观过错、关于双方之间是否存在竞争关系及被诉行为是否给蚂蚁金服集团、蚂蚁微贷公司造成损害后果5个方面进行了审查、论证，最终认定朗动公司发布和推送蚂蚁微贷公司误导性清算信息的行为，损害了数据主体蚂蚁微贷公司和蚂蚁金服集团的竞争性权益，同时也损害了消费者的知情权和征信行业市场竞争秩序，朗动公司的行为已构成不正当竞争，应当承担相应的民事责任，并判决朗动公司承担蚂蚁金服集团、蚂蚁微贷公司的经济损失及为制止侵权所支出的合理费用共计60万元。

律师点评

数据领域的快速发展对数据服务平台的要求日益提高，例如应履行审慎义务、保证信息真实、来源合法等。

首先，本案不属于《反不正当竞争法》第6条规定的具体混淆行为，如果对公共数据的使用行为如存在不正当性，存在扰乱市场竞争秩序，损害其他经营者或消费者的合法权益的情形，可以依据《反不正当竞争法》第2条对郎动公司的行为进行评价。依照第2条的规定，构成不正当竞争的前提条件是被诉行为不具有正当性。如所涉及的数据与真实情况不符，则信息发布和推送行为将因违反数据质量的相关法规和行业标准而被认定具有不正当性。此外，该不正当性还可表现在，偏差信息的发布、推送，可能误导市场参与者和关联方，从而产生错误认识。因此，在数据使用行为存在不正当性的情形下，基于数据传播边界广、速度快等特点，原始数据主体极有可能因为偏差信息的发布、推送对其商誉及社会评价造成不利影响，则数据发布、推送方的不谨慎行为可能构成不正当竞争。

其次，数据服务主体对公共数据进行抓取、汇集、加工再向公众发布、推广，其数据服务产品将给使用者提供极大便利。在服务提供过程中，数据服务主体应严格控制数据质量并对数据进行甄别以避免出现信息偏差。大数据行业尚处于起步阶段，相关法律法规、行业规范尚不成熟，对于数据服务主体在经营过程中的侵权行为，应进行严格认定，在对赔偿金额的裁判上，也应兼顾对数据共享流通的鼓励。

最后，司法实践中对于侵权人与权利人不存在同业竞争关系也可能构成不正当竞争已有相关判例，本案一审法院认为此类案件中的竞争关系包括直接竞争关系和间接竞争关系与过往裁判标准基本一致，但应注意不宜过于放大。此外，还可综合考虑侵权人在实施不当行为后，权利人是否因此遭受损失、侵权人是否因此获利这一因素。

八、游戏主播跳槽，法院判赔八千万①②

事件回放

武汉鱼行天下文化传媒有限公司（以下简称鱼行公司）与韦朕不正当竞争纠纷一案经湖北省高级人民法院审理终结。

法院认为：1.韦朕合同期内跳槽，违背双方合同签订的根本目的，构成根本违约；2.韦朕虽主张违约金过高，要求对违约金进行调减，但并未提供其与新平台的签约情况、收入情况等证据来证明合同约定的违约金是否过

---

① 张佳佳，贵州贵达律师事务所；林雨璐，贵州贵达律师事务所。

② 一审案号：湖北省武汉市中级人民法院（2018）鄂01民初611号；二审案号：湖北省高级人民法院（2018）鄂民辖终143号。

高，应当承担举证不能的不利后果；3.鱼行公司已经向韦朕支付了首月基础费用，表明鱼行公司认可韦朕首月的合同履行情况，其自身首月合同利益应得到实现。

因此，综合鱼行公司对韦朕长期培养及人气维系事实，鱼行公司预期利益损失情况，韦朕作为顶级主播违约对鱼行公司所产生的不利影响，双方约定的合同履行期限以及双方的举证情况等因素，法院判决韦朕因自身违约应向鱼行公司支付85225389元的违约金。

律师点评

近年来，主播已然成为一种热门职业，优质主播无疑能为直播平台带来极大的流量和经济利益，但平台欠薪和主播被挖角跳槽引发的法律纠纷随着主播行业的发展也越来越突出，后者是否构成不正当竞争值得探讨。

《反不正当竞争法》第2条规定，经营者在生产经营活动中，应当遵循自愿、平等、公平、诚信的原则，遵守法律和商业道德。不正当竞争行为，是指经营者在生产经营活动中，违反本法规定，扰乱市场竞争秩序，损害其他经营者或者消费者的合法权益的行为。经营者，是指从事商品生产、经营或者提供服务（以下所称商品包括服务）的自然人、法人和非法人组织。按照此规定，主播被挖角跳槽是否构成不正当竞争应审查竞争对手是否存在以不正当手段引诱主播恶意违约跳槽的行为，即是否违反自愿、平等、公平、诚信的原则及是否违反商业道德，主要考量不正当性和可责性的问题。若跳槽主播仅以自身知识和技能为竞争对手获取市场优势，两者未实施扰乱市场竞争秩序的行为，则不应构成不正当竞争；若竞争对手存在前述不当行为，则可能构成不正当竞争。

此外，因不正当竞争行为受到损害的赔偿数额根据《反不正当竞争法》第17条的规定，首先按照被侵权所受到的实际损失确定，实际损失难以计算的，按照侵权人因侵权所获得的利益计算。从实际损失的角度，除平台对主播的培养维系外，平台虽然存在预期利益的损失，但该预期利益的损失由于具有不确定性，故，平台实际损失应较难确定。从侵权获利的角度，主播跳槽至新平台，若涉及不正当竞争，则原平台的首要诉请一般是停止侵权，在构成不正当竞争应停止侵权的情形下，新平台在主播直播期间的获利应较原平台实际损失更容易证实。但由于观看流量、市场优势等方面的损失不易评估，侵权获利在个案中可能仍然较难确定，那么只能由法院在法定赔偿范围内酌定。

九、名模微博商业诋毁，一审判赔500万[①②]

事件回放

原告深圳影儿时尚集团有限公司（以下简称影儿公司）与被告吕燕、上海市商贸有限公司（以下简称商贸公司）不正当竞争纠纷案一审，深圳市中级人民法院于2020年年底作出判决，原告影儿公司与被告商贸公司是女装同业竞争关系，被告吕燕曾是知名模特，其在新浪微博拥有5627277粉丝量，为商贸公司股东。

2019年3月，吕燕在新浪实名为“吕燕”的微博账号发布微博称“你们谁认识影儿集团的老板啊？拜托带句话吧！你抄也稍微改改吧！这样赤裸裸地抄”，随后再次发布微博消息称原告就是个“抄抄集团”，太没有底线了，原封不动地抄等信息，并配图原告旗下品牌的时尚女装产品。此后商贸公司在新浪微博转发了吕燕发布的相关微博，并配以“在今天世界知识产权日，我们必须站出来为原创设计发声，对抄袭说不”的言论。

原告影儿公司起诉吕燕和商贸公司，请求判令两被告：1.停止侵权行为，删除相关微博信息；2.赔礼道歉、消除影响、恢复名誉；3.赔偿损失1000万元。

两被告辩称：被告发表的被控侵权言论并非捏造，而是基于客观事实，不属于虚假信息。吕燕发表的被控侵权言论属于基于客观事实的一般性商业

① 朱彦臻，北京高文（西安）律师事务所。

② 一审案号：广东省深圳市中级人民法院（2019）粤03民初1556号。

评价，不会使消费者产生不正确的评价、发生认知错误，不属于误导性信息。吕燕在发布相关微博时均配有相应图片依据，在不存在虚构或捏造，普通公众看到后显然会理解为博主单方认为影儿集团涉嫌服装抄袭并希望维权，仍未超出言论自由的范畴，即便带有感情色彩，也仅属于吕燕基于其个人情感、价值取向和单方立场发表的一般性商业判断和评价，而不会认为是法律定性结论，更远不足以造成贬低商誉的后果。商贸公司转发微博的行为属于品牌声明和公开评论，不构成侵权。本案被告不具有主观故意，其行为意图在于正当维权。

判决认为，本案系商业诋毁纠纷，而争议焦点在于被告吕燕通过微博发布的涉案内容是合理的商业维权还是构成商业诋毁。权利人有权发送侵权警告函，但发送行为要适当，不能损害他人合法权益、扰乱市场竞争秩序。否则，可能构成商业诋毁或其他不正当竞争行为。正当与不正当的划分涉及权利保护与维护公平竞争之间的利益平衡，应当根据权利人的权利状况、发送侵权警告行为的对象、方式、范围等多项因素的具体情况和有关法律规定进行综合判断。

被告吕燕作为同业经营者，在发表言论时应较普通消费者负有更高的注意义务，在没有对所发布言论所指的“抄袭”内容进行合理查证的情况下，其发布的涉案微博中的言论超出其作为同业竞争者应具有的客观、合理、正当的范围，其对原告“赤裸裸地抄”“原封不动地抄”等言论，都已超出正当商业评论的范畴，故其主观上并非出于善意的维权或者批评监督，客观上损害了竞争对手的商业信誉，构成不正当竞争行为。

律师点评

本案意义在于给微博发布竞争对手侵权信息行为进行了规范，给合理正当的发布与商业诋毁、正当竞争与不正当竞争进行了划界，对权利保护与维护公平竞争进行了利益平衡。

在互联网时代，网络传播信息迅速、及时、范围大，本案被告作为前知名模特，拥有560多万粉丝，在时尚界影响巨大，作为时尚女装的同业竞争者，发布相关信息尤其需要慎重。

本案对发布侵权信息时发布者应负的注意义务的观点值得关注，一审判决认为，作为同业经营者，在发表言论时应较普通消费者负有更高的注意义务，应对所发布言论进行合理查证，所发布信息应具有客观性、合理性，应是善意的维权和合理监督。

本案中被告作为竞争者自己定性同业侵权的观点值得关注，判决认为，经营者应当根据权利人的权利状况、发送侵权警告行为的对象、方式、范围等具体情况和有关法律规定进行综合判断认定，对所发布言论进行合理查证，行为内容不应具有贬损对方的情绪渲染和煽动性。

本案也对编造虚假信息和传播误导信息进行了界定，即要求信息发布者发布的信息不能仅仅定性准确，在数量和程度上也必须准确无误。即使本案被告在另案中诉原告著作权侵权的诉讼被法院认定侵权成立，但只要不是微博发布的所有侵权行为都被法院认定为侵权成立，本案的被告也仅仅只能排除编造虚假行为的认定，而不能排除传播误导性信息的认定。

十、美团停用支付宝引争议[①②]

事件回放

2020年12月28日，王某的委托人北京实景律师事务所律师陈鹏飞介绍，美团APP、美团点评APP等利用其市场支配地位，取消支付宝渠道，使得消费者无法在上述APP中通过支付宝进行支付。

早在2020年7月底时就有媒体报道称，部分用户在使用美团支付时发现，美团月付和银行卡支付占据优先位置，微信支付、ApplePay也在支付选择列表上，只是不再显示支付宝支付。这不是美团第一次取消支付宝渠道。据统计，自2016年起，美团已经三次被部分用户反馈称无法使用支付宝进

① 汪明政，贵州贵达律师事务所。

② 一审案号：北京知识产权法院（2020）京73民初888号。

行支付。

律师点评

《反垄断法》第6条规定“具有市场支配地位的经营者，不得滥用市场支配地位，排除、限制竞争”。该法第17条明确了禁止滥用市场支配地位的具体行为，包括“没有正当理由，拒绝与交易相对人进行交易”“没有正当理由，限定交易相对人只能与其进行交易或者只能与其指定的经营者进行交易”，以及“没有正当理由，对条件相同的交易相对人在交易价格等交易条件上实行差别待遇”等。

因此，即便经营者所采取的行为表面上符合《反垄断法》所禁止的行为，仍然还需要满足“具有市场支配地位”“无正当理由”“排除、限制竞争”这三个条件才能适用《反垄断法》对该行为进行处罚。

虽然本次王某诉美团滥用市场支配地位一案依据的是《反垄断法》，但美团停用支付宝的行为也有可能受《反不正当竞争法》第12条“恶意对其他经营者合法提供的网络产品或者服务实施不兼容”规定的规制，只是相关行为必须被认定为“恶意不兼容”才能适用《反不正当竞争法》来对该行为进行处罚。

具体到本次王某诉美团滥用市场支配地位一案，美团是否继续使用支付宝进行支付，受多种因素的影响，比如美团与支付宝是否就合作的费率等事宜协议达成一致，继续使用支付宝是否导致美团部分经营信息不得不对支付宝公开、美团可能有发展自有的支付方式的考虑等，有些因素完全是美团自主经营权的范围。经营者在自主经营权的范围内完全有权自由决定相关行为，只要相关行为未扰乱市场竞争秩序即可。在未扰乱市场竞争秩序及损害社会公共利益的前提下，市场竞争者并无“兼容”其他竞争者产品或者服务的义务，没有任何法律要求美团必须采用某种支付方式，美团等互联网平台也不可能将市场上的所有支付方式都纳入自身平台。而对于破坏竞争秩序的行为，自然也应当适用《反垄断法》或者《反不正当竞争法》予以处罚，问题的核心是如何从法律上区分相关互联网企业行使自主经营权行为和扰乱竞争秩序行为，目前相关立法存在滞后和过于粗泛的情况。

近年来，中国各大互联网巨头处于种种考虑和需要，在原本旨在连接一切的互联网上制造了种种沟壑和壁垒。京东不能用支付宝支付，淘宝不能用微信支付，微信更是长期以来不能够访问淘宝的链接。如此种种的隔绝和壁垒，有的已经阻碍到必要的数据共享和互联网经济的进一步创新，且限制了消费者的选择权，造成了消费者的种种不便。因此对于互联网平台设置种种隔绝和壁垒的行为，到底哪些是企业的自主经营权，哪些是阻碍进一步创新发展和竞争的垄断或者不正当竞争行为，的确有必要从互联网行业长远发展的角度进行深入研究，加强立法，给相关经营者一个明确的法律指引。

CHAPTER 4

第 4 章

地理标志

我国现行三种地理标志制度比较与运用①

摘　要：目前我国地理标志制度不统一，在国家层面，2018年之前，国家农业部、国家工商总局和国家质量监督检验检疫总局各自建立地理标志保护制度，当时为三个渠道三种制度地理标志保护。2018年，国家将国家工商行政管理总局、国家质量监督检验检疫总局等职责整合，组建国家市场监督管理总局，重新组建了国家知识产权局，由国家市场监督管理总局管理，原国家工商总局和原国家质检总局两个渠道的地理标志保护，整合为国家知识产权局统一进行管理。目前形成了国家层面两个地理标志职能部门，三种地理标志保护制度的地理标志管理局面。目前三种申请制度都是并行有效的，现实中容易造成冲突，浪费行政、人力和财力等资源，引起管理混乱，不能有效地发挥出地理标志制度的作用。故有必要对现行三种地理标志制度进行比较研究，分析三者在申请、管理、使用等环节可能冲突的情况，从实际出发，围绕如何运用地理标志制度打造区域品牌，来探索三种制度的选择、使用、管理等问题，为今后地方开展地理标志工作提供参考。

关键词：地理标志　知识产权　比较研究

一、地理标志是一种品牌知识产权

地理标志产品是一个国家地理、文化和传统工艺的结晶，是优良品质的代表，随着全球经济的快速发展，地理标志已经成为一种独特资产。地理标

① 李建，北京大成（贵阳）律师事务所。

志也是知识产权的一种。世界贸易组织在有关贸易的知识产权协议中，对地理标志定义为，地理标志是鉴别原产于一成员国领土或该领土的一个地区或一地点的产品的标志，但标志产品的质量、声誉或其他确定的特性应主要决定于其原产地。[①]地理标志的作用主要是用于鉴别某一产品的产地，即是该产品的产地标志。我国现行三种地理标志制度，是由原国家工商总局（《商标法》为全国人大常务会制定，但具体地理标志管理制度由原国家工商总局制定）、国家农业部和原国家质量监督检验检疫总局三个不同的部门分别制定的，但基本理念是与《TRIIS协定》保持一致的，这也是我国加入世贸组织的必然要求。《TRIPS协定》中没有对影响地理标志的原产地因素作出具体的规定，目前我国现行三种地理标志制度，基本都采用了《保护原产地名称及其国际注册里斯本协定》的表述[②]，将决定地理标志特性的原产地因素界定为：自然因素和人文因素。

2008年国务院颁布实施的《国家知识产权战略纲要》中，将地理标志作为一种特定领域的知识产权，写入专项任务中，要求建立健全地理标志的技术标准体系、质量保证体系与检测体系。普查地理标志资源，扶持地理标志产品，促进具有地方特色的自然、人文资源优势转化为现实生产力。笔者认为，地理标志最本质的属性是一种品牌知识产权，品牌是一种非常重要的知识产权，有的时候比技术知识产权还要重要，“市场当中是看品牌的，所以品牌是企业的第一形象，品牌它是知识产权战略当中最终的市场体现”。只要地理标志产品的特性一直保持下去，它的保护期限也是没有限制的。地理标志制度，是开发、利用、整合农特产品资源，打造区域品牌，实现资源利益最大化，促进农业标准化建设，发展现代农业，打造特色经济体系的重要知识产权法律制度。

① 《TRIPS协定》第22条第1款。

② 《保护原产地名称及其国际注册里斯本协定》第2条中规定，原产地名称系指一个国家，地区或地方的地理名称，用于指示一项产品来源于该地，其质量或特征完全或主要取决于地理环境，包括自然和人为因素。

二、三种地理标志制度比较研究

下面对我国国家知识产权局渠道的商标保护（以下简称商标保护）、国家知识产权局渠道原产地地理标志保护（以下简称原产地保护）以及国家农业部渠道三种地理标志制度进行比较研究，分析其法律依据、开始实施的时间、保护客体、保护方式、使用管理、申请主体资格等方面的差异与共同点，为分析冲突和探讨如何运用寻找理论依据。

1. 三种制度的法律依据之比较

表1　三种制度两种渠道地理标志的法律法规

地理标志申请渠道	行使地理标志审批权的法律依据	法律依据的位阶	制定机关和依据	其他有关规定
国家知识产权局商标保护	《商标法》	法律	全国人大常委会依据《宪法》和《立法法》有关规定制定。	《商标法实施条例》《集体商标、证明商标注册和管理办法》《地理标志产品专用标志管理办法》
国家农业部	《农产品地理标志管理办法》	部门规章	农业部依据《农业法》《农产品质量安全法》相关规定制定。①	《农产品包装和标识管理办法》《农产品地理标志登记程序》《农产品地理标志产品品质鉴定规范》
国家知识产权局原产地保护	《地理标志产品保护规定》	部门规章	原国家质检总局根据《产品质量法》《标准化法》《进出口商品检验法》等有关规定制定。②	《地理标志产品保护工作细则》《国家质检总局专用标志使用核准公告》《原产地标记管理规定》《原产地标记管理规定实施办法》

① 2008年《农产品地理标志管理办法》第1条。

② 2005年《地理标志产品保护规定》第1条。

由上表可知三种制度存在很多不同之处，再做进一步分析：第一，法律位阶不同。国家知识产权局渠道商标保护依据的《商标法》是法律，农业渠道依据的《农产品地理标志管理办法》和国家知识产权渠道原产地保护依据的《地理标志产品保护规定》《原产地标记管理规定》属于部门规章，法律效力低于《商标法》。第二，法律属性不同。众所周知商标属于一种私权，商标持有人拥有商标专用权，虽然国家为保证地理标志集体品牌的作用，在《商标法实施条例》中规定，地理标志证明商标和集体商标的持有人不得禁止符合条件的他人使用地理标志证明商标和集体商标，但对地理标志商标的管理、责任承担等其他方面都按照普通商标来规范，仍然改变不了其私权的性质。“而质检渠道对地理标志的政府干预过多，行政审批色彩太浓，原产地域产品保护范围由政府确定，原产地域产品的通用技术要求和质量、特性等方面要求制定强制性国家标准，原产地域产品保护申报机构也在政府控制之下。总之，质检渠道地理标志体现了将地理标志作为国家公产进行行政许可授权的精神，具有很强的公权性质。”[①]农业渠道农产品地理标志登记申请人为县级以上地方人民政府来认定，地域范围确定性文件和生产地域分布也由政府部门来认定，在审批上具有公权特性。但获得登记后，批准使用权却掌握在登记证书持有人手中，符合使用条件的单位和个人，要向登记证书持有人申请使用农产品地理标志，并与登记证书持有人签订农产品地理标志使用协议，接受登记证书持有人的监督检查，[②]但同时规定，农产品地理标志登记证书持有人不得向农产品地理标志使用人收取使用费。[③]在地理标志专用标志使用权的批准环节从形式上来看，登记证书持有人行使批准使用权，并与使用者签订使用协议，类似商标权人许可他人使用，具有私权性质。但又不允许其收取使用费，从这一点来看，农产品地理标志又有公权的性质，准确来说，是一种集体私权，即地理标志保护范围内符合使用条件的生产者所共有的专用权。

---

① 林民华：《我国地理标志保护制度的完善》，载《中华商标》2006年第11期。

② 《农产品地理标志管理办法》第8条、第16条、第17条。

③ 《农产品地理标志管理办法》第15条、第17条。

经过以上分析，笔者认为农业渠道地理标志具有集体私权的属性。

《TRIPS协定》强调知识产权私权地位，地理标志也是一种知识产权，那么它也应该具备私权的性质，但为了保证产品特有的品质和声誉，又有统一的技术标准要求，是一种公共产品。我国三种地理标志制度地理标志私权与公权性质之辨析，其实是“以私权为特征的知识产权与技术标准这类公共产品融为一体，其存在合法性和合理性何在？运行机制如何？对我国的产业发展会有什么影响？”[①]等问题的体现，由于篇幅有限，在此不累述，待今后学习研究中再作进一步探讨。

2.三种地理标志制度开始实施的时间

商标保护方式的地理标志工作开展最早，“1994年国家工商局依据《商标实施细则》第6条制定发布了《集体商标、证明商标注册和管理办法》，将原产地名称纳入证明商标范围，并于1995年开始受理证明商标注册申请”。[②]原产地地理标志保护工作是从1999年国家质量技术监督局颁布实施《原产地域产品保护规定》开始。在国家两大质检系统合并之前，国家出入境检验检疫总局于2001年3月也颁发《原产地标记管理规定》和《原产地标记管理规定实施办法》后开始出口业务方面地理标志保护工作。2001年4月经国务院决定，国家质量技术监督局与国家出入境检验检疫局合并，组建了国家质量监督检验检疫总局（以下简称国家质检总局），两个部门合并后，为统一管理质检渠道地理标志的职能部门。农业渠道地理标志工作开展最晚，是从2008年农业部施行《农产品地理标志管理办法》开始。

在国家工商总局开展地理标志保护工作后，国家质检部门和农业部又先后颁布各自部门规章，进行地理标志保护，“反映出我国政府职能部门在管理体制及职能分工上不够明确”，[③]导致出现“多个地理标志保护管理部门各自为政，

① 张平：《技术性贸易壁垒：技术标准与知识产权》，载《北大知识产权评论（第2卷）》第217页。

② 张今：《WTO知识产权协议中的地理标志和我国相关保护制度》，载《北大知识产权评论（第2卷）》第305页。

③ 张今：《WTO知识产权协议中的地理标志和我国相关保护制度》，载《北大知识产权评论（第2卷）》第306页。

主管机关不明确，行政审批程序重叠”等乱象，[①]从而引起很多冲突和资源浪费。

3.三种制度的保护客体比较

商标保护方式的地理标志保护对象为商品和服务。[②]某些具备历史人文因素的服务可以注册集体商标或证明商标是其一个特色。例如，吴桥杂技历史悠久，1957年在吴桥境内小马厂村发现的一座南北朝北魏时期的古墓中，墓壁上就绘有“蝎子爬”“倒立”“肚顶”“马戏”等杂技表演形象。为保护享誉全国甚至已经走出国门的“吴桥杂技”，吴桥杂技标志性雕塑——杂技魂，被国家商标局正式注册为地理标志性集体商标。农业渠道地理标志保护对象为初级农产品，“即在农业活动中获得的植物、动物、微生物及其产品”。[③]换而言之，经过加工的农产品不可申请农业渠道地理标志保护。质检渠道地理标志保护对象较为复杂，具体来说有以下三种客体“（1）在特定地域种植、养殖的产品，特殊品质、特色和声誉的主要是决定于当地的自然因素；（2）在产品产地采用特定工艺生产加工，原材料全部来自产品产地，当地的自然环境和生产该产品所采用的特定工艺中的人文因素决定了该产品的特殊品质、特色质量和声誉；（3）在产品产地采用特定工艺生产加工，原材料部分来自其他地区，产地的自然环境和生产该产品所采用的特定工艺中的人文因素决定了该产品的特殊品质、特色质量和声誉”。[④]仔细分析来看，第一类种植、养殖的产品实质上等同于农业渠道的初级农产品，余下两种均为加工产品，区别在于原料的来源不同。质检渠道保护的客体实质上分为两种，初级农产品和采用特定工艺生产加工品。特定工艺生产加工品又分为两种，即原材料全部来自产品产地和原材料部分来自其他地区的。

---

① 张今：《WTO知识产权协议中的地理标志和我国相关保护制度》，载《北大知识产权评论（第2卷）》第308页。

② 《商标法》第3条规定，经商标局核准注册的商标为注册商标，包括商品商标、服务商标和集体商标、证明商标；商标注册人享有商标专用权，受法律保护。《集体商标、证明商标注册和管理办法》第3条又明确本办法有关商品的规定，适用于服务。

③ 《农产品地理标志管理办法》第2条。

④ 《地理标志产品保护工作细则》第2条。

相比之下，农业渠道保护的地理标志范围最窄，仅为初级农产品。国家知识产权局原产地保护次之，为初级农产品（种植、养殖的产品），以及特定工艺加工的产品。国家知识产权局商标保护方式的地理标志保护范围最广，为商品和服务。农业渠道保护的初级农产品与国家知识产权局原产地所保护的初级农产品又有所不同，农业渠道保护的初级农产品产品品质和相关特征，主要取决于自然生态环境和历史人文因素，而决定原产地保护的初级农产品特殊品质、特色和声誉的主要是当地的自然因素，原产地保护的特定工艺加工产品的特殊品质、特色质量和声誉与自然环境和人文因素都有关联。

表2　三种地理标志制度保护客体之比较

地理标志保护制度	保护客体	保护对象范围大小	产品特殊品质和声誉的决定因素
国家知识产权局商标保护	商品和服务	最大	自然因素和人文因素
农业部初级农产品	初级农产品	最小	自然生态环境和历史人文因素
国家知识产权局原产地保护	初级农产品和使用了当地原材料和特定工艺加工的产品	大于农业渠道小于工商渠道	初级农产品由自然因素决定 加工产品由自然因素和人文因素决定

4.三种地理标志制度保护方式的比较

国家知识产权商标保护方式的地理标志是以商标形式进行保护，实行审查注册制，“可以依照商标法和商标法实施条例的规定，作为证明商标或者集体商标申请注册”。[①]受商标法的保护和规范，由国家工商总局颁发商标注册证书，在证书上注明地理标志集体商标或地理标志证明商标的字样，证书的其他格式完全与普通商标注册证书格式相同，要注明核定使用商品的类别、注册人、注册地址、注册号等信息，注册有效期也为10年，到期可以续展。值得关注的是，

① 《商标法实施条例》第6条。

符合条件的地理标志证明商标和集体商标同样可以申请认定为驰名商标，例如，“截至2011年8月，浙江省已成功注册地理标志证明商标135件，居全国第二，其中‘安吉白茶’‘绍兴黄酒’‘临海蜜桔’等5件商标被认定为驰名商标”。

农业渠道方面，《农产品地理标志管理办法》中规定“国家对农产品地理标志实行登记制度，经登记的农产品地理标志受法律保护”，[①]但仔细研读该管理办法，不难发现，要想获得农业渠道的地理标志保护，不是简单办个登记手续就能获得保护，农业渠道地理标志制度实质是审查登记制度，而非管理办法所说的登记制度。要想获得农业部的地理标志保护要经过以下严格的审查程序，首先要经省级人民政府农业行政主管部门初审合格，然后交由农业部农产品质量安全中心进行审查提出审查意见，最后由农产品地理标志登记评审委员会组织专家评审通过的，由农业部农产品质量安全中心代表农业部对社会公示，公示无异议的由农业部做出登记决定并公告，颁发《农产品地理标志登记证书》。[②]登记证书上要注明产品名称、申请人、生产规模、农产品质量控制规范、证书编号等信息。值得注意的是，获得农产品地理标志保护的农产品可再进行农业部的无公害农产品、绿色食品、有机农产品等认证，与之配套使用，以提升品牌形象和附加值。

国家知识产权局原产地保护方式的地理标志产品保护为审核批准制度。[③]审查合格的，由国家质检总局（现国家知识产权局）发布批准该产品获得地理标志产品保护的公告。[④]目前由专门地理标志网站发布受理和批准公告。

由于三种地理标志制度保护方式不同，有审查注册制，有审查登记制，有审核批准制。如果同样一种农特产品分别获得三种渠道的地理标志保护，商标保护渠道为获得国家知识产权局地理标志证明商标或集体商标注册，农业渠道为获得农业部地理标志登记，国家知识产权局原产地保护为获批国家地理标志保护。

---

① 《农产品地理标志管理办法》第3条。
② 《农产品地理标志管理办法》第9条、第10条、第11条、第12条。
③ 《地理标志产品保护规定》第5条。
④ 《地理标志产品保护规定》第16条。

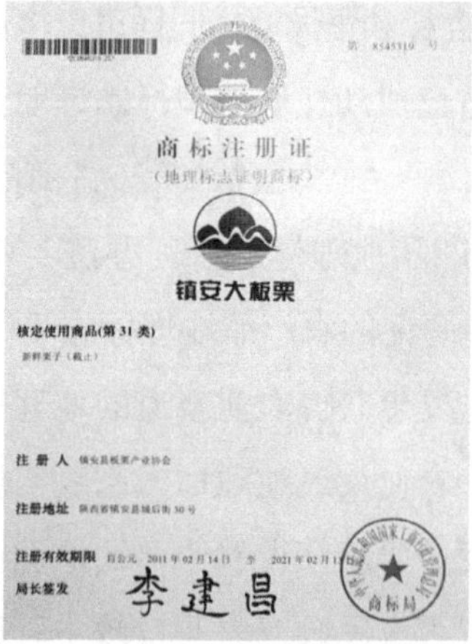

图1　原工商总局地理标志证明商标证书示例

图2　农业部农产品地理标志登记证书示例

图3　原国家质检总局地理标志保护标牌示例

图4　国家知识产权局地理标志

根据国家知识产权局发布《地理标志专用标志使用管理办法（试行）》的公告规定，该统一标志的换标工作要求于2020年12月31日前完成。

5.三种地理标志制度地理标志使用管理之比较

（1）商标保护方式

获得地理标志集体商标或证明商标注册后，为保证地理标志商标发挥区域公共品牌的作用，根据《商标法实施条例》第4条的规定：其商品符合使用该地理标志商标条件的自然人、法人或者其他组织想要使用该证明商标或者集体商标的，由商标持有的组织，批准，控制该地理标志商标的组织应当允许。为防止个别人和个别企业垄断地理标志商标使用权，工商渠道的地理标志商标是不允许个人和单个企业进行注册，必须由当地人民政府或者行业主管部门批准的团体、协会或者其他组织来进行注册申请。[①]但现实中，大多数情况下，这些团体、协会或者其他组织只是由少数企业组成的，有的甚至是当地某个企业为了申请该地理标志商标，为取得申请资格而由该企业临时成立的协会，地方政府往往审查不严，批准单个企业为申请主体的事情也时有发生。这样地理标志商标获得注册后，很多时候往往成为个别企业或属于该组织成员的少数企业“私有财产”，不允许其他企业、组织或个人使用，或者要收取高额的使用费，一旦收取了使用费，又不履行对

① 《集体商标、证明商标注册和管理办法》第4条、第5条、第6条。

使用者使用行为监管的职责。[①]由于地理标志保护范围内符合专用标志使用条件的企业、组织和个人数量很庞大，商标持有人即便是要行使监管职责，由于企业的性质和少数企业组成的协会监管能力有限，又无行政执法权，也无法监管，经常导致产品质量下降、品牌下滑。

（2）农业渠道

符合使用条件的单位和个人，可以向登记证书持有人申请使用农产品地理标志。获批使用农产品地理标志的，应当按照生产经营年度与登记证书持有人签订农产品地理标志使用协议。农产品地理标志登记证书持有人不得向农产品地理标志使用人收取使用费，同时要求登记证书持有人对使用者进行监督检查。[②]按照农业部的规定，既不允许登记证书持有人收取使用费，又要求其对使用者进行监督，作为登记证书持有人的农民专业合作经济组织、行业协会等组织，为营利性组织，非行政管理机构，在义务与权利不对等情况下，恐怕是不会去履行监管职责。

（3）原产地保护

想要使用某个地理标志产品专用标志，必须经国家质检总局（现国家知识产权局）登记后方可使用。[③]地理标志产品产地范围内的生产者使用地理标志产品专用标志，应向当地质量技术监督局或出入境检验检疫局提出申请，并提交有关资料，上述申请经省级质量技术监督局或直属出入境检验检疫局审核，并经国家质检总局审查合格注册登记后，发布公告，生产者即可在其产品上使用地理标志产品专用标志，获得地理标志产品保护。[④]由此可见，原产地保护地理标志专用标志的使用批准权，由国家知识产权局行使，地方知识产权管理部门和地理标志申请人都无权批准自己和他人使用地理标志专用标志，这也充分反映了原产地地理标志保护的公权性质。

相较而言，商标保护方式和农业渠道地理标志使用批准权，由地理标志

① 国家工商总局2007年颁布实施的《地理标志产品专用标志管理办法》第8条规定，地理标志注册人应对专用标志使用人的使用行为进行监督。

② 《农产品地理标志管理办法》第15条。

③ 《地理标志产品保护规定》第5条。

④ 《地理标志产品保护规定》第20条。

申请人来行使，而原产地保护的地理标志批准权由国家机关（国家知识产权局）行使。从程序设置来看，对于使用权申请的审查，原产地保护方式相对严格，必须达到地理标志产品的质量技术标准，并且在保护范围内的生产者才能获批使用权。而商标保护方式和农业渠道使用权掌握作为申请人的当地团体、协会和组织手中，规章制度由其自行制定，批准周期短，灵活。具体操作中，这些民间组织（有的就是单个企业）缺乏监督管理能力，往往造成审查不严格，将其当作自己的“私有品牌”来进行有偿许可，追求利益最大化。没有人愿意对品牌宣传推介进行投入，持有人和使用者争相从地理标志中获利，往往导致产品产地、品质难以认定，千家万户、各个相关企业都可以使用地理标志，最终没有人肯为地理标志建设和保护负责。这些问题处理不好，不仅难以发挥地理标志的作用，甚至最终会毁掉整个产业。

表3　三种地理标志保护和使用批准方式

地理标志保护制度	保护方式	保护期限	审批方式	使用权批准人	使用权批准周期
商标保护	地理标志集体商标或证明商标注册证书	一次十年，到期可以续展	审查注册制	商标持有人	短，由持有人自行安排，较灵活
农业	农产品地理标志登记证书	登记证书长期有效	审查登记制	登记证书持有人	短，由持有人自行安排，较灵活
原产地保护	地理标志保护批准公告	保护期限无限制	审查批准制	国家知识产权局	较长，不定期，与其他多个产品使用申请一同公告

6.三种地理标志制度申请主体资格比较

三种地理标志制度申请主体资格规定，申请以地理标志作为集体商标、证明商标注册的，还应当附送管辖该地理标志所标示地区的人民政府或者行业主管部门的批准文件。[①]农产品地理标志登记申请人为县级以上地方人民政

① 《集体商标、证明商标注册和管理办法》第6条。

府根据有关规定择优确定的农民专业合作经济组织、行业协会等组织。[①]质检渠道地理标志产品保护申请，由当地县级以上人民政府指定的地理标志产品保护申请机构或人民政府认定的协会和企业提出，并征求相关部门意见。[②]三种渠道地理标志申请主体资格，都由地理标志产品所在地政府或者当地行业主管部门来批准认定，体现了三种制度管理部门都将地理标志定位为区域品牌的共性。商标和农业渠道申请主体范围基本一致，定位为协会、团体或其他组织，体现出集体私权的性质。而原产地保护方式明确企业可以作为申请主体，但批准使用权还是掌握在国家知识产权局手中，体现了公权的性质。

表4　三种地理标志制度申请主体资格

地理标志保护制度	具备申请资格的组织	申请资格认定部门	具备申请资格的证明材料
商标保护	团体、协会或者其他组织	所标示地区的人民政府或者行业主管部门	人民政府或者行业主管部门的批准文件
农业部初级农产品保护	农民专业合作经济组织、行业协会等组织	县级以上地方人民政府	县级以上地方人民政府出具的资质证明文件
原产地保护	当地县级以上人民政府指定的地理标志产品保护申请机构或认定协会和企业	当地县级以上人民政府指定或认定，并征求相关部门意见	有关地方政府成立申请机构或认定协会、企业作为申请人的文件

三、三种制度地理标志的冲突

《TRIPS协定》第24条第9款规定："各成员国在本协定项下无义务保护在起源国不受保护或已停止保护，或在该国中已废止的地理标志。"我国的

① 《农产品地理标志管理办法》第8条。

② 《地理标志产品保护规定》第8条。

地理标志产品非常丰富，随着越来越广泛深入地进入世界贸易体系，我国的地理标志知识产权常有被外国侵犯之虞。三种地理标志法律法规的制定迅速适应了入世的形势，在很大程度上改变了我国在地理标志保护方面的被动局面，对发展经济，解决“三农”问题起了推进作用。[①]但三种制度并行的情况也发生了很多冲突，造成了一些问题，有待进一步完善。

1.造成大量重复申请、资源浪费

现在一些地方对地理标志工作存在认识误区，重申请、轻管理的情况普遍存在。一些地方政府将当地农特产品获得地理标志保护，当作一种荣誉和政绩来看，为了申请而申请，认为是多多益善。目前，同时存在三种地理标志制度，更是方便地方政府多渠道提高当地地理标志拥有数量，同一种农特产品经常通过三种渠道一一进行地理标志申请保护工作，耗费大量资源获得保护后，将商标注册证书、农产品地理标志登记证书等作为产品荣誉束之高阁而不加以运用。而一些地理标志资源丰富的地区，多处于工业欠发达、经济欠发达的状态（工业不发达地区，一般自然环境、传统文化都保持的较好），申请地理标志保护的产品往往是当地的支柱产业，重复申请两三个地理标志保护，严重浪费资源，这样非但不能助推产业的发展，反而给当地财政造成浪费。

2.不同渠道重复授权容易造成权属纠纷

“已有127年历史的国际商标协会非常关注中国的地理标志保护制度及状态。该协会理事、中国委员会主席在研讨会上发表了国际商标协会的意见：地理标志作为知识产权受到保护，不能脱离知识产权保护的基本原则。第一个是地域性原则。也就是说，一个地理标志如果在本国不受保护的话，它想在别的国家受到保护是不可能的。第二个是排它性原则。如果已经存在着一个注册的商标，再申请注册原产地标志，就不应该被批准成为原产地标志，或者至少这个原产地标志不应该和已经注册的商标相冲突。第三个是优先权

① 林民华：《我国地理标志保护制度的完善》，载《中华商标》2006年第11期。

原则。已经有一个在先商标，就不应该批准后面相似的一个地理标志。”[①]国际商标协会不会在意中国到底是由哪个部门管地理标志，但是我国目前三种地理标志申请制度并存的情况违背了以上三个原则。且同一个地理标志产品，被不同的地理标志主管部门分别授予不同的权利群体，容易出现权属纠纷。例如，由原产地保护的某些原产地名称，就与原先已经注册的地名商标发生冲突了。“茅台”酒、“东阿”阿胶、“金华”火腿等纠纷，都属于这种情况。原注册的地名商标的商标权人与商品原产地的众多厂商之间就发生利益冲突，甚至诉至公堂。[②]

3.容易造成标准不统一，影响地理标志产品品质标准化

在地理标志质量技术要求方面，商标保护在审查时，没有明确要求申请者制定地理标志产品标准，也未对产品质量技术标准作出硬性要求，强调的是地理标志产品特定品质。核心要求有三点：一是能够证明该产品具备特定质量、信誉或者其他特征；二是能够证明该商品的特定质量、信誉或者其他特征，主要是由该地区的自然因素或者人文因素所决定；[③]三是能提供证明材料表明申请者具有监督使用该地理标志商品的特定品质的能力。[④]

通过农业渠道进行地理标志保护申请时，农业部要求提供产地环境条件、生产技术规范和产品质量安全技术规范。[⑤]审查通过后，由农业部颁发《农产品地理标志登记证书》，公布登记产品相关技术规范。其生产技术规范和产品质量安全技术规范必须符合《农产品质量安全法》的有关要求。[⑥]依据《农产品质量安全法》制定的农产品质量安全标准是强制性的技术规范，申请地理标志保护的农产品必须首先达到其有关要求，[⑦]否则不予

① 姚芃:《产权归属不清　地理标志产品该得到怎样的保护》，载《法制日报》2005年8月5日。

② 张伟君:《地名商标与地理标志冲突的法律调整》，载《中华商标》2002年第7期。

③ 《商标法》第16条,《集体商标、证明商标注册和管理办法》第7条。

④ 《集体商标、证明商标注册和管理办法》第4条、第5条。

⑤ 《农产品地理标志管理办法》第9条。

⑥ 《农产品地理标志管理办法》第1条、第23条。

⑦ 2006年《农产品质量安全法》第11条。

登记。

通过原产地保护申请地理标志保护时，要求“保护的地理标志产品，应根据产品的类别、范围、知名度、产品的生产销售等方面的因素，分别制定相应的国家标准、地方标准或管理规范”。[①]产品质量标准应当符合《产品质量法》《标准化法》《进出口商品检验法》的规定。[②]

根据《标准化法》的规定，法律、行政法规和国务院决定对强制性标准的制定另有规定的，从其规定。[③]《产品质量法》所规范的产品是指经过加工、制作，用于销售的产品，[④]自然不包括未经加工的初级农产品，由此可知，农业渠道的地理标志产品与原产地保护方式的地理标志产品执行的是不同技术质量标准。而商标保护方式地理标志在申请时也未对质量技术标准制定做出硬性规定，那么同样一个地理标志产品，不同的申请方式，由不同的申请人进行申请时，就很可能执行不同的技术质量标准或生产规程。这不利于地理标志产品标准化工作，不利于保持产品统一特定品质和特性，不利于地理标志产品产业的发展。

4.分割了地理标志应有的保护范围，降低了品牌竞争力，造成同一个地理标志产品出现不同的地域名称

由于地方政府之间的利益之争，地理标志主管部门之间缺乏统筹协调机制，各自为政，这种情况层出不穷，难以发挥地理标志整合区域资源，打造“品牌航空母舰”的作用。以贵州茶产业为例，就有“品牌装了一卡车，产量只有一箩筐”的说法，反映出贵州茶叶品牌杂乱现象。贵州县县都在开发自己的品牌茶，每个茶企都在竞相推出自己的产品，贵州的茶叶是好的，但当不少外地客商感兴趣要买时，却又因产量不够而失掉不少商机。例如，贵州省某地的A县、B县和C县三个县都属于某著名旅游风景山脉地区，三县茶叶原料均采自该山脉800—1300米海拔高度种植的茶叶，相同的自然地理

① 《地理标志产品保护规定》第17条。

② 《地理标志产品保护规定》第1条、第24条。

③ 《标准化法》第10条第5款。

④ 《产品质量法》第2条第2款。

环境和工艺造就了相同的特性。该山脉是贵州的著名旅游景点，当地有关部门本可组织协调三个县，联合申请“××山茶叶”地理标志保护，打造一个大的区域品牌，但有关部门审查不严，管理缺失，导致A县为争夺这个优质品牌，率先从国家质检总局申请到“××山翠峰茶”地理标志保护，将保护范围划定在A县辖区内，单独占有该地理标志使用权，将一个原本可打造成多个县共享的贵州省知名品牌，作为“县域品牌”来打造。最近，为发展当地茶产业，在无权使用“××山翠峰茶”地理标志的情况下，B县无奈之下，从商标保护方式申请注册“B翠芽”地理标志证明商标。多品牌、小品牌使贵州茶叶沦落到“有名茶，无名牌”的尴尬境地。①

5.造成同一个地域名称的地理标志产品保护范围不统一

《TRIPS协定》中明确地理标志是鉴别原产于一成员国领土或该领土的一个地区或一地点的产品的标志。当一个地理标志产品贴上专用标志后，消费者就能够从中得知该产品产于何地，同时也向消费者表明，不是产自该地区的同类产品不属于该地理标志产品。然而不同渠道的地理标志申请过程中，由于申请主体不一，地方政府之间争夺品牌资源，加上审核部门不一，不同渠道的地理标志职能部门各自为政等因素，造成同一个地域名称的地理标志产品，不同申请渠道所划定保护范围不一的情况，时有发生。不符合《TRIPS协定》的要求。

6.造成同一个地域名称的地理标志产品管理主体不统一

如果同样一个地理标志产品，先后获得三种渠道地理标志保护后。在行政管理方面，同一个地理标志产品就出现三个不同的地理标志行政管理部门。如前所述，三种渠道地理标志申请主体资格，都是由地理标志产品所在地政府或行业主管部门来批准认定，这样当地政府部门缺乏地理标志品牌管理意识，对三种渠道的申请主体资格不予以统一的话，同一个地理标志产品就可能出现三个不同的申请主体。地理标志获得保护后，商标保护方式的地理标志使用权由商标持有人批准，农业渠道地理标志使用权由农产品地理标

---

① 黄蔚：《贵州省实施茶叶品牌战略见闻》，载《贵州日报》2009年2月6日。

志登记证书持有人批准，原产地保护方式的地理标志使用权由国家知识产权局批准，因此,同一个地理标志产品，保护范围内符合地理标志使用条件的生产者，可以同时向三个不同单位（部门）申请地理标志使用权。这样很可能导致三种渠道的使用权管理者互相抵触，争夺当地生产资源和市场要素，让市场主体无所适从，发挥不出地理标志整合区域资源的作用，不利于地理标志品牌的打造。

7.导致同一个地域名称的地理标志产品专用标识[①]不统一

地理标志专用标识的作用是加强对地理标志的保护，维护地理标志合法使用者的合法权益，规范地理标志产品专用标志的使用，促进地理标志产品的发展。原来三种地理标志申请制度都规定了各自的地理标志专用标示管理办法，并规定有各自的公共标识基本图案，目前国家也认识到了这个问题，在整合新的国家知识产权局时，将商标和专利的职能、工商渠道地理标志和质检渠道地理标志职能整合在一起，在国家层面地理标志专用标示，原工商渠道和原来质检渠道进行了统一，目前有农业部的标志和国家知识产权局的地理标志两种标志。

图5　农业部地理标志

图6　国家知识产权局地理标志

当同一种地理标志产品先后获得两个渠道、三种不同制度保护的地理标志保护，不同的生产商分别使用了两种渠道地理标志专用标志，在现阶段很多消费者对地理标志产品还没有多少概念的情况下，更容易造成消费者认知

① 标识和标志两者可通用。

混淆，不知道哪种地理标志产品才是“正品”，造成市场混乱。

8. 不利于区域品牌打造

同一地理标志产品同时申请两个到三个不同的地理标志保护，当不同制度保护的地理标志又掌握在不同组织手中时，会导致管理不统一、标准不统一、质量不统一、专用标志不统一等问题，不利于整合区域资源，不利于品牌打造，不利于地理标志产业化进程。不同管理组织之间相互恶性竞争的话，更是浪费行政资源、人力资源、财力资源，严重稀释了品牌价值。而且有可能出现这种情况，即便是有的渠道地理标志管理得很规范，但受到其他渠道的地理标志管理不规范带来的市场负面影响，一样会影响消费者心目中的品牌形象，难以赢得市场，打造起区域品牌。

四、现阶段地理标志制度的运用建议

综上所述，我国三种地理标志制度并行的现状，带来了很多冲突和问题，不能有效发挥出地理标志品牌知识产权的作用。笔者认为，运用好地理标志制度，关键在于地理标志的规范和统一管理，核心在于品牌的创立和有效利用。目前，三种地理标志制度并行状态，短时间难以改变的情况，笔者根据上述浅论，提出以下几点运用地理标志制度的建议供参考。

（一）政府要发挥出主导作用

不管地理标志是公权也好、私权也好，目前，我国两个地理标志管理部门都将地理标志定位为区域品牌，具有区域公共产品的属性，企业、其他经济组织、行业协会等地理标志申请者作为营利性组织，是难以承担起区域品牌的管理职能。管理公共产品的职能需要由政府来行使，这也是政府的职责所在，在地理标志的申请、使用和管理等环节，各级地方政府必须发挥主导作用，主要体现在以下几个方面：

（1）统一地理标志申请主体

三种地理标志申请主体资格，都由地理标志产品所在地政府或者当地行业主管部门来批准认定，那么政府部门在审批地理标志申请主体，就要统一申请主体，从源头上避免地理标志掌握在不同组织手中。由于地方存在四个地理标志管理部门，为统一地理标志申请管理工作，建议各级地方政府设立一个特色产业办公室，将知识产权、农业等地理标志职能部门纳入成员单位，统一管理本地区的地理标志申请工作。地方政府也可以考虑将该特色产业办公室，确定为唯一的地理标志申请主体，这样也从申请环节避免重复申请，便于地理标志保护范围的统一。

（2）各级地方政府要做好本地区地理标志资源的普查工作

要运用地理标志制度整合区域资源，避免大品牌小范围保护，避免一个大品牌被分割成不同地域名称的小品牌，各级地方政府做好本地区地理标志资源的普查工作，出台本地区《农特产品地理标志产品保护建议名录》就显得非常重要。以贵州为例，2007年贵州省知识产权局会同省农业厅、省工商局、省质监局、省文化厅4家单位开展了大规模的农特产品地理标志资源普查工作，摸清了贵州省地理标志资源和保护范围，制定了《贵州省农特产品地理标志产品保护建议名录》，下发给各市（州、地）和县（市、区）人民政府，指导推动当地政府结合实际，积极推进各地农特产品地理标志工作，运用地理标志制度培育区域品牌。

（3）统一地理标志管理机构

实践证明，哪里的管理机构负责到位，哪里的地理标志工作就做得好。地方政府可以考虑将前述特色产业办公室，确定为当地唯一的地理标志管理机构，统一管理两个渠道三种制度的地理标志工作。如果之前已经有其他申请人持有地理标志商标证书或农产品地理标志登记证书的，也可以由政府出面与持有人协商，由特色产业办公室来统一行使地理标志专用标志使用批准权和管理监督权。这样，保证各个渠道的地理标志获得保护后，管理组织是统一的。这是统一管理、统一质量标准、统一专用标志、统一品牌打造的前提。

（4）重复申请地理标志保护的产品，应当统一质量标准、统一保护范围

地理标志制度初衷是保护产品特有的品质和声誉，标准不统一，就无法保证产品特性，三种制度出现重复申请的地理标志产品，必须执行统一的标

准，划定统一的保护范围。对于已经出现重复申请的地理标志产品，由地方特色产业办公室制定统一的质量技术标准，统一地理标志保护范围（需要通过法定程序，分别向两个渠道地理标志管理部门申请修订）。由于特色产业办公室具有行政部门的性质，受到行政编制，收费等因素限制，可以考虑下设事业单位或其他机构，来具体行使地理标志使用权批准和管理职责，并指定统一的质量检测机构，作为申请使用各个渠道地理标志专用标志的质量检测机构，保证产品执行统一的质量技术标准。

（5）地（市）级以上政府部门要做好本地区地理标志申请的统筹协调工作[①]

一是保护范围跨县域的地理标志产品申请工作，由所在县的共同上级政府出面做好统筹协调工作。例如，贵州黔西南自治州的地理标志产品“兴义饵块粑”的保护范围不仅限于州府所在地兴义市境内，基本覆盖了黔西南州，于是黔西南州政府认定州质检局为地理标志申请人，以黔西南州为保护范围向原国家质检总局申请了“兴义饵块粑”地理标志保护。二是对于地理标志实际保护范围为跨地（市）范围的，省级政府部门要做好统筹协调工作。如浙江省政府将浙江省农业厅经济作物管理局认定为申请人，注册了龙井茶地理标志证明商标，涵盖了“西湖产区”“钱塘产区”“越州产区”共18个县（市、区）。

（二）建立政府主导、地理标志职能部门指导、协会参与、企业主体的地理标志申请和品牌发展机制

一个地理标志产品获得保护后，能提升产品的品牌价值，但还需当地政府和行业协会的规范引导，否则，仅仅是个荣誉而已。由于很多地方地理标志意识不高，对地理标志有关法律法规不了解，存在很多误区，需要政府有关部门的正确引导。地理标志光靠政府主导，地理标志职能部门指导也不

① 三种制度地理标志保护的保护范围由所在辖区的地方政府部门来认定，如国家质检总局《地理标志产品保护规定》第9条规定：申请保护的产品在县域范围内的，由县级人民政府提出产地范围的建议；跨县域范围的，由地市级人民政府提出产地范围的建议；跨地市范围的，由省级人民政府提出产地范围的建议。

行，同时也要发挥协会参与管理和企业市场主体作用。阳澄湖大闸蟹的例子具有代表性。为保护本地最具代表性的渔业产品，苏州市政府专门成立了渔业管理委员会和苏州市阳澄湖大闸蟹地理标志保护委员会，向国家质检总局申请了我国第一个水生动物地理标志保护产品并获得注册。之后，苏州市政府发布了《关于印发阳澄湖大闸蟹原产地域产品保护试行管理办法的通知》，成立了“苏州市阳澄湖大闸蟹原产地域产品保护管理委员会（以下简称保委会）”，保委会由苏州质量技术监督部门、出入境检验检疫部门、工商管理部门、农业部门、财政部门、沿湖县级市（区）政府等单位组成；办公室设在苏州质量技术监督行政部门，负责日常工作。同时，保委会依托汇集了主要龙头企业的“苏州市阳澄湖大闸蟹行业协会”，从科学育种，全理放苗等过程对渔民进行指导，同时净化水质，减少围网，大闸蟹质量和市场价格显著回升；除了规范企业行为，严格市场准入外，行业协会还加强对外宣传和专用标志的信息化管理。这些措施极大提升了“阳澄湖大闸蟹”地理标志的品牌效应，使享誉全国甚至日本等周边国家和地区的“上海蟹”的经济利益大部分回归到其原产地，成为苏州市农业产业支柱和整个地区经济的重要组成部分。

贵州省在省级政府层面也做了相应的探讨。2010年开始贵州省知识产权局启动了两批地理标志产业化促进工程，“梵净山翠峰茶”“威宁洋芋”“从江香猪”“虾子辣椒”“湄潭翠芽”“凤冈锌硒茶”“清镇黄粑”“镇宁波波糖”“德江天麻”“黎平香禾糯”“顶坛花椒”“贵定云雾贡茶”等众多地理标志产品被纳入产业化促进工程。项目实施地知识产权职能部门和地理标志职能部门被纳入项目承担单位，协会、农业合作组织、龙头企业等被纳入项目合作单位，贵州省知识产权局与项目承担单位签订了合同，拨付经费，进行指导。项目承担单位、协会和龙头企业一起制定完善地理标志产品标准或技术规范，完善了地理标志产品管理制度。项目承担单位严格执行地理标志产品专用标志准入机制，通过协会督促地理标志产品相关生产经营者，规范使用一个渠道的地理标志产品专用标志（重复申请的不允许使用多部门的专用标志），指导符合地理标志产品专用标志使用条件的企业或组织都启用专用标志，以发挥地理标志制度的品牌效应，提高产品知名度和附加值。地理标志相关职能部门或地理标志申请（管理）单位对市场监管到位。从这些年项目实施情况来看，实施效果总体良好，在地理标志产品的品牌效应、提高产品的知名度和附加值等方面，发挥了引导作用。

（三）地理标志申请渠道的选择建议

对于生产规模不大，今后进行加工可能性不大的初级农产品，以及进行加工后将失去产品品质和特性的，建议申请农业渠道地理标志保护。

加工后的产品只能申请国家知识产权局原产地保护或者国家知识产权局商标保护。产品深加工可能比较大，或者加工后产品的很多特性仍然保持，或者是该地理标志产品为一系列产品，例如玉屏箫笛①，建议申请国家知识产权局商标保护地理标志保护。

产品理化指标要求高度标准化的产品，如酒、调料等加工产品，建议申请国家知识产权局原产地保护。今后主要用于出口，或者有出口业务的，建议向辖区内的出入境检验检疫总局提出申请。②

有的地理标志产品特性难以用质检系统的理化指标和国家标准来衡量，或者有的产品正是因为与所谓的国家标准不一致，才具有其特殊的品质，这些情况下，建议不要通过质检渠道申请地理标志，建议选择农业渠道或者工商渠道来申请地理标志保护。因为质量部门是从质量入手，对地理标志行使管理监督的性质权力，强调是质量技术标准的硬性要求，而非产品的特殊品质、其他特性和声誉，要想获得地理标志保护首先必须达到国家有关质量技

① 玉屏箫笛用贵州玉屏侗族自治县出产的竹子制成，遂因此而得名。玉屏箫笛是我国著名的传统竹管乐器，以音色清越优美、雕刻精致而著称，它是玉屏当地侗、汉、苗、土家等多民族文化发展的结晶，具有较高的历史文化和工艺价值。玉屏箫笛，不仅是一种极好的民族乐器，同时也是一种高雅的工艺品，其历史悠久，驰名中外。玉屏箫笛不是一个产品，它是一系列产品，于2009年获得国家工商总局地理标志证明商标注册，是贵州省第一个乐器类地理标志产品。

② 《地理标志产品保护规定》第11条规定，出口企业的地理标志产品的保护申请向本辖区内出入境检验检疫部门提出。

术标准。同一种产品，由于产地自然环境、加工工艺的不同，产品的各项质量指标本身就不可能统一。换言之，一些拥有悠久历史，享有较高声誉的地理标志产品，不一定符合国家规定的该类产品的统一化国家农产品标准，因此成为申报国家知识产权局原产地地理标志保护的障碍。

（四）面对多渠道申请，如何使用地理标志专用标志

同为品牌知识产权的商标可以注册与之相近的联合商标和防御性商标，如国内驰名商标“娃哈哈”，同时注册了“哈娃哈”，“哈哈娃”等联合商标，但娃哈哈公司在宣传，包装中只使用娃哈哈这个主商标，集中打造了娃哈哈这个品牌。如果娃哈哈公司将所有联合商标也同时进行宣传和使用，那么恐怕在消费者心中难以树立起今天娃哈哈这个品牌形象。笔者建议，在目前重复申请难以避免，难以控制的情况下，在经济条件允许、产业发展前景好的前提下，经地方政府授权的申请主体，可以将三种制度的地理标志全部申请保护（除农业渠道保护对象有初级农产品限制外），根据产品的性质，同一种地理标志产品集中宣传、使用其中一个渠道的地理标志专用标志，来打造区域品牌，其余渠道的地理标志作为“联合商标”仅在商业合同中注明，不予实际使用。对于已经发生重复申请的地理标志产品，需要先统一管理机构，然后参照上述做法。这样有利于整合区域资源，节约市场成本，有力打造品牌，同时也避免了有些地方政府审查不严，导致其他组织从不同渠道重复地理标志，造成日后管理混乱，伤害品牌价值的情况发生。

（五）通过出台地方地理标志法规、规章，来统一规范区域地理标志工作

在目前我国两个渠道三种地理标志制度在国家层面难以统一的情况下，一些地理标志资源丰富或者地理标志产业发展前景好的省（市、区），可以考虑启动地方地理标志法规、规章的立法工作来统一规范区域地理标志工作。由于三个渠道地理标志的申请主体资格的审批权和保护范围的界定权在地方政府手中，而且对地理标志产品的日常管理，也由地方地理标志管理部

门行使。省（市、区）人大和政府完全可以在与不同宪法、法律（尤其是《商标法》）、行政法规（尤其是《商标法实施条例》）相冲突的前提下分别进行地方地理标志法规和规章的立法工作，立法工作建议还是不要突破农业部和国家知识产权局的地理标志规章有关规定，因为地方法规、地方政府规章与部门规章之间规定不一致时需提请国务院或人大裁决，两者规定不同也会导致地方农业、知识产权等地理标志职能部门无所适从。建议立法工作还是围绕着前述申请主体资格确定、保护范围的界定、地理标志日常管理等现行三种地理标志制度赋予地方政府和地方职能部门的职权范围来进行。通过出台地方地理标志法规、规章，在省（市、区）区域范围内对同一个地理标志产品（不是产品名称一致就是同一个产品，而是由区域因素和品质来判断是否为同一产品），统一地理标志申请主体资格，统一地理标志保护范围，统一质量标准，统一规范使用专用标志，统一地理标志管理机构，建立健全地方地理标志管理机制和制度，整合区域资源。这样既可以从根本上解决区域地理标志重复申请、管理混乱等不同渠道地理标志冲突问题，也可以保障各地结合当地实际情况，灵活运用三种地理标志制度，更有效地发挥出地理标志制度应有的作用。

五、结语

地理标志保护制度，是开发利用传统知识、民族民间文学艺术、遗传资源和特色农产品资源的重要知识产权法律保障制度。《国家知识产权战略纲要》，将建立和完善地理标志保护制度作为实施国家知识产权战略的7大专项任务之中。尤其是经济欠发达的西部地区，其独特的地理气候条件、悠久的历史传统和民族文化的多样性孕育了许多符合地理标志保护条件的特色农特产品。这些地区拥有数量众多且符合地理标志保护条件的农特产品资源，完全可以从实施地理标志保护制度方面寻找突破口，把农特产品地理标志资源优势转变为区域品牌知识产权优势参与市场竞争，这也是经济欠发达地区实施知识产权战略的必然选择。经济欠发达但拥有丰富地理标志资源的贵州省，在《贵州省知识产权战略纲要》中就提出了“地理标志申请数量逐年增长，打造一批有特色、上规模的知名品牌”的战略目标。

以上是笔者对我国现有三种地理标志制度的一些心得，有不当之处，欢迎各位批评指正。笔者认为要从根本解决目前地理标志制度的问题，还是要统一地理标志法律制度，统一地理标志行政部门，由一部法律法规来规范地理标志制度，由一个部门来统一管理地理标志工作，这样才能根本解决目前我国地理标志制度缺陷，将我国由地理标志资源丰富大国，打造成“地理标志品牌大国”。

地理标志保护——国外篇[①]

引　言

从世界范围看，对地理标志的保护分为“欧洲式专门法”“美国式商标法”“专门法－商标法混合”三种不同保护模式，而对地理标志的定义则普遍认可采用《TRIPS协定》第22条第1款规定[②]，即“地理标志”是指识别一商品来源于一成员领土或者该领土内一地区或地方的标记，该商品的特定质量、声誉或其他特征主要归因于其地理来源。为地理标志提供保护是《TRIPS协定》的重要内容。

从地理标志保护的历史传统以及当前世界各国采取的地理标志立法体系来看，各国之间存在较大的立法与理念差异，对原产地名称和商标受类似且不同的法律概念保护。本文通过对欧洲、美洲以及亚洲的部分国家和地区地理标志立法与保护制度的介绍，帮助各位同行在知识产权保护工作的实践中能认识到各国在主观认知与客观关联、“声誉”与“风土”的核心理念等方面的细微差异，结合对最新判例的观察与解读，从而帮助企业更好地开展知识产权保护与合规工作。

值得关注的是，在地理标志保护制度方面，北美洲和欧盟似乎存在相反

① 楼仙英，金杜律师事务所。

② Art. 22 Protection of Geographical Indications1. Geographical indications are, for the purposes of this Agreement, indications which identify a good as originating in the territory of a Member, or a region or locality in that territory, where a given quality, reputation or other characteristic of the good is essentially attributable to its geographical origin.

的发展趋势。欧盟法院的判决似乎表明，欧盟内部更愿意扩大地理标志保护制度的覆盖范围，并期望在世界各国为自身农产品提供更强的保护；而美国主导形成的新的北美自由贸易协定《美加墨协定》则表现出，作为北美地区领导者的美国，更加希望弱化地理标志保护制度，抬高地理标志的认定标准，以方便其向世界各国出口其农产品。

第一章　欧洲篇

欧洲地理标志保护制度起源于法国，在20世纪初，法国制定了“原产地名称控制”制度，通过政府划定生产区域、对原产地给予命名等一系列措施以保护该国的葡萄酒。

1992年之前的欧盟没有统一的地理标志保护政策，主要是一些有保护农产品需求的欧洲国家如法国、西班牙等通过国内专门法对地理标志进行保护。

2012年11月21日，欧盟正式通过了《关于地理标志保护和农产品和食品原产地名称的1151/2012号条例——关于农产品和食品的质量规划条例》（以下简称1151/2012号条例）。该条例于2013年1月3日生效，是欧盟现行的地理标志保护条例。

欧盟的地理标志保护属于专门立法保护的类型，多个不同层级与区域的地理标志法规相互配合，结合地理标志特点，通过引入公权力或准公权力的干预，降低生产商维权成本，有利于维护产业整体利益，是一种符合欧洲产业特色的保护模式。

本文内容旨在帮助中国读者了解欧盟对于地理标志保护的大致情况，并不构成完整法律意见，具体个案需要进行欧盟及特定国家的全面法律检索，还需要关注世界各国对地理标志保护的不同立场。

第一节 欧洲地理标志保护历史沿革与制度简介

一、“2081/92号理事会条例”与《欧盟理事会510/2006号条例》

为加强地理标志保护，欧盟于1992年通过了《关于保护农产品和食品地理标志和原产地名称条例》（以下简称2081/92号理事会条例），首次建立起欧盟范围内农产品和食品的地理标志保护统一制度（但不包括葡萄酒、烈酒和芳香葡萄酒），是欧盟农产品质量政策的主要支柱，也为欧洲式专门法地理标志保护模式确定了整体框架。

2081/92号理事会条例定义了受保护的原产地名称（Protected Designation of Origin，PDO）和受保护的地理标志（Protected Geographical Indication，PGI）。PDO与PGI的对象均为欧盟内的食品、农产品（1151/2012号条例、664/2014号条例、668/2014号条例）和葡萄酒（479/2008号条例、555/2008号条例）。

在实体内容方面，2081/92号理事会条例对无法注册为地理标志的通用名称、PDO和PGI的注册说明规格、PDO和PGI的注册主体等内容作出明确规定。在程序方面，2081/92号理事会条例第6条至第17条规定了PDO和PGI的异议、注册规格说明书的修改、成员国审查、第三国注册申请等内容。

2081/92号理事会条例出台后备受争议，一些WTO成员国认为，欧盟地理标志保护计划在许多领域都存在与《TRIPS协定》不符的地方。而美国和澳大利亚认为2081/92号理事会条例的规定违反了国民待遇原则和《TRIPS协定》中关于地理标志和商标共存的规定，分别在WTO争端解决程序下对欧盟提起诉讼。

美国和澳大利亚认为，欧盟2081/92号理事会条例严重偏向源自欧盟成员国的地理标志而牺牲来自其他国家的地理标志，且欧盟对待地理标志注册后的在后商标不公正。欧盟2081/92号理事会条例迫使希望在欧盟注册地理标志的非欧盟成员国采用欧盟地理标志保护条例，并以此作为非欧盟成员国在欧盟得到地理标志保护的前提。此外，该条例禁止非欧盟成员国注册和保护地理标志，除非（1）该国提供相当于欧盟关于农产品和食品相应的保护体系；（2）该国必须通过该保护体系对大约700个欧盟地理标志提供保护；

（3）该国政府必须接收来自该国的地理标志保护申请，并就其是否符合欧盟条例进行审查，将符合要求的申请转交至欧盟；（4）该国必须保证对地理标志的合规性进行审查，并就检查程序进行监督。

2005年3月，WTO专家组公布报告，同意美国和澳大利亚的申诉意见。随后欧盟对2081/92号理事会条例进行修订，废除了其中不符合WTO规则的内容以及对欧盟外第三国申请注册的较为严苛的条件，并于2006年颁布了修订版的《欧盟理事会510/2006号条例》，使得欧盟关于地理标志注册和原产地名称的规定符合《TRIPS协定》。

自2008年起，欧盟引入地理标志（Geographical Indication，GI）以保护产自某一国家、地区或区域的烈酒（110/2008号条例、716/2013号条例、2019/787号条例）或芳香葡萄酒的名称（251/2014号条例），要求产品的特定质量、声誉或其他特征主要归因于其地理来源。对大多数产品而言，其蒸馏或制备中的至少一个阶段要位于该区域内，但原料产品不需要来自该地区。

了解上述历史，有助于理解欧盟地理标志保护的立法宗旨和其价值取向。

二、1151/2012号条例——欧盟现行的地理标志保护条例

欧盟于2012年11月21日通过了1151/2012号条例。该条例于2013年1月3日生效，是欧盟现行的地理标志保护条例。

该法规首次以立法的形式在欧盟层面建立了一个统一的监管体系，对每个获得保护的产品实施监控计划，进行全过程的质量监管。注册为地理标志的产品名称在欧盟内部和已签订具体保护协议的非欧盟国家受到法律保护，防止仿制和滥用。1151/2012号条例[①]建立了三种保护机制：受保护的

① Regulation（EU）No 1151/2012Title II Protected Designations of Origin and Protected Geographical Indications Article 4 ObjectiveA scheme for protected designations of origin and protected geographical indications is established in order to help producers of products linked to a geographical area by:（a）securing fair returns for the qualities of their products;（b）ensuring uniform protection of the names as an intellectual property right in the territory of the Union;（c）providing clear information（转下页注）

原产地名称、受保护的地理标志以及传统特色保证（Traditional Specialties Guaranteed，TSG），其中TSG的保护无需考虑地理因素，仅将受保护的名称与特定的传统生产方法相联系。

第二节　欧盟地理标志保护实践

一、PDO、PGI与GI标志及其适用范围[①]

根据1151/2012号条例第44条，欧洲的地理标志包括三类标识：PDO、PGI和GI[②]。其中PDO和PGI均适用于食品和葡萄酒，两者的差异主要在于其生产食品或葡萄酒的原材料来源于特定地区或者其生产过程发生在特定地

（接上页注）on the value-adding attributes of the product to consumers.TITLE III TRADITIONAL SPECIALITIES GUARANTEEDArticle 17 Objective A scheme for traditional specialities guaranteed is established to safeguard traditional methods of production and recipes by helping producers of traditional product in marketing and communicating the value-adding attributes of their traditional recipes and products to consumers.

① Regulation（EU）No 1151/2012 Article 5Requirements for designations of origin and geographical indications1. For the purpose of this Regulation, "designation of origin" is a name which identifies a product:（a）originating in a specific place, region or, in exceptional cases, a country;（b）whose quality or characteristics are essentially or exclusively due to a particular geographical environment with its inherent natural and human factors; and（c）the production steps of which all take place in the defined geographical area.2. For the purpose of this Regulation, "geographical indication" is a name which identifies a product:（a）originating in a specific place, region or country;（b）whose given quality, reputation or other characteristic is essentially attributable to its geographical origin; and（c）at least one of the production steps of which take place in the defined geographical area.

③ Regulation（EU）No 1151/2012 Article 44Protection of indications and symbols1. Indications, abbreviations and symbols referring to the quality schemes may only be used in connection with products produced in conformity with the rules of the quality scheme to which they apply. This applies in particular to the following indications, abbreviations and symbols:（a）"protected designation of origin", "protected geographical indication", "geographical indication", "PDO", "PGI", and the associated symbols, as provided for in Title II;（b）"traditional speciality guaranteed", "TSG", and the associated symbol, as provided for in Title III;（c）"mountain product", as provided for in Title IV.

区的占比多少，前者要求100%，后者可以是85%以上。而GI则适用于烈酒及芳香葡萄酒。

PDO的适用条件最为严格，要求产品的质量或特性必须主要或完全归因于其地理来源的自然和人文因素，农产品和食品整个生产、加工和制备过程中的每个环节（包括原材料的生产和加工）均须在规定的原产地区域内进行。对葡萄酒而言，意味着葡萄必须完全来自葡萄酒被酿造的地理区域。

PGI的条件略微放宽，且将声誉（reputation）纳入考量，要求产品特定质量、声誉或其他特征与其地理来源之间存在因果关系，且产品生产、加工和制备过程中至少有一个阶段在规定地理区域内进行。葡萄酒产品使用的葡萄中至少85%必须完全来自实际酿造葡萄酒的地理区域。

此外，对所有酒类产品而言，是否标明PDO/PGI标签是可选择的，但农产品和食品则必须标注。

Protected Designation of Origin(PDO)

Product names registered as PDO are those that have the strongest links to the place in which they are made.

Products

Food, agricultural products and wines

Specifications

Every part of the production, processing and preparation process must take place in the specific region.

For wines, this means that the grapes have to come exclusively from the geographical area where the wine is made.

Example

Kalamata olive oil PDO is entirely produced in the region of Kalamata in Greece, using olive varieties from that area.

Label

– Mandatory for food and agricultural products
– Optional for wine

图1　PDO标志

Protected Geographical Indication (PGI)

PGI emphasises the relationship between the specific geographic region and the name of the product, where a particular quality, reputation or other characteristic is essentially attributable to its geographical origin.

Products

Food, agricultural products and wines

Specifications

For most products, at least one of the stages of production, processing or preparation takes place in the region.

In the case of wine, this means that at least 85% of the grapes used have to come exclusively from the geographical area where the wine is actually made.

Example

Westfälischer Knochenschinken PGI ham is produced in Westphalia using age-old techniques, but the meat used does not originate exclusively from animals born and reared in that specific region of Germany.

Label

– Mandatory for food, agricultural products
– Optional for wines

图2　PGI标志

Geographical Indication of spirit drinks and aromatised wines (GI)

The GI protects the name of a spirit drink or aromatised wine originating in a country, region or locality where the product's particular quality, reputation or other characteristic is essentially attributable to its geographical origin.

Products

Spirit drinks and aromatised wines

Specifications

For most products, at least one of the stages of distillation or preparation takes place in the region. However, raw products do not need to come from the region.

Example

Irish Whiskey GI has been brewed, distilled and matured in Ireland since the 6th century, but the raw materials do not exclusively come from Ireland.

Label

Optional for all products

图3　GI标志

二、PDO和PGI的保护范围与流程

1151/2012号条例第13条规定了PDO和PGI注册后将得到保护，可禁止：（1）对不在注册范围且与注册名称相类似的产品上进行任何直接或间接商业用途，或者以利用注册名称的声誉为目的使用该名称，包括当产品被用作原

料时；（2）任何滥用、模仿或者暗示，即使指明了产品或服务的真实来源，或受保护的名称被翻译成或附有“风格”“类型”“方法”“模仿”“以生产”或类似的表达，包括产品被用作原料时；（3）产品内包装或外包装上关于产品的来源、性质或基本品质的虚假或误导性说明，可能对产品来源产生错误印象的有关产品的广告材料或文件以及产品包装；（4）任何其他可能误导消费者关于产品真实来源的做法。另外，如果PDO或PGI中包含了被认为是通用的产品名称，则该通用名称的使用不应被视为违反第（1）项或第（2）项①。

三、PDO和PGI与商标的关系

对地理标志与商标之间的冲突。欧盟基于“共存原则”和“优先原则”来处理两者的冲突。具体而言，体现在1151/2012号条例第14条、第6.4条②。

---

① Regulation（EU）No 1151/2012 Article 13 Protection1. Registered names shall be protected against:（a）any direct or indirect commercial use of a registered name in respect of products not covered by the registration where those products are comparable to the products registered under that name or where using the name exploits the reputation of the protected name, including when those products are used as an ingredient;（b）any misuse, imitation or evocation, even if the true origin of the products or services is indicated or if the protected name is translated or accompanied by an expression such as “style”, “type”, “method”, “as produced in”, “imitation” or similar, including when those products are used as aningredient;（c）any other false or misleading indication as to the provenance, origin, nature or essential qualities of the product that is used on the inner or outer packaging, advertising material or documents relating to the product concerned, and the packing of the product in a container liable to convey a false impression as to its origin;（d）any other practice liable to mislead the consumer as to the true origin of the product.Where a protected designation of origin or a protected geographical indication contains within it the name of a product which is considered to be generic, the use of that generic name shall not be considered to be contrary to points（a）or（b）of the first subparagraph.

② Regulation（EU）No 1151/2012 Article 14 Relations between trade marks, designations of origin andgeographical indications1. Where a designation of origin or a geographical indication is registered under this Regulation, the registration of a trade mark the use of which would contravene Article 13（1）and which relates to a product of the same type shall be refused if the application for （转下页注）

根据1151/2012号条例第14条，如果一个地理商标或者原产地名称依据条例进行注册，则在后的同类型产品的商标将被拒绝注册。这种保护水平是基于传统的优先原则，并且保护水平非常高，以至于即使是在没有关于混淆或误导性结果的真实证据的情况下也将被禁止。

如果存在在先商标，在后注册的地理标志中包含商标中的地理名称，则两者应该共存，除非在先商标属于恶意注册。

根据1151/2012号条例第6.4条，如果在先商标以在市场上享有很高的声誉并且在后地理标志的注册及使用可能会使消费者对产品实际来源产生误解，则该地理标志的注册将被拒绝。

四、PGI与PDO的注册程序

1151/2012号条例第49条对PGI和PDO的注册程序作出了详细的规定，

（接上页注）registration of the trade mark is submitted after the date of submission of the registration application in respect of the designation of origin or the geographical indication to the Commission. Trade marks registered in breach of the first subparagraph shall be invalidated.The provisions of this paragraph shall apply notwithstanding the provisions of Directive 2008/95/EC.2. Without prejudice to Article 6（4）, a trade mark the use of which contravenes Article 13（1）which has been applied for, registered, or established by use if that possibility is provided for by the legislation concerned, in good faith within the territory of the Union, before the date on which the application for protection of the designation of origin or geographical indication is submitted to the Commission, may continue to be used and renewed for that product notwithstanding the registration of a designation of origin or geographical indication, provided that no grounds for its invalidity or revocation exist under Council Regulation（EC）No 207/2009 of 26 February 2009 on the Community trade mark（1）or under Directive 2008/95/EC. In such cases, the use of the protected designation of origin or protected geographical indication shall be permitted as well as use of the relevant trade marks.Article 6 Generic nature, conflicts with names of plant varieties and animal breeds, with homonyms and trade marks4. A name proposed for registration as a designation of origin or geographical indication shall not be registered where, in the light of a trade mark's reputation and renown and the length of time it has been used, registration of the name proposed as the designation of origin or geographical indication would be liable to mislead the consumer as to the true identity of the product.

对于属于跨境地理区域的PGI或者PDO，来自不同成员国或第三国的若干团体可以联合提出注册申请。另外，单个自然人或法人可以被视为一个团体，但根据要求，该自然人或法人必须是唯一愿意提交申请的生产者，且其规定地理区域具有与邻近区域明显不同的特征，或者产品的特征与邻近区域产品的特征不同。

如果申请涉及成员国境内的地理区域，或者申请由成员国国内的团体提出，则该申请应由该成员国当局受理。成员国应通过适当的方式审查申请，以检查其是否合理并符合相应要求。

作为审查的一部分，成员国应启动国内异议程序，确保申请充分公开，并为任何在其领土上存在的具有合法权益的法人或自然人提出异议设置合理期限。提出异议的有关产品的自然人或法人应当在成员国当局公布异议之前已经在市场上连续合法销售该产品至少五年。在对收到的任何异议进行评估后，如果成员国认为该申请符合本条例的要求，则可以采取有利的决定并向委员会提交申请档案。另外，成员国需充分公开其有利决定，并确保任何拥有合法权益的自然人或法人有机会提起上诉。关于产品规格，成员国还应公布其有利决策所依据的产品规格的版本，并应提供产品规格的电子获取途径。如果提出的申请涉及第三国的地理区域，或者该申请是由在第三国设立的团体提出的，则申请应直接或通过有关第三国的授权机构向委员会提出申请。

五、PGI和PDO的异议程序

对于异议程序的主体，根据1151/2012号条例第51条，在欧盟官方公报出版的三个月内，成员国或者第三国当局、或在第三国设立的具有合法权益的自然人或法人，可向委员会提出异议。异议通知中应载有声明，表明PDO或者PGI的申请可能违反2012年条例的规定。不包含此声明的异议被视为无效异议。

在接到异议通知后，委员会应立即将异议通知转发给提出申请的当局或机构。如果委员会收到异议通知后，在两个月内收到异议理由声明，委员会应检查这一异议理由声明的可受理性。对于不可接受的异议理由声明，委员会应邀请提出异议的当局机构或人员以及提出注册申请的主体，在不超过三个月的合理期限内进行适当的协商。

本条款对于异议程序的细节没有做出更多规定，同时赋予了委员会进行补充规定的权利。因此，根据第51条，为了确定异议的明确程序和截止日期，委员会应有权根据1151/2012号条例第56条有关授权的权利规定采取授权行为，补充异议程序的规则。同样，委员会可以通过实施法案对异议的程序、形式和表述制定详细规则。

六、PGI和PDO的取消程序

1151/2012号条例第54条规定了PDO和PGI的取消程序，即委员会可以主动或者应任何具有合法利益的自然人或者法人的请求，在以下情况中通过实施法案取消PDO或PGI的登记：（1）注册名称未能符合产品规格要求；（2）PDO或PGI产品投放市场而没有销售满至少七年。在这两种情况下，委员会可应在市场上使用登记名称进行销售的产品生产商的要求，根据第54.1条规定取消相应登记。

值得注意的是，1151/2012号条例并没有规定PDO或者PGI是否应该在一个以上的欧盟成员国销售，或者其是否要在相关的国内市场或第三国市场上销售相关的农产品或食品以证明其符合条例所规定的使用要求。

第三节　关于中欧地理标志协定

我国产品在欧盟获得PGI、PDO保护主要有两种形式，一是在我国已经获得地理标志保护的权利人可直接向欧盟申请获得PGI、PDO保护；二是通过中国与欧盟签订的双边协定获得保护。2005年9月5日，中国与欧盟签署了《中华人民共和国国家质量监督检验检疫总局与欧洲委员会贸易总司关于地理标志的谅解备忘录》，中国的10个地理标志产品在欧盟获得了PGI、PDO保护。2012年11月，经过中欧双方政府机构、专家和地理标志产品生产企业的共同努力，中国与欧盟各自10个地理标志产品，全部获得对方的批准保护。这也标志着中欧“10+10”地理标志互认互保试点项目圆满完成。

《中华人民共和国政府与欧洲联盟地理标志保护与合作协定》（以下简称《中欧地理标志协定》）是一个地理标志保护双边协定。该协定谈判于2011年启动，共历时8年。2019年11月6日，习近平主席同马克龙总统见证了结束《中欧地理标志协定》谈判的联合声明的签署。

协定文本共14条，对地理标志设定了高水平的保护规则，并在附录中纳入双方各275项具有各自地区特色的地理标志产品。协定将为双方的地理标志提供高水平的保护，有效阻止假冒地理标志产品，使双方消费者都能享受到货真价实的高品质商品。

2020年7月20日，欧盟理事会做出决定，授权正式签署《中欧地理标志协定》；9月14日，中国商务部部长钟山与德国驻华大使葛策、欧盟驻华大使郁白正式签署了该协定。2021年2月24日国新办举行的新闻发布会上，商务部部长王文涛表示《中欧地理标志协定》将于2021年3月1日生效实施。

根据协定，安溪铁观音、五常大米、四川泡菜、郫县豆瓣、安吉白茶、保山小粒咖啡、安丘大姜、绍兴酒、六安瓜片、贺兰山东麓葡萄酒等我国第一批100个知名地理标志将在协定生效后立即获得欧盟的保护，有效阻止仿冒等侵权行为的发生。第二批175个地理标志产品，将会在协定生效后4年内完成相关保护程序。

表1 第一批100个中国地理标志产品清单（部分）

序号	名称	地区
1	安吉白茶	浙江湖州
2	安溪铁观音	福建安溪
3	保山小粒咖啡	云南保山
4	赣南脐橙	江西赣州

续表

序号	名称	地区
5	霍山黄芽	安徽霍山
6	郫县豆瓣	四川成都
7	普洱茶	云南普洱
8	山西老陈醋	山西太原
9	烟台苹果	山东烟台
10	坦洋工夫	福建福安
11	白城绿豆	吉林白城
12	肇源大米	黑龙江肇源
13	婺源绿茶	江西婺源
14	福州茉莉花茶	福建福州
15	房县香菇	湖北房县
16	南丰蜜桔	江西南丰
17	苍山大蒜	山东兰陵县（原苍山）
18	房县黑木耳	湖北房县
19	凤冈锌硒茶	贵州凤冈
20	库尔勒香梨	新疆库尔勒
21	邳州大蒜	江苏邳州
22	安岳柠檬	四川安岳
23	正山小种	福建武夷山
24	兴化香葱	江苏兴化
25	六安瓜片	安徽六安
26	宜宾芽菜	四川宜宾
27	静宁苹果	甘肃静宁
28	安丘大姜	山东安丘
29	建宁通心白莲	福建建宁
30	松溪绿茶	福建松溪
31	罗平小黄姜	云南罗平
32	苍溪红心猕猴桃	四川苍溪

续表

序号	名称	地区
33	庆元香菇	浙江丽水
34	长寿沙田柚	广西沙田
35	凤凰单丛	广东潮州
36	涪城麦冬	四川三台
37	狗牯脑	江西遂川
38	武夷山大红袍	福建武夷山
39	晋州鸭梨	河北晋州
40	吐鲁番葡萄干	新疆吐鲁番
41	安化黑茶	湖南益阳
42	嵊泗贻贝	浙江舟山
43	辽中玫瑰	辽宁辽中
44	横县茉莉花茶	广西横县
45	蒲江雀舌	四川蒲江
46	峨眉山茶	四川乐山
47	朵贝茶	贵州普定
48	五常大米	黑龙江五常
49	福鼎白茶	福建福鼎
50	吴川月饼	广东吴川
51	兴隆咖啡	海南万宁
52	绍兴酒	浙江绍兴
53	贺兰山东麓葡萄酒	宁夏
54	桓仁冰酒	辽宁桓仁
55	烟台葡萄酒	山东烟台
56	惠水黑糯米酒	贵州惠水
57	西峡香菇	河南西峡
58	红崖子花生	辽宁兴城
59	武夷岩茶	福建武夷山
60	英德红茶	广东英德

第四节　从判例看欧盟保护动态

欧洲法院在2020年12月17日的一项判决（Case C-490/19）中认为，欧盟地理标志保护制度不仅禁止他人使用地理标志名称，也禁止他人复制地理标志所指产品的形状和外观、使得消费者产生混淆。

这一点大大突破了传统的地理标志保护的力度，结合了类似于反不正当竞争保护的机制，从消费者混淆这一结果来判断地理标志所涉产品的外观与形状是否应该受到保护，从而使得地理标志的保护力度不仅是保障产品特定产地与品质，还扩展到市场上对消费者产生联想的产品外观。

该案所涉及的莫比尔（Morbier）奶酪来自于法国东部弗朗什科迈省的莫尔比尔。这种奶酪上下两层由植物灰烬隔开，因而其中间有一条水平的黑色线条，这是莫比尔奶酪最为显著的外观特点。莫比尔奶酪在2000年获得PDO注册，成为受保护的原产地名称，使得仅有在该特定产地且满足特定条件的奶酪才能使用该名称。因此，其他来自指定产地之外却使用“莫比尔”这一名称的奶酪，仅能在5年的过渡期间内继续使用该名称。

该案被告在5年过渡期间后改换了产品名称，但持续销售相同的奶酪。该案原告向法国法院诉称被告产品的外观与受保护的莫比尔奶酪过于相似，尤其两者中间都具有标志性的水平黑色线条，因此构成PDO侵权和不正当竞争。

欧洲法院在判决中认为，以上条例规定并非仅仅禁止第三方对于注册名称的使用。例如，是否构成条例中所禁止的“唤起”，取决于一款产品在消费者脑海中激发形成的图像是否就是被“受保护的原产地名称”所包含的产品。同时，条例中所使用的“任何其他行为”这一表述，也意在纳入条例中其他款项尚未禁止的行为。

欧洲法院还认为，“任何其他就产品原产地误导消费者的行为”应当包括，对于“受保护的原产地名称”所包含的产品的形状或外观的复制行为，且该复制行为会导致消费者误认为被诉侵权产品属于“受保护的原产地名称”。

至于莫比尔奶酪中的黑线是否构成具有区分性的基础特色，以至于消费者会将带有该特征的仿制品认作PDO保护产品，则留待法国法院后续作出评估。

根据《欧盟理事会510/2006号条例》第13（1）条①，及1151/2012号条例第13（1）条②，地理标志的注册名称，不得被滥用、模仿、唤起，也不得有任何其他就产品原产地误导消费者的行为。

可以观察到，在本判决中欧洲法院的关于地理标志的保护范围的解释将地理标志保护产品的外观纳入地理标志侵权认定的对象，使得地理标志保护可能与商业外观保护有所交叠。欧盟地理标志保护制度对于“地理标志产品外观”的保护这个概念值得关注。这与欧盟一直以来希望更加有力地保护自身地理标志的态度一脉相承。为就WTO农业谈判，欧盟在2003年即公布41项欧盟地理标志，希望在本区域外得到保护。③这些地理标志也成为欧盟在与域外国家达成自贸协定时的可选清单。

综上，欧洲之所以采用专门立法保护地理标志，就是因为其有丰富的自然与文化资源，而这个最新的判例所传递的保护趋势值得中国企业关注。

---

① Article 13（1）of the regulation [No 510/2006] is worded as follows: Registered names shall be protected against:（a）any direct or indirect commercial use of a registered name in respect of products not covered by the registration in so far as those products are comparable to the products registered under that name or in so far as using the name exploits the reputation of the protected name;（b）any misuse, imitation or evocation, even if the true origin of the product is indicated or if the protected name is translated or accompanied by an expression such as “style”, “type”, “method”, “as produced in”, “imitation” or similar;（c）any other false or misleading indication as to the provenance, origin, nature or essential qualities of the product, on the inner or outer packaging, advertising material or documents relating to the product concerned, and the packing of the product in a container liable to convey a false impression as to its origin;（d）any other practice liable to mislead the consumer as to the true origin of the product.

② The wording of Article 13（1）of the regulation reproduces, in essence, that of Article 13（1）of Regulation No 510/2006. Except that at the end of points（a）and（b）the words ‘including when those products are used as an ingredient’ have been added.”

③ Article: a Tale of Two Approaches: Analysis of Responses to Eu’s Fta Initiatives on Geographical Indications（GIS）, 18 Chi.-Kent J. Intell. Prop. 153, 157.

第二章　美洲篇

第一节　美国对地理标志的保护

一、美国以商标法体系保护地理标志

美国没有专门的地理标志注册体系，主要采用商标法体系，以证明商标和集体商标两种方式来保护地理标志，其他的一些法律法规作为使得补充，如各州关于反不正当竞争的规定也会适当调整地理标志的相关问题并给予保护，又如烟酒枪炮及爆炸物管理局（The Bureau of Alcohol，Tobacco，Firearms and Explosives，ATF）涉及对葡萄酒和烈酒相关地理标志的保护。

在《TRIPS协定》达成之前，美国就已经采用商标来保护类似地理标志的标识，美国认为《TRIPS协定》第22条仅规定各成员提供适当的法律手段来保护地理标志，而证明商标和集体商标涵盖了《TRIPS协定》关于地理标志的主要内容，符合WTO对地理标志的定义，达到了《TRIPS协定》要求的标准。

一方面，不同于中国商标法采用的申请在先原则，美国的商标法采用的是使用优先原则，也保护未经注册的商标，另一方面，美国是新兴移民国家，其闻名世界的核心产品多为制药科技或者信息技术，因此需要冠以原产地保护的特色产品的数量并不多。美国对于新申请的地理标志，采用与审查商标相同的方法，即主要审查其作为标识对公众而言的可识别性。

美国采用证明商标和集体商标保护地理标志的实例包括“佛罗里达橙”“爱达荷土豆”“纳帕溪谷葡萄酒”“华盛顿州苹果”，通过商标法使其免受不公平竞争和商标侵权的损害。至于国外的地理标志，美国通过地理标志证明商标体系，把国外的地理标志认证为证明商标，再通过美国商标法律进行保护。

二、联邦立法对地理标志的规定

美国现行联邦商标法是在1946年《兰哈姆法》经过多次修改的基础上形成的。《兰哈姆法》确立了对商标的联邦保护和注册，其中包括了地理标志保护的相关内容。

《兰哈姆法》第2.（e）（2）条规定："如果申请地理标志注册的术语仅仅是描述性术语或者属于欺骗性的描述性术语不得注册为商标保护，但根据该法第4条可取得注册的原产地标记除外。"该条对地理标志的保护主要包括以下几个方面：

1.禁止将描述性地理术语作为地理标志进行商标注册，但如果该描述性地理术语获得第二含义则可注册为商标；

2.禁止将欺骗性的描述性地理术语注册为商标；

3.已经获得注册的原产地标记依然受保护。

《兰哈姆法》第4条规定："集体商标和证明商标，包括原产地名称，可按一般商标规定注册，与普通商标一样依本法注册，并具有同等效力。证明商标由对其使用进行合法管理的组织、国家、州、市等机构申请注册，注册后与普通商标一样，受本法保护。"①

《兰哈姆法》第45条规定："证明商标是由对某种商品或者服务具有监督能力的组织所控制，由该组织以外的单位或者个人使用于其商品或服

---

① 15 U.S.C §1054（Section 4 of the Lanham Act）Subject to the provisions relating to the registration of trademarks, so far as they are applicable, collective and certification marks, including indications of regional origin, shall be registrable under this chapter, in the same manner and with the same effect as are trademarks, by persons, and nations, States, municipalities, and the like, exercising legitimate control over the use of the marks sought to be registered, even though not possessing an industrial or commercial establishment, and when registered they shall be entitled to the protection provided in this chapter in the case of trademarks, except in the case of certification marks when used so as to represent falsely that the owner or a user thereof makes or sells the goods or performs the services on or in connection with which such mark is used. Applications and procedure under this section shall conform as nearly as practicable to those prescribed for the registration of trademarks.

务，证明商品或服务的原产地、原料、制造方法、质量或者其他特定品质的标志，是确定产品或服务满足了特定的标准，可以是任何的单词、词语或标志。”①

该规定将证明商标分为三类：一是表明产品或服务的产地或其他来源，二是表明产品或服务的材料、制作模式、质量、精确度或其他特征，三是产品或服务的劳动是由一个集体的成员或其他组织提供的。在这三种分类中，第一种证明商标其实主要是地理标志，是识别商品和服务来自哪个地理区域的标记。

《兰哈姆法》第45条：“集体商标是以团体、协会或者其他组织的名义注册，供该组织成员在商事活动中使用，以表明成员身份的标志。”②

从该条定义中可以看出，地理标志符合集体商标的定义，并能够通过注册集体商标的途径来保护地理标志。

美国有两类集体商标：一为集体商品商标或集体服务商标，由该团体或协会的成员在销售商品或提供服务时使用，其作用是将该团体或协会成员所提供的商品或服务与他人的商品或服务区别开来。二为集体成员身份标记，仅仅表明某一个人或者法人是某一团体、协会或者其他组织的成员，不用来表明商品或服务的来源。地理标志多为集体商标，在类别上属于第二类，即

① 15 U.S.C. § 1127（Section 45 of the Lanham Act）The term “certification mark” means any word, name, symbol, or device, or any combination there of——（1）used by a person other than its owner, or（2）which its owner has a bona fide intention to permit a person other than the owner to use in commerce and files an application to register on the principal register established by this Act, to certify regional or other origin, material, mode of manufacture, quality, accuracy, or other characteristics of such person’s goods or services or that the work or labor on the goods or services was performed by members of a union or other organization.

② 15 U.S.C. § 1127（Section 45 of the Lanham Act）The term “collective mark” means a trademark or service mark——（1）used by the members of a cooperative, an association, or other collective group or organization, or（2）which such cooperative, association, or other collective group or organization has a bona fide intention to use in commerce and applies to register on the principal register established by this Act, and includes marks indicating membership in a union, an association or other organization.

用来证明某个产品或服务来自该地域，是身份标记，而不对产品和服务的商业来源进行标记。

三、对一切引起地理来源混淆行为的禁止

《兰哈姆法》第43条规定：“禁止任何伪称商品原产地或虚假描述行为。”

这一规定在《兰哈姆法》中处于特殊地位，通常被认为是反不正当竞争的规范。地理标志作为一种知识产权，本质上是一种商业利益，对于商业利益的保护需要有良好的协调机制，平衡各个主体之间的利益需求。在地理标志的保护领域，对于破坏正常的地理标志保护秩序的行为都应该加以禁止。该条款从反不正当竞争角度出发，侧重维护市场的公平竞争，更加全面保护了地理标志。

（1）对葡萄酒、烈酒的地理标志保护

《兰哈姆法》第2.1条规定了对酒类产品地理标志的保护，禁止一切非来源于酒类原产地的地理名称用于其标记上[①]。

与此同时，ATF主要负责对葡萄酒和烈酒的地理标志进行保护，在其颁布的《联邦法规电子版（Electronic Code of Federal Regulations）》标题27（Title 27 – Alcohol, Tobacco Products and Firearms）下对葡萄酒地理标志作了三种类型的分类，即通用名称（generic）、半通用名称（semi-generic）和非

---

① 15 U.S.C. § 1052No trademark by which the goods of the applicant may be distinguished from the goods of others shall be refused registration on the principal register on account of its nature unless it——（a）Consists of or comprises immoral, deceptive, or scandalous matter; or matter which may disparage or falsely suggest a connection with persons, living or dead, institutions, beliefs, or national symbols, or bring them into contempt, or disrepute; or a geographical indication which, when used on or in connection with wines or spirits, identifies a place other than the origin of the goods and is first used on or in connection with wines or spirits by the applicant on or after one year after the date on which the WTO Agreement（as defined in section 3501（9）of title 19）enters into force with respect to the United States.

通用名称（non-generic）[①]。其中，通用名称是指原先具有某种地理含义，但经过使用演变为某种葡萄酒名称的通用名称；半通用名称是指已经被视为某种葡萄酒的名称，但其与该葡萄酒的原产地名称联系在一起时仍可以用来指代非出产于该名称所标识的地理来源的葡萄酒；非通用名称就是通常情况下受到地理标志保护的葡萄酒名称，即用来标示其地理名称所指向的葡萄酒原产地的名称。

① e-CFR § 4.24 Generic, semi-generic, and non-generic designations of geographic significance.（a）（1）A name of geographic significance which is also the designation of a class or type of wine, shall be deemed to have become generic only if so found by the Administrator.（2）Examples of generic names, originally having geographic significance, which are designations for a class or type of wine are: Vermouth, Sake.（b）（1）A name of geographic significance, which is also the designation of a class or type of wine, shall be deemed to have become semi-generic only if so found by the Administrator. Semi-generic designations may be used to designate wines of an origin other than that indicated by such name only if there appears in direct conjunction therewith an appropriate appellation of origin disclosing the true place of origin of the wine, and if the wine so designated conforms to the standard of identity, if any, for such wine contained in the regulations in this part or, if there be no such standard, to the trade understanding of such class or type. See § 24.257（c）of this chapter for exceptions to the Administrator's authority to remove names from paragraph（b）（2）of this section.（2）Examples of semi-generic names which are also type designations for grape wines are Angelica, Burgundy, Claret, Chablis, Champagne, Chianti, Malaga, Marsala, Madeira, Moselle, Port, Rhine Wine（syn. Hock）, Sauterne, Haut Sauterne, Sherry, Tokay.（c）（1）A name of geographic significance, which has not been found by the Administrator to be generic or semi-generic may be used only to designate wines of the origin indicated by such name, but such name shall not be deemed to be the distinctive designation of a wine unless the Administrator finds that it is known to the consumer and to the trade as the designation of a specific wine of a particular place or region, distinguishable from all other wines.（2）Examples of nongeneric names which are not distinctive designations of specific grape wines are: American, California, Lake Erie, Napa Valley, New York State, French, Spanish. Additional examples of foreign nongeneric names are listed in subpart C of part 12 of this chapter.（3）Examples of nongeneric names which are also distinctive designations of specific grape wines are: Bordeaux Blanc, Bordeaux Rouge, Graves, Medoc, Saint–Julien, Chateau Yquem, Chateau Margaux, Chateau Lafite, Pommard, Chambertin, Montrachet, Rhone, Liebfraumilch, Rudesheimer, Forster, Deidesheimer, Schloss Johannisberger, Lagrima, and Lacryma Christi. A list of foreign distinctive designations, as determined by the Administrator, appears in subpart D of part 12 of this chapter.

需要注意，基于此法案和美国国内对葡萄酒产品自身利益的考量，对于许多在欧洲或其他国家或地区所生产的且受到保护的地理标志产品在美国却大多被认定为通用或者半通用名称，不会受到同等保护，相关权利人仍可以自由使用被认定为通用名称的商标而不受到限制。

（2）普通法地理标志

没有在美国专利商标局注册的地理标志也可以受到普通法下的商标法保护。例如，在*Institut National Des Appellations v. Brown-Forman Corp*，47 USPQ2d 1875，1884（TTAB 1998）案件中，美国商标审理与上诉委员会认为，“干邑（COGNAC）”虽未注册，但可以受到美国普通法下证明商标的保护。“干邑 ”是一个有效的普通法区域认证商标，而不是一个通用术语。大多美国购买者都能够将“干邑 ”理解为是指产自法国干邑地区的白兰地，而不是指产自其他地方的白兰地[①]。

第二节 《美国—墨西哥—加拿大协定》

美国、墨西哥和加拿大签订的《美国—墨西哥—加拿大协定》（United States-Mexico-Canada Agreement，以下简称《美加墨协定》）于2020年7月1日正式生效。《美加墨协定》中，地理标志相关协议内容位于第20章“知识产权”的E部分“地理标志”，共7条，包括“地理标志的承认”“地理标志保护或承认的行政程序”“驳回、异议或取消的理由”“决定表述是否属于通用语言中的习惯表述的指南”“包含多个部分的表述”“地理标志保护的日

① Common-Law Geographical IndicationsGeographical indications also are protected through common law trademark law without being registered by the USPTO. For example，the TTAB has held that “COGNAC” is protected as a common-law（unregistered）certification mark in the United States. Institut National Des Appellations v. Brown-Forman Corp，47 USPQ2d 1875，1884（TTAB 1998）（“Cognac” is a valid common law regional certification mark，rather than a generic term，since purchasers in the United States primarily understand the “Cognac” designation to refer to brandy originating in the Cognac region of France，and not to brandy produced elsewhere，and since opposers control and limit use of the designation which meets certain standards of regional origin.）.

期”“国际协议”。

《美加墨协定》对于成员国应当采取的地理标志的认定程序，以及该程序中利益相关的第三人提出异议的机制作出了详细的约定，并要求成员国允许利益相关的第三人申请撤销已被认定的地理标志。对属于“通用语言中的习惯表述”的，《美加墨协定》明确了哪些表述落入该范围，要求这些表述不得作为地理标志保护，且其可以在认定审查中或根据第三人申请被驳回。对于成员国在其他国际协议中认定的地理标志，《美加墨协定》要求该成员国至少通过相等同的国内认定程序才可以作出地理标志认定，并要求该成员国通知其他成员国提出异议的机会。

对于就以上地理标志相关内容达成《美加墨协定》，负责国际贸易协议谈判的美国贸易代表处称，在这份协定中，“各成员国同意为新的地理标志的认定提供重要的程序保护措施，这些程序保护措施包括（设立）严格标准，以防止因地理标志的授予认定而妨碍到美国生产商对于通用名称的继续使用，还包括就未来根据其他国际协议认定的地理标志建立成员国之间的磋商机制”。[①]美国贸易代表处还将以上内容作为《美加墨协定》的关键成就展示在其官方网站上。[②]

虽然与原《北美自由贸易协定》相比，《美加墨协定》中关于地理标志的内容显著增多，但新增内容的倾向主要是弱化地理标志保护制度，例如严格要求地理标志的认定程序；增加第三人异议机制和对于已认定的地理标志的申请撤销机制；要求成员国不得自行认定和其他国互认的地理标志，而必须通知其他成员国；要求成员国不得将通用名称认定为地理标志，并要求此类地理标志可以依申请被撤销。

这一结果可能源于美国主导了本次《美加墨协定》的谈判，农业在美国的政治、经济、文化等方面占据了重要地位。美国作为农业出口大国，希望

① United States–Mexico–Canada Trade Fact Sheet Modernizing NAFTA into a 21st Century Trade Agreement | United States Trade Representative（ustr.gov）。

② United States–Mexico–Canada Trade Fact Sheet Modernizing NAFTA into a 21st Century Trade Agreement | United States Trade Representative（ustr.gov）。

能延续其农产品持续出口到加拿大等世界各国。而一旦进口国批准新的地理标志，这些美国农产品的进口可能因为不能继续使用原有名称而受到影响。例如，2013年，欧盟与加拿大达成一份新的自由贸易协定，加拿大在协定中同意将欧洲的“feta”奶酪作为地理标志加以保护。此后，美国55位联邦参议院集体致函给美国农业部和美国贸易代表处，认为“feta”已在加拿大构成通用名称，加拿大对于该地理标志的承认将损害美国奶业公司在加拿大的利益，影响美国奶业出口在加拿大的市场准入地位，因而要求美国政府与欧盟更加激烈地沟通，以改变欧盟的这一要求。

因此，在《美加墨协定》中，作为强势方的美国可能要求通过抬高地理标志认定标准，明确“通用名称”的认定标准，使得美国农产品将来更容易出口。美国农业部也称最终签订的《美加墨协定》为“地理标志的认定设立了更为严格的程序”，并称这些条款有利于美国农业。

第三章　亚洲篇——日本

现行日本的法律制度下，地理标志主要通过四种路径获得保护，分别为商标法中的地域团体商标制度（特许厅主管）、农林水产品的地理标志保护制度（农林产业省主管）、反不正当竞争保护以及针对烈酒和葡萄酒的酒类地理标志保护制度（国税厅主管）。

一、地域团体商标制度

在以往的日本商标法当中，仅由地名表示的商标一般不予注册，若想获得商标注册的话需要在全国消费者的范围内获得众所周知的可识别性。在日本历史上，仅有少量的地理标志作为包含地名的标识被JPO认定已获得第二含义成为注册商标，比如“西阵织”（“西阵”为京都市西北部地名，是日本著名的高级和服生产中心区域，“织”是丝织物产品通称）。

为了振兴日本农业、拓宽知识产权的保护范围，2005年日本对商标法进行了修订，规定了地域团体商标制度，即允许具有较高财产价值的、由“产地名称+商品通用或惯用名称”（即我国所称的地理标志）组成的“地域团体商标”作为“团体商标”（即我国所称的集体商标）进行注册。此类地域团体商标的注册只要求“一定的知名度”，这比《商标法》第3条规定的需要取得全国性周知之识别性的地名商标的注册要容易、灵活。与此同时，从程序方面看，JPO也依据商标法的修改增加了关于地域团体商标审查的内容，使地理标志的注册相比前面提到的审查标准严格的地名商标容易[①]。

二、农林水产品的地理标志保护制度

地理标志保护制度是指将具有原产地相关特性的农林水产品的名称与质量标准一并注册，作为地域的共同财产加以保护的制度。制度内容包括：特定的农林水产品的产地和质量标准一同注册；只有遵守与原产地相关质量标准的产品才能使用地理标志名称及其专有标志；法律责任不同于地域团体商标的民事责任，而是行政取缔手段，在不符合质量标准的产品上使用地理标志，会导致该地理标志的注册被撤销的严重后果；产地内生产者只有加入注册团体或成为其中一员才能使用地理标志的名称；等等。

---

① 通常の商標出願では、産地や品質等の商品内容を表しているだけの商標は、原則として登録を受けることができません（商標法第3条第1項第3号）。例外的に、長年の使用等によって他人の同じような商品（役務）と区別できる商標となっている場合は、登録を受けられる場合がありますが（商標法第3条第2項）、全国的に有名となっている場合等、ごく一部に限られており、それを立証するために労力や時間を要することになります。これに対し、地域団体商標は、産地や品質等の商品内容を表しているだけの商標ですが、全国的に認知されるまでには至っていなくても、一定の要件（例えば、一定の地理的範囲である程度有名になっていること）さえ満たせば商標登録を受けることができ、地域の産品等をより早い段階で権利侵害から守ることができるのが、大きなメリットです。特許庁［地域団体商標Q＆A］

三、反不正当竞争保护

日本《不正当竞争防止法》第2条第1款第20项将对商品的产地、品质、内容、制造方法等作引人误解的虚假信息标示行为列为不正当竞争行为，规定了救济手段。日本历来有在不产自某地的产品上使用该地地名而被认定为不正当竞争防止法所说的假冒产地行为的案例，典型的比如“京の柿茶”一案，该案判决认为：“京”字在日本通常被认为指京都，被告在并不是在京都制造、加工且材料中也不含有京都出产材料的柿叶茶上标注“京の柿茶”或者“KYO-TO KAKICHA”文字的行为，容易引起对商品原产地、质量的误认，构成不正当竞争行为。虽然权利人可以通过不正当竞争防止法主张权利，但相比需经日本特许厅事前审查的地域团体商标制度具有较高的不确定性。

四、针对烈酒和葡萄酒的酒美地理标志保护制度

为了满足WTO于1994年通过的《TRIPS协定》对酒类产品地理标志保护的要求，日本国税厅于1994年12月28日发布的《关于葡萄酒和烈酒名称的第四号通知》对酒类产品如何使用地理标志发布了新标准。根据此通知，“地理标志”指的是来源于日本国内及世界贸易组织（WTO）成员国领域或该领域内某地区或地方的葡萄酒或烈酒，此酒类产品的质量、声誉及其他特点主要归因于其地理来源地，因此禁止非来源地的此类产品使用该地理标志，包括诸如“地理标志+类、型、风味、仿”等词汇的暗示性使用或将地理标志翻译使用。

地理标志的管理[①]

“重注册、轻使用，注而不用、用而不管、管而不畅”，在地理标志实际工作中，这是真实的写照。以某省为例，该省注册了80来件地理标志商标，到期需要续展的17件地理标志商标中就有5件因为没有续展而无效，连商标续展都没有做，管理情况就可想而知了。随着地理标志越来越受到重视，地理标志的管理必将成为地理标志工作重点。

美国学者哈定在1968年发表了文章《公地的悲剧》，文中介绍英国地主在领地中划出土地（称为公地），无偿向牧民开放。一群牧民在一块公共草场放牧，一个牧民想多养一只羊增加个人收益，虽然他明知草场上羊的数量已经太多了，再增加羊的数目，将使草场的质量下降。那么牧民将如何取舍？如果每人都从自己私利出发，肯定会选择多养羊获取收益，因为草场退化的代价由大家负担。草场持续退化，直至无法养羊，最终导致所有牧民破产，“公地悲剧”就上演了。地理标志作为区域性品牌，理论上凡是符合条件的成员都可以用，管理不善很容易成为地方的“唐僧肉”。地理标志产业很容易发生“公地悲剧”。

一、管理主体和管理内容

我国有原国家质量监督检验检疫总局（以下简称原质检）的地理标志产品，原国家工商行政管理总局（以下简称原工商）的地理标志商标，原农业

① 王瑜，北京市炜衡律师事务所。

部的农产品地理标志。三个地理标志三个主管部门，形成三套马车，地理标志具体管理人的称呼和管理职责并不统一。

（一）谁来管

提出申请三个地理标志的主体，都叫申请人，获得地理标志后，三个“申请人”的角色发生转变，称呼也发生变化。《地理标志产品保护规定实施细则》明确申请机构转换为管理机构，《集体商标、证明商标注册和管理办法》规定地理标志注册成功后，申请人改称注册人，《农产品地理标志管理办法》规定农产品地理标志获得登记后，申请人转变为“农产品地理标志登记证书持有人”。

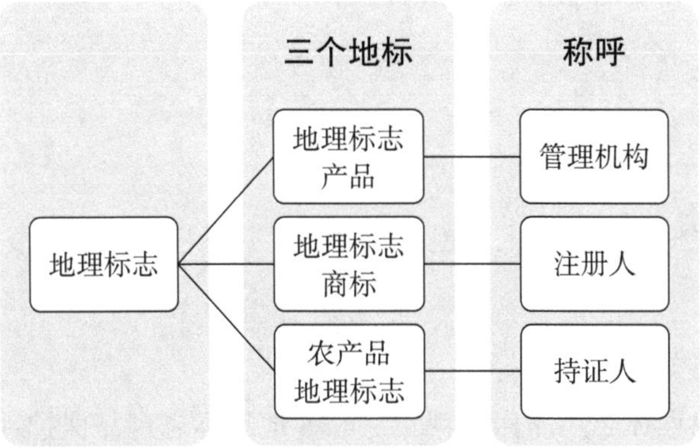

图1　三个地理标志的“管理人”称呼

理论上谁申请谁就是管理人，事实上没有这么简单。根据统计数据显示，三个地理标志有交叉注册情况，截至2020年8月，有682个地理标志产品注册了地理标志商标，有626个农产品地理标志注册了地理标志商标，有90个农产品地理标志登记为地理标志产品，有198个产品同时都申请了三个地理标志。[①]比如：“南丰蜜桔”先后申请了三个地理标志，三个地理标志分别由三个不同

① 数据来源：中郡研究所发布的《第四次全国地理标志数量调研报告》。

的主体申请。“庐山云雾茶”也先后申请了三个地理标志，其中地理标志商标和农产品地理标志由同一个主体申请，“庐山云雾茶”有两个管理主体。

同一个产品申请两个或者三个地理标志，谁来管就成了问题。现实中，地理标志产品一般划归当地的市场监督管理局管理，主要争议发生在地理标志商标和农产品地理标志。现实中，有几种处理方式，“南丰蜜桔”有三个不同的管理主体，南丰县政府以文件形式将三个地理标志统一委托给一家政府机构来管理，“庐山云雾茶”由于地理标志商标和农产品地理标志均由九江市茶叶产业协会申请，九江市茶叶产业协会同时管理地理标志商标和农产品地理标志，而地理标志产品由九江市市场监督管理局代为管理。“保靖黄金茶”也先后申请了地理标志商标和农产品地理标志，现在的管理现状是由县农业局主要管理农产品地理标志。一个地理标志多头管理必然让被管理者无所适从，不利于地理标志产业的发展。

（二）管什么

三个地理标志的管理人承担的管理职责并不相同，以下根据相关规定进行分析。[①]

1. 地理标志产品

根据《地理标志产品保护规定》和《地理标志产品保护规定实施细则》地理标志产品管理人主要职责是：制定、完善各种技术文件。技术文件包括生产过程规范和产品标准两部分，地理标志保护的产品标准应制定为省级地方标准，地理标志保护产品的生产过程规范可制定为技术规范或省级地方标准。接收、审查生产者使用地理标志专用标志的申请。

2. 地理标志商标

根据《集体商标、证明商标注册和管理办法》《地理标志产品专用标志管

① 地理标志必须要进行产业化经营，经营和管理是一体的，本文仅讨论地理标志管理，经营问题不作讨论。

理办法》，地理标志商标注册人的管理责任：对商标的使用进行有效管理或者控制；受理使用申请，凡符合条件的，不得拒绝。授权使用许可的，要报商标局备案；集体商标不得许可非集体成员使用，地理标志商标的注册人不得在自己提供的商品上使用该地理标志商标；对专用标志使用人的使用行为进行监督。

3. 农产品地理标志

根据《农产品地理标志管理办法》，农产品地理标志登记证书持有人要履行的职责包括：审核使用标志的申请，同意要签协议，但不得收使用费；建立规范有效的标志使用管理制度，对农产品地理标志的使用实行动态管理，并提供技术咨询与服务；定期向所在地县级农业行政主管部门报告农产品地理标志使用情况。

（三）管理法律依据

三套体系对地理标志有不同的理解，有的说是公权，有的说是私权，这个说起来复杂，本文不作讨论。但不管是公权还是私权，大家都认可地理标志属于知识产权家族成员。

知识产权的管理有国际通行的规则，依照这个通行管理规则来管理即可。以地理标志商标为例，地理标志商标的管理就是商标使用许可，商标有很成熟的管理体系，注册人依托商标权建立起使用许可管理体系，将地理标志商标的质量管理、商标标识的使用等各项内容融入其中。注册人和被使用许可人签订《地理标志商标使用许可协议》，协议约定双方的权利义务，约定被许可人要遵守各项管理规则。

地理标志商标注册人管理地理标志商标的重要依据是《地理标志商标使用管理规则》，这个规则在申请地理标志商标的时候作为注册的文件之一递交审查，并在商标局的官方网站上公告，这个管理规则对注册和使用人而言是“根本大法”，注册人制定各种管理规则需要以此为依据。

当然地理标志证明商标的管理与普通商标比有些不同之处，首先，注册人自己不能使用，只能许可给别人用。其次，凡符合地理标志商标使用管理规则规定条件的，都可以申请使用地理标志商标，注册人不能拒绝。

二、管理机构搭建

地理标志限制个体申请，在实践中主要由政府机构（含事业单位）或协会申请，地理标志的管理人也就大体有两类：政府机构和协会组织。以地理标志商标为例，以协会的名义申请地理标志商标占比一直比较高，2013年达到73.4%，即2013年申请的地理标志商标将近四分之三是以协会名义申请的。民间性质的协会，比政府机构中立，更适合作为地理标志管理主体。

（一）协会的重组

从实际案例来看，不少协会纯粹为申请地理标志而成立，成立时只满足一般协会成立要求，管理地理标志有不少先天的问题，主要存在会员代表性不足，组织机构不健全等，需要进行改造。

协会改造要扩大会员群，有的协会实际由龙头企业牵头发起成立，会员以发起人单位员工甚至是亲友为主，这样的协会代表性不够。龙头企业认为地理标志是自己辛苦申请下来的，不愿意其他人来分享成果，排斥其他人加入协会，以此设置障碍限制，排斥其他企业使用许可地理标志，难免有垄断嫌疑，经不起法律的审查。协会尽量将本地涉及地理标志产业的企业及单位吸纳为会员，增加凝聚力，在管理上对管理对象增加了一个会员约束力。

很多地理标志协会机构设置简单、不健全，不设日常管理机构，无法建立常规管理流程，无法进行专业化管理。要管理好地理标志必须增设一些机构，赋予机构职能。

（二）管理机构的设置

地理标志的管理首先要建立管理机构，设定好管理工作流程。地理标志管理专业性很强，管理的内容较多，涉及地理标志商标或地理标志专用标志（农产品地理标志）使用许可的审批。下面以九江市茶叶产业协会管理“庐山云雾茶”为例，介绍地理标志管理机构及流程设置。

1. 机构设置

九江市茶叶产业协会是地理标志商标“庐山云雾茶”的注册人，也是农产品地理标志“庐山云雾茶”的持证人。基于协会经费及人手极为有限，笔者尽量在现有机构的基础上为其架构地理标志管理机构，并赋予其管理职能。协议成立地理标志管理办公室，由会长担任负责人，尽量利用原有机构，附加地理标志管理职能。

（1）秘书处

秘书处主要负责“庐山云雾茶”地理标志商标的使用许可管理日常行政事务，秘书长兼任管理办公室主任。

具体职责包括：负责商标许可管理日常工作。代收申请使用许可地理标志商标的材料，并对申请材料进行书面初步审核；办理使用许可的各项手续，对使用许可相关文件进行归档、存档；负责与被使用许可人日常联络工作，传达协会的各项管理信息，反馈使用许可人各种相关意见或建议；对“庐山云雾茶”商标的使用情况进行监控，发现侵权或者不规范使用情况，及时向协会反馈；对外联络相关中介服务机构，办理各种维权法律手续，提供维权所需的各种证据材料；收集地理标志相关政策、会展等信息，了解其他协会的管理模式；等等。

（2）理事会

理事会为协会的日常管理机构，在“庐山云雾茶”地理标志商标使用许可管理中行使审批职能。在理事会再设立“审查委员会”，审查委员会成员包含茶叶科研、种植、加工等方面的专家。审查委员会负责对是否使用许可地理标志商标专家独立发表意见。

具体职责包括：负责审批是否同意使用许可“庐山云雾茶”地理标志商标；派人（审查委员会成员）实地考察茶叶种植园、茶叶生产单位，对申请人的茶叶种植面积，生产能力等数据、信息出具考察报告，做出是否同意使用许可的初步意见；是否同意使用许可“庐山云雾茶”地理标志商标由理事会以会议形式作出决议；随机检查申请人的种植、加工及销售情况；等等。

（3）会长

会长为协会的法定代表人，对于是否同意申请人使用许可“庐山云雾茶”地理标志商标做最后的签批。

具体职责包括：对理事会递交的同意使用许可“庐山云雾茶”地理标志商标文件做签批，同意的签发许可证；会长有权否决申请人的申请，要求补充材料或者补充核查内容。

2. 审批流程

（1）申请人向九江市茶叶产业协会秘书处提出书面申请，并按规定递交相关的书面材料，至少一式三份。

（2）秘书处在收到材料后15日内完成书面审查，符合条件的，报协会理事会实地考察并审批，不符合条件的可以直接驳回，并说明理由。如果需要补交材料，则通知申请人补交。

（3）秘书处审核后，符合条件的交给理事会审批。理事会收到材料后，在15日内委派专案审查小组，进行实地和现场考察，原则上审查小组在15日内向理事会出具考察报告，并提议是否同意申请人的使用许可申请。

（4）理事会可以在定期会议或者临时召开的理事会会议上进行审议，对是否同意使用许可作出决议，7日内交会长签批，会长签批同意后，交秘书处通知申请人办理相关使用许可手续。

（5）如果理事会不同意使用许可，出具书面文件，由秘书处通知申请人向九江市市场监督局申请复议，复议程序以九江市市场监督局的相关规定为准，协会原则上接受九江市市场监督局的复议意见。

三、主要管理内容

国家知识产权2013年开始实施，标准号GB/T29490-2013《企业知识产权管理规范》，随后推行贯标工作，要求企业根据该标准搭建企业知识产权管理体系。企业知识产权通常包括版权、商标、专利等多项知识产权，而地理标志只是一项知识产权，企业的知识产权管理可以标准化，地理标志管理当然也可以标准化。2020年12月24日，国家知识产权局发布信息，全国知识产权标准化技术委员会地理标志分技术委员会成立。《大众日报》2021年1月22日报道称，1月19日，山东省首部《地理标志专用标志使用管理规范》地方标准发布，山东省率先实施了地理标志管理的地方标准。

地理标志管理是个系统工程，包括许多个管理模块，以下重点介绍几个核心模块的管理。

（一）品质的管理

地理标志的核心价值在于独特的品质，品质是地理标志的生命。三个地理标志都有品质的要求，在申请文件上对品质从感官到理化指标两个方面作过详细的描述。有些产品的质量，消费者可以通过眼睛、鼻子、嘴巴等感官器官就能区分出来，品质的变化消费者很容易区分出来，所以品质做不得假。

1.现有品质的维护

质量管理首先是保持现有的品质，农产品的品质把控很难，农产品的品质与诸多因素有关，葡萄酒有年份酒，有的年份酒好、有的年份酒差一些，就是因为当年的气候条件不同。现代科技的进步，农产品品质在很多方面是可以控制的，比如品种及加工环节等，有些如气候等因素人为仍然控制不了。现有品质的维护，主要措施是标准化，将品种、种植、加工过程进行统一，并尽量使之得到有效的管控。

（1）种植环节

品种会决定品质。以莲子为例，不同品种种出来的莲子外形和口感均有很大的差别，江西、湖南和湖北的莲子品种不同，口感差异很大，使用的肥料不同也会影响口感，使用有机肥料种植的水果口感明显要好于使用化学肥料种植的。种植过程的管理等也会影响品质。同样的品种，不同种植户，使用不同的肥料，不同的田间管理，口感很容易被区分。我国农产品生产、加工有很多是一家一户式的，致使产品的品质千差万别。

种植环节品质的管理，首先要统一品种，统一田间管理，这个问题可以通过制定生产规程，比如，九江市茶叶产业协会就制定了《庐山云雾茶种植技术规程》统一种植。当然技术规程还需要督促落实，生产单位不一定会认真遵守技术规程，所以应当对种植过程的关键环节进行恰当的监控。

（2）加工环节

加工环节最容易出问题，加工环节容易失去控制。我曾去江西石城考察地理标志“石城白莲”，一般是各家各户自己采摘莲子，自己剥壳通芯，然后烘干或者晒干。我在企业负责农产品销售的时候，考察过一个产品，首先要了解造假的手法，我了解到，为了莲子看起来更白，会有人在烘干过程中偷偷添加违禁物质，千家万户加工，要对加工过程实施监督显然不太现实。现在由于加工机械的推广，石城白莲加工逐渐集中，种植户将莲子送到加工点统一加工，这样加工的统一，有利于杜绝加工过程中的违法添加，把住了质量监控的最关键的关口，也提升了加工的成品率。

加工环节与产品品质有极大的关联，比如炒茶，不同的师傅炒出来的茶品质差别很大，鲜叶摘下来后一定的时间内必须进行加工，很难将鲜叶集中到定点企业统一加工。九江市茶叶产业协会为庐山云雾茶制定了加工技术规程，对加工过程进行详细的规定，尽管炒茶师傅的技艺相差很大，统一的加工技术规程，在很大程度上统一了加工工艺，使得茶叶产品质量得到尽可能的统一。

2.品质的升级

地理标志产品在保持品质独特性的同时，也要随消费者需求的升级，让产品也迭代升级。地理标志产品品质的迭代升级不能像普通农产品那样，直接引进好的品种替换即可。有的地理标志有专属的品种，比如江西的地理标志产品“南丰蜜桔”是有专门的品种的，不能因为“红美人”品质好，价格高，就可以将南丰蜜桔这个品种的桔子树全部砍掉，替换成“红美人”。按照地理标志制度规则，南丰蜜桔的品种是不能换的，只能把南丰蜜桔品种中不适合现代口味的部分缺陷改良，比如南丰蜜桔的化渣性较差，影响口感，就要通过技术改良提高化渣率，品种改良提升品质，这是地理标志管理中的重要课题，需要大量的费用，也需要多年的时间积累经验。

（二）地理标志商标的许可管理

地理标志商标注册人作为权利主体可以许可符合条件的人，使用地理标志商标。从现有数据来看，主要是申请地理标志证明商标，下面按照证明商标规则进行介绍。

普通商标的许可由双方自行协商，商标权利人许可给什么人自己可以决定，地理标志商标的使用许可要受到很多的约束。地理标志商标申请注册的时候都递交了一份《地理标志商标使用管理规则》，在规则中明确规定，被使用许可人的条件。以地理标志商标“庐山云雾茶”为例，“庐山云雾茶”有划定的保护范围，明确规定只有12个乡镇在保护范围之内，只有在保护范围之内的茶叶企业或单位才可以申请使用许可“庐山云雾茶”地理标志商标，保护范围之外的企业或者单位不可以使用许可“庐山云雾茶”地理标志商标。另外，“庐山云雾茶”有加工工艺要求，也有质量标准，只有符合这个加工工艺和质量标准的茶叶产品生产者才可以申请使用许可。即被许可人必须满足两个条件：产品必须来自划定的保护区；产品质量必须符合特定的标准。

普通商标是否许可他人使用，由商标权利人自己决定。而地理标志商标就由不得商标注册人任性。《集体商标、证明商标注册和管理办法》第18条规定：凡符合证明商标使用管理规则规定条件的，在履行该证明商标使用管理规则规定的手续后，可以使用该证明商标，注册人不得拒绝办理手续。

根据《集体商标、证明商标注册和管理办法》规定，使用许可地理标志商标，注册人要与被使用许可人签订《商标使用许可协议》，发给使用人《地理标志商标使用证》，并且在一年内到商标局办理备案。实践中，注册人往往忽略办理商标使用许可备案，如果不备案，被使用许可人无法申请使用地理标志专用标志。

（三）专用标志的管理

地理标志专用标志可以实现产品真伪甄别，对使用者而言，相当于国家对产品品质进行了背书，对销售会有很大的帮助。国家知识产权局大力推行专用标志的使用。专用标志的管理是地理标志管理的牛鼻子，是地理标志管理的重要环节。

三个地理标志有三个专用标志，原质检和原工商的专用标志被废除，自2021年1月1日后统一使用新标志，因为这个新标志整体上是红色的，业内人士称为红标，农产品地理标志专用标志总体上是绿色的，业内人士称为绿标。

1. 红标

（1）红标由国家知识产权使用许可

国家知识产权局发布的《地理标志专用标志使用管理办法（试行）》申请使用红标需要向国家知识产权局提出申请，由国家知识产权审查，通过后再作公告才可以使用。国家知识产权局办公室2020年4月发布，《关于做好地理标志专用标志使用管理有关工作的通知》第1条规定："……属于《办法》第五条第一项、第二项、第三项适用情形的，各省级知识产权管理部门可通过地理标志保护资源普查账号登录国家知识产权局地理标志保护数据管理系统下载专用标志矢量图，监督印制地理标志专用标志，并负责专用标志的发放、使用和监督。"国家知识产权局将红标申请使用的审批权利下放到各省，企业申请使用红标一般向各省市场监督管理局提出申请。

（2）标识的规范使用

根据《地理标志专用标志使用管理办法（试行）》，使用地理标志专用标志的，应在地理标志专用标志的指定位置标注统一社会信用代码。"地理标志专用标志矢量图可按比例缩放，标注应清晰可识，不得更改专用标志的图案形状、构成、文字字体、图文比例、色值等。

图2　地理标志产品使用实例

《地理标志专用标志使用管理办法（试行）》规定：作为集体商标、证明商标注册的地理标志使用地理标志专用标志的，应同时使用地理标志专用标志和该集体商标或证明商标，并加注商标注册号。如下所示：

图3　“庐山云雾茶”地理标志商标标识　　图4　红标合用图样

2.绿标

（1）使用条件

根据《农产品地理标志管理办法》第15条规定，使用农产品地理标志直接由农产品地理标志持证人许可，是否使用许可当然也不是持证人可以自行决定的。申请使用农产品地理标志需要相应的条件，《农产品地理标志管理办法》第15条规定，使用的条件包括：生产经营的农产品产自登记确定的地域范围；已取得登记农产品相关的生产经营资质；能够严格按照规定的质量技术规范组织开展生产经营活动；具有地理标志农产品市场开发经营能力。

根据《农产品地理标志管理办法》，使用农产品地理标志，应当按照生产经营年度与登记证书持有人签订农产品地理标志使用协议，在协议中载明使用的数量、范围及相关的责任义务。农产品地理标志登记证书持有人不得向农产品地理标志使用人收取使用费。

（2）使用要求

农产品地理标志由“中华人民共和国农业部”中英文字样、“农产品地理标志”中英文字样和麦穗、地球、日月图案等元素构成。公共标识基本组成色彩为绿色（C100Y90）和橙色（M70Y100）。根据《农产品地理标志使用规范》，农产品地理标志实行公共标识与地域产品名称相结合的标注制度。市面上看到的使用情况，通常没有标注产品名称，使用不规范。

图5　农产品地理标志规范使用实例

（四）包装的印制管理

专用标志需要印制在包装物上，管理起来有一些困难。为此，需要建立系统的管控体系，以下以九江市茶叶产业协会为例简要介绍。

九江市茶叶产业协会制定了《商标及专用标志印制管理办法》，该办法经过九江市茶叶产业协会会员代表大会审议通过，并发布实施。该办法建立系统制度。

1. 印制许可制度

九江市茶叶产业协会综合市场的相关情况通过对外招标或择优指定几家

印制厂家，对印制厂家发放印制许可证。被许可人印制带有“庐山云雾茶”地理标志商标标识或绿标的包装物原则上要求在茶叶协会指定的厂家选择合作方制作。未经茶叶协会许可，任何单位和个人不得擅自印制带有“庐山云雾茶”地理标志商标标识或“绿标”的包装物，不得印制与“庐山云雾茶”地理标志商标标识、文字、图案相近似的包装。被许可人印制带有“庐山云雾茶”地理标志商标标识或“绿标”的包装物，需要向印制单位出示《印制许可证》。未出示《印制许可证》的，印制企业有权拒绝印制。

2. 印制审核制度

茶叶协会对带有“庐山云雾茶”地理标志商标标识和绿标的包装物（含标贴，下同）印制实行审核制度。被授权使用许可“庐山云雾茶”地理标志商标或绿标的单位（以下简称被许可人）委托印制带有“庐山云雾茶”地理标志商标标识和绿标的包装物的，需要事先向茶叶协会提出申请，并将包装物的设计稿送交协会审核备案。茶叶协会有权按照被许可人实际产量核定包装物的印制数量，被许可人印制数量不得超出其实际使用量。协会审核同意后，在设计稿上盖章确认，给予《印制许可证》，并在文件中确定印制的数量。

3. 印制登记备案制度

茶叶协会对带有“庐山云雾茶”地理标志商标标识和绿标的包装物印制实行登记备案制度。任何人未经茶叶协会许可，不得印制、销售带有“庐山云雾茶”地理标志商标标识和“绿标”的包装的产品。协会建立了台账，对带有“庐山云雾茶”地理标志商标标识或绿标的包装物使用情况进行记录。茶叶协会统一制作了一批绿标标贴，按规定发放给申请使用的企业。

4. 包装设计标准化

地理标志属于区域品牌，从品牌宣传推广的角度来看，一个地理标志产品包装尽量进行统一，以便消费者辨识。现在一些地理标志产品开始统一包装设计，地理标志“保靖黄金茶”“西湖龙井”等都在推行包装的统一。

“西湖龙井”在其公众号上发布信息，由于当前市面上西湖龙井茶产品外包装形式各异，辨识度不高，假冒伪劣“西湖龙井”产品严重损害了西湖龙井品牌价值和消费者的合法权益。通过推行茶农统一包装，避免熟人市场无标销售行为，激活茶农销售西湖龙井的中高端市场，也规范了西湖龙井茶农散户的市场标准。推行茶企统一包装则可以提高中小茶企的西湖龙井产品辨识度和市场知名度，能更好地帮助中小企业发展。为此，杭州市西湖龙井茶管理协会经过设计方案公开征集和三轮社会公众投票评选，遴选出这两套主题贴切、特色鲜明的西湖龙井茶统一包装，使其成为原产地保护的有力手段，让西湖龙井这块金字招牌更加闪亮。2020年10月10日上午，杭州市西湖龙井茶管理协会正式发布西湖龙井茶统一包装。该包装的“出炉”是在产地证明标识的基础上给西湖龙井增加的又一道“身份保障”。

（五）维权管理

地理标志是区域品牌，品牌能带来产品的溢价和销售量的提升，然而，总有人逐利而来，假冒、仿冒地理标志。假冒和仿冒对品牌构成了严重侵害，消费者真假莫辨的时候，往往选择购买其他同类产品，这就造成正规产品的滞销，生产者的利益受到损失。

1.内部侵权

地理标志侵权很多就发生在内部，听起来有些不可思议。并不是所有保护区内的产品都可以申请地理标志商标使用许可，地理标志商标使用许可是有条件的，产品的原材料必须来自受保护的产地内，加工工艺必须符合工艺要求，产品质量必须达到一定的标准要求……产品销售情况好，出现供不应求，这时加工工艺偷工减料、以次充好的情况也就多了起来。将地理标志商标使用在不合格的产品上，这样的侵害比外部侵权的危害性要大得多。

2.外部侵权

非地理标志保护区内的生产者使用地理标志或者假冒地理标志产品造成了外部侵权，“五常大米”到处都有，销售量严重超出了产量；“阳澄湖”大闸蟹尽管做了很多防伪工作，仍然是防不胜防。对于地理标志的侵权行为必须进行严厉打击。以前一些知名的服装品牌，渐渐淡出了市场，与假冒泛滥以及打击不力不无关系。

防止假冒，地理标志管理人要严格内部管理，从管理上进行防范，地理标志管理人要严格控制带有地理标志专用标志和商标的包装物外流，按需发放带有地理标志商标和专用标志的包装物。

防止外部侵权，地理标志管理人要对市场进行监控，发现侵权假冒行为，要采取措施，或者向市场监管部门投诉，或者委托律师进行维权。地理标志“西湖龙井”和“库尔勒香梨”在打击侵权方面就做得很好。

（六）档案资料的管理

档案管理似乎是很简单的事，协会都会做好。我接触几个地理标志管理人，发现他们地理标志申请及相关的资料根本找不到，甚至连地理标志商标注册证书，申请材料等都不知道在哪里。地理标志管理，属于常态化的工作，历史文件、档案资料经常要用到，档案管理应当按照不同的管理模块实行分类，分别建立文件夹。

1.协会及会员档案

协会成立要递交很多文件材料，普通协会的成立，一般都有章程、会员资料、会长、理事会/副会长名单、各种签字、盖章的文件等。这些文件都要备案。会员加入协会应当要履行一些必要的手续，递交一些文件。每个会员都要递交身份证明文件（个人身份证、单位相关登记证），入会申请书，会员登记薄（含会员名称、住所、法定代表人、联系方式、入会时间等），会员登记簿应有一份纸质和一份Excel。协会会员多的，还要分别建立文件夹。

协会每次会议（会员代表大会、理事会等）要做好会议记录，相关人员需要签字，会议记录及各种决议都要备案归档，以备以后查档。

2.地理标志申请文件

申请档案，包括所有申请材料的最后定稿以及修订稿及申请过程的会议记录等。最后定稿的申请材料最好装订成册，多装订几份备案留存。官方颁发的证书等一定要收藏好，可以和申请材料等放到一个文件夹，以便查看。

3. 许可档案

地理标志商标许可及农产品地理标志专用标志的许可由注册人或持证人自行许可，许可档案要做好。

（1）地理标志商标许可

地理标志商标使用许可，需要被许可人递交各项材料，经过一个审批流程，还要办理商标许可备案，材料不少，每个被许可人都要建单独的档案。有的地理标志商标被许可人可能超过100人，这样还要建一个简单的分类，按时间或按被许可人的名称进行排列，以便检索。

（2）农产品地理标志专用标志的许可

农产品地理标志专用标志的许可流程等和地理标志商标许可基本一致，档案材料的管理基本一样。按照地理标志商标的使用许可建档即可。像九江市茶叶产业协会是地理标志商标注册人、农产品地理标志的持证人，同时管理地理标志商标和农产品地理标志，地理标志商标和农产品地理标志要分开管理。

4. 地理标志管理文件

协会管理主要依靠规章制度，协会制定的各项地理标志管理的规章制度需要通过会员代表大会或者以其他形式来决议通过，需要相关人员签署，这些规章制度需要备案。

在实务中，地理标志商标许可时，如果不同意许可，被许可人可以去当地的市场监督管理局申诉，市场监督管理局做出决议的依据是《地理标志商标的使用管理规范》及相关管理文件，所以地理标志商标注册人往往要递交一份管理文件给市场监督管理局备案。农产品地理标志的管理，持证人也会向当地农业主管部门递交管理文件，可以将各个管理文件编辑在一起，装订成册递交有关部门备案。现在政府对地理标志的扶持项目，逐渐重视地理标志的管理，地理标志管理制度就成为一项考核的内容，那么一份完整的管理文件册将赢得加分。

5. 其他档案管理

（1）专用标志台账

地理标志专用标志“红标”一般由使用者自行向省级市场监督管理局申

请使用，有的地理标志管理人将专用标志与追溯结合，采取标贴制，由管理人发放，管理人应当建立台账。绿标的使用持证人有义务建立台账，台账要有纸质签字版，也要建立电子档案。

（2）荣誉证书等

地理标志管理人非常重视各种荣誉，各种荣誉证书、牌匾等都要做好登记注册，妥善保管，扫描建立电子档。荣誉证书在维权诉讼中是知名度的重要证据。

所有的文件建议都电子化，通过电子扫描分类建立文件夹。储存在电脑里，检索、调阅、转发都非常方便。

四、管理建议

国家知识产权局推行了好多年的“贯标”，并作了一系列的配套体系，各地给“贯标”企业十万元到几十万元不等的奖励。地理标志作为一项知识产权，企业知识产权涉及商标、专利、版权、商业秘密等多项知识产权，包括知识产权申请、运用、保护等多个方面。各行业和各企业情况不同，需要的专业知识不一样，将企业知识产权管理标准化很不容易。地理标志只涉及一项知识产权，主要管理内容是对内使用许可，对外部侵权行为进行维权，使用许可有通行的规则，维权可以外包给律师所，其管理比企业的知识产权管理简单许多。复杂的企业知识产权管理都可以标准化，单纯的地理标志管理标准化要容易得多。2020年底，全国知识产权标准化技术委员会地理标志分技术委员会成立，国家知识产权局很可能借鉴“贯标”的做法，推动地理标志管理的贯标。

地理标志制度引进较晚，关注的人不多。地理标志作为一项知识产权，主要涉及农业，一般由协会组织作为管理人。管理好地理标志要懂知识产权、了解农业产业、有协会组织管理经验……很难求全责备找到这样的管理人。地理标志的管理主体一般都是民间性质的组织，管理主体90%是在县里，90%以上的地理标志属于农产品，要求在县里从事农业工作的人具备这么多的知识和管理技能确实有些勉为其难。

知识产权委托管理，各地知识产权局都在推行这项服务。鉴于地理标志管理的问题，一些地方政府也在寻找解决方案，江西省南丰县政府以授权管理方式，将地理标志“南丰蜜桔”的管理权委托一家单位来管理，委托管理的思路是可取的。有的地理标志就直接委托当地的龙头企业托管。委托专业的机构来进行管理，专业的人做专业的事情，这样才能发挥其专业特长管理好地理标志，避免地理标志商标陷入“公地悲剧”。专业的第三方要没有利益上的纠葛，其制定的规则、担任的裁判角色，能够做到中立与公正。地理标志商标的托管，将成为解决地理标志商标管理难的一条可行之路。

在我国，地理标志实际由政府控制，当地理标志产品产业成为当地的经济支柱，各地方政府对地理标志的管控都不会放手。但是地理标志毕竟是一项新的制度，政府的行政管控不一定能到位，地方政府可以聘请顾问指导当地地理标志产业的发展，或者委托外部的管理机构进行管理。

加强地理标志立法，完善地理标志保护[①]

中共中央政治局2020年11月30日下午就加强我国知识产权保护工作举行第二十五次集体学习。中共中央总书记习近平在主持学习时强调，要提高知识产权保护工作法治化水平。要在严格执行民法典相关规定的同时，加快完善相关法律法规，统筹推进专利法、商标法、著作权法、反垄断法、科学技术进步法等修订工作，增强法律之间的一致性。要加强地理标志、商业秘密等领域立法。总书记的讲话高屋建瓴，具有鲜明的时代特色，将是今后我国知识产权保护工作的根本遵循和行动指南。

地理标志作为新类型的一项知识产权，在世界范围内越来越引起重视，而我国是一个历史悠久、幅员辽阔、文化灿烂、地理资源异常丰富的文明古国，更应该充分发挥我国地理标志的优势。与经济发达的地方相比，贫困地区地理标志的资源优势更加明显发展，地理标志已成为解决我国“三农”问题和“扶贫”“脱贫”问题的重要抓手和实施精准脱贫的一条重要途径。因此，加强地理标志立法，完善地理标志保护，在我国现阶段至关重要。本文就加强我国地理标志立法和完善地理标志保护谈一谈自己粗浅的认识，以求教于同仁，并期望给我国地理标志保护尽一丝微薄的力量。

一、我国地理标志的立法回顾

我国分别于1980年和1985年加入世界知识产权组织（WIPO）和《保护

① 肖正海，北京高文（郑州）律师事务所。

工业产权巴黎公约》。但此后很长一段时期，我国并没有自己的地理标志制度，也没有地理标志产品。1995年，世界贸易组织成立，地理标志成为《与贸易有关的知识产权协定》的重要组成部分。作为一项重要的知识产权制度，地理标志也进入中国加入世界贸易组织谈判日程，国内也逐渐展开了与地理标志相关的法律制定及修改。1993年，我国就对《商标法》进行了第一次修改，出现了有关集体商标、证明商标条款，体现对地理标志的保护。1995年,《集体商标、证明商标注册和管理办法》实施。但在法律层面仍然没有地理标志的定义。1999年，原国家质量技术监督局发布实施《原产地域产品保护规定》，其中“原产地域产品”是指利用产自特定地域的原材料，按照传统工艺在特定地域内所生产的，质量、特色或者声誉在本质上取决于其原产地域地理特征并以原产地域进行命名的产品。该“原产地域产品”这个名称和《与贸易有关的知识产权协议》中的地理标志在概念上相似。2001年，国家质量监督检验检疫总局（原国家检验检疫局）颁布了《原产地标记管理规定》，该规定所称原产地标记包括原产国标记和地理标志，并将地理标志定义为：“一个国家、地区或特定地方的地理名称，用于指示一项产品来源于该地，且该产品的质量特征完全或主要取决于该地的地理环境、自然条件、人文背景等因素。”2001年，我国对《商标法》进行了修改，其中第16条规定：“……地理标志，是指标示某商品来源于某地区，该商品的特定质量、信誉或者其他特征，主要由该地区的自然因素或者人文因素所决定的标志。”2005年，国家质量监督检验检疫总局通过《地理标志产品保护规定》，对其此前的规定进行了修正，把地理标志产品定义为产自特定地域，所具有的质量、声誉或其他特性本质上取决于该产地的自然因素和人文因素，经审核批准以地理名称进行命名的产品。2007年，原农业部通过《农产品地理标志管理办法》，把地理标志定义为标示农产品来源于特定地域，产品品质和相关特征主要取决于自然生态环境和历史人文因素，并以地域名称冠名的特有农产品标志。2008年，原农业部颁布了《农产品地理标志登记程序》和《农产品地理标志使用规范》。至此，我国与地理标志相关的法律法规基本完善。

二、我国地理标志的立法模式

地理标志是具有自然特征和人文属性的特殊的知识产权，世界各国都给予充分保护，但各国保护地理标志的形式存在较大的差异，主要分为以下四种类型：以法国为代表的专门立法保护；以美国为代表的商标法保护；以日本为代表的反不正当竞争法保护；以西班牙为代表的混合立法保护。其中法国对于地理标志的保护在立法上采取了扩大化专门化保护，比较强势，具有比较良好的效果，成为地理标志保护的楷模，一般倾向于把专门法保护看作强势保护。而以美国为代表的商标法保护，则规定地理标志可以通过注册为证明商标或集体商标的方式获得商标法保护，这种模式有着完备的可操作性强的商标法保护体系，世界上大多数国家采取这种立法模式。

我国是地理标志资源大国，虽然立法起步较晚，但在立法上既有专门法的保护，如《地理标志产品保护规定》《农产品地理标志管理办法》，也在《商标法》中对地理标志作出了规定，其中1995年3月1日实施的《集体商标、证明商标注册和管理办法》是对《商标法》有关地理标志商标的具体规定，可以说，我国目前采取的是混合制的保护模式。

长期以来，我国共有三个国家部门根据不同的法律法规和规章对地理标志进行注册、登记和管理。国家工商总局商标局通过集体商标或证明商标的形式进行法律注册和管理，国家质检总局和国家农业部以登记的形式对地理标志产品和农产品地理标志进行保护和管理。一般说来，由于国家商标局是以商标的形式对地理标志进行的注册，法律地位比较高，对地理标志产品的保护更加有力。但地理标志与一般意义上的商标毕竟有较大区别，以注册商标的形式对地理标志进行保护难以达到理想的效果。主要表现在，商标最基本的表现形式是一个标识符号，商标可以与商品相分离，商标不必然表示商品的质量和特性，而地理标志不仅仅是一个标志符号，它还与地理标志代表的产品的质量、地域性质、人文因素息息相关，需要相关检测和证明，但原国家工商总局商标局或知识产权局并没有农业部和国家质量监督检验检疫总局专业监督、检验检测能力，很难对地理标志进行质量和性能方面的保护。

根据党的十九届三中全会审议通过的《中共中央关于深化党和国家机构改革的决定》《深化党和国家机构改革方案》和第十三届全国人民代表大会第一次会议批准的《国务院机构改革方案》规定，我国组建了新的国家市场监督管理总局，不再保留国家工商行政管理总局、国家质量监督检验检疫总局、国家食品药品监督管理总局。国家市场监督管理总局作为国务院直属机构，管理国家知识产权局，即国家知识产权局是国家市场监督管理总局管理的国家局。重新组建国家知识产权局，目的是强化知识产权创造、保护、运用，加快建设创新型国家。为解决商标、专利分头管理和重复执法问题，完善知识产权管理体制；将原国家知识产权局的职责、国家工商行政管理总局的商标管理职责、国家质量监督检验检疫总局的原产地地理标志管理职责整合。除通过集体商标或证明商标的形式对地理标志进行法律注册和管理外，国家知识产权局还有负责原产地地理标志的注册登记和行政裁决，拟订严格保护原产地地理标志和统一认定制度并组织实施的职责。

2019年10月16日，国家知识产权局发布地理标志专用标志官方标志。根据商标法有关规定，国家知识产权局对地理标志专用标志予以登记备案，并纳入官方标志保护。原相关地理标志产品专用标志同时废止，原标志使用过渡期至2020年12月31日。

由此可见，对地理标志的保护，我国采取三种模式。

第一种模式是商标法保护，即以地理标志申请集体商标、证明商标方式保护。1995年3月1日国家工商行政管理局发布《集体商标、证明商标注册和管理办法》，将地理标志通过注册为证明商标、集体商标的形式得到保护。新修订的《商标法》第16条明确对地理标志作了定义，即指“标示某商品来源于某地区，该商品的特定质量、信誉或者其他特征，主要由该地区的自然因素或者人文因素所决定的标志”。该法第10条第2款明确指出地名可以作为集体商标、证明商标注册使用。

第二种模式是申请地理标志产品保护。2001年3月5日，国家出入境检验检疫局发布《原产地标记管理规定》，规定地理标志是指一个国家、地区或特定地方的地理名称，用于指示一项产品来源于该地，且该产品的质量特征完全或主要取决于该地的地理环境、自然条件、人文背景等因素，由国家出入境检验检疫局统一管理全国原产地标记工作，负责原产地标记管理办法的制定、组织协调和监督管理。国家检验检疫局设在各地的出入境检验检疫局负责其辖区内的原产地标记申请的受理、评审、报送注册和监督管理。2005年6月7日，国家质检总局发布《地理标志产品保护规定》，进一步规范了对地理标志的保护。

第三种模式是申请农产品地理标志保护。2007年，我国农业部颁布了《农产品地理标志管理办法》，这是我国第一部专门针对农产品地理标志保护的部门规章。随后颁布了《农产品地理标志登记程序》和《农产品地理标志使用规范》，建立起了一套完整的农产品地理标志登记管理制度。农产品地理标志的审核分为两次，第一次审核机构为省级人民政府农业行政主管部门，第二次审核主体是农业部农产品质量安全中心。经专家评审通过的，由农业部农产品质量安全中心代表农业部对社会公示。公示无异议的，由农业部出记决定并公告，颁发《农产品地理标志登记证书》，公布登记相关技术规范和标准。专家评审没有通过的，由农业部作出不予登记的决定，书面通知申请人，并说明理由。

如前所述，对地理标志的保护，我国形成“三足鼎立”的模式，即国家工商总局商标局通过集体商标或证明商标的形式进行法律注册和管理，国家质检总局和国家农业部以登记的形式对地理标志进行保护和管理。因为国务院机构改革，原国家质量监督检验检疫总局承担的地理标志产品保护工作由国家知识产权局承续，因为标准比较严，申请难度较大。原农业部受理的农产品地理标志的一般由农业部门往上报，程序比较烦琐。而原国家工商行政管理局负责的集体商标、证明商标的还在知识产权局商标局，因集体商标、证明商标仍受商标法保护，有完善的保护体系，各个职能部门都有成熟的处置程序，成为地理标志保护的首选方式。

三、我国地理标志的立法现状和不足之处

不可否认，地理标志在我国虽然起步较晚，但三足鼎立的混合立法保

护模式也符合我国国情，在该种模式保护下，我国地理标志确有长足的发展，在国际上维护了我国地理标志产品的合法权益，在国内也保护了地方特产和农民利益，并打击了假冒伪劣产品的泛滥。实际上大部分地理标志产品在获得保护后，销量也的确有了显著增长。据2020年11月26日国务院新闻办公室举行的新闻发布会消息，我国地理标志产品的相关产值已经突破了1万亿元。据统计，在目前已经全部脱贫摘帽的832个贫困县中，超过六成的地方都拥有地理标志。虽如此，另一方面的现实情况是，我国对地理标志的申请、使用总给人一种杂乱无章盲乱无序的状态，有很多地理标志处于无人管理无人问津无人保护的处境。并且还存在我国一些著名的地理标志在海外被他人假冒的情形，有的地理产品申报后也有垄断之嫌。还有一些产品因为某些商户生产经营活动的不规范而蒙上污点，严重影响了地理标志应有的效果。所有这些，说明我国地理标志法律制度没有起到它应有的作用，这主要表现以下几个方面。

长期以来，我国地理标志保护方面存在多个行政主管部门“立法过度”的情形，导致地理标志保护体系混乱。目前我国有关地理标志申请、登记、管理和保护方面的法律法规和规章之多，令人眼花缭乱，除《与贸易有关的知识产权协定》等国际条约外，国内有《产品质量法》《商标法》《农产品质量安全法》《标准化法》《进出口商品检验法》《地理标志产品保护规定》《集体商标、证明商标注册和管理办法》《农产品地理标志管理办法》《农产品地理标志登记程序》《农产品地理标志使用规范》等。一方面说明我国重视对地理标志的保护，另一方面也说明我国对地理标志的保护“政出多门、杂乱无章”，保护力度不大。

如前所述，我国实际实行的是《商标法》《地理标志产品保护规定》《农产品地理标志管理办法》的并行立法混合模式，这不可避免地导致有关地理标志的概念、申请、登记、注册、许可、管理、救济等诸多规定散落在许多法律法规和规章中，并且存在矛盾和重合。如《商标法》、《地理标志产品保护规定》和《农产品地理标志管理办法》中的保护客体即“地理标志商标”、“地理标志产品”和“农产品地理标志”本质上没有太大区别，然而一旦分开描述，不仅读起来拗口，也让不少人“傻傻分不清”，因为在申请注册程序以及保护内容上存在着明显差异。另外，对地理标志的分别并行管理模式也导致地理标志保护工作无法协调和统一，《商标法》规定原国家工商行政管理总局商标局主管全国商标的注册和管理工作，《地理标志产品保护规定》则规定国家质检总局统一管理全国的地理标志产品保护工作，现在虽然统一到知识产权局管理，至2021年1月1日后，原先的两个标统一成一个标，但之前的法律和规章依然有效，管理模式并没有改变，甚至造成更多麻烦。根据商标法，不管地理标志作为集体商标还是作为证明商标，一般都是由当地的行业协会或者其他能够对产品品质进行监控的组织持有，由其负责地理标志权的申请注册、许可和管理。而根据《原产地标记管理规定》中，只有由地方的检验检疫部门、行政主管部门、行业协会和生产者代表成立的原产地域产品保护申报机构才有对地理标志权的申请注册、许可和管理。这样一来，两个地理标志管理机构势必要产生矛盾。加上农业农村部管理的农产品地理标志，地理标志在不同部门申请注册时，名称不够规范，有时申请主体不统一，难免发生利益冲突，也存在多个部门之间的争权夺利的情况，既浪费国家行政资源，也会导致对地理标志重复申请、注册、保护和管理方面的冲突。因此，我国这种三个机构并行管理的立法保护模式，在实践操作中本身就有内在的矛盾，导致不能对地理标志进行有效保护。

由于多头管理，标准要求不一，宽严不一，有的地理标志很容易申请注册，但申请之后却是既不用也不管，任其自生自灭。对地方政府而言，因为政绩需要，会出现重申请注册轻使用管理的情形。如对地理标志乱象不采取措施，使用地理标志行为不备案、不管理、不作为、不服务，地理标志的作用得不到发挥。对关系到地理标志长远和共同利益的事情关注不够，存在“公地悲剧”现象。还存在地理标志企业规模较小的龙头企业的带动作用不足，存在“小而不精、大而不强”的现象。

在三种地理标志保护模式下，即便采用行之有效的地理标志商标的模式，在实践中也不易得到有效保护。如《商标法》第16条规定了禁止误导公众的虚假地理来源的商标注册，但是将地理标志善意注册为普通商标的行为，商标法明确赋予了其合法性，这对该区域内的其他地理标志产品的竞争力产生了巨大影响，导致同行业产品无法获得市场、占有份额。另外，在实践中存在地理标志商标被大量抢注的情形。即便商标法对恶意抢注的行为作了大量明确规定，但是地理标志本身的市场潜力和经济价值，使得对地理标志进行恶意抢注的行为时有发生，严重扰乱市场的竞争秩序和商标管理秩序。再者，在地理标志同一产地内生产同类商品的不同生产者众多，势必引起混淆，会丧失商标的基本识别功能。因为注册商标是有期限的，对于注册商标而言，欲想取得长期保护，须屡经续展程序，方可保有其权利的持久性，而地理标志则不能被认为有通用性并且不能成为公产，即不能落入公共领域。依据商标处分权，商标专用权人可按照自己的意愿处理其商标专用权，可依法转让，也可依法许可他人使用。但地理标志不可转让，也不能许可他人使用，这与商标使用权可转让的属性相悖。

以上种种情况表明，由《商标法》《地理标志产品保护规定》《农产品地理标志管理办法》等法律和规章组成的我国地理标志保护法律体系是有缺陷的。在机构改革前分别由原国家工商总局、原国家质检总局和原农业部管辖，没有一部国家层面的专门法律制度来保护地理标志，甚至连一部行政法规都没有，由于没有一个统一专门的部门进行管理，出现了原国家工商总局、原国家质检总局和原农业部各自为政的局面，影响了地理标志品牌建设和消费者的品牌认知。国家机构改革后，虽然地理标志作为知识产权保护的重要内容，进行了较大范围的调整，将涉及原国家工商总局和原国家质检总局的地理标志部门职责，整合到国家知识产权局进行统一管辖。但由于上位法的缺失和不完善，在地理标志管理和保护机制上，还没有足够的法律法规支撑，也并不能解决地理标志保护工作中的深层次问题。原分散在国家各部委的规章，也与现行有关法律如《标准化法》《食品安全法》等不相适应。可以说我国地理保护立法上的缺陷严重影响地理标志功能发挥，加强地理标志立法，完善地理标志保护是迫在眉睫的事情。

四、加强地理标志立法的建议和构想

加强地理标志立法应充分考虑地理标志涉外因素。地理标志立法要考虑到我国一带一路建设的需要，也要考虑加快形成以国内大循环为主体、国内国际双循环相互促进的新发展格局的需要。随着“一带一路”倡议的深入实施，充分利用品牌引领作用，加强地理标志知识产权立法保护，能进一步提升我国地理标志产品出口竞争力，树立良好的品牌国际形象。选择专门立法方式保护地理标志，能有效解决目前地理标志保护的缺陷和弊端。加强地理标志保护，既可以充分利用中国已经形成的众多的名优特产，创建本国自己的世界品牌，又可以突破当今世界经济强国以技术标准、专利技术、环保标准、反倾销等一系列措施所构筑的贸易壁垒，从而提高中国原产地产品特别是农产品的国际竞争力，最大限度地实现中国的经济利益。由于中国长期忽略了对地理标志的保护，不仅造成了巨大无形资产的浪费，而且还在国际经济贸易交往中遭受了巨大的损失。在国际上，还有很多假冒原产地名称的行为，不但严重损害了中国原产地产品生产者、销售者的利益，而且还使中国一些在世界上脍炙人口的名优特产的声誉受到了近乎毁灭的影响。还有一部分国内企业假冒原产地名称，以次充好、粗制滥造，也使中国原产地产品由于缺乏了稳定的特定品质，从而使外国消费者再不敢问津，渐渐地失去了国际市场，失去了中国将原产地产品全面推向世界的机会。因此，在中国加强原产地名称保护，给予其强有力的保护，具有非常明显的紧迫性和现实的重要性。

加强地理标志立法，要充分立足我国国情和立法现状。我国目前的地理标志种类繁多，但很多均是没有为申请而申请之后无人问津，没能很好发挥地理标志的优势。如国家知识产权局2018年7月30日发布第277号公告，对毕克齐大葱等21个地理标志产品实施保护。2019年10月8日国家知识产权局发布第331号公告，对连江海带、汤阴北艾、溆浦瑶茶、汨罗粽子、忻城糯玉米5个地理标志产品实施保护。2020年12月24日，黑龙江省知识产权局发布第8号关于核准宁安市泰铧粮贸有限公司等69户企业使用地理标志产品专用标志的公告称：根据《地理标志产品保护规定》《国家知识产权局办公室关于确定地理标志保护产品专用标志使用核准改革试点地方的通知》（国知办函保字〔2019〕1105号）及《黑龙江省知识产权局地理标志保护产品专用标志使用核准工作规范》等有关规定，对宁安市市场监督管理局、庆安县市场监督管理局、哈尔滨市阿城区市场监督管理局、五常市市场监督管理局等地理标志产品管理部门分别报送的宁安市泰铧粮贸有限公司等69户企业使用宁安大米、庆安大米、玉泉酒、五常大米等地理标志产品专用标志申请材料进行了审查并予以审核通过，核准上述企业在其生产的地理标志产品上使用地理标志产品专用标志，获得地理标志产品保护。2020年12月25日，农业农村部发布第378号公告称，根据《农产品地理标志管理办法》规定，河北省泊头市营子镇农业综合服务中心等单位申请对"泊头桑葚"等178个产品实施农产品地理标志登记保护。截至2020年6月底，获得批准的地理标志产品累计2385个，核准地理标志专用标志使用企业8811家。加上农业农村部批准的我国绿色食品、有机农产品和农产品地理标志总数达37778个（截至2018年），我国地理标志数量众多，但往往是多而不精，大而不强，品牌效应并没显现。

就立法现状而言，原国家质检总局关于地理标志的职责并入国家知识产权局，2020年9月24日，国家知识产权局公布关于就《地理标志保护规定（征求意见稿）》公开征求意见的通知，并公布了《地理标志保护规定（征求意见稿）》和《地理标志保护规定（征求意见稿）》修改说明。在修改说明中，强调2020年5月28日第十三届全国人民代表大会第三次会议审议通过的《民法典》，均将地理标志作为与作品、专利、商标、商业秘密等并列的知识产权客体。认为现行的《地理标志产品保护规定》《国外地理标志产品保护办法》规章制定时间较早，且一直未做修改，已不能满足地理标志保护的现实需求，为实施《民法典》，推动地理标志法律制度进一步完善，须尽快修订《地理标志产品保护规定》，在现行知识产权制度框架下完善地理标志法律规则，切实加强地理标志保护。因此，修订的《地理标志产品保护规定》一旦通过实施，必将对我国地理标志保护产生深远影响，制定地理标志立法，也必须参照通过并实施的《地理标志产品保护规定》。另外，为配合《民法典》的实施，2020年12月29日，最高人民法院发布《最高人民法院关于修改〈最高人民法院关于审理侵犯专利权纠纷案件应用法律若干问题的解释（二）〉等十八件知识产权类司法解释的决定》，修改了审理商标案件有关多个司法解释。制定地理标志立法，也需要认真研究这些新修改的司法解释，避免并协调完善立法和司法解释上的冲突和矛盾之处。

综合上述分析，笔者建议，我国可以采取两种模式对地理标志立法，一种是制定一部统一的《地理标志法》，设立专门机构对地理标志进行保护；另一种是修改《商标法》，将地理标志产品和农产品地理标志保护模式纳入商标法管理。不论哪一种模式，均应由专门的机构全方位负责地理标志的申请注册、使用、管理和保护。

制定专门的《地理标志法》，需要专门机构保护地理标志，因原国家工商总局商标局与国家质检总局关于地理标志商标和地理标志产品的管理职能已经合并到知识产权局，而农产品地理标志的管理职责仍在农业农村部，故需要整合知识产权局和农业农村部关于地理标志的职能。在当前机构改革的情况下，以立法的形式理顺原国家工商总局商标局与国家质检总局在管理和保护地理标志方面的权限与职能已经不存在障碍，但农业农村部管理的农产品地理标志的职能尚难以合并到知识产权局。这种情况可以采取将农业农村部关于农产品地理标志的职能划入知识产权局，也可以选择将知识产权局管理的地理标志商标和地理标志产品职能划入农业农村部。同时，不管如何划分，将地理标志商标、地理标志产品和农产品地理标志统称为地理标志。

按照制定专门的《地理标志法》的模式，完全可以取消地理标志商标的模式，保留地理标志产品模式，即保留原国家工商总局商标局关于地理标志产品或者农业农村部关于农产品地理标志的模式。地理标志虽然可以注册为商标，但地理标志商标毕竟不同于一般的商标，对地理标志的保护，不仅是对标识的保护，更重要的是对产品质量的监督和生产过程的控制，原国家工商总局商标局和现在的知识产权局在管理制度和方法上很难保证产品的质量和信誉。而如果由对产品质量和生产过程有监控能力的原质检总局或农业农村部负责管理和保护地理标志，又不符合地理标志商标的特点，且烦琐的流程也不利于地理标志的保护。另外，正因为存在不同于一般商标的地理标志商标，导致《商标法》适用存在矛盾和紊乱，取消地理标志商标，也可以解决《商标法》难以自成一体或难以形成闭环的局面。

修改《商标法》，将地理标志产品和农产品地理标志保护模式纳入商标法管理，取消地理标志产品和农产品地理标志模式。一则地理标志商标已经形成完整并行之有效的保护模式，可以减少改革带来的不适应，能够使得政策连续，不至于大起大落；二则并非从根本上取消地理标志产品和农产品地理标志模式，而是将对地理标志产品和农产品地理标志采取商标化保护，即对申报地理标志产品和农产品地理标志的，一律以申请地理标志注册商标的方式进行保护，因为在具体操作上并无难度。因地理标志商标不同于一般的商标，采取地理标志商标模式，需要在《商标法》中具体明确地理标志构成要素，在确定地理标志构成要素时，一是要明确是国家、地区或者地点的地理名称；二是地理标志必须用于指示原产于该国家、地区或者地点的产品；三是产品与地理区域之间存在着质量上的联系；四是地理环境包括自然因素和人文因素，具体情况要结合中国的实际情况作出明确、具体的规定。

五、加强地理标志立法需要处理的几个关系

不论是采取制定专门的《地理标志法》还是将地理标志纳入《商标法》保护，均要处理好几个关系：

一是要处理好地理标志国内立法和涉外立法的关系。地理标志起源于国际公约，是舶来品，是首先从国外传入的，天生具有涉外因素。在2020年11月16日至17日召开的中央全面依法治国工作会议上，习近平总书记明确提出了当前和今后一个时期推进全面依法治国的总体要求，用“十一个坚持”系统阐述了新时代推进全面依法治国的重要思想和战略部署，确立习近平法治思想，为中国特色社会主义法治国家建设提供了强大思想武器。坚持

把统筹推进国内法治和涉外法治作为迫切需要。法治是国家核心竞争力的重要内容。随着我国日益走近世界舞台中央，必须加快涉外法治工作战略布局，协调推进国内治理和国际治理，更好维护国家主权、安全和发展利益。这是加强地理标志立法的根本遵循和行动指南。

二是要处理好地理标志是私法还是公法的关系，明确地理标志的权利归属和侵权救济途径，防止出现“公地悲剧”。相对于一般普通商标，地理标志更容易形成品牌，主要原因就在于地理标志有着严格的审查制度，有国家及地方政府背书，更容易受到消费者认可。但也正因如此，地理标志具有一定的公权性质。可以说，如果仅凭行业协会、农产品中心、专业合作社或企业等机构，没有地方各级政府的支持，地理标志几乎不可能申请成功，更谈不上保护。在这种情况下，政府这只有形的手往往会对地理标志起到干预作用。这种干预，也往往加剧地理标志的公权性质，进而在地理标志被侵害的救济途径上导致“公地悲剧”的发生。因此，加强地理标志立法，要处理好地方政府和地理标志权利人及关系，地方政府要在宏观上做好指导、鼓励、监管、扶持工作，在地理标志受到侵害寻求救济时，尽可能给予支持。2020年11月23日，河南省市场监督管理局（知识产权局）发布的《关于印发〈河南省地理标志运用促进工程实施方案〉的通知》，就坚持市场配置、政府引导，健全地理标志运用促进工作体系，全面提升地理标志品牌价值等方面作了详细规定。但在处理地方政府和地理标志权利人关系，强化地理标志私权性质及侵权救济途径方面尚有很多不足之处。因此处理好地理标志的权利归属，既决定了地理标志申请、登记和使用，更与地理标志的保护和救济途径密切相关。我国出现大量无人保护的地理标志，也往往与没有处理好地理标志是私法还是公法，私权还是公权问题。从政治经济学上讲，我国是公有制为主体的经济制度，而公有制既包括全民所有制也包括劳动集体所有制，因此说，很难简单将地理标志定义为集体性质的私有权利，如果立法上不能给予一个明确的定性，就应当明确地理标志具体的申请、保护和救济途径。

三是要处理好国际和国内对葡萄酒和烈性酒的地理标志保护关系。《与贸易有关的知识产权协定》给予葡萄酒和烈性酒特殊保护，而对于除葡萄酒和烈性酒以外的所有地理标志给予一般保护。我国为履行《与贸易有关的知识产权协定》，在《集体商标、证明商标注册和管理办法》中也对葡萄酒和烈性酒作了特别规定。我国是葡萄酒和白酒生产大国，但我国葡萄酒和白酒在国际上保护却很弱。因此，进行地理标志立法，要处理好国际和国内对葡萄酒和烈性酒的地理标志保护关系，既要彰显我国作为负责任大国形象，又要切实加强我国国内葡萄酒和烈性酒的保护，使得我国葡萄酒和烈性酒能更好地走出国门并获得有效保护。

四是要处理好当前地理标志商标、地理标志产品和农产品地理标志三者统一为地理标志商标或地理标志产品的衔接关系。要充分考虑到长期以来三者并行保护的实际情况，考虑到地理标志商标、地理标志产品和农产品地理标志的区别和联系，提炼共性，消除冲突，对之前已经存在的地理标志和立法之后的地理标志建立互认或转化制度，保持政策和法律的连续性。如实施地理标志商标模式的，则允许之前已经登记保护的地理标志产品和农产品地理标志能够顺利转化为商标，同样，如果实施地理标志产品立法模式，则允许之前的地理标志商标或农产品地理标志能顺利登记为地理标志产品。最终才能建立统一的地理标志保护制度。

CHAPTER 5

第5章 专利

新法观察[①]

《专利法》完成第四次修改

2020年我国知识产权相关法律法规、司法解释进行了大规模的修订，成效卓著。在专利法方面，最值得重点关注的是《专利法》完成了第四次修改。另外，我国也对一批专利法相关司法解释和其他规范性文件作了修订，以适应社会和科技的发展进步，并在法律体系内部保持条文上的统一性。

（一）《专利法》完成第四次修改

2020年10月17日，第十三届全国人民代表大会常务委员会第二十二次会议通过了《全国人民代表大会常务委员会关于修改〈中华人民共和国专利法〉的决定》，修改后的《专利法》将于2021年6月1日起施行。

具体而言，《专利法》在以下几个方面值得关注，展现出了我国通过立法有效保护专利权、打击侵权，激发社会创造创新活力的积极导向。

1.加大损害赔偿力度，注重对于专利权的有效保护

此次修改大幅提高了法定赔偿上限，并且增加了对故意侵权的惩罚性赔偿制度。《专利法》将法定赔偿限额由原来的“一万元以上一百万元以

① 谢冠斌，北京市立方律师事务所。

下”提高至“三万元以上五百万元以下”；对故意侵犯专利权，情节严重的，可以按照权利人损失、侵权人获利或者专利许可使用费倍数计算的数额的一倍以上五倍以下的损害赔偿金额。对于惩罚性赔偿制度的设立，学界及实务界普遍认为可以有效提高对专利权的保护，体现出我国严格知识产权保护的总体趋势。例如，江苏省高级人民法院宋健法官认为，惩罚性赔偿一方面可以切实提高侵权人的侵权成本，使侵权无利可图，另一方面也有助于在恶意侵权、反复侵权等侵权行为较为隐蔽的案件中补偿权利人损失。

2.明确举证责任制度，解决专利权人举证难问题

《专利法》将此前相关司法解释中规定的举证责任转移、证据妨碍等规定上升到法律层面。在权利人已经尽力举证，但侵权人拒不提供其掌握之下的侵权行为相关的账簿、资料或提供虚假的账簿、资料的，人民法院可以参考权利人的主张和提供的证据判定赔偿数额。《专利法》对于举证责任制度的明确，实际上是将《最高人民法院关于审理侵犯专利权纠纷案件应用法律若干问题的解释（二）》中的第27条纳入法律规定层面，该条在实践中已为我国法院所接受认可。对比此前司法解释中的规定，本次《专利法》规定为“参考”权利人的主张和提供的证据，而非“根据”，可以预见法院在认定侵权损害赔偿数额时可能并不一定会完全按照权利人一方的主张和证据作出裁决。但不可否认，本次《专利法》中明确举证责任制度，实际上有助于解决专利权人举证难问题。

3.鼓励发明创造，促进专利实施和运用

《专利法》本次修改着重于鼓励发明创造，除加大损害赔偿力度、增设举证责任条款外，还从完善职务发明制度、设立专利开放许可制度两个方面为促进专利的实施和运用提供法律保障。在职务发明方面，明确单位对职务发明创造的处置权。同时，《专利法》也注意到了对发明人权益的保障，列举了通过股权、期权、分红等产权激励方式，使发明人或者设计人合理分享

创新收益。在开放许可制度方面，新《专利法》下专利权人可以自愿进行开发专利许可，由专利行政部门予以公告，被许可人依照公告的许可费支付方式、标准支付许可费后，即可获得专利实施许可。不同于著作权领域现有的集体管理制度，专利许可具有较为分散、成本高的特点，开放许可制度的设立可以极大地提高许可效率、节省许可成本。

4. 完善专利授权制度，激发社会创新活力

在专利实施和运用的前端，《专利法》全面完善了专利授权制度。此次修改增加了局部外观设计保护。在此之前，《专利审查指南》中将“产品的不能分割或者不能单独出售且不能单独使用的局部设计”规定为“不授予外观设计专利权的情形”，因此，我国专利法将局部外观设计排除在外。[①]局部外观设计保护制度的设立不仅可以对于越发精细化的工业外观设计予以更全面的保护，增强产品的生命力，同时也有利于我国专利制度与美国、日本、欧盟等国家或地区的专利保护制度接轨，对我国企业在他国申请局部外观设计专利有积极作用，进而提升我国企业的国际竞争力。

另外，《专利法》还将外观设计专利的保护期限由十年延长至十五年，对比日本《意匠法》将外观设计保护期限由二十年延长至二十五年，虽然我国《专利法》对外观设计保护期限的延长相对审慎，但同样可以体现出加大保护力度的趋势。《专利法》也新增了延长创新药发明专利保护期限的规定，给予了创新药品发明专利不超过五年的延长保护期。美国、日本和欧盟自20世纪80年代开始先后建立了药品专利期限补偿制度，主要考虑到新药上市审批过程耗时很长。[②]本次专利法的修改可激励药企投入研发，同时有助于解决专利权人难以获得足够投资回报的困境。

总体而言，此次《专利法》的修改回应了我国社会和科技的新发展，

① 李青文：《规则与方法：局部外观设计的专利保护路径》，载《电子知识产权》2020年第3期。

② 詹映：《补齐专利制度短板　推动医药产业创新》，载国家知识产权局，https://www.cnipa.gov.cn/art/2020/12/2/art_2198_155357.html，最后访问时间：2021年2月23日。

通过加强对专利权人的保护力度、鼓励和保护发明创造、完善专利授权制度、加强专利公共服务、规范专利权的行使等方面的制度完善，激发社会创新活力。

（二）专利法相关司法解释和其他规范性文件发布情况

1.司法解释发布情况

2020年9月10日，最高人民法院（以下简称最高院）公布了《关于审理专利授权确权行政案件适用法律若干问题的规定（一）》，自2020年9月12日起施行。该规定确定了“内部证据优先”“反向禁止反悔”等原则，是我国在专利行政案件领域的首个司法解释文件，对于今后的专利授权确权行政案件的审理具有重大的指导意义。

此外，为进一步统一适用《民法典》和《专利法》，最高院于2020年12月29日对《关于审理专利纠纷案件适用法律问题的若干规定》《关于审理侵犯专利权纠纷案件应用法律若干问题的解释（二）》《关于审理技术合同纠纷案件适用法律若干问题的解释》也作出了修正，包括对法律名称及条款表述一致性进行统一、增加了人民法院受理专利权纠纷案件的类型等。

2.其他规范性文件发布情况

2020年12月11日，国家知识产权局发布了关于修改《专利审查指南》的公告，修改后的《专利审查指南》将于2021年1月15日起施行。此次修改就补交实验数据、组合物权利要求的限定、化合物的新颖性和创造性、生物材料保藏单位、单克隆抗体权利要求撰写、生物领域发明长造型等方面内容进行了修改，以积极回应经济科技快速发展对审查规则的诉求，提高专利审查质量和审查效率。

典型案例

一、华为技术有限公司等与康文森无限许可公司确认不侵害专利权及标准必要专利许可纠纷案[①②]

案情聚焦

2018年1月，华为技术有限公司等三家关联公司（以下简称华为公司）为原告，以康文森无限许可有限公司（以下简称康文森公司）为被告，向南京市中级人民法院提起确认不侵害专利权及标准必要专利使用费纠纷三案，请求判令确认原告在中国制造、销售、许诺销售移动终端产品的行为不侵害被告享有的三件发明专利权；请求就被告所有以及有权做出许可的、声称并实际满足2G、3G、4G标准或技术规范且为原告所实际实施的全部中国必要专利，判令确认符合公平、合理、无歧视原则的对原告产品的许可条件，包括费率。

被告康文森公司为一家注册于卢森堡的NPE公司，其于2012年从芬兰诺基亚公司手中购买了包含涉案专利在内的无线通信技术的部分专利包，包括2000多件欧洲、美国和中国等国的专利，其中涉及2G、3G、4G等通信标准的部分SEP专利（标准必要专利）。被告主张原告的移动终端产品涉及侵害其专利包的专利权，要求原告获得其专利包的全球打包许可，双方有过多次沟通，但在标准必要专利族数、许可范围、许可费率等方面未能达成一致，原告遂在中国提起了本案之诉。

一审法院经审理认为，根据原告的诉讼请求，需要就被告所主张且为原告所实际实施的全部中国必要专利，判断是否构成侵权；对构成侵权的SEP专利，确认符合公平、合理、无歧视的FRAND原则下对原告产品

① 王卫东，北京大成律师事务所。

② 最高人民法院（2019）最高法知民终732号、733号、734号。

的许可条件。前述许可条件主要包括：许可专利、许可产品、许可行为、许可费率四部分，结合FRAND原则的基本要求、全球与中国行业发展特点比较、相关行业数据及既往判例等，通过合理推论综合认定了本案适用的全球累积费率、中国4G/3G/2G行业累积费率、中国标准必要专利总族数、各标准项下单模移动终端产品中国单族标准必要专利的基准费率、各标准项下中国标准必要专利费率等关键指标。综合上述要素，一审判决认定：

一、对原告请求确认在中国制造、销售、许诺销售移动终端产品的行为不侵害被告享有的专利号为ZL00819208.1、.ZL200580038621.8、ZL200680014086.7发明专利权的诉讼请求不予支持；

二、对原告与被告所涉标准必要专利许可应按以下条件确定：

1.许可专利：被告所有以及有权做出许可的、声称并实际满足2G、3G、4G标准或技术规范且为原告所实际实施的全部中国必要专利。

2.许可产品：原告的移动终端产品，即手机和有蜂窝通信功能的平板电脑。

3.许可行为：制造、销售、许诺销售、进口许可产品，以及在许可产品上使用许可专利。

4.许可费率：上述许可行为中，原告需要向被告支付的费率为：单模2G或3G移动终端产品中，中国专利包即中国标准必要专利的许可费率为0；单模4G移动终端产品中，中国专利包即中国标准必要专利的许可费率为0.00225%；多模2G/3G/4G移动终端产品中，中国专利包即中国标准必要专利的许可费率为0.0018%。

并且，原告仅需就含有ZL200380102135.9专利技术方案的4G移动终端产品向被告康文森公司支付上述许可费率。

被告康文森公司不服一审判决，上诉到最高人民法院。

二审审理期间，德国杜塞尔多夫地区法院于2020年8月27日作出一审判决，认定华为公司及其德国关联公司侵害了康文森公司的相关专利，判令被告华为公司等立即停止相关侵权行为。依据德国法律，该判决可在原告康文森公司提供240万欧元后获得临时执行。

被上诉人华为公司于2020年8月27日向最高人民法院申请了行为保全，请求责令康文森公司在本三案终审判决作出之前不得申请临时执行德国杜塞尔多夫地区法院就康文森公司诉华为公司及其德国关联公司侵害标准必要专利权纠纷案件作出的一审判决。2020年8月28日，最高人民法院在要求华为公司提供相应担保的情况下，综合考量了必要性、损益平衡、国际礼让等因素，作出了行为保全裁定。

律师评析

本案是在习总书记提出我国的知识产权保护“要坚持以我为主、人民利益至上、公正合理保护，既严格保护知识产权，又确保公共利益和激励创新兼得”的指导下，我国司法机关既坚持一视同仁、依法保护、营造良好的营商环境，又要防止权利滥用、依法维护我国创新企业的合法权益的典型案例，主要体现在如下几方面：

1.进一步完善了FRAND原则在我国司法审判中的适用规则

本案的核心争议焦点和难点在于对FRAND许可费率的确定。对此，法庭依据国际惯例并结合中国产业实际情况，认定原告主张的自上而下法更适合本案，并给出了标准必要专利的中国费率的计算方式，进一步完善了FRAND原则在我国司法审判中的适用规则，为类似案件的审理提供了更丰富生动的借鉴。

2.对涉嫌知识产权滥用的程序性规制

本案的被告康文森公司是一家非专利实施实体公司（NPE-Non-Practicing Entities），其本身并不从事生产及技术研发，而是从外部购买专利权，通过起诉第三人专利侵权并获得侵权赔偿的方式获得收益。其于2012年购买了诺基亚公司的一个通信领域专利包后，分别在英国、德国和中国针对华为公司等提起了多项专利侵权诉讼。康文森公司的专利策略行为已经涉嫌知识产权权利的滥用，逼迫竞争对手进行妥协以获得高额许可费用。

在双方无法就标准必要专利数量及FRAND许可费率等达成一致、被告又怠于在中国就其中国专利侵权提起诉讼的情况下，为避免己方长期处于侵权不明确的状态，商业经营决策受到严重影响的不利情况，原告灵活利用我国的司法规则，在中国以康文森公司为被告提起了本诉三案，为我国科技型企业打破西方企业的不当技术优势壁垒，提供了有益的先例和借鉴。

3. 中国法院在知识产权领域的首个禁诉令

本案中，应华为公司的申请，最高人民法院在要求申请人提供适当担保的前提下，责令康文森公司在本三案终审判决作出之前不得申请临时执行德国杜塞尔多夫地区法院就康文森公司诉华为公司及其德国关联公司侵害标准必要专利权纠纷案件作出的一审判决，这是中国法院在知识产权领域的首个涉及域外效力的禁诉令，不仅是对“既严格保护知识产权，又确保公共利益和激励创新兼得”要求的具体实践，也进一步丰富了我国知识产权诉讼的行为保全制度，为依法维护国家利益、司法主权和企业合法权益提供了新的手段和方式。

二、苏州赛芯电子科技有限公司诉深圳裕昇科技有限公司等侵害集成电路布图设计专有权纠纷案①②

案情聚焦

苏州赛芯电子科技有限公司（以下简称赛芯公司）是名称为“集成控制器与开关管的单芯片负极保护的锂电池保护芯片”的集成电路布图设计专有权人，布图设计登记号为BS.12500520.2，布图设计创作完成日为2011年8月1日，首次投入商业利用日为2011年12月20日，申请日为2012年4月22日，

① 王卫东，北京大成律师事务所。

② 一审案号：深圳市中级人民法院（2019）粤03民初842号；二审案号：最高人民法院知识产权庭（2019）最高法知民终490号。

颁证日为2012年6月8日。

2015年，赛芯公司以侵犯其涉案集成电路布图设计专有权为由向深圳市中级人民法院提起诉讼，请求判令裕昇公司、户财欢立即停止复制、销售侵害涉案集成电路布图设计专有权的产品，共同赔偿赛芯公司经济损失及合理维权费用人民币100万元等。一审法院针对被诉的JA5088集成电路产品的布图设计与赛芯公司BS.12500520.2集成电路布图设计是否相同或实质相同，委托司法鉴定机构进行了技术比对鉴定，由于赛芯公司向登记机关提交的图样不清晰，鉴定机构采用赛芯公司备案的芯片的剖片（以下简称登记芯片）与JA5088集成电路产品的剖片（以下简称被诉芯片）进行比对。

国家知识产权局备案的涉案集成电路布图设计图样共20张，A4纸，分别为集成电路布图设计登记申请表、简要说明、目录、1.总图（包含所有层）、2.ACT层、3.DeepNwell层、4.Nwell层、5.Pwell层、6.GATE层、7.SAB层、8.NPLUS 层、9.PPLUS 层、10.Contact 层、11.Metal1 层、12.MV1 层、13.Metal2层、14.MV2层、15.Metal3层、16.Passivation层、17.HighR层。专有权人提供的“6个独创点内容”包括：（1）单个NMOS与锂电池控制电路布图于同一晶圆衬底上。（2）本案布图设计中的实现单功率NMOSMo的衬底切换的衬底切换电路。（3）衬底切换MOS管Mc和Mf均匀镶嵌到功率NMOS管Mo内。（4）本案布图设计中衬底切换MOS管Mc，Mf与功率NMOS管Mo大小比例，Mc：Mo：Mf大小的比例在1：4：1至1：12：1之间。（5）控制电路中，只有一个NMOS管，该NMOS管只有一个栅极信号由内部控制电路中的栅极控制电路给出，这个栅极信号与衬底切换电路匹配。（6）本案布图设计包含有过温保护电路，且过温保护电路与NMOS布图于同一晶圆衬底上。

《司法鉴定意见书》认定被诉侵权的布图设计与涉案布图设计中主张的独创点4对应的布图设计相同，独创点1、2、3、4、6对应的布图设计实质相同。涉案布图设计中主张的独创点1、2、3、4、5、6对应的布图设计具有独创性。一审法院经审理后认定被告侵犯了原告的集成电路布图设计权，裕昇公司在判决生效之日起十日内赔偿赛芯公司经济损失人民币50万元，户财欢等对上述赔偿金额承担连带责任。

被告不服一审判决，向最高人民法院提起上诉，二审判决维持原判。

律师评析

本案是最高人民法院知识产权法庭审理的首例侵犯集成电路布图设计专有权纠纷案，其中明确了集成电路布图设计的保护范围和侵权比对方法等法律规则，对后续审理类似案件提供了可供参照的裁判标准。

1.对集成电路布图设计的独创性及登记程序要求

根据《集成电路布图设计保护条例》第4条的规定，受保护的布图设计应当具有独创性，即该布图设计是创作者自己的智力劳动成果，并且在其创作时该布图设计在布图设计创作者和集成电路制造者中不是公认的常规设计。受保护的由常规设计组成的布图设计，其组合作为整体应当符合前款规定的条件。

我国法律采用专门法的形式对集成电路布图设计权进行保护，既不同于著作权法下对作品的保护，也不同于专利法下对专利权的保护，布图设计需满足“独立创作+非常规设计/非常规组合”的基本要求，是可获得法律保护的前提条件。

诉讼中，如果被控侵权人对布图设计的独创性提出质疑，首先要求权利人对其主张的独创性部分进行充分说明或初步证明，然后由被诉侵权人就不具有独创性提出相反证据，在综合考虑上述事实、证据的基础上进行判断。

根据《集成电路布图设计保护条例》第8条的规定，布图设计专有权经国务院知识产权行政部门登记产生。未经登记的布图设计不受本条例保护。因此，只有经过法定的登记程序，才能产生法律赋予的保护效果。

2.集成电路布图设计的保护范围

布图设计专有权保护的是具有独创性的集成电路中元件和线路的三维配

置，任何具有独创性的部分均受法律保护，而不论其在整体设计中是否占有主要部分，是否能够实现整体设计的核心性能；既可以体现在布图设计任何具有独创性的部分中，也可以体现在布图设计整体中。同时，受保护的独创性部分还应能够相对独立地执行某种电子功能。

根据该条例第16条以及《集成电路布图设计保护条例实施细则》第14条的相关规定，申请人需要向国家知识产权局提交布图设计的复制件或者图样，并可志愿提交复制件或图样的电子文档（电子文档应当包含该布图设计的全部信息）；布图设计已投入商业利用的，提交含有该布图设计的集成电路样品。在样品与复制件或图样的纸件具有一致性的前提下，可以根据案件审理需要采用样品剖片，提取其中的三维配置信息，确定纸件中无法识别的布图设计细节，用以确定布图设计的内容。

3. 集成电路布图设计的侵权比对方法

根据该条例规定，未经布图设计权利人许可，复制受保护的布图设计的全部或者其中任何具有独创性的部分的，或者为商业目的进口、销售或者以其他方式提供受保护的布图设计、含有该布图设计的集成电路或者含有该集成电路的物品的，即构成侵权行为，行为人应立即停止侵权，并承担赔偿责任。因此需要审查被诉侵权芯片与涉案布图设计中具有独创性的对应设计是否构成相同或者实质性相同。

本案中，针对权利人提出的6点具有独创性设计的内容，法庭委托鉴定机构对两者是否构成相同或实质性相同进行了技术鉴定。根据《司法鉴定意见书》的记载及鉴定人出庭所作陈述，实质性相同的判断原则目前没有法定标准，鉴定意见掌握的原则是考虑布图的相对位置、大小、形状、数量结合业内普通技术人员对集成电路布图设计的认识水平作出判断。如果不考虑区间范围，被诉侵权芯片的比例与涉案布图设计的样品比例，两者基于上述原则属于实质相同。法庭在整体考虑独创点1—4所涉布图设计基础上，认定被诉侵权芯片的相应部分的布图设计与赛芯公司提出的独创点1—4所涉布图设计构成实质相同。

三、中隧桥案：最高院撤销未正确采取保全措施的原审判决，并进一步明确和细化依申请证据保全的使用规则①②

案情聚焦

2019年2月11日，河北省石家庄市中级人民法院（以下简称石家庄中院或原审法院）受理了浙江中隧桥波形钢腹板有限公司（以下简称中隧桥公司或原告）诉郑州恒天大建桥梁钢构有限公司、河南大建波形钢腹板有限公司、成都华川公路建设集团有限公司（以下合称三被告）侵害发明专利权纠纷一案。

原告中隧桥公司系第201310308210.2号“一种转角强化不等厚型波形钢板及制造方法”发明专利（一项桥梁钢结构材料发明专利）的专利权人，其向石家庄中院起诉要求三被告停止侵权并赔偿。因涉案产品为产品专利加方法专利，且应用于桥梁，中隧桥公司客观上无法通过自身取证完全获取被诉侵权产品及其制造方法的材料，故其根据法律规定，向原审法院申请对涉嫌侵害涉案专利权产品进行证据保全，并表示愿意提供担保。但原审法院在庭审中以“证据保全涉案工程目前仍在户外处于可被查询的状态、不存在证据灭失的情形，原告应积极举证否则应当承担举证不利的法律后果”为由，未予支持中隧桥公司的证据保全申请；并依据无明确具体的被诉侵权产品、无从进行侵权比对，驳回了原告诉讼请求，最终作出了（2019）冀01民初348号民事判决。

2020年1月6日，最高人民法院（以下简称最高院）受理了中隧桥公司提起的上诉。最高院从原告提交的初步证据与被诉侵权事实之间的关联性、证据保全的紧迫性、必要性以及可行性等方面进行了审查，认为：

第一，涉案专利与三被告在涉案桥梁使用的系同类产品，三被告与被诉

---

① 杨璞，方达律师事务所。

② 一审案号：河北省石家庄市中级人民法院（2019）冀01民初348号；二审案号：最高人民法院（2020）最高法知民终2号。

侵权行为存在密切关系，具有关联性。

第二，涉案工程正处于施工过程之中，一旦施工完毕，在不进行破坏性拆解的情况下，仅从外部无法测量被诉侵权产品的厚度等技术特征，具有紧迫性。

第三，被诉侵权产品并非可以通过市场交易等方式方便获得的日常消费品和一般工业原材料，而是专用于桥梁建设等大型基建项目，难以通过正常、合法渠道接触到此类产品；且被诉侵权产品系支撑桥面的结构件之一，安装在离地数十米的高度，不利用工地的装备难以对其准确勘测等。中隧桥公司已经穷尽合理合法的举证手段，而其申请保全的证据系维权的必要和更具证明力的证据，具有必要性。

第四，涉案工程处于施工阶段时，可通过对堆放在场地的原材料进行测量、取样等方式，获得被诉侵权产品的相关技术特征；施工完毕后，可对被告公司内部的被控侵权产品及相关技术图纸进行保全。前述两种证据保全方式既不存在技术上的困难，又不会对属于重大公共工程的涉案工程的施工进度产生严重不利影响，具有实施保全措施的可行性。

综合上述考量因素，最高院于2020年8月10日作出（2020）最高法知民终2号民事裁定，认定原审法院应采取保全措施而未采取，导致本案基本事实认定不清，发回重审。

律师评析

该案进一步明确和细化了专利民事侵权诉讼中人民法院依申请证据保全的适用规则，并体现了人民法院对于该规则的重视。该案指出：

首先，证据保全是补强当事人举证能力、推动查明案件事实的重要手段。人民法院应当依法审查证据保全申请，对于满足法律规定的申请，应予支持，通过及时采取恰当的保全措施，切实减轻当事人的证明负担。

其次，根据《民事诉讼法》第81条第1款的规定，人民法院依申请进行证据保全适用于证据可能灭失或者以后难以取得的情形。由于侵权行为的复杂性，尤其是在侵权行为通常较为隐蔽的知识产权领域中，人民法院在衡量个案情形是否符合法律关于依申请证据保全的条件时，应当基于申请人提交的初步证据和在案事实，充分运用日常生活经验和逻辑推理，在全面审查申请保全所依据的初步证据与待证事实之间的关联性、证据保全的必要性和可行性等因素的基础上，对是否准许证据保全申请作出综合判断。审判实践中，证据保全是否存在必要性，一般需要审查以下几个方面：申请保全的证据是否与案件事实存在关联性，并具有较强的证明力；申请保全的证据是否存在灭失或者以后难以取得的紧迫性；申请人是否穷尽了合理合法的取证手段仍不能取得相关证据。

最后，在适用证据保全时还需注意以下问题：证据保全属于在特定案情下对当事人举证能力的补强，而不是替代、免除、转移当事人的举证义务和责任；采取证据保全措施时应当注意比例原则，充分考虑证据保全措施对利害关系人的影响，必要时可要求申请人提供担保；证据保全的范围应当以当事人的申请为基础，以查明案件事实的需要为限。

综上，该案体现了最高院对证据保全规则和专利权人合法权利的重视，对于引导实践中的依申请证据保全规则具有积极作用。

四、最高人民法院首例“反向行为保全”裁定：立即恢复电商平台链接行为保全案①②

案情聚焦

2019年10月11日，慈溪市博生塑料制品有限公司（以下简称博生公司）就名称为“具有新型桶体结构的平板拖把清洁工具”的实用新型专利（专利号ZL201820084323.7，以下简称涉案专利）向浙江省宁波市中级人民法院起诉永康市联悦工贸有限公司（以下简称联悦公司）、浙江兴昊塑业有

① 杨璞，方达律师事务所。

② 一审案号：浙江省宁波市中级人民法院（2019）浙02知民初367号；二审案号：最高人民法院（2020）最高法知民终993号。

限公司（以下简称兴昊公司）、谢辉、浙江天猫网络有限公司（以下简称天猫公司），请求法院判令联悦公司、兴昊公司、谢辉立即停止实施制造、销售、许诺销售被诉侵权产品，天猫公司立即删除、断开被诉侵权产品的销售链接，联悦公司、兴昊公司、天猫公司连带赔偿博生公司经济损失316万元。

2019年10月15日，博生公司向一审法院申请财产保全。2019年10月29日，一审法院作出财产保全裁定，冻结联悦公司316万元。2019年11月10日，联悦公司针对博生公司向天猫公司的投诉，提出申诉、缴纳保证金100万元，并冻结店铺所有销售收入。

2020年4月10日，一审法院判令：联悦公司、兴昊公司、谢辉立即停止实施侵权行为，天猫公司立即删除、断开被诉侵权产品的销售链接，联悦公司、兴昊公司连带赔偿316万元。2020年4月17日，天猫公司删除了被诉侵权产品的销售链接。

联悦公司、兴昊公司不服一审判决，向最高人民法院提起上诉。在上诉期间，涉案专利被国家知识产权局宣告全部无效，博生公司表示将提起行政诉讼。

2020年11月5日，联悦公司向最高人民法院申请行为保全，请求恢复被诉侵权产品销售链接，并同意提供632万元作为担保。

2020年11月6日，最高人民法院作出（2020）最高法知民终993号民事裁定，裁定被申请人天猫公司立即恢复申请人联悦公司在“天猫网”购物平台上的被诉侵权产品销售链接。

最高人民法院认为，针对申请人联悦公司的行为保全申请，主要涉及的法律争议焦点如下：

第一，申请人联悦公司作为被诉侵权人是否具有提起行为保全申请的主体资格。根据《民事诉讼法》第100条规定，人民法院采取行为保全措施要件主要包括：一是因当事人一方的行为或其他原因使判决难以执行或造成当事人的其他损害；二是一方当事人明确提出行为保全申请或者人民法院认为确有必要。因此行为保全措施的申请人并不限于原告。

第一，本案是否采取恢复链接行为保全措施。根据《最高人民法院关于审查知识产权纠纷行为保全案件适用法律若干问题的规定》，在涉电子商务平台知识产权侵权纠纷中，确定是否依被诉侵权人的申请采取恢复链接行为保全措施需要考虑：1.申请人的请求是否具有事实和法律基础和依据；2.不恢复链接是否会对申请人造成难以弥补的损害；3.恢复链接对专利权人可能造成的损害是否会超过不恢复链接对被诉侵权人造成的损害；4.恢复链接是否会损害社会公共利益；5.是否存在不宜恢复链接的其他情形。

第三，本案担保金额的确定。担保金额的确定既要合理又要有效，既要考虑行为保全措施实施后对被申请人可能造成的损害，也要防止过高的担保金额对申请人的生产经营造成不合理影响。

律师评析

本案作为最高人民法院作出的首例“反向行为保全”裁定，最高人民法院在对主体资格、电商平台恢复链接是否合理、行为保全措施的必要性等案件争议焦点进行审查之后，在“双十一”前夕，及时作出裁定，确保了在被诉侵权所涉专利权力不稳定的状态下，被诉侵权人在特定销售时期的正常经营，避免其经营利益受到不可弥补的损害。

在担保数额上，申请人提供了足额的担保，既考虑了恢复链接可能对专利权人带来的损失，确保专利权人的赔偿权利得到充分保障；也消除了天猫公司因恢复链接未来可能承担连带赔偿责任的顾虑，为电商平台方日后处理类似纠纷提供了有效指导。同时，本案为在知识产权行为保全案件中采用动态担保金的案件，裁定中针对后续冻结金额，裁定“如恢复链接后被诉侵权产品的销售总额的50%超过632万元，则应将超出部分的销售额的50%留存在其支付宝账户内”，这避免了因冻结过多销售收入对行为保全申请人后续经营的潜在影响。

针对本案，最高人民法院在26小时内作出裁定并立即执行，彰显了行为保全措施在知识产权侵权案件中合理平衡知识产权权利人、电子商务平台经营者和平台内经营者的合法利益，具有促进电子商务市场健康发展的重要意义。

五、无锡富岛科技股份有限公司与无锡泰源机器制造有限公司、苏州吉尚智能科技有限公司侵害发明专利权纠纷案①②

案情聚焦

无锡富岛科技股份有限公司（以下简称富岛公司）是专利号为ZL201010512514.7、名称为“双工位转台式抛丸清理机”的专利权人。富岛公司于2018年向江苏省苏州市中级人民法院提起诉讼称，无锡泰源机器制造有限公司（以下简称泰源公司）未经许可制造、销售被诉侵权产品，苏州吉尚智能科技有限公司（以下简称吉尚公司）在被富岛公司告知被诉侵权产品涉嫌侵权时仍购买并再行出售该产品，两公司共同侵害了其发明专利权。富岛公司请求判令泰源公司立即停止生产、销售被诉侵权产品，并赔偿富岛公司遭受的经济损失及合理维权费用2425180元，判令吉尚公司承担连带赔偿责任，并判令本案诉讼费用由泰源公司、吉尚公司承担。江苏省苏州市中级人民法院经审理认为，被诉侵权产品落入涉案专利权利要求1的保护范围，构成侵权，泰源公司应立即停止侵害专利权的行为，并赔偿富岛公司经济损失及合理开支等共计80万元；吉尚公司不成立共同侵权，且所销售的产品具有合法来源，不承担连带赔偿责任。富岛公司和泰源公司均不服上述判决，向最高人民法院提起上诉。

最高人民法院于2019年11月20日公开审理此案，归纳的争议焦点主要为：被诉侵权产品的技术方案是否落入涉案专利权的保护范围。该争议焦点涉及功能性特征的界定以及等同原则的适用。在功能性特征的界定方面，二审认为，争议特征“自转驱动机构”不能脱离于相关联的权利要求内容语境来孤立理解，在结合内容语境的情况下，相关结构是清楚的；且由于

---

① 陈颖，金杜律师事务所。

② 一审案号：江苏省苏州市中级人民法院（2018）苏05民初1552号；二审案号：最高人民法院（2019）最高法知民终578号。

争议特征“自转驱动机构”需要与其他特征相配合、本身不能相对独立地实现一定技术功能并产生相对独立的技术效果，在本案技术比对过程中也不宜划分为一个单独的技术特征。因此，其对于泰源公司关于“自转驱动机构”应认定为功能性特征的上诉理由不予支持。在等同原则的适用方面，原审法院对于区别技术特征的认定脱离了权利要求1的整体方案，由此导致对于区别技术特征所带来的技术效果的认定不当，最终作出了区别技术特征与权利要求1的对应技术特征构成等同的不当比对结论，应予以纠正。据此，最高人民法院作出终审判决，判定被诉侵权产品不落入涉案专利权的保护范围。

律师评析

本案涉及专利侵权判定中的两大热点问题：功能性特征的认定标准和等同原则的具体适用。最高人民法院在纠正本案的一审判决的过程中对于以上两个问题的适用标准给出了明确指引，具有典型意义：

1. 在判断权利要求的某个技术特征是否属于“功能性特征”时，需要结合该权利要求的内容语境来整体考量。倘若在结合内容语境的情况下，能够直接、明确地确定与该技术特征有关的结构，则不应将该技术特征理解为“功能性特征”。从另一角度来理解，如果在割裂内容语境后，该技术特征自身已无法相对独立地实现一定技术功能并产生相对独立的技术效果，此时说明不宜将该技术特征划分成一个单独的技术特征来进行比对，由此也不能将其主张为“功能性特征”。

2. 等同原则在适用时，应当考虑到权利要求的主题名称对技术特征效果的限定作用。在被诉侵权产品与涉案专利权利要求存在区别时，要注意考量该区别技术特征所带来的技术效果与涉案专利的相关特征在权利要求整体环境下（包括主题名称的限定下）的技术效果是否存在区别。如果存在区别，则即便被诉侵权产品实现的功能与涉案专利基本相同，也不宜将该区别技术特征认定为等同技术特征。

六、王某、武汉帝尔激光科技股份有限公司发明创造发明人、设计人署名权纠纷、专利权权属纠纷案[①②]

案情聚焦

王某和李某均为珠海市粤茂激光设备工程有限公司（以下简称粤茂公司）的员工，王某于2019年1月8日向湖北省武汉市中级人民法院提起诉讼称：其多年来潜心于激光自动化加工设备的研究设计，李某得知后，于2008年初与其协商成立武汉帝尔激光科技股份有限公司（以下简称帝尔公司），王某和李某为股东，王某将其研发的技术方案应用于帝尔公司的设备设计中。王某称，其在近日发现帝尔公司已将其研发的技术方案申请了专利（以下简称涉案专利，专利号为200920262796.2），且所列的发明人为李某。因此，王某请求判令：1.确认涉案专利的发明人为原告；2.确认涉案专利的专利权归原告所有；3.判令帝尔公司和李某在国家知识产权局完成著录项目登记变更。粤茂公司申请以无独立请求权的第三人参加了此案审理。湖北省武汉市中级人民法院经审理认为，王某和李某为涉案专利的共同发明人，但王某所作出的发明属于粤茂公司的职务发明，因而不支持其专利权权属的请求。王某、帝尔公司和李某均不服上述判决，向最高人民法院提起上诉。

最高人民法院于2020年5月26日通过互联网方式在线审理此案，归纳的争议焦点为：1.王某是否为涉案专利的共同发明人；2.原审法院是否违反法定程序。对于1，二审认为，王某所提交的图纸上将设计人列为王某，且内容包含了涉案专利权1和权3的方案；从王某提交的证据不能确认王某对权2的附加技术特征也作出了贡献，因此，认定王某为涉案专利的共同发明人。王某提交的图纸标系为粤茂公司的图纸，且王某在作出发明时仍系粤茂公司的员工，且无相反证据证明涉案专利不是王某的职务发明，因

---

① 陈颖，金杜律师事务所。

② 一审案号：湖北省武汉市中级人民法院（2019）鄂01民初187号；二审案号：最高人民法院（2020）最高法知民终239号。

此不能认定王某为涉案专利的权利人。对于2，二审认为，原审法院对于王某关于专利权的最终归属之诉讼请求进行了审理，没有违反法定程序。由于粤茂公司是无独立请求权的第三人，未对涉案专利的权利归属提出独立诉讼请求，因而原审法院在否认王某关于其为涉案专利的权利人的诉讼请求之后，对涉案专利的最终归属不作处理符合正当程序。此外，最高人民法院对于上诉人帝尔公司和李某提出的王某提起的诉讼超过了诉讼时效的主张未予支持。

律师评析

本案涉及专利权属案件中的几大重点问题，且最高人民法院在该案件中对于这些问题均给出了清晰的审理思路和明确的指引，具有指导意义：

1.对于专利发明人的判定，最高人民法院确认了技术图纸中的“设计人”一栏所列之人员可以被初步认定为相关方案的设计人。在无相反证据推翻的情况下，可据此认定设计人是图纸所包括的专利技术方案的发明人。同时，一项专利通常具有多个权利要求，当一方的证据无法覆盖全部权利要求的技术方案，而另一方又被列为专利的发明人时，则无法排除另一方对专利某个技术方案的贡献，因而将两方认定为专利的共同发明人较为合理。

2.对于专利权属的判定，最高人民法院认为，如果发明人在作出发明时仍为公司员工，且所提交的技术图纸上明确标有公司名称或代码，则可以初步认定相关专利为发明人履行职务工作的结果。在无相反证据证明的情况下，应当将公司而非发明人个人认定为相关专利的权利人。还需注意的是，公司如仅仅作为无独立请求权的第三人参加诉讼，没有对专利的权属提出独立诉讼请求，则法院并不会对相关专利的最终归属进行处理。

3.本案还探讨了专利权属案件的诉讼时效问题，最高人民法院明确了诉讼时效的适用对象是一般性的债权请求权，不适用于基于物权的请求权。专利权属纠纷属于确认发明人和专利权人身份的确认之诉，并非一般性债权请求权之诉，不使用诉讼时效的规定。

七、深圳市金丛智能科技有限公司、深圳市金丛运动设备有限公司侵害发明专利权纠纷①②

案情聚焦

深圳天轮科技有限公司（以下简称天轮公司）在2017年8月25日至2019年3月28日期间是专利号为ZL 201110089122.9、名称为“电动独轮自行车”的专利权人。天轮公司于2018年向广东省深圳市中级人民法院提起诉讼称，深圳市金丛智能科技有限公司（以下简称金丛智能）和深圳市金丛运动设备有限公司（以下简称金丛运动）侵害了其发明专利权，请求判令两被告立即停止侵害专利权的行为，并共同赔偿经济损失人民币100万元及合理费用57500元及本案的诉讼费。广东省深圳市中级人民法院经审理认为，被诉侵权产品全面覆盖涉案专利权利要求9的保护范围，构成侵权，并判令两被告立即停止相关侵权行为，金丛智能赔偿天轮公司经济损失和合理开支共计人民币30万元，金丛运动就其中的8万元承担连带赔偿责任。金丛智能和金丛运动均不服上述判决，向最高人民法院提起上诉。

最高人民法院于2019年10月21日公开审理此案，归纳的争议焦点为：1.天轮公司是否有权提起本案诉讼；2.被诉侵权产品的技术方案是否落入涉案专利权的保护范围；3.金丛智能和金丛运动的现有技术抗辩是否成立；4.金丛智能和金丛运动应承担的法律责任。关于诉权问题，二审认为，在没有明确证据的情况下，天轮公司在2018年3月28日对外转出专利权的行为不意味着其将自己拥有专利权期间应获得的财产权益一并转让给受让人。因此天轮公司具有提起本案诉讼的权利。关于是否侵权以及现有技术抗辩是否成立的问题，二审认为，被诉侵权技术方案落入涉案专利权利要求9的保护范围，且现有技术抗辩不成立。关于金丛智能和金丛运动应承担的法律责任，

---

① 陈颖，金杜律师事务所。

② 一审案号：广东省深圳市中级人民法院（2018）粤03民初3581号；二审案号：最高人民法院（2019）最高法知民终319号。

二审认为，专利权是一种绝对权，专利权人享有排他的权利，而停止侵权责任仅针对判决生效之后的行为，虽然涉案专利的现专利权人明确授权天轮公司以自己的名义参与本案诉讼程序，但该现专利权人已向金丛智能授权制造、销售涉案专利产品，故金丛智能在本案中无需承担停止侵权的责任，在金丛智能获得现专利权人授权的情况下，金丛运动许诺销售、销售金丛智能制造的产品不视为侵权专利权，因而也无需承担停止侵权的责任。原审法院此部分的判决有误，予以改判。据此，最高人民法院作出终审判决，判决撤销原审判决中的第一项（停止侵权），以及维持原审判决中的第二项和第三项（赔偿损失和驳回天轮公司其他诉请）。

律师评析

诉权是原告得以提起诉讼的基础，对诉权的剖析有利于从根本掌握专利侵权诉讼的核心和精髓，也与诉讼请求是否能够得到支持直接关联。本案的二审对于一审在上述问题的认定有误之处进行了纠正，并就专利权侵权纠纷中的诉权和由诉权对应的诉讼请求是否能够得到支持进行了详细论述，具有指导意义：

首先，是否具有诉权考虑的是在提起诉讼之时的诉讼资格。因此，在提起诉讼当时的专利权人是当然具有诉讼资格的适格主体，而不论其是之前继受取得该专利权还是在提起诉讼之后又将专利权对外转让。当然，该专利权人持有专利的时间段会影响其所能主张的权利。譬如，专利权人通常只能主张其所持有专利期间的损失（或侵权人的获利）作为赔偿。需要特别注意的是，即便专利权人在提起诉讼之后又将专利对外转让，在无相反证据证明的情况下，也不能认为其将拥有专利权期间获得的损害赔偿也一并对外转让。即专利权人在提起诉讼之后的转让行为不影响其获得持有专利之时的赔偿的权利。

其次，在专利侵权案件中，原告的主张通常会包括停止侵权行为。在法院判定侵权行为成立的情况下，也通常会支持原告的这一主张。然而需要注意的是，随着诉讼的进行，专利权及相关的许可情况可能发生变化，有可能出现不应判决停止侵权行为的情形。在本案中，一审原告（提起诉讼时的专利权人）在诉讼进行期间将专利转给了案外第三人，而案外第三人又在二审生效判决作出前向一审被告许可了非独家使用权。由于停止侵权仅针对判决生效之后的行为，在判决生效时，对于一审被告已经获得了有效的专利使用权的许可情形，则不应再作出停止侵权的判定，也即，一审被告在此情形中无需承担停止侵权的责任。此外，在制造商获得许可的情况下，销售商销售或许诺销售的行为也不视为侵犯专利权，因而也无需承担停止侵权的责任。

八、大疆诉飞米等公司外观设计专利侵权案：全国首例“先行判决+临时禁令”专利裁判①②

案情聚焦

深圳市大疆创新科技有限公司（下称大疆）于2018年6月29日向国家知识产权局申请了名称为“云台相机”的外观设计专利，并于2018年12月25日获得该专利的公告授权，专利号为ZL201830345094.5。涉案专利获得第二十一届中国外观专利金奖，具有极高的专利质量。

大疆向深圳市中级人民法院（下称深圳中院）提起诉讼，指控北京飞米科技有限公司（下称飞米公司）、九天纵横科技（深圳）有限公司（下称九天纵横公司）侵犯其上述外观设计专利。

针对该案，大疆还向深圳中院申请行为保全，请求法院责令被申请人飞米公司、九天纵横公司在该案诉讼程序终结前停止以制造、销售、许诺销售的方式侵犯涉案外观设计专利权的行为。对此，深圳中院作出（2020）粤03民初1668号之二民事裁定书，裁定飞米公司、九天纵横公司立即停止侵犯涉案外观设计专利权的行为，包括但不限于：飞米公司立即停止制造、销售并停止在其官网www.fimi.com许诺销售“FIMI PALM Gimbal Camera”云

① 蒋海军，江苏瑞途律师事务所；刘琦，江苏瑞途律师事务所。

② 一审案号：深圳市中级人民法院（2020）粤03民初1668号。

台相机产品，九天纵横公司立即停止在网站www.1688.com销售、许诺销售“FIMI PALM Gimbal Camera”云台相机产品。

之后，深圳中院又就该案作出的（2020）粤03民初1668号民事判决，对已经查明的专利侵权事实部分作出停止侵权的先行判决，判决飞米公司立即停止制造、销售、许诺销售侵害专利号为ZL201830345094.5、名称为“云台相机”的外观设计专利权（下称涉案专利）的产品，并销毁全部被控侵权产品及其生产模具；九天纵横公司立即停止销售、许诺销售侵害涉案专利权的产品。

据悉，这是全国首例在专利案件中实施“先行判决+临时禁令”的裁判方式。

律师评析

根据我国《民事诉讼法》第153条的规定，人民法院审理案件，其中一部分事实已经清楚，可以就该部分先行判决。该案中查明的专利侵权事实，为先行判决提供事实依据，该案充分运用多元化技术事实查明机制，采取由技术调查官参与庭审诉讼出具技术调查意见和请求国家知识产权专利审查协作中心专利审查员出具技术咨询意见的技术事实查明方式，认定被诉侵权设计与原告主张保护的外观设计构成近似。深圳中院鉴于飞米公司、九天纵横公司侵犯大疆涉案外观设计专利权的事实已经查清，遂对该案停止侵权的部分先行判决，对赔偿损失的诉讼请求将继续审理，另行制作裁判文书。

深圳中院在审理该案中，按照新修改专利法的导向，加大对高质量的外观设计专利的司法保护力度。由于停止侵权的先行判决尚未生效，无法通过执行一审先行判决达到及时制止侵权行为的目的。为此，在权利人申请临时禁令的情形下，创造性地引入“先行判决+临时禁令”的裁判方式，发挥临时禁令可以立即申请强制执行的震慑效果，最大限度上实现先行判决的价值，充分地保护专利权人的利益。

在查明专利侵权事实的基础上作出先行判决，可以有效地保护专利权，同时在一审判决尚未生效而不具有强制执行力的情形下发出诉中临时禁令，可以及时制止专利侵权避免专利权人遭受市场销售份额下降等难以弥补的损害，也有利于促使双方就损害赔偿事项进行和解，节省司法资源，提高专利案件审判效率。“先行判决+临时禁令”的专利裁判方式，是人民法院探索最严专利权司法保护新机制的又一重大举措，对于打造市场化法治化国际化营商环境具有重要意义。

九、苏州云白环境设备股份有限公司、苏州泰高烟囱科技有限公司侵害发明专利权纠纷案①②

案情聚焦

苏州云白环境设备股份有限公司是涉案专利“内外筒型自立式钢烟囱”的权利人。权利要求1为一种内外筒型自立式钢烟囱，包括一碳钢外筒（1）、安装于碳钢外筒（1）内的不锈钢内筒（2），所述碳钢外筒（1）和不锈钢内筒（2）由若干分段组成，其特征在于：所述下段不锈钢内筒（201）底部通过加强件与下段碳钢外筒（101）固定连接；所述下段不锈钢内筒（201）顶部和中间段不锈钢内筒（202）顶部分别通过横向固定纵向滑动结构与碳钢外筒（1）连接；所述上段不锈钢内筒（203）顶部通过上限位结构与上段碳钢外筒（103）顶部连接；所述中间段不锈钢内筒（202）顶部设有中间限位结构；所述不锈钢内筒（2）分段之间通过活套法兰（14）连接。

云白公司发现放置于吴江市宝新金属制品有限责任公司处、由苏州泰高烟囱科技有限公司与宝新公司共同制造的烟囱涉嫌侵犯该专利权，由此起诉。

一审法院认定，横向固定纵向滑动结构该技术特征同样为功能性限定的技术特征，且本领域普通技术人员通过阅读权利要求1无法与某个具体的实施方式相联系，故该技术特征的具体内容也应当结合说明书和附图的具体实施方式及其等同的实施方式予以确定。一审判决通过分析认为被控侵权产品

① 蒋海军，江苏瑞途律师事务所。

② 一审案号：江苏省苏州市中级人民法院（2018）苏05民初1290号；二审案号：最高人民法院（2019）最高法知民终409号。

中的部件结构，与涉案专利说明书中结构明显不同，不属于相同技术手段，也不属于本领域技术人员无需创造性劳动性劳动即可以联想到的替代性技术手段，无法认定为相同或等同技术特征。由此判决被诉侵权的50米烟囱不具备涉案专利权利要求1的全部技术特征，未落入涉案专利权保护范围。

云白公司不服，提出上诉。二审法院判决虽然也同意“横向固定纵向滑动结构”的文字表述，本领域普通技术人员显然无法直接、明确地确定实现上述功能或者效果的具体实施方式，因此该项技术特征为功能性限定的技术特征。但认为本领域普通技术人员在阅读上述实施例后，可明确知晓“滑动支点”系实现该横向固定纵向滑动功能效果的基本特征；而在双内筒烟囱的使用环境下，“滑动支点”的固定定位是需解决的技术问题，涉案专利通过将“滑动支点”与“滑动套筒”、“套筒固定板”及“外筒”的固定连接实现了“滑动支点”在双内筒环境下的固定定位，“滑动套筒”“套筒固定板”作为适应特定使用环境的适应性特征起到了固定连接“滑动支点”的作用。涉案专利权利要求1并未限定“横向固定纵向滑动结构”仅适用于双内筒式烟囱，在涉案专利说明书并未直接记载单内筒实施方式的情况下，本领域普通技术人员在阅读说明书及其附图记载的相对复杂的双内筒实施方式后，基于对权利要求及说明书的理解，根据公知常识和常规技术手段对“横向固定纵向滑动结构”特征中基本特征与适应性特征的分解，可直接、明确地获得横向固定纵向滑动功能在更为简单的单内筒环境下的实现方式。被诉侵权50米烟囱的上述特征与涉案专利权利要求中“横向固定纵向滑动结构”特征构成相同的技术特征。

二审法院判决撤销一审判决，并且明确了被告的侵权责任。

律师评析

此案由于对于如何理解功能性特征而引起关注，在本案中，一审法院和二审法院之所以出现对于功能性特征认定不同的理解，并不是由于对于法律概念的理解不同，而是对于具体技术特征“横向固定纵向滑动结构”的理解不同。二审判决的意义在于两个方面：

第一，在说明书记载的专利技术方案存在多种使用环境的情况下，专利权人通常无须一一列举说明各种使用环境下的具体实施方式。当说明书仅给出了一种使用环境下的实施例，但又明确记载了该技术方案可适用于多种使用环境时，本领域普通技术人员通过阅读专利权利要求书，并根据已知实施例可以直接、明确获得在其他使用环境下的实施方式，应当属于该功能性限定技术特征的内容。

第二，本领域普通技术人员根据权利要求书和说明书及其附图的记载，基于对功能性限定的技术特征的理解，能够明确获悉已知实施例中该功能性限定技术特征的基本特征与适应性特征，很容易即可获得其他使用环境下的实施方式。重点提及了“适应性特征”这个概念：适应性特征是因不同使用环境而具有的适应特定使用环境的特征，是在各种使用环境下起到适应、配合作用的辅助性、非本质、可变化的特征。

本案的判决意义在于充分、全面诠释了在功能性特征条件下权利要求的保护范围。

十、国家知识产权局、第一三共株式会社专利行政管理（专利）再审行政诉讼案[①②]

案情聚焦

华夏生生大药房（北京）有限公司于2011年12月21日向原国家知识产权局专利复审委员会（以下简称专利复审委员会）提出了无效宣告请求，请求宣告专利号为01815108.6、名称为“氢化吡啶衍生物酸加成盐”的发明专利权（以下简称涉案专利）全部无效，该专利的专利权人为第一三共株式会社和宇部兴产株式会社。专利复审委员会基于无效请求人提供的证据，认定

① 蒋海军，江苏瑞途律师事务所；王玉姣，江苏瑞途律师事务所。

② 一审案号：北京市第一中级人民法院（2013）一中知行初字第2469号；二审案号：北京市高级人民法院（2015）高行（知）终字第2879号；再审案号：最高人民法院（2019）最高法行再60号。

涉案专利涉及的化合物为证据2或证据3的选择发明，由于涉案专利说明书以及专利权人均未提供能够证明本专利权利要求1–2的普拉格雷的盐酸盐和马来酸盐相对于证据2或证据3的现有技术取得了预料不到的技术效果的证据，不具备创造性，最终作出第19771号无效决定，宣告涉案专利权全部无效。

专利权人宇部会社和三共会社不服上述无效决定，在一审共同诉称，专利复审委员会关于最接近现有技术的认定错误、关于本发明并未取得意想不到的技术效果的认定错误，以及关于本发明不具有创造性的认定错误，请求法院撤销第19771号决定。经审理，北京市第一中级人民法院认为专利复审委员会关于最接近现有技术的认定准确，关于本发明不具有创造性的认定正确，判决维持专利复审委员会作出的第19771号决定。

二审法院认为，专利复审委员会要求将本专利技术方案与普拉格雷可药用盐的技术方案进行对比缺乏可操作性且违背本领域技术人员通常的认知，因此其对本专利说明书中记载的本专利技术方案相对于普拉格雷游离碱或者本领域技术人员通常认知的与其效果等同的可药用盐本身是否具有预料不到的技术效果没有进行认定，因此其应当重新对此进行认定再作出本专利技术方案是否具备创造性的决定，据此北京市高级人民法院判决撤销一审判决，撤销第19771号审查决定并判令专利复审委员会就华夏公司对本专利所提无效宣告请求重新作出审查决定。

最高人民法院再审认为，在证据2和证据3给出制备普拉格雷药学盐酸盐和马来酸盐技术启示的前提下，得到权利要求1或2的技术方案，是本领域技术人员基于本领域普遍存在的动机作出的常规选择，选择发明创造性的判断，关键在于考虑其相对于所述最接近现有技术取得了何种预料不到的技术效果。专利说明书未就选择普拉格雷游离碱而非“其他普拉格雷药学上可接受盐”进行对比实验提供充足理由，三共会社、宇部会社在专利审查和行政诉讼期间提交的证据亦无法证明普拉格雷盐酸盐、马来酸盐相比证据2和证据3所公开的“其他普拉格雷药学上可接受盐”具有预料不到的技术效果。最终判决撤销北京市高级人民法院（2015）高行（知）终字第2879号行政判决，维持北京市第一中级人民法院作出的（2013）一中知行初字第2469号行政判决。

律师评析

在医药化学领域中，采用选择发明的方式，从现有技术公开的较大范围的专利权中，有目的地选出现有技术中未提到的窄范围方案，达到延长专利链条保护期限的目的，是较为常见的医药专利布局策略。专利保护期限对于医药企业可谓是一寸光阴一寸金，该种布局策略对于前期耗巨资进行医药开发的企业来说，无疑能够带来巨大的独占利益。

而在进行选择发明创造性判断时，选择所带来的预料不到的技术效果是考虑的主要因素。如果发明仅是从一些已知的可能性中进行选择，或者发明仅仅是从一些具有相同可能性的技术方案中选出一种，而选出的方案未能取得预料不到的技术效果，则该发明通常不具备创造性。

除此之外，还需要特别注意的是，在专利文件撰写时仍应注重选择发明与最接近的现有技术之间的技术效果对比，尤其是生物医药类的选择发明，必要时应当给出充分的技术效果对比实验数据，无论是在授权过程中还是在确权过程中，原始说明书记载的实验数据都将是判断技术效果最为直接有利的证据。

综上，本案对于选择发明的创造性判断给出了指导性的标准：关键在于考虑其相对于所述最接近现有技术取得了何种预料不到的技术效果，要证明技术效果需相应实验数据支持。这使得包括原研药及仿制药在内的医药企业在日后的专利申请或诉讼中可予以借鉴。

重点关注

一、抗疫专利获加快审查[①]

事件回放

2020年2月13日，国家知识产权局召开党组会议暨局应对新冠肺炎疫

① 汪妍瑜，锦天城律师事务所。

情工作领导小组会议，会议强调，要积极支持企业复工复产和新项目开工建设，对复工复产企业和新建项目涉及防治新冠肺炎的专利、商标申请注册开辟“绿色通道”，加快办理效率；要指导和支持企业运用知识产权进行质押融资，缓解资金困难。

2020年2月15日，国家市场监管总局、国家药监局、国家知识产权局出台的十条措施中提到，对复工企业涉及防治新冠肺炎的专利申请、商标注册，依请求加快办理。

自抗疫以来，多地知识产权局接到多件涉及医用防护服、呼吸面罩、输液控制装置、防传染装置的专利优先审查申请，并且工作人员已对部分条件成熟专利进行加快办理优先审查。

2020年3月16日，国家知识产权局向潍坊市人民医院下发授予实用新型专利权通知书，对该院护师李赞武在湖北黄冈抗疫一线发明的传染科用听诊器授予实用新型专利。李赞武在提出方案后，潍坊市人民医院立即着手专利的申请事宜，潍坊市市场监管局在了解到该院的专利申请需求后，主动对接靠前服务，第一时间联系国家知识产权局济南代办处，协调加快办理专利优先审查手续，缩短审查周期。该实用新型专利ZL202020192524.6（传染科用听诊器）于2020年2月21日申请，3月9日，该专利就进入到审查阶段，3月12日，国家知识产权局下发专利申请优先审查通知书。从审查到授权仅用了7天的时间，全力支持了抗击疫情的工作需要，并且对一线的医疗工作者提供了最大化的工作保障。

2020年8月11日，由军科院军事医学研究院陈薇院士团队及康希诺生物联合申报的新冠疫苗（Ad5-nCoV疫苗）专利申请被授予专利权，这是我国首个新冠疫苗专利。该发明专利ZL202010193587.8（一种以人复制缺陷腺病毒为载体的重组新型冠状病毒疫苗）于2020年3月18日申请，6月8日进入审查阶段，7月14日，国家知识产权局下发专利申请优先审查通知书。从审查到授权仅用了2个月，整个专利从申请到授权不足5个月。

律师点评

目前，我国的发明专利的授权周期约为21个月，实用新型专利的授权周期为6个月左右。由于专利权的保护实质上从授权后正式开始。对于具有时效性或者技术更迭较快的技术，市场周期较短，若审查周期过长，专利保护并不能完整覆盖其市场周期，会降低申请人技术创新、申请专利的意愿。这次的抗疫专利的绿色通道在短时间内即建立，体现出国家对这类问题的观察和重视，中国的知识产权保护环境越来越优化。

通常来说，专利加急处理的渠道除了上文所提到的专利优先审查，还包括专利预审和专利审查高速路（PPH）。具体而言：

专利优先审查是在向国家知识产权局提出专利申请后提交优先审查请求书和证明文件，审查通过后即予以优先审查。然而优先审查对专利领域有所要求，具体参见《专利优先审查管理办法》，其中，包括涉及节能环保、新一代信息技术、生物、高端装备制造、新能源、新材料、新能源汽车、智能制造等国家重点发展产业；涉及各省级和设区的市级人民政府重点鼓励的产业；涉及互联网、大数据、云计算等领域；以及对国家利益或者公共利益具有重大意义需要优先审查的专利。

专利预审通道则与普通的专利申请有较大差别。专利申请单位和代理机构首先需要在当地知识产权保护中心备案。值得注意的是，每个地区的知识产权保护中心所涉及的领域不尽相同，在申请之前需根据申请的专利领域选择对应的保护中心。在完成上述备案后，申请人将申请文件先交与知识产权保护中心审查，审查通过后再提交到国家知识产权局审核。通过预审的申请在国家知识产权局会进入快速审查通道，大大缩短了审查周期。

专利审查高速路可以使国外专利申请快速获得授权，是一种中外互惠渠道。简而言之，如果某项专利已在互惠国专利局获得授权，后续在中国的申请会获得加快审查处理。该后续在中国的申请需要满足的条件包括首次申请和后续申请的权利要求充分对应、首次申请专利局的工作结果可被后续的专利局获得。目前，中国国家知识产权局已与日本、韩国、德国及美国等20余个专利审查机构正式启动了PPH试点。

我国一直在倡导提质增效，多措并举缩短审查周期。通过增加地方审查中心、增设地方知识产权保护中心等从硬实力上增加了专利审查力量。目前，我国的专利审查周期呈现逐年递减的趋势，已赶超欧美等专利大国，这次疫情相关专利的快速授权也是加速审查的一次有益尝试，可以预见在不远的将来缩短审查周期还将取得更大的突破。

二、IPO专利狙击之路①

事件回放

2020年6月2日，上海证券交易所科创板股票上市委员会召开了2020年第34次审议会议，根据审议结果显示，敏芯股份科创板IPO成功过会。自2019年7月至2020年4月期间，歌尔股份4次向敏芯股份提起侵权诉讼，主张敏芯股份7个产品编码的产品侵害歌尔股份的9项专利；2019年11月至2020年3月期间，歌尔股份及其全资子公司3次提起权属诉讼，主张敏芯股份的6项专利发明为梅嘉欣、唐行明的职务发明，主张专利权归属于歌尔股份及其全资子公司。除此之外，还涉及10余件专利无效案件。敏芯股份经过重重考验，最终有惊无险地完成了科创板的上市。

2020年8月24日，安翰科技在官网发布胜诉声明，称已收到重庆市第一中级人民法院于2020年8月14日作出的民事判决，认定安翰科技的产品均未落入涉案两项专利的权利保护范围，重庆金山主张安翰科技侵害涉案专利权，证据不足，缺乏事实依据，不予支持，依法驳回重庆金山上述两起案件的全部诉讼请求。作为首批科创板受理的9家企业之一，安翰科技在2019年5月冲刺科创板上市的关键期突遭竞争对手重庆金山有关“核心产品涉嫌专利侵权”的诉讼。由于需应诉上述专利诉讼，2019年11月25日，安翰科技主动撤销了科创板审核申请，终止IPO进程。虽然历经15个月，安翰科技迎来判决结果，但对IPO进程和企业发展不可避免地造成了影响。

2020年9月2日，光峰科技晚间公告，其与极米科技签订《专利许可协议》。同意授权极米科技实施指定专利，极米科技分5年向公司支付专利许

① 汪妍瑜，锦天城律师事务所。

可使用费合计人民币2500万元。同时，极米科技将借助光峰科技研发技术力量研发其激光超短焦投影产品，优先从光峰科技采购一定金额的核心部件产品，战略合作期为5.5年，一次性支付NRE（一次性工程）费用人民币500万元。2020年5月8日，极米科技向上海证券交易所递交招股说明书，拟科创板挂牌上市。6月3日，深圳光峰科技股份有限公司发布公告称，其控股子公司峰米科技针对一项专利侵权纠纷将极米科技诉至法院。要求停止侵权，并赔偿总计4600万元。涉案的Z6系列型号投影仪系极米旗下的主打产品，其后极米科技向国家知识产权局递交相关专利无效宣告请求并在6月底对峰米科技提起反诉，之后峰米科技进一步对极米科技总共16项发明专利悉数提起无效申请。在这一波三折的专利纠纷中，对极米科技的IPO之路造成了重大影响。所幸最终通过和解解决了专利狙击困局。

律师点评

参照中国证监会发布的《科创属性评价指引（试行）》，其中企业如同时满足3项常规指标，即可认为具有科创属性。该3项常规指标分别为“研发投入金额或研发投入占营业收入比例5%以上”“形成主营业务收入的发明专利5项以上”“营业收入或营业收入复合增长率”。因此，如果企业的发明专利遭到挑战，则会对上市之路造成重大影响。

近来，拟上市企业在IPO的过程遭遇竞争对手的专利狙击已趋于常态化。通常来说，由于专利侵权纠纷往往周期很长，而科创板审核周期按规定只有90个工作日。如果不能对专利纠纷进行快速有效应对，就很有可能如安翰科技一样，虽然专利诉讼最终取得了成功，但也不得不面对上市进程的终结。

对于有上市准备的企业，应该尽早地进行专利规划，不打无准备之仗。具体而言，首先，应做好足够的专利储备。企业的每一项专利就如同一颗子弹，与对手的拼杀过程，弹药的储备量是制胜的关键。作为科创企业，应具有自主技术并尽早进行专利申请布局，对于核心技术应尽量委托有经验的代理人及早获得范围合适的专利保护。反观上文的极米科技，因为自身专利储备匮乏，最终只能通过花钱和解来解决燃眉之急。然而与此同时也使得大家对极米科技的技术能力产生怀疑，对企业造成了不利影响。其次，一方面，企业应对自身产品进行专利风险排查，筛选出所有风险专利，尽早进行无效检索，并视情况向国家知识产权局提起专利无效请求。另一方面，基于目前自身已有专利，对竞争对手的产品进行侵权比对，初选出可能被侵权的专利，并提前进行专利的稳定性分析，筛选出稳定性高且被侵权可能性高的专利，以备后期对对手进行专利制衡。以敏芯股份为例，由于其在上市之初就已经对自身以及竞争对手的专利进行了全面的分析准备，才能在IPO过程中及时进行质询应对，保证了公司的顺利上市。

总的来说，科创企业应提高专利保护意识，尽早部署规划，这不仅对企业上市，对企业的健康快速发展也有着积极、深远的意义。

三、知识产权证券化，国知局表示2021年6月底全面取消专利申请资助，坚决打击非正常专利申请行为[①]

事件回放

2021年1月27日，国家知识产权局发布《关于进一步严格规范专利申请行为的通知》（以下简称《通知》），《通知》明确指出：进一步调整完善资助和奖励等政策，全面取消对专利申请的资助，重点加大对后续转化运用、行政保护和公共服务的支持。清理规范专利申请秩序，坚决打击和有效遏制不以保护创新为目的的非正常专利申请行为，推动知识产权事业高质量发展。

《通知》指出，避免将专利申请数量作为部门工作考核的主要依据，不得设置专利申请量的约束性考核评价指标，且明确在2021年6月底前全面取消各级专利申请阶段的资助。地方现有资助范围应限于获得授权的发明专利，资助方式应采用授权后补助形式，所获资助总额不得高于获得专利权所

① 汪妍瑜，锦天城律师事务所。

缴纳的官方规定费用的50%，不得资助专利年费和专利代理等中介服务费。《通知》要求，各地“十四五”期间逐步减少对专利授权的各类财政资助，2025年以前全部取消。

《通知》指出，对以下非正常专利申请行为进行从严打击、从严处置：

（一）《关于规范专利申请行为的若干规定》（国家知识产权局第75号局令）第3条规定的六种情形（1.同一单位或者个人提交多件内容明显相同的专利申请；2.同一单位或者个人提交多件明显抄袭现有技术或者现有设计的专利申请；3.同一单位或者个人提交多件不同材料、组分、配比、部件等简单替换或者拼凑的专利申请；4.同一单位或者个人提交多件实验数据或者技术效果明显编造的专利申请；5.同一单位或者个人提交多件利用计算机技术等随机生成产品形状、图案或者色彩的专利申请；6.帮助他人提交或者专利代理机构代理提交本条第一项至第五项所述类型的专利申请）；

（二）单位或个人故意将相关联的专利申请分散提交；

（三）单位或个人提交与其研发能力明显不符的专利申请；

（四）单位或个人异常倒卖专利申请；

（五）单位或个人提交的专利申请存在技术方案以复杂结构实现简单功能、采用常规或简单特征进行组合或堆叠等明显不符合技术改进常理的行为；

（六）其他违反民法典规定的诚实信用原则、不符合专利法相关规定、扰乱专利申请管理秩序的行为。

《通知》指出，对该类非正常申请行为，除依据专利法及其实施细则的规定对提交的专利申请进行从严处理之外，应视情节采取下列处置措施：不予减缴专利费用；予以通报；取消申报国家知识产权示范和优势企业、知识产权保护中心备案企业资格，以及中国专利奖申报、参评或获奖资格等措施；取消或追回资助，涉及骗取资助奖励涉嫌构成犯罪的，依法移送有关机关追究刑事责任；对代理机构及代理师采取行业自律措施。根据《通知》，2021年全年将集中开展打击上述非正常专利申请行为的专项整治。

律师点评

《通知》的出台在业界引起了广泛的关注，取消专利申请资助和坚决打击非正常专利申请乍看是两回事，实质上是一套组合拳，其目标主要是打击非正常申请，提升专利质量。

创新主体申请的真正有价值的专利其本身价值属性很高，因此，是否对其进行申请资助对申请积极性影响不大，相反，各地的专利申请资助对非正常申请来说是极为重要的。

非正常申请大部分属于编造或恶意拆分，因此，该类专利的产生成本很低，有些地方的专利申请资助能完全覆盖该类非正常申请的成本且甚至能使其获利，再加上若授权后转让专利获取的经济利益，使得非正常申请有利可图，屡禁不止；特别是近年来专利热度的上升使得各地专利转让市场极为活跃，为求专利数量的专利买卖转让也让非正常申请拥有了较大的市场需要。

但市场的活跃难掩该类专利自身的缺陷，大量编造及恶意拆分专利无法实施，不能创造任何实质价值，更无法为创新服务。相反，其骗取大量政府资助资金，使本应为创新服务的资助资金流失严重，且浪费大量审查资源，挤占正常专利的审查资源，该类专利的存在严重扰乱了专利市场，对专利激发创新的制度带来了较大的负面影响。

此次《通知》的出台，表明了国家对非正常申请的打击决心，但同时应当注意，在执行的过程中，要严格谨慎，避免将一些企业常规的专利布局误判为恶意拆分的非正常申请。据笔者了解，在实际执行过程中，往往会以拆分的数量进行是否恶意的认定，这种简单的方式可以作为初筛的标准，但必然不能使其作为最终判断的标准，国知局在认定非正常申请时应科学规范；同时对于企业而言，若被误认为非正常申请，一定要把握申诉的机会，及时提供证据及充分理由进行自我权益的保护。

从2021年6月取消专利申请资助，到2025年取消所有专利资助，也是国家层面对专利制度的信心体现，在取消资助后，让专利回归其本身的价值属性，专利自身是否有价值将决定其是否存续，专利的价值导向会更有利于社会资源的调配，也更有利于使专利为创新服务。

但同时，我们还应注意到，在取消了专利数量的评价指标之后，如何对创新主体的专利质量进行评价，也是一个新的挑战。专利价值评估是一个系统工程，现有评估机构的水平参差不齐，专利价值评估缺乏标准，行业内未形成科学严谨且行之有效的统一共识，而随着专利市场化的进展，对专利价值评估的需求必然会与日俱增，因此，行业内亟待形成科学有效的专利评估标准。

四、武汉知识产权质押贷款发放金额首次破10亿元①

事件回放

2020年度，武汉市知识产权质押贷款发放金额达到10.95亿元，是自2008年推行知识产权质押贷款以来首次突破10亿元，比2019年增长37.6%。2020年武汉知识产权质押贷款共发放贷款179笔，惠及100多家企业，大部分是科创型企业。

早在2017年，武汉市在国内率先建立保险公司、银行、市级财政风险共担机制，承担贷款逾期风险。2019年，武汉再次创新知识产权质押融资模式，设立2000万元财政风险补偿资金，直接对银行的逾期贷款进行补偿，同时明确针对贷款利息和保险保费的财政补贴政策。这意味着，知识产权质押融资未能及时还款，有财政资金给予补偿。

武汉市专利权质押贷款持续多年保持每年7亿元的总量。2018年，武汉市专利权质押贷款7.12亿元，2019年增至7.96亿元。2020年，武汉召开知识产权质押贷款专题推进会，向商业银行推荐知识产权评估机构，进一步优化营商环境，助力知识产权贷款额攀升。

---

① 汪妍瑜，锦天城律师事务所。

律师点评

经历2020年疫情后，全球经济倒退，国内经济增速放缓，许多企业迫切需要融资来维持企业正常运转现金流。但对于许多处于初创期的小微企业和轻资产模型企业，传统的动产和不动产抵押融资方式较为困难，这时知识产权质押这一新兴融资方式就显得尤为重要。

鉴于知识产权的无形性、专有性等特征，其在进行质押贷款时明显存在评估难、风险控制难、处置难等特点，导致银行放贷动力不足。

武汉市在2019年创新知识产权质押融资模式，设立2000万元财政风险补偿资金，最为显著的积极效果就是知识产权质押贷款总额由持续多年的每年7亿元上升至超过10亿元。假定不良贷款率按照1.7%计算，2000万元财政风险补偿资金可覆盖贷款总额为11.76亿元。相比2020年的10亿元贷款总额来说，仍存在至少10%的增长空间。而且自设立知识产权质押贷款财政风险补偿资金一年来，并没有发生一起风险补偿，这说明知识产权质押贷款保持了良性运转。

武汉模式的知识产权质押融资财政风险补偿机制创新性强、市场主体认可度高，值得其他城市学习，可适当选择其他几个城市作为试点推广施行，直至在更大范围内推广。

另外，现有知识产权质押以专利权、软件著作权和集成电路布图设计等科学技术类知识产权占比较大，科创企业受惠程度较多。在有财政风险补偿资金的兜底保障下，可以加大商标权和著作权的质押比例，使得更多文化创意类和其他非科创型小微企业受益，鼓励更多企业进行创新。

同时，知识产权质押融资还可以与知识产权证券化结合，借助金融市场的工具，将多家企业、多种类型的知识产权重新进行包装组合后证券化，并可在资本市场上流通，增强其活力与流动性，也便于银行降低放贷风险，增加银行放贷动力。

五、“BURBERRY”诉“BANEBERRY”案获行为禁令①

事件回放

2020年11月18日，江苏省苏州市中级人民法院（以下简称苏州中院）受理了博柏利有限公司（BURBERRY LIMITED，以下简称博柏利公司）诉新帛利商贸（上海）有限公司（以下简称新帛利公司）等侵害商标权及不正当竞争纠纷一案。原告博柏利公司是知名奢侈品牌BURBERRY所有人，在中国经核准注册了“BURBERRY”等商标，核定使用在服装等商品上，其中在服装类别的“BURBERRY”商标多次被认定为驰名商标。被告新帛利公司是“BANEBERRY”注册商标的被许可使用人。被告在服装商品上除了使用上述商标外，还使用了与博柏利公司的注册商标相同或近似的商标，并且全方面模仿BURBERRY服装的款式和设计，吊牌、包装袋的形制等，甚至在服装吊牌上使用英国皇家标识，虚假宣传其品牌历史、来源等。

2020年11月26日，原告博柏利公司向苏州中院申请行为保全。2021年1月29日，苏州中院审查了博柏利公司的权利状态及其稳定性、被告的行为构成侵权的可能性、行为保全申请是否具有紧迫性、损害平衡性以及责令停止相关行为是否会损害社会公共利益等问题后，就该案作出（2020）苏05民初1545号之一行为保全民事裁定，要求新帛利公司等立即停止使用“BANEBERRY”等商标，并停止生产、销售带有与博柏利公司商标相同或近似图案的产品。

律师点评

近年来，行为禁令在知识产权领域得到越来越广泛的适用。知识产权领域的侵权行为通常具有隐蔽性，侵权行为易扩散性，损害后果难以用金钱弥补。而行为禁令作为一项兼具预防性和禁止性的救济方式，能够有效遏制侵权行为，保障权利人的合法权益。2018年11月26日，《最高人民法院关于审

① 杨璞，方达律师事务所。

查知识产权纠纷行为保全案件适用法律若干问题的规定》(以下简称《行为保全规定》)应运而生，并于2019年1月1日起生效，初步建立起符合我国国情的知识产权行为保全制度体系，弥补了既有规定中的相关漏洞，明确了司法实践中的具体操作规则。

然而，正是由于行为禁令对被告经营产生的巨大影响，人民法院在作出行为禁令决定时，应当兼顾及时保护和稳妥保护，注重利益平衡，审慎适用。《行为保全规定》第7条规定了人民法院审理行为保全时的四个主要考量因素：申请人的权利状态及其稳定性；被告的行为构成侵权的可能性；不采取行为保全措施是否会使申请人的合法权益受到难以弥补的损害或者造成案件裁决难以执行等损害；损害平衡性以及责令停止相关行为是否会损害社会公共利益等。其中，“不采取行为保全措施是否会使申请人的合法权益受到难以弥补的损害或者造成案件裁决难以执行等损害”往往是法院关注的重点和难点。而对“难以弥补的损害”的判断标准，则可以参考《行为保全规定》第10条的内容：对申请人的商誉或者人身权利造成无法挽回的损害；被申请人的侵权行为将难以控制且显著增加申请人损害；导致申请人的相关市场份额明显减少等。

“BURBERRY”诉“BANEBERRY”案中，苏州中院兼顾了及时保护和稳妥保护的精神，结合双方提交的证据，从权利稳定性、侵权可能性、保全的必要性及现实紧迫性、保全行为对双方权益可能造成的损害以及对公共利益的平衡性、原告是否足额提交担保等方面进行了审慎审查。针对保全的必要性和紧迫性，苏州中院认为，首先，被诉侵权行为规模巨大且增幅明显，不立即采取措施将导致博柏利公司的市场份额被大幅抢占，经济损失难以计算。其次，被诉侵权行为极易导致消费市场的混淆和误认，不立即采取措施，将严重贬损申请人的商誉，削弱博柏利公司驰名商标的显著性和识别性。最后，当下即将进入一年一度的春节假期这一服装销售黄金期，责令停止被诉侵权行为具有现实紧迫性。最终作出了行为禁令的裁定。

苏州中院作出的这一行为禁令裁定也代表着我国法院在知识产权领域的行为保全审判日趋成熟。该案虽不是服装行业商标侵权案中的第一例行为禁令，但法院的判决逻辑却具有相当的代表性，尤其是将“即将进入春节假期这一服装销售黄金期”纳入考量因素，为后来者提供了良好的范例。

六、中共中央办公厅、国务院办公厅要求对恶意侵权、长时间持续侵权、商标侵权等行为，严格执行侵权惩罚性赔偿制度①

事件回放

2021年1月31日，中共中央办公厅、国务院办公厅印发了《建设高标准市场体系行动方案》（以下简称《行动方案》），并发出通知，要求各地区各部门结合实际认真贯彻落实。《行动方案》指出要强化知识产权保护，具体包括推进实施审理侵犯商业秘密民事案件适用法律若干问题的规定，出台审理涉药品上市审评审批专利民事案件适用法律若干问题的规定。制定出台知识产权侵权惩罚性赔偿适用法律若干问题的解释，对恶意侵权、长时间持续侵权、商标侵权等行为，严格执行侵权惩罚性赔偿制度。探索建立知识产权侵权快速反应机制。做好商标代理管理办法、地理标志产品保护规定、官方标志保护办法等部门规章的制定修订工作。研究制定药品专利保护、跨境电商领域知识产权保护规则，编制发布企业知识产权保护指南和知识产权保护国别指南。优化专利、商标等申请和审查程序，提高审查效率，压缩审查时间。建立健全专利、商标等无形资产评估管理体系。

律师点评

《行动方案》提出了多项强化知识产权保护的举措，其中，严格执行侵权惩罚性赔偿制度这一措施受到了广泛关注。

自2013年以来，我国逐步建立和健全知识产权侵权惩罚性赔偿制

① 杨璞，方达律师事务所。

度。2013年修正的《商标法》第63条首次引入了知识产权侵权惩罚性赔偿制度，规定了对恶意侵犯商标专用权，情节严重的，可以适用一倍以上三倍以下的惩罚性赔偿。2019年11月1日起施行的修正后的《商标法》将恶意侵犯商标专用权的赔偿倍数，由修改前的三倍以下提高到了五倍以下。

2019年4月23日公布并实施的《反不正当竞争法》第17条针对恶意实施侵犯商业秘密的行为，规定了一倍以上五倍以下的惩罚性赔偿。

2021年1月1日，《民法典》开始施行，其中第1185条对知识产权领域的惩罚性赔偿制度进行了原则性规定，即“故意侵害他人知识产权，情节严重的，被侵权人有权请求相应的惩罚性赔偿”。

而即将于2021年6月1日实施的《专利法》和《著作权法》也分别规定了一倍以上五倍以下的惩罚性赔偿。

可见，目前我国已建立了较为完善的知识产权侵权惩罚性赔偿制度，下一步就是充分落实惩罚性赔偿制度，发挥其提高侵权者的违法成本，减少和杜绝知识产权侵权行为的作用。此次《行动方案》就指出要对惩罚性赔偿的适用出台相关解释，并严格执行惩罚性赔偿制度。

对于如何适用惩罚性赔偿制度，实务中仍然存在较大争议。主要的争议焦点为如何认定“恶意”及“情节严重”，以及如何确定惩罚性赔偿的计算基数和倍数。不过，司法实践中已有相关判决对上述问题进行了探索，为惩罚性赔偿的适用提供了一定的参考标准和示范作用。例如，上海市浦东新区人民法院作出的（2018）沪0115民初53351号民事判决就对侵权损害赔偿的计算和惩罚性赔偿制度的适用进行了分析和阐释。此外，广州、杭州等地人民法院也相继在商标侵权案中适用了惩罚性赔偿制度。惩罚性赔偿制度在司法实践中的适用表明了我国严惩知识产权恶意侵权，维护知识产权权利人合法权益，为营商环境提供坚实的知识产权司法保护的决心。相信惩罚性赔偿制度未来还将在更多知识产权案件中得到适用。

七、知识产权证券化中国加强外资企业在华知识产权行政保护[①]

事件回放

2020年11月13日，中国贸促会主办的外资企业知识产权行政保护需求调研座谈会在京召开。与会的爱宝、西门子医疗、耐克、戴尔、诺华、丹佛斯、IBM、三星、先正达、戴姆勒10家外资企业代表充分肯定了近年来我国知识产权保护工作取得的显著成效，同时就企业在华专利、商标等知识产权行政保护遇到的困难和问题提出进一步加强保护的需求和相关工作建议。国家知识产权局知识产权保护司相关负责人在会上指出，中国政府高度重视外资企业在华知识产权保护工作，国家知识产权局将不断加强知识产权行政执法指导，持续提升知识产权行政保护效能，为企业在华投资兴业营造更加良好的知识产权环境。会议还安排了实地调研环节，赴ABB（中国）有限公司实地了解知识产权行政保护成果以及遇到的困难。

2020年6月9日，根据德国伊格尔博格曼集团的行政投诉以及长达半年的缜密调查，张家港保税区市场监管局会同公安部门出动80余名执法人员，18辆执法车，设立了行动指挥部及16个现场行动组，对辖区内涉嫌侵犯“格兰富”“EagleBurgmann”“BURGMANN”注册商标专用权的16家机械密封件生产、销售企业进行突击检查，查获被控侵权的各型号密封件产品200余个、包装盒1000余个，伪造标签、合格证30000余个，查实13家企业存在商标侵权、混淆、虚假宣传违法行为，涉案金额659余万元。执法机关依法对涉案当事人的行为进行了处罚，罚没款近1300万元，移送公安机关7人。因该案还涉及全国八省十市，在市场监管总局执法稽查局的统一组织指挥下，全国范围内开展了密封件行业知识产权保护行动，成果斐然。

2020年11月24日，江苏省南京市公布2020年度知识产权行政保护十大典型案例。“南京某电子科技有限公司销售侵犯苹果注册商标专用权的手机

---

① 杨璞，方达律师事务所。

配件案”成为入选案例之一。在该案中，玄武区市场监管局执法人员经现场检查，在南京某电子科技有限公司店铺内查获标有“苹果”商标标识的商品共计529件。根据权利人苹果电脑贸易（上海）有限公司出具的鉴定报告，上述涉案商品均为未经商标权利人授权或许可的假冒注册商标商品，侵犯了权利人的注册商标专用权。玄武区市场监管局依法责令该公司立即停止侵权行为，没收侵犯“苹果”注册商标专用权的529件手机配件并予以罚款。

近年来，涉外专利行政执法案件不断增多，国外权利人主动请求专利行政执法的意愿不断增强。全国知识产权保护社会满意度调查结果显示，2017年总体满意度为76.69分，其中在华外商独资企业是76.94分，合资企业是80.16分，明显高于总体满意度。2019年，《中国商务环境调查报告》显示，其会员企业在华运营的主要问题中，知识产权侵权已由2011年的第5位降低到2018年的第12位，体现出美国企业对中国知识产权保护工作的认可。2020年，为深入贯彻落实党中央、国务院关于强化知识产权保护的决策部署，全面加强知识产权行政保护工作，国家知识产权局印发《2020年度全国知识产权行政保护工作绩效考核指标》，从多方面、多角度进一步推进涉外知识产权行政保护工作。

律师点评

行政执法是知识产权保护的重要一环。知产侵权诉讼作为强调被动性、程序性、中立性的司法救济，动辄持续数年、耗资不菲，有时并不能及时制止侵权行为、有效防止损失扩大。与之相比，知产行政保护则具有手续简、周期短、效率高、成本低等优势，在外资企业在华知识产权“同保护”过程中发挥着重要作用。行政机关针对专利权、商标权、著作权、商业秘密侵权行为，可以根据权利人、利害关系人的申请或依职权，及时采取调查取证、现场查处、查封扣押等执法措施，进行没收、罚款等行政处罚，及时制止侵权行为。此外，许多涉外知识产权案件具有较强的专业性、复杂性，而知产行政部门在处理涉及比较复杂的技术问题的知识产权纠纷方面具有一定的专业、经验优势。随着我国对外开放的深入推进和外商在华经贸活动的不断扩大，加强知识产权行政保护逐渐成为国家和在华外资企业的“双向选择”。

2020年修订的《专利法》第65条规定，针对侵犯专利权的行为，专利权人或者利害关系人可以请求管理专利工作的部门处理。管理专利工作的部门处理时，认定侵权行为成立的，可以责令侵权人立即停止侵权行为。第68条规定，对于假冒他人专利的行为，专利执法部门可以责令改正并予公告，没收违法所得，可以处违法所得五倍以下的罚款；构成犯罪的，依法追究刑事责任。《商标法》《著作权法》《反不正当竞争法》也规定了相应的行政执法措施。

在政策层面，近年来，中国政府高度重视外资企业在华知识产权行政保护工作。习近平总书记强调，加强知识产权保护是完善产权保护制度最重要的内容，也是提高中国经济竞争力最大的激励。近年的政府工作报告均要求全面加强知识产权保护，包括加强知识产权行政执法力度。在相关政策指引下，国家市场监管总局等多部门采取了一系列有力举措，在涉外知识产权保护工作中取得了积极进展，涌现出一批涉外知识产权行政保护典型案例。在可预见的未来，中国知识产权行政保护水平还将进一步提高，外资企业在华投资兴业将具有更好的知识产权环境。

八、海外企业重视中国专利行政保护①

事件回放

利伐沙班片是拜耳公司生产的一款抗凝血领域药品，其核心专利为“取代的噁唑烷酮和其在血液凝固领域中的应用”（专利号：ZL00818966.8），该专利于2006年7月5日获得授权，并于2020年12月11日到期。实施该专利的专利产品包括但不限于利伐沙班原料药及利伐沙班片，业界权威的美国化学文摘社将专利产品“利伐沙班”编号为366789-02-8（美国化学文摘社的化学物质编号，俗称CAS登记号）。在该专利于2020年12月11日到期前，国内多家仿制药厂商已开始进行仿制药审批。为抢占市场先机，一些仿制药

① 蒋海军，江苏瑞途律师事务所。

厂商甚至开始对外许诺销售和销售该款专利药品及其原料药，拜耳公司对多家企业采取相关行政投诉。

2020年5月15日，石家庄市知识产权局就石家庄斯迪亚诺精细化工有限公司销售和许诺销售利伐沙班片的行为作出行政裁决，认定被请求人在其官网许诺销售利伐沙班原料药并通过Chemicalbook网站进行销售的行为，侵犯了拜耳公司的发明专利权；裁决书责令被请求人停止侵权，下架侵权产品。

2019年9月，拜耳公司发现恒生公司、生命能公司在其官方网站上展出利伐沙班原料药和利伐沙班片，其官方网站展出的产品图片上清楚标明生产厂家为恒生公司，并标注了恒生公司的商标和公司地址。恒生公司全资控股的生命能公司在第十八届、第十九届世界制药原料中国展的展板上，展出“Rivaroxaban Tablets”和“Rivaroxaban API”，展板上同时标有恒生公司和生命能公司的注册商标。拜耳公司认为，恒生公司、生命能公司在官方网站和展会上展出的产品与拜耳公司专利产品的通用名称、化学名、结构式及CAS登记号等完全一致，该行为构成对拜耳公司专利产品的许诺销售。2019年11月29日，拜耳公司向南京市知识产权局提出专利侵权纠纷处理请求。2020年5月14日，南京市知识产权局对该案进行了口头审理。

在该案中，被请求人提出了我国《专利法》第69条第1款第5项的Bolar例外抗辩，主张其许诺销售的对象是仿制药厂商，主观上是为帮助仿制药厂商提供行政审批所需要的信息，构成Bolar例外中的“专门为其制造、进口专利药品或者专利医疗器械的”情形。南京市知识产权局在行政裁决中指出，上述Bolar例外限于“制造”和“进口”，不包括许诺销售，且“专门”二字既限制了提供的对象是“为获得行政审批所需要的信息”的研发主体，也限制了提供的客体、品种、数量等不得超出研发之必需，该抗辩并不适用于不分目的、不分对象、不受限制的许诺销售行为。南京市知识产权局进一步指出，被请求人在展会和网站上向不特定对象展示涉案信息，寻找潜在客户的行为，不属于我国《专利法》第69条第1款第5项的Bolar例外。

2020年5月25日，南京市知识产权局就拜耳公司针对恒生公司、生命能公司提起的专利行政执法维权请求作出行政裁决，认定被请求人在CPhI展会和官方网站许诺销售利伐沙班片和利伐沙班原料药构成专利侵权：被请求人恒生公司、生命能公司侵权行为成立，责令其立即删除官方网站上关于利伐沙班原料药及利伐沙班片的宣传信息，停止许诺销售利伐沙班原料药及利伐沙班片的行政裁决。

律师点评

行政裁决是指行政机关依照法律法规授权，对民事主体之间发生的与行政管理相关的特定民事纠纷作出裁决的具体行政行为，知识产权行政裁决制度（主要是专利行政裁决）也是中国特有的知识产权保护制度：

1.行政裁决是真正落实《关于强化知识产权保护的意见》的有效措施

该意见中，明确了“严保护、大保护、快保护、同保护”四个方面的内容，其中“强化制度约束，确立知识产权严保护政策导向”“优化协作衔接机制，突破知识产权快保护关键环节”这两个方面都涉及新政裁决的实施。“严保护”“快保护”这就要求行政机关充分发挥其作用，行政机关无论是执法机关的人员数量还是地域分布都可以说是相当广泛，在现有基础上可以进行新的突破。

2.强调行政裁决是切实增强知识产权保护的有力手段

行政裁决相比于现行的司法救济途径，存在以下三个有利条件：期限较短、取证方便、程序简便。尤其是针对专利侵权案件，很多时候涉及的设备、工艺方法位于涉嫌侵权人的地域范围内，如何固定证据就成为案件最难以进行的关键；行政裁决案件中行政机关的介入可以帮助权利人获取证据，更好地帮助权利人维护自己的权利。

3.知识产权行政裁决是中国特色知识产权保护体系的重要组成，可以向世界展示中国知识产权保护的决心

专利行政裁决制度也是按照《TRIPS协定》下的中国特色。《TRIPS协

定》第三部分“知识产权的执法”第41条规定:“各成员方应保证其国内法中包括关于本部分规定的执法程序,以便对任何侵犯本协定所涵盖知识产权的行为采取有效行动,包括防止侵权的迅速救济措施和制止进一步侵权的救济措施。”《TRIPS协定》在规定了司法当局应当如何强化执法的同时,第49条、第50条之八还规定:“如由于行政程序对案件是非曲直的裁决而导致责令进行任何民事救济,则此类程序应符合与本节所列原则实质相当的原则。”

2019年中办国办通过文件明确了通过行政裁决化解矛盾纠纷的政策导向,要加强行政裁决制度,积极探索行政裁决工作队伍专业化、职业化发展模式。明确提出要重点做好知识产权侵权纠纷和补偿争议等行政裁决工作。这份政策文件既充分肯定了知识产权侵权纠纷行政裁决的实践探索,也对其持续丰富和发展行政裁决制度提出了更高期待。可以说,这也给专利侵权纠纷行政裁决进入新的发展阶段提供了政策支持。

习近平总书记在2020年11月30日中央政治局学习中的讲话特别提及关于“深化知识产权保护工作体制机制改革”,“要做到系统集成、协同推进,”,“要积极探索建立适合我国国情和技术发展需要的新兴领域知识产权保护制度”。这些都表明我们在知产行政裁决上应当更要彰显中国特色,走出自己的道路。海外公司对于中国专利行政保护措施的重视,也充分反映了中国专利行政保护逐步完善,行政保护已经成为中国知识产权保护的重要组成部分。

九、全球互诉大战开启:爱立信与三星交叉许可纠纷愈演愈烈①

事件回放

爱立信与三星作为通信巨头持有大量覆盖2G、3G、4G和5G通信标准的标准必要专利组合。早在2001年,双方便围绕标准必要专利签订了交叉

① 杨璞,方达律师事务所。

许可协议，并且每次交叉许可协议的更新都伴随着双方愈演愈烈的全球互诉大战。

2001年，爱立信与三星就通信标准的标准必要专利的许可签订交叉许可协议。

2006年，双方分别在德国、爱尔兰、英国和美国提起互诉。诉讼期间双方进行了多次谈判，最终于2007年，达成新的交叉许可协议。

2012年，双方在美国国际贸易委员会（The U. S. International Trade Commission，ITC）针对对方的4G通信产品提起337调查，同时还在德州东区地区法院提起侵权诉讼，最终于2014年，双方达成和解，又签订新的SEP（Smart Ethernet Protection）交叉许可协议。

双方于2014年签订的《SEP交叉许可协议》已于去年到期，由于双方在三星需要支付的版税金额上存在分歧，爱立信与三星的互诉之战再次打响。

2020年12月11日，爱立信向美国德州东区地区法院提起诉讼，指控三星没有进行善意谈判违反了合同承诺，也没有按照FRAND条款进行专利许可。爱立信还于2021年1月再次向美国德州东区地区法院提起诉讼，控诉三星的网络设备侵犯了其6项专利，同时还向ITC针对三星提起337调查并寻求排除令。

三星则于2020年12月25日，在武汉市中级人民法院起诉爱立信，并请求武汉中院依据FRAND条款为爱立信的4G、5G标准必要专利设定全球专利使用费。2021年1月，三星请求美国专利商标局宣告爱立信的若干专利无效。2021年2月4日，三星在德州东区地区法院向爱立信提起专利侵权诉讼，并在ITC申请337调查。

随着战火愈演愈烈，双方随后又在德国、荷兰、比利时相互提起多项诉讼，包括违约之诉、标准必要专利许可条件之诉、专利侵权诉讼等。

律师点评

较之双方之前的全球互诉，此次升级的互诉大战中三星采取了向中国法院申请“禁诉令”的诉讼策略。而另一方的爱立信也进行了有力反击，针对三星的“禁诉令”向美国法院申请了反干扰令（Anti-interference Injunction）即“反禁诉令”作为应对，战火再次升级。

三星在武汉市中级人民法院对爱立信发起的诉讼中，武汉中院针对爱立信及其关联公司颁布的“禁诉令”内容可归纳为：禁止在中国或其他国家和地区针对三星及其相关主体寻求禁令或行政措施、禁止向中国或其他国家和地区法院请求裁定许可条件或许可费、禁止请求中国或其他国家和地区的法院确认爱立信在谈判中是否已经履行了FRAND许可义务、禁止向中国或其他国家和地区的法院请求反禁诉令。

由此可见，此次武汉市中级人民法院对爱立信颁布的禁诉令覆盖范围之广、限制之严苛，对于爱立信造成的不利影响可想而知。国外媒体将武汉中院的该禁诉令形容为“一步到位”，并且是结合“禁诉令”以及“反禁诉令”于一体的“四重禁诉令”（Fourfold Anti-suit Injunction）。

针对三星的“禁诉令”，爱立信于12月28日向美国德州东区地区法院申请了“反禁诉令”，当天德州东区地区法院批准了“反禁诉令”。其主要内容是禁止三星及其关联公司寻求和申请执行禁诉令（包括但不限于武汉中院禁诉令）以阻碍爱立信及其关联公司推进德州东区地区法院审理已经受理的案件或阻碍爱立信及其关联公司通过民事诉讼和行政措施维护其美国专利权。

虽然双方在全球激烈互诉，但是随着战火的延续和扩张，对于爱立信而言其将会遭受更大的损失。首先，虽然爱立信与三星是交叉许可，但是相互抵消后，最终是三星向爱立信支付许可费差额。由于双方的交叉许可协议已到期，因此爱立信遭受的损失除了诉讼费外，还包括未收取的专利许可费。其次，由于许可协议到期，三星未经许可继续使用爱立信的相关专利构成了专利侵权，然而由于武汉中院的禁诉令，爱立信却不能就其标准必要专利寻求禁令救济。因此，爱立信在这场谈判中，缺少了有力反制三星的筹码，处于弱势谈判地位。

综观各类标准必要专利纠纷，围绕标准必要专利展开的诉讼大多并非以诉讼本身为目的，而是服务于许可谈判。比如此次爱立信与三星大战中，执行禁诉令不仅会损害爱立信提起诉讼的权利，而且在与三星进行交叉许可谈判时，该禁诉令也不可避免地将爱立信置于弱势谈判地位。因此，谈判的筹码是三星或者大多数专利纠纷中当事人寻求禁诉令背后的真正动机。

十、最高人民法院：北京红牛不享有红牛系列商标所有者合法权益①

事件回放

2018年，红牛维他命饮料有限公司（以下简称红牛公司）针对天丝医药保健有限公司（以下简称天丝集团）向北京市高级人民法院（以下简称北京高院）提起诉讼，要求确认红牛公司享有或至少部分享有红牛系列商标的所有者权益，并要求天丝集团向其支付广告宣传费用共计37.53亿元。

2019年11月25日，北京高院作出（2018）京民初166号一审民事判决，驳回了红牛公司的全部诉讼请求。

2020年4月19日，红牛公司不服判决，向最高人民法院（以下简称最高院）提起上诉，请求撤销一审判决，依法改判红牛公司对红牛系列商标享有合法权益，或发回一审法院重新审理，并由天丝集团承担本案一审及二审的全部诉讼费用。

2020年12月21日，最高院就“红牛系列商标”权属纠纷一案作出（2020）最高法民终394号终审判决：驳回红牛公司上诉，维持北京市高级人民法院做出的一审判决，确认“红牛系列商标”归属于天丝集团。

同时，最高院在终审判决中还作出如下认定：

天丝集团并未将商标权作为红牛公司的出资。“95年合资合同”明确表明，天丝集团对红牛公司是商标许可使用而非商标转让，天丝集团作为红牛技术配方和商标提供者，应保有对其所涉及的红牛配方、技术工艺以及商标的控制权。

红牛公司自1996年起至2016年，就“红牛系列商标”签订了多份商标

---

① 杨璞，方达律师事务所。

许可使用合同，合同中有明确条款确认天丝集团对注册商标的权属。

在红牛公司和天丝集团长达二十年之久的商标许可使用关系中，红牛公司并未对商标权利归属提出异议。红牛公司主张“95年合资合同”约定了商标归属于红牛公司，缺乏事实和法律依据。

“红牛系列商标”权属明确，红牛公司使用是基于天丝集团的授权许可。许可合同对双方权利义务已经作出了明确的约定，红牛公司使用并宣传“红牛系列商标”并不能取得商标权。

根据《商标法》规定，被许可人应当维护被许可使用商标的声誉。红牛公司据此主张享有商标权，缺乏法律依据。商标声誉和知名度的提升，首先要基于产品良好的质量，尤其是对本案所涉及的饮料产品而言，良好的产品质量才是商标声誉累积的关键因素。本案中，天丝集团许可红牛公司使用商标的同时，还许可红牛公司同时使用产品配方和生产工艺，不仅允许红牛公司借助其在国外近似商标及产品上形成的商誉，甚至还在红牛公司成立之初为其提供广告费用，因此天丝集团并非如红牛公司所言对“红牛系列商标”知名度提升没有付出。“50年协议”真实性存疑，最高院不予采纳。

律师点评

红牛案的二审判决明确了依靠“贡献论”不能取得商标所有权。本案中，红牛公司主张其为涉案商标的实际使用人，为商标商誉提升作出了巨大贡献，对部分商标进行了设计，并清除了商标注册的障碍，依据民法的公平原则和诚实信用原则，应当享有商标权。

针对其“贡献即掌权”的主张。最高院在判决中表明红牛公司主张享有或与天丝集团共有商标权是没有法律依据的。如果用对商标价值贡献大小和对附加产值的增长幅度，来决定商标权的归属，将扰乱和破坏现有的商标制度，造成“巧取豪夺”他人合法注册商标的混乱局面。

同时，红牛这个典型案件的依法宣判展现了我国加强保护知识产权的坚定决心。最高院公平、公开、公正的审判流程和终审判决，进一步确认了天丝集团对“红牛系列商标”享有独立完整的所有权，为营造稳定、公平、透明的营商环境、加大知识产权保护力度树立了典范。

创新是引领发展的第一动力，保护知识产权就是保护创新。全面建设社会主义现代化国家必须更好推进知识产权保护工作。

近年来，我国持续完善知识产权相关的法律法规和政策体系，加大对侵权假冒行为的惩戒力度。从“王老吉案”到“乔丹案”，表明我国知识产权体系制度日益完善。此次“红牛商标案”落槌，更重申了市场法治的重要性。不断夯实的法律堤坝向那些抄袭他人品牌的行为传递了明确的信号，知识产权保护的力度只会越来越大，钻空子、搭便车这条路已经走不通了。眼下已是一个遵守契约精神、尊重知识产权的法治时代，没有谁逆潮而动还能成功。

CHAPTER 6

第6章 商业秘密

新法观察①

一、《最高人民法院关于审理侵犯商业秘密民事案件适用法律若干问题的规定》

为服务和保障以国内大循环为主体、国内国际双循环相促进的新发展格局，响应习近平总书记提出的“完善商业秘密保护，依法严厉打击知识产权侵权行为”的理念，最高人民法院于2018年1月启动的《关于审理侵犯商业秘密民事案件适用法律若干问题的规定》（以下简称《商业秘密规定》）的制定工作，于2020年9月12日发布施行。《商业秘密规定》共29条，涵盖商业秘密保护客体、商业秘密构成要件、保密义务、侵权判断、民事责任、民刑交叉以及有关程序规定。《商业秘密规定》与2007年《关于审理不正当竞争民事案件应用法律若干问题的解释》相比有以下特点：一是《商业秘密规定》系单独针对商业秘密民事案中的法律适用制定的司法解释，内容更加丰富，体系更加完整；二是针对举证、维权成本、侵权代价等关键节点，对行为保全、保密义务、侵权责任等作出了规定，并对审判实践中争议较为集中的不为公众所知悉、相应保密措施、保密义务的认定，以及与员工、前员工有关的商业秘密保护，也作出了明确具体的规定；三是规定了诉讼中的保密措施，人民法院调查收集证据，以及刑民交叉等相关程序问题。《商业秘密规定》还根据2019年修订的《反不正当竞争法》，明确了侵权民事责任的法

① 李德成，金诚同达律师事务所；白露，金诚同达律师事务所。

律适用问题，一是规定人民法院根据权利人的请求，判决侵权人返还或者销毁商业秘密载体，清除其控制的商业秘密信息，以减少、消除再次发生侵权行为的风险；二是规定人民法院可以参照商业秘密许可使用费，确定因被侵权所受到的实际损失，并规定了与之相关的考虑因素；三是对侵犯商业秘密民事案件中的法定赔偿认定进行了规定。

二、《最高人民法院、最高人民检察院关于办理侵犯知识产权刑事案件具体应用法律若干问题的解释（三）》

2019年11月，中共中央办公厅、国务院《关于强化知识产权保护的意见》进一步明确“加强刑事司法保护，推进刑事法律和司法解释的修订完善。加大刑事打击力度，研究降低侵犯知识产权犯罪入罪标准，提高量刑处罚力度，修改罪状表述，推动解决涉案侵权物品处置等问题”。最高人民法院、最高人民检察院根据知识产权刑事案件特别是侵犯商业秘密案件司法实践中的争议问题，于2020年9月13日联合发布了《关于办理侵犯知识产权刑事案件具体应用法律若干问题的解释（三）》（以下简称《解释》），该解释于2020年9月14日起施行。《解释》共12条，涉及商业秘密的有9条，一是降低了入罪标准，将入罪数额调整至三十万元以上；扩充了入罪情形，将因侵犯商业秘密违法所得数额、因侵犯商业秘密导致权利人破产、倒闭等情形纳入入罪门槛；明确了侵犯商业秘密罪“不正当手段”的具体认定，统一司法实践认识。二是构建体系化、规范化的定罪量刑体系，根据不同行为的社会危害程度，规定不同的“重大损失”认定标准。比如以盗窃等不正当手段获取商业秘密的行为可以按照合理许可使用费确定损失，违约型侵犯商业秘密的行为，损失数额应当按照使用商业秘密造成权利人销售利润的损失计算。三是明确法律适用，统一司法标准。明确只有在商业秘密丧失非公知性或者灭失情形下，才能依据商业秘密的研究开发成本确定损失数额，而不应将商业秘密的研究开发成本扩大适用于各类侵犯商业秘密的行为。

三、《中华人民共和国刑法修正案（十一）》

第十三届全国人民代表大会常务委员会第二十四次会议于2020年12月26日公布了《刑法修正案（十一）》，自2021年3月1日起施行。《刑法修正案（十一）》对侵犯商业秘密罪作出了如下修改：一是修改了入罪要求，将“造成重大损失”修改为“情节严重”，以情节入罪意味着损失数额将不再是入罪的唯一标准；增加了犯罪行为类型，明确贿赂、欺诈、电子侵入属于获取商业秘密的不正当手段，增设“违反保密义务”的情形也可能构成本罪；限制了构成本罪的主观要件，删除了“应知”表述，明确只有主观状态“明知”才可以入罪；删除了原条文中关于商业秘密的定义表述，扩大了商业秘密的认定范围；加大了刑罚力度，取消了拘役刑，最高刑提高至10年有期徒刑。增设了商业间谍罪。

典型案例

一、姜某某、王某某、郁某、李某某、吴某、张某某侵犯华为技术有限公司商业秘密刑事案[①][②]

案情聚焦

被告人均曾任职华为公司，2013年8月，华为公司成立ifere项目组并开展智能穿戴产品研发，吴某、张某某、姜某某、王某某、郁某分别为部门负责人或项目组成员。2014年初，吴某、张某某等人商量自行创业，从事智能儿童手表的研发销售，受张某某等邀请，姜某某、郁某分别于2014年4月、5月加入创业团队。2014年8月，姜某某完成了华为公司ifere智能儿童手表

① 李德成，金诚同达律师事务所；白露，金诚同达律师事务所。

② 一审案号：广东省深圳市龙冈区人民法院（2017）粤0307刑初4289号；二审案号：广东省深圳市中级人民法院（2018）粤03刑终第2568号。

电路图的研发工作，并产生了该项目的Vc版本电路图。2014年8月26日，吴某、张某某、郁某等共同出资，姜某某以技术入股的方式注册成立上海艺时公司，专门从事智能儿童手表的研发销售。王某某、李某某分别于2014年10月、11月加入上海艺时公司创业团队，后亦出资入股上海艺时公司。郁某任上海艺时公司法定代表人，张某某任技术总监，姜某某任硬件总监，王某某任射频天线总监，李某某任互联设计总监，吴某任CEO。上海艺时公司成立后，相关被告人仍在华为公司任职并负责ifere项目的组织和研发，ifere项目研发持续至2015年1月。郁某、张某某、姜某某、李某某、王某某、吴某正式从华为公司办理辞职手续并入职上海艺时公司的时间分别为2014年11月，2015年1月、2月、4月、4月、6月。被告人姜某某等利用在华为公司研发ifere电路图的便利条件，同时利用华为公司的资源，窃取并秘密完成了上海艺时公司K1智能儿童手表的电路图研发工作。2015年8月13日，姜某某将K1电路图发给代工方比亚迪公司杨某华用于上海艺时公司产品K1的维修和生产。被告人王某某利用其在华为公司工作的便利，将其在华为公司所形成的《一种金属环槽天线V0.2.docx》和《一种金属背盖NFC天线方案V0.2.docx》两项职务成果于2014年12月11日通过邮件发送给吴某、张某某、郁某、姜某某、李某某等人进行专利评审，出于风险规避考虑，决定将该专利发明人写为时任上海艺时公司法定代表人的郁某，权利人为上海艺时公司。上海艺时公司于2015年3月10日将两项天线技术成果向国家知识产权局申请专利，并于2015年6月、9月分别获得“金属环槽天线和无线终端”“近场通信天线组件和无线终端”两项实用新型专利授权。该两项专利于2017年被国家知识产权局宣告无效。上海艺时公司还以该两项技术申请发明专利，分别于2017年3月、4月被驳回申请。2016年12月15日，被告人张某某、姜某某、王某某、郁某、李某某被抓获归案。2016年12月18日，被告人吴某向公安机关投案。华为公司以及公诉机关深圳市人民检察院主张上诉人及原审被告人侵犯了华为公司的三项技术秘密，即《ifere.pdf》电路原理图、“一种金属环槽天线方案”、“一种金属背盖NFC天线方案”。受深圳市公安局龙岗分局委托，鉴定机构认为，《ifere.pdf》电路原理图在2015年9月17日以前不为公众所知悉，与《K1.pdf》电路原理图中相应技术信息对比，其中有13组技术点对应的技术信息相同，有4组技术信息实质相同；《一种金属环槽天线V0.2.docx》文档记载的技术信息在2015年3月10日前均不为公众所知悉，与专利号为201520134115.X、名称为“金属环槽天线和无线终端”的实用新型专利文档记载的相应技术信息中，发明优点以及权利要求第4项、第7项中记载的技术信息不同，技术领域，背景技术，技术方案，权利要求项第1–3项、第5–6项，附图中记载的技术信息相同或实质性相同；《一种金属背盖NFC天线方案V0.2.docx》文档记载的技术信息在2015年3月10日前均不为公众所知悉，与专利号为201520138185.2、名称为“近场通信天线组件和无线终端”专利文档中记载的相应技术信息全部相同或实质性相同。二审期间，深圳市中级人民法院要求深圳市人民检察院对三项技术秘密价值补充评估、复核。深圳市司法会计鉴定中心所于2020年8月20日出具专项审计报告，认定三项专有技术分摊的工资、五险一金和奖金合计2919210.47元。经深圳市中级人民法院核算，近场通信技术与金属环槽技术仅计算2013年8月至2014年全年，分摊的工资、五险一金与奖金总额为1245444.05元。三项技术秘密部分研发成本合计2231662.43元。广东省深圳市龙岗区人民法院一审判决六被告人犯侵犯商业秘密罪，判处有期徒刑，并处罚金。除吴某和张某某外的四被告人均向深圳市中级人民法院提起上诉，请求查明事实，撤销原审判决，改判其无罪。二审裁定驳回上诉，维持原判。

律师评析

该案对员工利用原任职单位物质技术条件，秘密推进创业公司的产品研发，名为创业，实为寄生的犯罪行为进行了有效的打击，起到了较好的引导作用。二审判决认为，电路原理图各个部件是现有、公开技术，不代表电路原理图作为一个儿童智能手表完整产品不具有非公知性。上诉人及辩护人提交的鉴定报告仅能说明其设计的电路原理图各相关部件有技术来源，不能证明任何一款现成的产品或技术文件将包括17个非公知技术点在内的电路原理图整体公开。二审判决还清晰地阐述了专利被宣告无效或专利申请被驳回不必然意味着技术信息不具有非公知性，专利的“创造性”不同于专利的“新颖性”，更不同于商业秘密的“非公知性”，对于专利技术信息而言，判断该专利技术信息在被公开前是否具有“非公知性”，应以商业秘密“非公知性”标准进行判断，而非简单套用专利的“创造性”或“新颖性”判断标准。最后，二审判决认为，技术方案能否直接实施，不是构成技术秘密的先决条件。实验数据、阶段性研发成果，甚至失败的技术路径（即被验证不可行），均具有潜在的商业价值，可以使权利人节省研发成本，避免再次受挫，获得竞争上的优势，均可作为技术秘密予以保护。

二、从兴技术有限公司诉亚信科技（中国）有限公司及十二名自然人被告侵犯技术秘密纠纷案①②

案情聚焦

案件双方均系通信领域的知名电信运营服务提供商，案涉通信技术和计算机软件，原告从兴公司认为亚信公司在2014年9月3日与广东移动签订了若干份服务合同，步某某等人离职时距亚信公司与广东移动签订合同的时间较短，亚信公司在短时间内就已掌握了软件源代码，推定步某某等人将利用工作之便从从兴公司窃取的源代码披露给亚信公司，故要求被告连带赔偿损失1亿元，维权合理费用200万元。北京知识产权法院判决驳回了从兴公司的诉讼请求，从兴公司上诉至北京市高级人民法院，北京市高级人民法院驳回上诉，维持原判。本案中，从兴公司与广东移动分别于2004年、2010年、2012年签署了一系列技术服务合同，约定从兴公司为广东移动开发计费类软件。其中部分合同约定了著作权属于广东移动，广东移动二次开发的软件知识产权属于广东移动；部分合同没有约定知识产权归属；

① 李德成，金诚同达律师事务所；白露，金诚同达律师事务所。

② 一审案号：北京知识产权法院（2015）京知民初字第1671号；二审案号：北京市高级人民法院（2019）京民终231号。

还有一部分合同约定知识产权归双方共有。从兴公司与其关联公司广州诚毅公司（案外人）分别签署若干合同约定，从兴公司委托广州诚毅公司开发前述项目，相关知识产权归从兴公司所有。2014年8月27日，广东移动致函从兴公司合同期满不再续约。步某某等5人原系广州诚毅公司的员工，陈某某等7人原系从兴公司的员工，均从事与软件设计、开发相关工作或企业高级管理工作，均与各自公司签订了约定有保守公司的商业秘密条款的协议。2014年7月至9月期间，步某某等人分别辞职，并先后入职广州亚信等亚信公司的关联公司。从兴公司委托司法鉴定机构出具了NGBOSS软件系统相关技术信息不为公众所知悉的鉴定意见。从兴公司在一审法院释明的前提下一直未提交涉案软件源代码。二审期间，从兴公司提交了含有主张权利软件源代码的移动硬盘，证据保全申请书及司法鉴定申请书，二审法院依法向被告进行了证据保全后，认为从兴公司提出的司法鉴定申请不具备必要性，理由是：从兴公司提交的主张权利源代码文件形成时间晚于本案被控侵权行为发生时间；从兴公司主张享有权利的软件系以C++语言编写的代码，而提交的主张权利源代码文件中含有大量非C++语言编写的代码；从兴公司提交的主张权利源代码中含有第三方代码；从兴公司提供的两个移动硬盘均含有多个文件夹，且无法明确以哪个文件夹作为鉴定比材的依据，部分文件存在重复。两审法院均认为原告未能提供证据证明被告开发了涉案软件，也无法判断被告使用的软件源程序与所主张的商业秘密源程序实质相同，亦无证据表明其商业秘密被被告披露、使用或者有被披露、使用的风险，也无其他证据表明商业秘密被被告侵犯。

律师评析

本案是2020年2月19日作出的二审判决。在去年的知产报告中，我们在本案的启示中提到了在技术开发合同中知识产权的权利归属约定的重要性，提出了前员工入职涉嫌侵权方的关联公司是否能证明涉嫌侵权方有接触权利人商业秘密的思考，提醒权利人应高度重视软件源代码版本的保存管理工作。在科创板和创业板注册制全面放开的大背景下，高新技术企业核心技术的合法来源与核心技术以及核心技术人员的有效管理是每个申报上市的企业无法回避的问题，如何证明企业的核心技术的权属清晰、无纠纷，企业的核心技术具有竞争力，是每个拟上市公司需要高度重视的问题。从这个角度，我们重新回顾这个案例，我们认为以提供软件开发服务为主营业务的高新技术公司，特别是拟上市公司，应特别重视为客户开发的软件源代码的研发管理合规问题，切勿因此类问题引发商业秘密侵权纠纷而延误上市进程。

三、珠海仟游科技有限公司、珠海鹏游网络科技有限公司诉徐昊、肖鑫、深圳策略一二三网络有限公司、上海南湃网络科技有限公司侵犯技术秘密纠纷案①②

案情聚焦

珠海鹏游公司于2013年6月1日开发完成帝王霸业v1.0游戏软件，并于2014年9月20日取得《计算机软件著作权登记证书》。南湃网络于2015年5月8日开发完成页游三国v1.0游戏软件、于2015年5月21日开发完成三国逐鹿v1.0游戏软件，均取得《计算机软件著作权登记证书》。仟游公司、鹏游公司主张徐昊、肖鑫、策略公司、南湃公司侵犯其商业秘密即“帝王霸业”游戏软件源程序及相关文档，具体是指软件名称为“帝王霸业”游戏软件计算机软件著作权登记证上的商业秘密所代表的源程序和文档。仟游公司与徐昊签订了《劳动合同书》《劳动合同补充协议》《竞业限制协议》《保密协议》。徐昊的工作岗位为研发，工作任务或职责是运营总监。竞业限制的期限为自徐昊离开仟游公司之日起二年，保密期限为徐昊与仟游公司劳动合同期间及解除劳动关系后。2011年6月11日，仟游公司与徐昊签订《解除劳动关系协议书》，双方约定劳动关系于2015年2月28日终止。徐

① 李德成，金诚同达律师事务所；白露，金诚同达律师事务所。

② 一审案号：广东省珠海市香洲区人民法院（2016）粤73民初1693号；二审案号：广州知识产权法院（2019）粤知民终457号。

昊承诺在2016年7月1日前，决不与仟游公司及其关联公司（如鹏游公司）关联工作人员进行联营、合作、内外勾结、利润分成等，也决不唆使或利诱仟游公司员工离职或违背职务（简称挖人）等。仟游公司与肖鑫签订了《劳动合同书》《劳动合同补充协议》《竞业限制协议》《保密协议》。肖鑫的工作岗位为策划，工作任务或职责是策划总监。竞业限制的期限为自离开仟游公司之日起二年，保密期限为肖鑫与仟游公司劳动合同期间及解除劳动关系后。2015年3月3日，仟游公司与肖鑫签订《解除劳动关系协议书》，双方约定劳动关系于2015年2月28日终止。肖鑫承诺在2016年7月1日前，决不与仟游公司及其关联公司（如鹏游公司）关联工作人员进行联营、合作、内外勾结、利润分成等，也决不唆使或利诱仟游公司员工离职或违背职务等。徐昊作为仟游公司副总经理、肖鑫作为该游戏的策划总监，具有访问“帝王霸业”游戏软件源代码库的全部权限，可以对源代码进行编辑或修改。南湃公司两款涉案游戏都已停止运营。仟游公司、鹏游公司于2016年2月2日向广东省珠海市香洲区人民法院起诉。后向该院申请证据保全。该院于2016年3月21日作出（2016）粤0402民初字1518号民事裁定书，裁定采取复制、拍照方法保全相关证据，但策略公司拒绝提供。一审法院受理后，经原告申请，一审法院向腾讯平台及360平台调取涉案两款游戏自运行日的运营收入流水记录。一审法院认为，原告提交的证据不足以证实仟游公司参与“帝王霸业”游戏软件的开发，且在一审庭审中，仟游公司、鹏游公司亦确认其主张的商业秘密是属于鹏游公司的。因此，“帝王霸业”游戏软件的著作权人仅为鹏游公司，相应地，该游戏软件所蕴含的本案商业秘密的权利人也应当是鹏游公司。被告主张仟游公司不具有“帝王霸业”软件的著作权，因而该公司并非本案适格原告及上诉人的抗辩理由，一审法院予以采纳，仟游公司的诉讼请求一审法院不予支持。鹏游公司为证明徐昊、肖鑫、策略公司、南湃公司侵犯其商业秘密，提交了“页游三国”与“帝王霸业”游戏的界面与源代码的对比打印件等证据，该对比文件打印件为其单方制作，徐昊、肖鑫、策略公司、南湃公司对其真实性不予确认，因此，该证据不能证明其主张。双方当事人均确认，在诉讼中，南湃公司的“页游三国”和“三国逐鹿”游戏均已经停止运营，该两款游戏运营的游戏截图等相关信息不能取得。最后，在诉讼中，一审法院责令鹏游公司和南湃公司分别提交“帝王霸业”“页游三国”“三国逐鹿”游戏软件的源代码程序。尽管鹏游公司与南湃公司提交了各自游戏的源代码程序，但是，双方当事人对对方提交的涉案游戏软件源代码程序的真实性和关联性均不予确认，并主张涉案游戏软件源程序经过篡改，陈述了相关的理由。在双方当事人对对方提交的游戏软件源代码程序的真实性均不予确认的情况下，一审法院不能对“帝王霸业”“页游三国”“三国逐鹿”游戏软件源代码程序进行比对或鉴定。因此，鹏游公司提交的证据不足以证实南湃公司“页游三国”“三国逐鹿”游戏软件的源代码程序与其“帝王霸业”游戏软件的源代码程序相同或者实质相同；鹏游公司提交的证据也不足以证明徐昊、肖鑫、策略公司、南湃公司存在以非法手段获取其商业秘密并加以利用的侵权行为。综上，一审判决驳回仟游公司、鹏游公司的全部诉讼请求。

仟游公司、鹏游公司不服广州知识产权法院作出的一审判决，向广东省高级人民法院提起上诉。广东省高级人民法院认为，策略公司、南湃公司在一审中承认被诉游戏至2018年7月方全面下线，故被诉侵害行为系持续到《反不正当竞争法》修订之后，本案适用2017年新修订的《反不正当竞争法》。根据该法，仟游公司、鹏游公司主张保护的“帝王霸业”游戏软件服务器源代码构成商业秘密。关于仟游公司、鹏游公司是否为本案适格主体问题。鹏游公司为帝王霸业软件的登记著作权人，仟游公司和鹏游公司是关联公司，徐昊作为仟游公司的副总经理、股东，肖鑫作为仟游公司的策划总监、股东以及鹏游公司的总经理兼法定代表人，二人均参与了涉案游戏的开发。由此可推定，涉案游戏系仟游公司和鹏游公司共同开发。即使无前述事实，虽然涉案游戏的著作权登记在鹏游公司名下，但是，在法律无禁止的情况下，鹏游公司有权与其他主体共同享有涉案商业秘密的权益，况且，该行为并未侵害他人包括徐昊、肖鑫、策略公司或者南湃公司的合法利益。综上，仟游公司、鹏游公司均享有涉案商业秘密的合法权益，具备本案原告主体资格。关于徐昊、肖鑫、策略公司、南湃公司是否侵害涉案商业秘密的问题。仟游公司、鹏游公司穷尽其方法提供证据，已经初步证明其主张的待证事实具有一定可能性。徐昊、肖鑫、策略公司和南湃公司持有证明该待证事实的直接证据，但其无正当理由拒不提供，该行为有违诉讼诚信原则。依据《最高人民法院关于民事诉讼证据的若干规定》第95条“一方当事人控制证据无正当理由拒不提交，对待证事实负有举证责任的当事人主张该证据的内容不利于控制人的，人民法院可以认定该主张成立”之规定，法院推定仟游公司、鹏游公司主张的待证事实成立，即被诉游戏软件源代码与涉案商业秘密构成实质相同。徐昊作为仟游公司的副总经理、股东，肖鑫作为仟游公司的策划总监、股东以及鹏游公司的总经理兼法定代表人，在二人正常工作范围内，均能够接触到“帝王霸业”游戏软件服务器源代码，即二人均具备充足条件获取该源代码。仟游公司、鹏游公司提交的证据显示，二人曾登录公司的管理系统对前述源代码进行修改，亦可证明此点。二人从仟游公司、鹏游公司离职后成立策略公司，以该公司名义开发、运营被诉游戏。而南湃公司的法定代表人陈戈与肖鑫系同学，南湃公司应当知晓徐昊、肖鑫与仟游公司、鹏游公司之间的关系，亦应当知晓二人不正当获取、使用仟游公司、鹏游公司涉案商业秘密的事实，但南湃公司却与徐昊、肖鑫、策略公司共同不正当地使用该商业秘密，南湃公司的行为亦应当认定为侵害涉案商业秘密。策略公司、南湃公司以双方的协议为证据提出抗辩，称被诉游戏系南湃公司独立开发并转让给策略公司运营，但策略公司和南湃公司并未提供独自开发的证据。而两公司有利益关联，难以排除两公司系为规避法律追责而制作该协议的合理怀疑，故本院对该证据不予采信，对其抗辩主张不予支持。综上，依据前述事实，在策略公司、南湃公司未有足够理据反驳的前提下，二审法院认定徐昊、肖鑫、策略公司、南湃公司共同实施以不正当手段获取、使用仟游公司、鹏游公司的商业秘密。二审法院综合考量被诉侵害人主观恶意明显，被诉行为持续时间长，侵害获利大，被诉游戏上线运营时间是在“帝王霸业”游戏上线运营后一年左右，正是该游戏的市场黄金期，被诉游戏在此时持续运营三年，导致“帝王霸业”游戏的市场份额受其严重挤占。涉案商业秘密仍然由徐昊、肖鑫、策略公司、南湃公司不正当获取和侵占，再次发生不正当使用甚至公开披露的风险仍然存在。被诉侵害人有违诉讼诚信。二审法院判决撤销一审判决，策略公司、南湃公司、徐昊、肖鑫立即停止侵害，赔偿原告经济损失及合理维权费用共计500万元。

律师评析

本案是一起网络游戏软件源代码商业秘密侵权案件，广东省高级人民法院在二审中对关键事实作了查明，纠正了一审法院在商业秘密案件审理中的若干误区，起到了很好的借鉴作用。涉及的典型问题如下：1.共有人对软件源代码采取的保密措施是否合理有效的判断标准。虽没有有力证据证明仟游公司、鹏游公司对涉案游戏源代码均分别采取了持续的保密措施，但在徐昊、肖鑫与仟游公司签订的《解除劳动关系协议书》中约定了两人在离职后，决不侵犯仟游公司及关联公司（包括鹏游公司）的商业秘密。退一步讲，即使双方未签订保密协议，该行业人员在面对一家游戏开发公司的源代码之时均能知晓，源代码是一家游戏公司的重要技术信息，该行业人员包括游戏源代码接触者，均负有遵守商业道德的义务，不去不正当地获取或使用该游戏软件源代码商业秘密。特别是，本案中，涉案源代码已被放置于服务器并用权限进行管理，该公司的接触者均应当知晓公司的保密意图和保密内容，不应当不正当获取或使用。2.因一方当事人拒不提交源代码而无法进行同一性比对的，对违反诉讼诚信原则且对证据控制无正当理由拒不提交的当事人，作出了对其不利的事实推定。二审判决认为，仟游公司、鹏游公司穷尽其方法提供证据，已经初步证明其主张的待证事实具有一定可能性。徐昊、肖鑫、策略公司和南湃公司持有证明该待证事实的直接证据，但其无正当理由拒不提供，该行为有违诉讼诚信原则。依据《关于民事诉讼证据的若干规定》第95条的规定，推定仟游公司、鹏游公司主张的待证事实成立，即被诉游戏软件源代码与涉案商业秘密构成实质相同。

四、无锡迪普勒斯机械有限公司侵犯他人商业秘密案[①]

案情聚焦

2018年12月，无锡市锡山区市场监管局接到举报，称无锡迪普勒斯机械有限公司使用从无锡某外资公司非法获取的商业秘密，生产、销售与举报人相同的橡胶注射成型机，并已将该机器设备销售给举报人的主要客户。

接到举报后，执法机关对无锡迪普勒斯机械有限公司进行检查，现场扣押生产经营的机器设备、企业图纸、办公电脑等物品，经委托司法鉴定机构对扣押的机器设备采取切割拆检测量的方式进行比对鉴定，最终认定无锡迪普勒斯机械有限公司制造的橡胶注射成型机所使用的技术信息与无锡某外资公司相关不为公众所知悉的技术信息相同。经查，无锡迪普勒斯机械有限公司法定代表人周某为无锡某外资公司原销售主管，公司三个股东分别是无锡某外资公司原技术主管、采购主管和电气工程师的亲友，案发时上述人员均在无锡迪普勒斯机械有限公司就职。无锡迪普勒斯机械有限公司无法提供其与权利人商业秘密相同的技术信息是其独立研发、合法获得或使用的证据材料。截至案发，无锡迪普勒斯机械有限公司已销售橡胶注射机3台，销售金额242.25万元。

执法机关认为，权利人通过制定内部管理文件的方式限定相关人员的访问权限，禁止相关技术信息流出，以员工手册的形式明确了员工对公司商业秘密的保护义务。无锡迪普勒斯机械有限公司生产的产品中使用了与权利人商业秘密相同的技术信息，却不能提供该技术信息是其独立研发、合法获得或者使用的证据，其主要成员曾分别在权利人处从事销售、采购、设计等工作，有机会接触权利人相关商业秘密，且在生产经营场所现场查获了权利人所有的纸质及电子文档类设计图纸。依据《关于禁止侵犯商业秘密行为的若干规定》第5条第3款的规定，执法机关认定无锡迪普勒斯机械有限公司实施了侵犯无锡某外资公司商业秘密的行为，并依法作出罚款30万元的行政处罚。

---

① 李德成，金诚同达律师事务所；白露，金诚同达律师事务所。

律师评析

商业秘密是企业生存发展的核心利益，能为企业带来巨大的经济效益。本案中，无锡某外资公司虽然通过员工手册、设计部文件方位规定、客户拜访制度、IT制度管理等方式对公司的技术信息进行保护，但与核心岗位的员工没有签订《保密协议》及《竞业限制协议》，平时也疏于对员工进行法律知识培训和教育，对于离职后的员工也没有约定交出企业的图纸资料和技术资料。在案件查办过程中，执法机关积极引导企业提高商业秘密保护意识，帮助企业改进和规范商业秘密保护措施，主动提供《公司员工保密合同》《员工解除劳动合同后保密与竞业限制协议书》《员工离职后保密及竞业限制协议书》等示范文本，减少企业商业秘密泄露风险，为企业长久发展保驾护航。

五、江苏一番食品有限公司侵犯商业秘密案①

案情聚焦

2019年12月，连云港市场监管局接某食品企业举报，称其南瓜蛋挞产品的商业秘密被公司原技术开发部张某和现任销售部长马某窃取并泄露给其竞争对手江苏一番食品有限公司使用。经司法鉴定机构鉴定，某食品企业南瓜蛋挞的配方、工艺及客户名单构成商业秘密。

经查，张某系某食品企业原技术开发部工作人员，掌握该企业商业秘密中的技术信息。2019年2月，张某从企业辞职后于当月加入江苏一番食品有限公司，张某在江苏一番食品有限公司任职期间直接使用了其所掌握的某食品企业商业秘密中的特征性工艺，生产出同类产品并实际销售，侵犯了某食品企业的商业秘密。马某在某食品企业掌握该公司商业秘密中的客户名单，马某向其所掌握的客户推销江苏一番食品有限公司同类产品并有实际销售，侵犯了某食品企业的商业秘密。

① 李德成，金诚同达律师事务所；白露，金诚同达律师事务所。

江苏一番食品有限公司由马某等4名股东设立，于2019年9月底获得食品生产许可证后生产销售和某食品企业同类的产品，属于市场竞争的关系。江苏一番食品有限公司明知张某和马某掌握着某食品企业的商业秘密，仍在经营活动中使用了张某所掌握的技术信息和马某所掌握的经营信息，侵犯了某食品企业的商业秘密。2020年10月，执法机关根据《反不正当竞争法》第21条规定，责令当事人停止侵犯某食品企业商业秘密行为，没收违法所得23190.94元，处50万元罚款。

律师评析

食品的配方、工艺很难申请专利，且容易仿制。本案商业“秘密点”涉及产品配方、制作工艺及客户名单，属于“复合”对象。在“秘密点”认定时，执法机关向上海某司法鉴定机构和浙江省某司法申请鉴定，并征求中国食品工业协会相关专家意见，最终认定某食品企业的南瓜蛋挞进入市场后，相关人员不可能通过品尝、观察、测绘等手段了解其确切的组分配比和特殊工艺，经过中国科学院上海科技查新咨询中心国际联机和国内联机检索，各类公开发布的论文库中都未检索到该公司的特定配方和特殊工艺，从而确定了某食品企业南瓜蛋挞产品的配方、工艺和客户名单构成商业秘密。

六、西安市宏卓机器人技术有限责任公司诉西安天鹰防务科技有限公司侵害技术秘密纠纷案①②

案情聚焦

2016年5月18日，宏卓公司（乙方）与天鹰公司（甲方）签订《技术委托合同》及《无人机自动起降装置技术协议》，其中《技术委托合同》约定，

① 李德成，金诚同达律师事务所；白露，金诚同达律师事务所；张汉国，北京海问律师事务所。

② 一审案号：陕西省西安市中级人民法院（2019）陕01民初1177号；二审案号：最高人民法院（2020）最高法知民终772号。

天鹰公司委托宏卓公司研究开发无人机自动起降装置项目，并支付研究开发经费和报酬；第2条约定的总体计划为2016年5月1日至6月20日，并约定了项目时间的具体安排；合同签订后，天鹰公司按照合同约定于2016年5月19日向宏卓公司支付合同总金额的60%，计91200元，宏卓公司按照合同约定进行相应的研究开发工作。2016年6月14日，天鹰公司（甲方）与宏卓公司（乙方）签订了《技术委托合同〈附款〉》及《无人机自动起降装置技术协议〈附款〉》，其中《技术委托合同〈附款〉》第3条约定，交货日期6月31日；第5条约定，研发成果为甲乙双方共有，甲乙双方均有免费使用权，双方在未经对方同意的情况下，无权单方面转让给第三方，成套设备专利属甲方独有。后因宏卓公司未能在双方补充签订的《技术委托合同〈付款〉》约定的时间向天鹰公司交付符合合同约定的研发产品及相关资料，天鹰公司于2016年8月10日向宏卓公司下发《项目终止告知书》，告知宏卓公司停止所有与该项目有关的工作，并根据所签合同及其附加条款核算双方损失。随后，天鹰公司向西安仲裁委申请仲裁，2018年7月25日，西安仲裁委作出西仲裁字（2017）第1493号裁决书，裁决宏卓公司自收到裁决书之日起十日内向天鹰公司退还研究开发费用91200元。2016年8月29日，天鹰公司申请了名称为“一种车载式无人机升降平台系统”（申请号为201610767296.9）的专利。宏卓公司认为天鹰公司申请的专利技术侵害了其商业秘密，向一审法院起诉要求天鹰公司停止侵权，消除影响并公开赔礼道歉，赔偿经济损失15万元。一审法院认为宏卓公司提交的产品设计图纸、实物、技术说明等证据，未经专业机构评定，不足以证明天鹰公司申请的专利技术来源于其所主张的技术秘密，驳回宏卓公司的诉讼请求。宏卓公司不服陕西省西安市中级人民法院的一审判决，向最高人民法院提起上诉。二审法院另查明，涉案专利申请公开文本权利要求书记载了10项权利要求，授权文本权利要求书合并为一项权利要求。专利文件中记载涉案专利的本国优先权日为2016年4月13日。最高人民法院认为，依据《专利法》第29条第2款，申请人在中国首次申请后，就相同主题的发明创造在优先权期限内向中国提出的专利申请，都看作是在首次申请的申请日提出的，不会因为在优先权期间内，即首次申请的申请日与在后申请的申请日之间任何单位和个人提出了相同主题的申请或者公布、利用这种发明创造而失去效力。在首次申请日和在后申请日之间任何人提出的相同主题的发明创造专利申请因此失去新颖性而不能授予专利权。根据天鹰公司提交的《专利申请受理通知书》《费用减缓审批通知书》《发明专利请求书》，涉案专利享有本国优先权，优先权日为2016年4月13日。根据专利法对优先权效力的规定，涉案专利的技术方案在2016年4月13日首次申请时就已经完成。而宏卓公司提交的证明其技术秘密形成的证据时间均晚于2016年4月13日，不能证明宏卓公司对涉案专利技术方案享有权利。因此，天鹰公司申请涉案专利的行为未侵害宏卓公司的技术秘密。最高人民法院判决驳回上诉，维持原判。

律师评析

本案是因技术委托开发合同提前终止，委托方将同类技术申请专利而引发的技术秘密侵权案件。最高人民法院确定了他人在先完成的技术方案不属于原告请求保护的技术秘密范围的裁判观点。技术委托开发是拟上市高新技术企业中常见的模式，如何做好研发流程管理，有效防范和应对委托开发模式下的潜在纠纷，是值得思考的问题。该案中，专利制度的相关规定为被告抗辩侵权提供了帮助，体现了专利与商业秘密在技术层面的内在联系，拓展了商业秘密实践中的侵权抗辩思路。

七、深圳市原飞航物流有限公司诉迅邮（上海）物流有限公司、黄芬等侵害商业秘密纠纷案①②

案情聚焦

深圳市原飞航物流有限公司（以下简称原飞航公司）成立于2002年10

① 李德成，金诚同达律师事务所；白露，金诚同达律师事务所。

② 一审案号：上海市普陀区人民法院（2018）沪0107民初11168号；二审案号：上海市知识产权法院（2019）沪73民终373号。

月18日，迅邮（上海）物流有限公司（以下简称迅邮公司）成立于2016年2月17日，两公司均经营物流相关业务。黄芬是原飞航公司的员工，先后任职上海区域副总、华东区总经理。黄芬与原飞航公司签署的《劳动合同》和《雇佣合同》中约定，黄芬作为公司核心人员，在协议有效期（2015年1月1日至2017年12月31日）和终止后两年内应保守公司的商业秘密，离职时按照规定要求返还记录公司商业秘密的文件、资料、图标、笔记、磁盘等一切载体，不得擅自保留或者交给他人。彭东作为原飞航公司虹桥分公司销售部门业务主管，与原飞航公司签订了《劳动合同》《2017年度分公司经理协议书》，并于2017年5月13日签订了《解除劳动合同协议书》，约定因彭东在劳动合同期间从事与公司相同业务，双方一致同意解除劳动合同；彭东仍负有保守所知悉的公司商业秘密的义务，不得泄露给任何第三方。张腊军、曾灯亮均是原飞航公司的员工，在与公司签署的《劳动合同》中都约定了离职后两年内对公司商业秘密负有保密义务。2017年5月之后，黄芬、彭东的基本养老保险由迅邮公司缴纳。原飞航公司主张迅邮公司、黄芬等侵犯其经营信息（客户信息），要求判令迅邮公司、黄芬等人立即停止侵权，共同连带赔偿金额损失200万元，并承担本案支出的合理费用25万元，在《解放日报》刊登声明，消除影响。

一审法院认为，原飞航公司主张的客户名单仅限于有业务往来的公司部门、人员名单及联系方式，内容简单，缺乏交易习惯等信息，即使相关信息系经汇总形成，但并无证据证明与原飞航公司处于同一市场领域的他人不能或不易获悉，故上述经营信息无法构成区别于相关公知信息的特殊客户信息，不构成商业秘密。关于价格体系和折扣体系，原飞航公司根据业务量大小以及对价格敏感度不同而给予客户不同的价格折扣，这是业内普遍的报价规律，且原飞航公司对同一家客户给予的折扣幅度区间很大，原飞航公司对于其报价如何体现原飞航公司特有的经营信息、形成秘密点并未充分举证固定，故其主张价格体系、折扣体系构成商业秘密不能成立。原飞航公司现有的举证亦无法证明黄芬窃取并使用其商业信息，也无法证明彭东、张腊军、曾灯亮可以接触到原飞航公司的商业信息；李俊明、刘静分别是黄芬、彭东的妻子，原飞航公司并未举证两人通过黄芬、彭东取得并使用原飞航公司的商业信息；原飞航公司并无证据证明张腊军、曾灯亮在迅邮公司工作过，未能举证证明迅邮公司与博迪公司、花月公司、AATS公司存在合作关系，亦未能举证证明迅邮公司在与美国布朗乔顿公司、欧切斯公司、域华公司建立合作关系的过程中使用了原飞航公司的商业信息。故判决对原飞航公司的全部诉讼请求不予支持。

原飞航公司不服一审判决，向上海知识产权法院提出上诉，要求撤销一审判决，改判迅邮公司、黄芬等立即停止侵权，共同连带赔偿经济损失200万元及合理支出25万元，在《解放日报》刊登声明，消除影响。二审法院另查明2014年至2017年间，原飞航公司与域华公司、欧切斯公司、布朗乔顿公司间的交易金额分别为 × 元、× 元、× 元。迅邮公司等被上诉人确认原飞航公司对其业务处理系统进行过加密设置，而且进行了分级加密限制，黄芬、彭东可以看到自己管理区域范围的客户信息。迅邮公司与布朗乔顿公司自2017年2月开始交易，与欧切斯公司自2017年5月开始交易，与域华公司的交易开始不晚于2017年3月。经当庭勘验核实，原飞航公司建立有业务处理系统，系统中录入有客户基本信息，以及域华公司、欧切斯公司、布朗乔顿公司间每一单交易信息，包括计费重量、基本运费、业务类别、服务方式、付款方式、结算方式、中转渠道、保管方式等。相对于联邦快递公司的报价，原飞航公司与域华公司间的交易价格的折扣约为 ×%；与布朗乔顿公司间的交易价格的折扣约为 ×%。相对于德邦快递的报价，原飞航公司与欧切斯公司间的交易价格的折扣约为 ×%。二审法院认为，原飞航公司提交的证据，可以反映出原飞航公司与域华公司、欧切斯公司、布朗乔顿公司间货运方式、服务方式、付款方式、结算方式等交易习惯，以及有关的报价与同行间的折扣比例。综合上述因素，原飞航公司所主张的域华公司、欧切斯公司、布朗乔顿公司三家客户名单，其内容包含有区别于相关公知信息的交易习惯、折扣比例等特殊客户信息，具有商业价值，且原飞航公司对此采取了合理的保密措施，该些信息构成商业秘密。对于原飞航公司主张其余公司的客户名单，因其未举证证明被上诉人有实施侵犯该些客户名单的行为，故对该些客户名单是否构成商业秘密，本案中并无必要审查，对于原飞航公司的相关上诉请求，法院不予支持。域华公司、欧切斯公司、布朗乔顿公司为上诉人虹桥分公司客户，黄芬作为上诉人上海区域副总经理、彭东作为上诉人虹桥分公司销售部门业务主管，其有条件接触到涉案客户信息。本案中，迅邮公司成立时，黄芬和彭东尚未从上诉人处离职，而迅邮公司的法定代表人及股东刘静、股东李俊明分别系彭东、黄芬的配偶，黄芬、彭东两人离职后的社保由迅邮公司缴纳。如前所述，被上诉人辩称域华公司、欧切斯公司、布朗乔顿公司基于信赖主动与其进行交易不能成立，基于民事诉讼高度可能性的证明标准，在黄芬、彭东实际接触到上述涉案三家客户名单的情况下，在案证据足以证明黄芬、彭东向迅邮公司披露涉案商业秘密，而迅邮公司的股东及法定代表人与黄芬、彭东系夫妻关系，其亦应知晓所披露的信息为上诉人的商业秘密，且迅邮公司与上述三家公司实际发生交易，使用了涉案商业秘密。由于黄芬、彭东与迅邮公司股东间的特殊关系，以及迅邮公司为两人缴纳社保，该些行为的实施主体应有共同的意思联络，故二审法院认定迅邮公司、黄芬、彭东、李俊明、刘静的行为构成共同侵害上诉人商业秘密。综合考虑涉案商业秘密的价值，侵权的恶意程度和侵权期间，二审法院撤销一审判决，判决迅邮公司、黄芬等立即停止侵权，共同赔偿原飞航公司损失50万元，合理费用10万元。

律师评析

本案是2020年9月16日作出的二审判决，因被诉侵权行为持续至判决之日，故适用2019年4月23日修订的《反不正当竞争法》以及2020年9月12日生效的《关于审理侵犯商业秘密民事案件适用法律若干问题的规定》。本案对如何适用“第三人明知或者应知商业秘密权利人的员工、前员工或者其他单位、个人实施本条第一款所列违法行为，仍获取、披露、使用或者允许他人使用该商业秘密的，视为侵犯商业秘密”，“商业秘密权利人提供初步证据表明涉嫌侵权人有渠道或者机会获取商业秘密，且其使用的信息与该商业秘密实质上相同，涉嫌侵权人应当证明其不存在侵犯商业秘密的行为”的条款起到了很好的借鉴作用。对于适用“证明客户自愿选择与该员工或者该员工所在的新单位进行交易的”排除“该员工采取不正当手段获取权利人商业秘密”的证明标准给出了裁判指引。

八、西安航天华威化工生物工程有限公司诉扬州永锋工业设备安装有限公司侵害技术秘密纠纷案①②

案情聚焦

华威公司是国防武器装备科研生产单位保密资格审查认证委员会认定的三级保密资格单位，制定了《保密教育培训管理制度》《涉密人员管理制度》《定密工作管理制度》《国家秘密载体的保密制度》《保密要害部门、部位保密制度》《计算机保密管理制度》《通信及办公自动化设备保密管理制度》《宣传报道保密管理制度》《涉密会议保密管理制度》《协作配套保密管理制度》《涉外活动保密管理制度》《保密监督检查管理制度》，并在公司的相应部门进行了张贴。2005年4月27日，华威公司申请了多级盘管振动式连续冷却结晶器实用新型专利，2006年4月26日，国家知识产权局授予华威公司实用新型专利权，专利号：ZL20052007××××.4。该实用新型专利提供了以粮食或其他原料冷却结晶制葡萄糖、山梨醇、甘露醇等的多级盘管振动式连续冷却结晶器的技术方案。其在权利要求书、说明书及附图中，公开了设备的整体结构。2006年10月20日，华威公司申请了冷却结晶盘管实用新型专利，2007年11月21日，国家知识产权局授予华威公司实用新型专利权，专利号：ZL20062013××××.5。该实用新型专利提供了一种结构合理、制造简单、冷却结晶效率高的冷却结晶盘管的技术方案。2010年1月5日，华威公司与孙有强签订了保密协议书。2017年1月20日，华威公司与玉锋公司签订葡萄糖项

---

① 李德成，金诚同达律师事务所；白露，金诚同达律师事务所；张汉国，北京海问律师事务所。

② 一审案号：陕西省西安市中级人民法院（2017）陕01民初1010号；二审案号：最高人民法院（2020）最高法知民终9号。

目工程178立方米结晶系统采购合同、技术协议。约定由华威公司向玉锋公司出售32套178立方米结晶系统，单价239.8万元，总价7673.6万元。由华威公司运至玉锋公司，协助玉锋公司进行安装。同时，对该系统的材料、性能指标等进行了约定。2017年2月18日，永锋公司与玉锋公司签订葡萄糖项目工程178立方米结晶系统合同、技术协议。约定由永锋公司向玉锋公司出售8套178立方米结晶系统，单价200万元，总价1600万元。原审庭审中，华威公司表示其主张的技术秘密为178立方米结晶系统制造图纸27张，包括1张总装配图，26张零配件图。华威公司提交了《关于图纸及技术资料借阅管理的通知》，以期证明对该27张图纸采取了保密措施。永锋公司主张其是参考公开的技术资料，通过对华威公司出售给玉锋公司的设备实施反向工程，设计出被诉侵权产品。就永锋公司制造的被诉侵权产品的技术特征与华威公司主张技术秘密的178立方米结晶系统制造图纸27张所体现的技术特征是否相同或实质相同，华威公司提出司法鉴定申请，一审法院委托西安市科技信息服务中心进行鉴定。西安市科技信息服务中心对原审法院保全查封的被诉侵权产品进行了现场勘验，并与华威公司提交的27张图纸比对后，出具西科信〔2018〕鉴字第09号鉴定意见书，认为：1.涉案设备结构与涉案图纸相关内容一致；2.涉案设备结构尺寸与图纸相关内容相同。该鉴定意见作出后，一审法院组织华威公司与永锋公司共同前往玉锋公司进行了调查，该公司结晶糖醇车间主任高国英经公司法定代表人授权后表示：2017年4月26—30日，华威公司陆续将4套设备运至玉锋公司，玉锋公司工作人员向高国英汇报永锋公司对华威公司的设备进行了测绘。华威公司向一审法院提起诉讼，要求永锋公司、孙有强立即停止侵权，销毁采用违法手段盗取的属于华威公司核心商业机密的178立方米结晶立式系统设备，赔偿华威公司经济损失119.4万元。一审法院认为ZL20052007××××.4多级盘管振动式连续冷却结晶器实用新型专利及相关公开出售的产品仅公开了设备的整体结构、尺寸，但对各个零部件的构造、性能参数，相互间如何结合等并没有公开，相关公众通过观察产品也无法直接获得。华威公司所主张的技术秘密成立。华威公司没有提交证据证明孙有强通过不正当手段取得涉案技术秘密后，披露给永锋公司，且永锋公司主张其通过公开信息，结合对华威公司产品的测绘、分析，自行设计了被诉侵权产品并提交了证据予以证明，故驳回华威公司的诉讼请求。

华威公司不服一审判决，向最高人民法院提起上诉，要求撤销原审判决，判令永锋公司停止披露和使用被诉技术信息，销毁技术图纸及未销售的产品，赔偿经济损失119.4万元，承担一、二审费用包括鉴定费、保全费。二审法院认为，被诉侵权行为发生在2018年1月1日之前且未持续到2018年1月1日之后，所以本案应当适用1993年施行的《反不正当竞争法》；在侵害技术秘密纠纷中，技术秘密权利人提供证据证明被诉当事人具有接触或者非法获取该技术秘密的条件且被诉信息与技术秘密相同或者实质相同，根据案件具体情况或者已知事实以及日常生活经验，能够认定被诉当事人具有采取不正当手段的较大可能性，可以推定被诉当事人采取不正当手段获取技术秘密的事实成立，但被诉当事人能够证明其通过合法手段获得该信息的除外。本案中，华威公司二审中主张永锋公司以盗窃的手段获取涉案技术信息，并披露和使用上述技术信息的行为侵害了涉案技术秘密。根据《反不正当竞争法》相关规定可知，以盗窃的手段获取技术秘密是之后披露和使用行为的前提，因为披露和使用的均是之前以盗窃手段获取的技术秘密。华威公司在原审中主张其技术人员孙永强通过不正当手段取得涉案技术信息后披露给永锋公司，但未能提交相应证据证明。华威公司二审所主张的永锋公司盗窃获取涉案技术信息并非称永锋公司盗窃直接载有技术信息的图纸，而是认为永锋公司在玉锋公司处擅自测量华威公司设备取得的技术信息。如前所述，盗窃是不正当手段的一种形式，而这里的技术秘密是指可以直接获取的技术秘密，如果华威公司能够证明永锋公司具有接触或非法获取其技术秘密的条件且被诉信息与技术秘密相同或实质相同，则可推定永锋公司以不正当手段获取了涉案技术秘密，除非永锋公司能够证明其通过合法手段获得该技术信息。此处的合法手段指自行研发、反向工程等。华威公司主张的永锋公司在玉锋公司处擅自测量华威公司设备即是属于反向工程的范畴，并不是华威公司所称的盗窃行为。且永锋公司在玉锋公司处测量华威公司设备时，华威公司也未能证明其采取了保密措施以防止永锋公司测量。此外，华威公司二审中称没有证据证明永锋公司披露了上述技术信息。所以，华威公司所称永锋公司盗窃获取并披露其技术秘密的主张不能成立。华威公司还称永锋公司在其生产的设备中使用了上述技术信息，但华威公司对该项主张并未提供充分证据予以证明，且如前所述，华威公司现有证据未能证明永锋公司从华威公司处盗窃获取了涉案技术信息，故现有证据尚不足以认定永锋公司实施了被诉行为以及被诉行为侵害了涉案技术秘密。由于华威公司未能证明永峰公司实施了被诉行为，故驳回上诉，维持原判。

律师评析

本案为因未与采购方约定对供货设备采取保密措施，导致第三方通过在采购商处测绘从而进一步研发生产出同类设备，引发的技术秘密侵权案件。最高人民法院在本案中确定了如下裁判观点，在侵害技术秘密纠纷中，技术秘密权利人如果提供证据证明被诉当事人具有接触或者非法获取该技术秘密的条件且被诉信息与技术秘密相同或者实质相同，根据案件具体情况或者已知事实以及日常生活经验，能够认定被诉当事人具有采取不正当手段的较大可能性，则可以推定被诉当事人采取不正当手段获取技术秘密的事实成立，但被诉当事人能够证明其通过合法手段（包括通过在无保密义务设备采购方处测绘）获得该信息的除外。

九、深圳花儿绽放网络科技股份有限公司诉浙江盘兴信息技术有限公司、浙江盘石信息技术有限公司侵害技术秘密纠纷案①②

案情聚焦

原告深圳花儿绽放网络科技股份有限公司历时一年多开发了一套微信小

---

① 李德成，金诚同达律师事务所；白露，金诚同达律师事务所。

② 一审案号：广东省深圳市中级人民法院（2019）粤03民初4519号；二审案号：最高人民法院（2020）最高法知民辖终323号。

程序开发工具，将该套软件的源代码交付给合作方盘兴公司并授权其有偿使用该软件。后发现该套软件源代码被全部上传至Github公共存储库，并被多人fork。因上传行为人（在境外平台上披露信息的注册用户）的后台注册信息存储于境外平台，权利人无法获取（包括通过境外平台在内的渠道直接获取）侵权行为人主体身份信息，原告结合披露源代码的具体内容判断所披露的是交付给盘兴公司的源代码，根据《源代码授权合同》的约定，员工泄露源代码公司应承担连带责任的条款，确定盘兴公司、盘石公司为共同被告。原告主张有客多软件中20个技术点对应的965个源代码文件构成商业秘密，网络用户luxin212121将包含前述商业秘密的源代码发布到Github公共存储库和其他存储库，使得不特定公众能够知悉，于2019年10月起诉至广东省深圳市中级人民法院，要求被告赔偿原告经济损失5000万元。盘兴公司、盘石公司提出管辖权异议，申请移送至浙江省杭州市中级人民法院审理，广东省深圳市中级人民法院认为花儿公司指控两被告实施的侵权行为是在开源软件社区网站上公开披露涉及技术秘密的软件源代码行为，属于通过信息网络实施的侵害技术秘密行为。根据《关于适用〈中华人民共和国民事诉讼法〉的解释》第24条、第25条的规定，原告作为被侵权人提起诉讼，其住所地位于广东省深圳市且符合本院受理范围，故深圳市中级人民法院对本案享有管辖权。裁定驳回两被告对本案管辖权提出的异议。

盘兴公司、盘石公司不服一审裁定，向最高人民法院提起上诉。最高人民法院认为，本案侵害技术秘密侵权行为的实施、损害的结果均发生在互联网络上，因此，本案所主张的侵害技术秘密的行为应当属于民事诉讼法解释第25条规定的信息网络侵权行为，可以适用民事诉讼法解释第25条的规定。据此，本案侵权结果发生地包括被侵权人花儿绽放公司住所地，花儿绽放公司住所地可以作为本案管辖连结点。裁定驳回上诉，维持原裁定。

律师评析

民事诉讼法解释上述规定的信息网络侵权行为具有特定含义，通常指的是侵权人利用互联网发布直接侵害他人合法权益的信息的行为，并要求被诉侵权行为的实施、损害结果的发生等均在信息网络上，包括侵犯信息网络传播权、名誉权等民事权益。本案开创性地确认了通过信息网络侵害技术秘密的行为可以适用民事诉讼法解释第25条的规定确定管辖连结点。侵害技术秘密侵权行为的实施、损害的结果均发生在信息网络上，属于民事诉讼法解释第25条规定的信息网络侵权行为，可以适用民事诉讼法解释第25条的规定。

十、VMI荷兰公司（VMIHOLLANDB.V.）诉萨驰华辰机械（苏州）有限公司、萨驰机械工程（上海）有限公司、安徽佳通轮胎有限公司、安徽佳通乘用子午线轮胎有限公司侵害技术秘密纠纷案①②

案情聚焦

VMI荷兰公司诉称，萨驰苏州公司、萨驰上海公司将其拥有的涉案技术秘密应用于HPC-105型号成型机上，将承载涉案技术秘密的成型机出售给佳通公司、佳通乘用公司，而佳通公司、佳通乘用公司明知该技术秘密系萨驰苏州公司、萨驰上海公司以不正当手段获取的，仍使用涉案技术秘密的方法生产轮胎产品，构成擅自使用涉案技术秘密的行为。合肥市是一审被告佳通公司、佳通乘用公司的住所地和侵权行为地，安徽省合肥市中级人民法院对本案有管辖权。安徽省合肥市中级人民法院于2019年10月17日作出了一审裁定，驳回被告对本案管辖权提出的异议。

萨驰苏州公司、萨驰上海公司不服一审裁定，向最高人民法院提起上诉。最高人民法院经审查认为，根据《民事诉讼法》第28条的规定，因侵权行为提起的诉讼，由侵权行为地或者被告住所地人民法院管辖。本案中，根据VMI荷兰公司提供的初步证据显示佳通乘用公司购买了涉案产品HPC-105

① 李德成，金诚同达律师事务所；白露，金诚同达律师事务所。

② 一审案号：安徽省合肥市中级人民法院（2019）皖01民初1561号；二审案号：最高人民法院（2020）最高法知民辖终16号。

型号成型机，而VMI荷兰公司主张佳通乘用公司、佳通公司使用了其技术秘密，佳通乘用公司、佳通公司作为被告，其住所地在安徽省合肥市辖区内，属于一审法院的管辖范围。至于佳通乘用公司、佳通公司是否在明知情形下使用涉案技术秘密，是否与萨驰苏州公司具有侵权合意，属于实体审理的范畴，不属于管辖权异议的审查范围，一审法院的相关认定并无不当。萨驰苏州公司、萨驰上海公司还提出萨驰上海公司、佳通公司并非本案适格被告的上诉理由，该理由是否成立亦应当通过实体审理予以查明。故驳回上诉，维持原裁定。

律师评析

本案涉及第三方采购成型机后用于生产经营，后该第三方涉嫌通过不正当手段获取权利人技术秘密，权利人将采购方与出售方一并作为技术秘密侵权案件的被告提起诉讼。最高人民法院在本案中确认，权利人可以以购买且使用商业秘密的产品的单位住所地作为被告住所地确定管辖，该购买一方是否明知涉案技术秘密为非法获得，与出售方是否具有侵权合意，属于实体审理的范畴，不属于管辖权异议审查范围。

重点关注[①]

一、市场监管总局起草《商业秘密保护规定（征求意见稿）》，并向社会公开征求意见

事件回放

2020年9月4日，市场监管总局起草并公布了《商业秘密保护规定（征求意见稿）》（以下简称《征求意见稿》）。该《征求意见稿》共六章39条，在新修订的《反不正当竞争法》基础上，对商业秘密概念的界定、侵犯商业

① 张汉国，北京海问律师事务所；张占江，北京海问律师事务所。

秘密的行为方式、涉嫌侵犯商业秘密行为的查处及法律责任等重点方面进行细化与明确，为做好商业秘密保护工作提供了遵循和指引。

这是行政部门为深入贯彻落实党的十九届四中全会关于“加强企业商业秘密保护”的决策部署，加强企业商业秘密保护，制止侵犯商业秘密不正当竞争行为，激励研发与创新，优化营商环境，维护公平竞争的市场秩序，有效衔接新《反不正当竞争法》，将替代1998年原国家工商行政管理局《关于禁止侵犯商业秘密行为的若干规定》(以下简称《若干规定》)。

律师点评

该征求意见稿在旧版规定的基础上，根据最新法律法规和执法实践，做了诸多细化修改，一旦通过后将会更好地指导和规范商业秘密保护行政执法，加强商业秘密行政保护工作。其主要细化修改部分如下：

完善商业秘密概念界定。《征求意见稿》对《反不正当竞争法》所确定的三个商业秘密核心构成要件“不为公众所知悉”、“商业价值”及“采取相应保密措施”都作出了明确的细化界定，充分反映了当前行政执法实践中行政机关在认定商业秘密过程中的考察重点。《征求意见稿》在分别细化列举技术信息和经营信息范围的同时，还进一步明确了更为广泛的“商业信息”认定范围，有利于降低商业秘密的认定门槛。体现出规章修订对于开发商业秘密的研发者的权利保护倾向。

细化侵犯商业秘密行为方式。《征求意见稿》第三章中对侵犯商业秘密行为方式进行了细化，在诸多方面通过开创性的解释补充了现有法律规范中的空白，有利于指导行政执法实践，并为企业有效加强商业秘密保护、预防商业秘密侵权风险提供了参考。

明确侵犯商业秘密监管执法内容。《征求意见稿》在原规定关于执法机关、行政调解等内容规定的基础上，增加了对权利人举报商业秘密侵权行为提交材料的要求、委托鉴定、证据认定等内容，能够指导企业更加及时、有效地完成申请，有利于降低权利人举证门槛，也有助于保障行政监管执法的客观、专业和规范。

强化侵犯商业秘密法律责任。在法律责任部分,《征求意见稿》在保留《若干规定》关于侵权产品处理、国家机关及其工作人员保守商业秘密的要求等内容基础上，增加了对“情节严重”的认定、违法所得及造成权利人损害的计算等内容，有利于权利人精确主张损害赔偿、实现有效的权利救济。

二、北京市高级人民法院发布《关于侵害知识产权及不正当竞争案件确定损害赔偿的指导意见及法定赔偿的裁判标准（2020年）》

事件回放

2020年4月21日，为进一步探索建立与知识产权市场价值相协调的损害赔偿机制，破解“赔偿低”的难题，统一全市知识产权侵权案件和不正当竞争案件的赔偿标准，经北京市高级人民法院审判委员会讨论通过,《北京市高级人民法院关于侵害知识产权及不正当竞争案件确定损害赔偿的指导意见及法定赔偿的裁判标准》（以下简称《指导意见》）正式发布。《指导意见》共八章110条（含附则），分为两大部分，第一部分（第一章）是基本规定，主要内容为知识产权案件中损害赔偿数额确定的基本思路、基本方法和证据规则；第二部分（第二章至第八章）按照文字作品、音乐作品、美术作品、摄影作品、视频类作品及制品，以及侵害商标权、不正当竞争案件，分章规定了7类案件适用法定赔偿时的基本裁判标准以及酌情增减赔偿倍数的考量因素。其中，第八章是关于不正当竞争行为法定赔偿的裁判标准，包括了侵犯商业秘密赔偿的相关内容。

律师点评

《指导意见》主要明确了以下方面：

该意见明确损害赔偿原则，鼓励适用优先次序的赔偿方法。《指导意见》对确定知识产权损害赔偿数额的原则和方法作出指引，确定损害赔偿坚持知识产权市场价值导向，遵循填平原则，体现补偿为主、惩罚为辅的侵权损害司法认定机制。明确权利人的实际损失、侵权人的获利、许可使用费及法定赔偿四种基本赔偿计算方法在适用上存在先后顺序，但当事人可以自行选择一种或多种赔偿计算方法。《指导意见》通过规定实际损失和侵权获利的确定原则、合理许可使用费的考量因素、裁量性赔偿的适用等条款，为商业秘密受到侵害的当事人优先选择法定赔偿以外的赔偿计算方法及举证证明的方向作出了倡导和指引。

合理分配举证责任，充分适用优势证据原则确定赔偿数额。“举证难”是商业秘密损害赔偿数额确定难的成因之一。针对这一问题，《指导意见》确立了原告对其主张的损害赔偿计算方法和具体赔偿数额负有举证责任的基本规则，规定了被告对原告的赔偿计算方法和赔偿数额不予认可时，举证责任则转移至被告。同时明确在侵害知识产权及不正当竞争案件中均可适用举证妨碍规则。通过合理分配举证责任激励当事人积极提供其掌握的全部证据，以求尽量查清损失或获利的数额。

提高法定赔偿的科学性，确立利于执法统一的裁判标准。《指导意见》根据北京地区实际情况为不同作品、不同侵权行为分门别类设置了法定赔偿标准。还规定了多种酌加、酌减的情节，并根据不同作品、不同侵权行为进行了区分。这一举措能在很大程度上降低法定赔偿自由裁量权的随意性，使适用法定赔偿确定的赔偿数额更加有据可寻。

北京市高级人民法院管辖的知识产权案件和不正当竞争案件数量和难度在全国都是名列前茅的，《指导意见》代表了北京市高级人民法院对于提高侵害知识产权及不正当竞争案件损害赔偿的意见和态度，相信会在司法实践中产生积极作用和比较重要的意义。

三、中国专利保护协会成立商业秘密专业委员会

事件回放

2020年4月17日，中国专利保护协会发布公告，根据《中国专利保护协会章程》《中国专利保护协会专业委员会管理办法》，经中国专利保护协会秘书处会议审议，中国专利保护协会决定组建商业秘密专业委员会，旨在推动

商业秘密管理技术创新和推广，构建国内知识产权与商业秘密管理制度行业标准，提升我国企业商业秘密管理能力和水平。2020年12月21日，中国专利保护协会商业秘密专业委员会成立大会正式在京召开。

律师点评

中国专利保护协会组建商业秘密专业委员会，是搭建资源平台、助力广大会员提升商业秘密管理能力与保护水平，推动知识产权工作高质量发展的具体措施。在此之前，中国保密协会商业秘密保护专业委员会于2017年6月23日在杭州成立。此次商业秘密专业委员会的成立，说明商业秘密保护问题正得到越来越多的重视，有助于全社会形成合力，进一步加强商业秘密的知识产权保护。

创新是引领经济社会发展的第一动力。商业秘密是知识型、创新型企业生死存亡的重要法门，成功的创新离不开有效的商业秘密保护，有效的商业秘密保护是创新得以不断持续的重要保障。在当前举国上下高度重视创新、重视知识产权的大背景下，商业秘密保护至关重要。然而，受限于商业秘密的无形性、保密性等特点，实施有效保护尤为困难，权利人面临“防范难、取证难、维权难”等困境，提升商业秘密保护水平迫在眉睫。成立中国专利保护协会商业秘密专业委员会，有利于整合各方资源，加强研究、形成共识，促进我国商业秘密保护水平的提升，推动并引领国内创新主体不断加强和提升商业秘密管理能力与保护水平，为创新发展保驾护航。

四、全国首个商业秘密保护管理与服务规范省级地方标准发布

事件回放

2020年9月8日，浙江省市场监督管理局批准发布了DB33/T 2273-2020《商业秘密保护管理与服务规范》省级地方标准，该标准为全国首个商业秘密保护方面的省级地方标准。

该标准共分七章，详细规定了商业秘密保护的术语和定义、一般要求、商业秘密事项管理、企业自主保护、商业秘密维权和协同保护。适用于企业的商业秘密保护管理，也适用于企业集聚的园区、特色小镇的管理机构和行业协会、第三方社会服务机构为企业提供的商业秘密保护服务，科研院所等其他组织的商业秘密保护亦可参照执行。

第4章至第7章是该规范的精华所在，第4章从定密、隐密、解密、销毁四个角度阐述了商业秘密事项管理的重点；第5章从人员管理、涉密信息管理、涉密区域管理、商务活动管理、检查和改进五个方面指导企业做好日常管理；第6章从应急处置、证据收集、维权途径三个方面强化权利保护。第7章介绍了协同保护的组织保障、服务内容、风险监测及协助维权方式等内容。

律师点评

该标准为全国首个商业秘密保护方面的省级地方标准，是商业秘密保护领域的一个创新尝试。从内容来看，该标准具有以下特点：

通用性强。该标准不仅适用于有商业秘密保护需求的企业，也适用于企业集聚的园区、特色小镇的管理机构和行业协会、第三方社会服务机构以及科研院所等其他组织。

可操作性强。第4章至第5章详细介绍了商业秘密事项管理的重点及流程、企业自主保护的重点及流程，第6章详细介绍了发生商业秘密泄密时的维权措施，注意事项、维权途径等，如果相关单位能够严格按照该标准建立、健全企业内部的商业秘密管理制度，完善保护措施，在一定程度上能很好地保护自己的商业秘密。

协同保护模式值得关注。该规范在重点强调企业自身做好商业秘密保护及维护事宜的同时，还强调和规定了企业集聚的园区、特色小镇、行业协会和第三方社会服务机构协同保护商业秘密的有关内容，形成商业秘密的协同保护网，更有利于开展商业秘密保护工作。

五、广东首个商业秘密保护基地揭牌

事件回放

2020年7月22日，深圳市市场监督管理局联合深圳市南山区政府在南山知识产权保护中心建立的全省首个商业秘密保护基地揭牌。据介绍，南山商业秘密保护基地将不断创新实施商业秘密保护举措。其中包括：一是将侵权受理工作前置，实现对商业秘密的“快速”保护。二是送法上门，引导企业建立商业秘密保护措施，实现对商业秘密的“自我”保护。三是建立部门间商业秘密保护工作联席会议，实现对商业秘密的“联动”保护。四是建立社会智库，加强数据分析发布，实现对商业秘密的“共同”保护。广东省市场监督管理局表示，要将基地打造成商业秘密保护的普法宣传站、投诉举报点、综合保护区和典型示范地，为全省提供可参考、可借鉴的商业秘密保护模式。

律师点评

商业秘密属于企业知识产权的重要组成部分，是决定企业市场竞争力的关键因素之一，但并非所有的企业都懂得如何管理、如何保护企业的商业秘密。探索新的商业秘密保护模式，帮助企业树立正确的商业秘密保护意识，建立健全商业秘密保护机制，充分发挥政府有关部门、社会团队在商业秘密中的作用，调动企业自身的积极性，营造商业秘密保护的良好舆论氛围有非常重要的现实意义。

六、商业秘密刑事附带民事案件历经21年迎来终审判决

事件回放

2020年6月，陕西省高级人民法院审结了一起于1999年侦查立案的侵犯商业秘密罪刑事附带民事案件［（2013）陕刑二终字第00117号］。法院认定两被告单位犯侵犯商业秘密罪，判处罚金3100万元；被告人和两被告单位共

同赔偿附带民事诉讼原告人经济损失5700万元。从1999年立案到2020年作出终审判决，该案整整走过了21年，审理周期之长，引发了公众普遍关注。

律师点评

2009年6月19日，西安市中级人民法院就本案作出（2009）西刑二初字第20号刑事附带民事判决。2011年12月28日，陕西省高级人民法院作出（2011）陕刑二终字第00017号刑事附带民事裁定，裁定撤销原判，发回西安市中级人民法院重新审判。2013年5月12日，西安市中级人民法院作出（2012）西刑二初字第00093号刑事附带民事判决。宣判后，附带民事诉讼原告人、被告人均提起上诉。陕西省高级人民法院受理后，对被告单位和被告人的侵权行为对附带民事诉讼原告单位造成的经济损失进行重新鉴定。2018年12月29日，北京兴华会计师事务所作出新的鉴定意见。2020年6月1日，陕西省高级人民法院作出（2013）陕刑二终字第00117号二审裁定，裁定驳回上诉，维持原判。

由本案的审理流程可知，之所以历经21年才作出终审判决，一方面是由审理程序决定的，另一方面也反映出商业秘密案件的复杂性。商业秘密案件，尤其是技术秘密的案件，通常涉及复杂的技术问题和复杂的法律关系，侵权行为具有较强的隐蔽性，审理过程中的分歧意见较多，在事实认定、法律适用以及审理节奏控制等方面存在一定难度，审理中通常还需要进行司法鉴定，而根据刑事诉讼法、民事诉讼法的相关规定，鉴定期间不计入时限，由此也是导致整个审理周期较长的一个原因。相信随着法律法规的进一步完善及法院审理水平的持续提升，审理周期过长的情况会得到明显改善。

七、跳槽员工与新公司共同实施侵犯商业秘密的行为，承担连带责任

事件回放

卓路公司等三公司一审起诉称，三原告为关联公司，主营体育运动项

目，系国内知名高尔夫球服务经营商，凭借多年积累形成的高尔夫球场资源，拥有大量不为公众所知的经营信息，三原告使用这些信息获得了巨大的经济利益，保持了强大的市场竞争优势。

金艳淑等五被告系原告员工，分别担任球场部经理、大客户部经理、财务部球场对账助理、客服组长等。2012年至2013年7月，五被告先后从原告处辞职，入职新赛点公司，未经许可将三原告的商业秘密披露给新赛点公司使用。新赛点公司在明知五被告非法获取三原告商业秘密的情况下，使用这些商业秘密与相关高尔夫球场和银行进行合作，获得经济利益。六被告的行为侵害了三原告的商业秘密。

被告金艳淑等共同辩称：1.三原告主张的经营信息能从公开渠道获得，且三原告未采取保密措施，不属于商业秘密。2.五被告加入新赛点公司的时间晚于新赛点公司中标相关高尔夫项目的时间，该公司中标与五被告无关；五被告也未以三原告名义协助新赛点公司对外宣传销售。3.三原告未与五被告订立竞业限制协议，三原告不能因为五被告入职新赛点公司就认为是侵害其商业秘密。4.三原告提出的赔偿请求没有事实和法律依据。五被告不同意三原告的诉讼请求。

被告新赛点公司辩称：1.三原告对其主张的经营信息没有采取保密措施，且都是公开渠道可以获得的，这些信息不属于商业秘密。2.卓路体育公司与金艳淑等五被告订立的保密协议，其中未明确商业秘密的内容。3.新赛点公司与广发银行、中国银行合作已久，所掌握的各大高尔夫球场及金融机构信息是在长期经营中积累总结的信息，与三原告主张的经营信息不同，不存在窃取三原告商业秘密的情况。新赛点公司中标项目发生在金艳淑等五被告入职之前，与五被告无关。新赛点公司不存在侵害三原告商业秘密的情况。4.新赛点公司处于亏损状态，三原告主张的赔偿数额没有事实和法律依据。新赛点公司不同意三原告的诉讼请求。

一审法院认定，被告金艳淑、徐治平、姚梦及被告新赛点公司侵害了涉案商业秘密，判令立即停止侵权行为；被告金艳淑赔偿三原告经济损失50万元、被告徐治平赔偿三原告经济损失30万元、被告姚梦赔偿三原告经济损失

10万元，被告新赛点公司对上述三被告承担连带赔偿责任；被告新赛点公司赔偿三原告经济损失704万元。

原告及被告新赛点公司、金艳淑等3人均不服一审判决，分别上诉至北京知识产权法院。北京知识产权法院认为，三公司主张的其与高尔夫球场签订的约定有保密条款的合作协议中承载的相关合作信息，其与银行签订的合作协议中承载的相关合作信息，构成商业秘密。新赛点公司在明知与相关银行开展高尔夫服务具有较高的准入门槛，且明知徐治平、金艳淑、姚梦曾在三公司工作并能够接触三公司有关高尔夫服务相关业务的情况下，在经营中积极利用该商业秘密，主观故意意图十分明显。认定新赛点公司及金某等3人实施的涉案行为侵犯了原告商业秘密。二审法院作出（2018）京73民终686号民事判决，判决驳回上诉，维持原判。

律师点评

本案被告所承担的赔偿金高达799万元，属于此类商业秘密侵权中较为少见的成功获得高额赔偿的案例。从企业的角度，一方面，企业应结合自身情况建立和完善商业秘密保护机制，企业在与员工签订劳动合同时应约定完善的商业秘密保护条款，最大限度保护自身商业秘密，降低商业秘密被侵害的风险。另一方面，在雇用新员工时，避免新员工使用老东家商业秘密造成公司被认定为连带侵权且需承担高额赔偿的法律后果。

八、上市公司高管翻墙偷拍同行厂房，存在侵权风险

事件回放

据新闻报道，2020年4月18日，某上市公司高管通过翻墙偷偷潜入竞争对手厂区，拿出手机进行了一番拍摄，被值班保安发现后，扭送至派出所。涉事公司介绍，外来人员必须有公司管理层或股东层的邀请和陪同，才能前往车间参观，还需在门口值班人员处进行登记，该高管既未受邀参观，也没有进行登记，偷偷潜入厂区拍摄了公司的核心机密。

律师点评

从商业秘密保护的角度来看，该高管“翻墙偷拍”竞争对手厂房信息的行为存在侵犯竞争对手商业秘密的可能性。侵犯商业秘密的行为包括非法对企业商业秘密的获取、披露、使用或允许他人使用商业秘密的行为。对本事件中“翻墙偷拍”行为的定性，如果所拍内容包含了构成商业秘密的技术信息或经营信息，在一定程度上，存在认定“翻墙偷拍”者已经非法获取了企业的商业秘密的可能性，存在侵犯企业商业秘密的风险，一旦认定构成商业秘密侵权，当事人不仅面临民事责任，还存在面临刑事责任的风险。

九、义乌某电子商务公司侵犯商业秘密案

事件回放

2020年4月8日，义乌市市场监管局基于当事人举报，对义乌某电子商务公司涉嫌侵犯商业秘密行为展开调查，发现该电子商务公司的员工黄某于2020年3月12日，以偷拍的方式窃取了周某（某电商平台运营人员）所记录的他人在快手直播平台的账号密码文件，随后，该电子商务公司基于窃取的账户信息，通过登录他人账号，获取他人交易订单信息，并邮寄相同的产品给交易客户，以此获取利益。义乌市市场监管局审理后认为，该电子商务公司以不正当的手段获取他人客户订单信息的行为，属于侵犯商业秘密的违法行为。因该公司违法使用他人商业秘密给商业秘密权利人造成损失数额巨大，根据《关于经济犯罪案件追诉标准的规定》第65条的规定，义乌市市场监督管理局将该案移送公安机关追究刑事责任。

律师点评

该电子商务公司窃取的订单信息既涉及电商的经营信息，也涉及消费者姓名、电话和住址等个人信息。因此，该电子商务公司的行为一方面侵犯了权利人的商业秘密，另一方面违反了有关个人信息保护的相关法律规定。《民

法典》第111条规定："自然人的个人信息受法律保护。任何组织或者个人需要获取他人个人信息的，应当依法取得并确保信息安全，不得非法收集、使用、加工、传输他人个人信息，不得非法买卖、提供或者公开他人个人信息。"并且，《个人信息保护法（草案）》也于2020年10月21日公开征求意见，随着法律法规的进一步完善，从法律层面对非法收集、使用、加工、传输他人个人信息，非法买卖、提供或者公开他人个人信息的行为进行规制，保障公民的个人信息安全。

十、鄞州公安破获涉案价值达2.47亿余元侵犯商业秘密大案

事件回放

2019年10月，鄞州公安分局接到鄞州两家知名企业报案，称企业拥有的业内领先技术信息被侵犯，一旦技术外泄或侵权产品流入市场，会对受害企业造成巨大的损失。鄞州警方结合案件实际情况，将司法实务界"合理许可价值"定损法应用于本案，并聘请有资质的第三方评估鉴定机构依照此法计算出两案直接侵权损失。近期顺利侦破两起案件，共抓获犯罪嫌疑人18名，涉案价值达2.47亿余元，捣毁了位于杭州建德、富阳以及广东深圳、惠州的犯罪窝点。

律师点评

侵犯商业秘密行为的定损是实践中的难点，权利人的损失或行为人的违法所得直接影响了刑事案件的立案追诉标准。2020年9月17日最高人民检察院、公安部联合发布《关于修改侵犯商业秘密刑事案件立案追诉标准的决定》，将侵犯商业秘密犯罪的立案追诉标准由50万元人民币降低到30万元人民币，并详细规定了造成损失数额或者违法所得数额的认定方式。对于以不正当手段获取权利人的商业秘密，尚未披露、使用或者允许他人使用的情形，损失数额可以根据该项商业秘密的合理许可使用费确定。鄞州警方的做法与上述规定契合，值得借鉴。

CHAPTER 7

第 7 章

植物新品种

新法观察[①]

一、《民法典》颁布施行，植物新品种保护进入法典时代

2020年5月28日，国家主席习近平签发第四十五号主席令，公布由中华人民共和国第十三届全国人民代表大会第三次会议通过的《民法典》，自2021年1月1日起施行。

《民法典》是新中国第一部以法典命名的法律，开创了我国法典编纂立法的先河，具有里程碑意义。关于知识产权部分虽然没有单独成编，但其提纲挈领、高屋建瓴的条款设计亮点纷呈，对知识产权制度发展和完善具有深远意义和重要价值，如第123条第1款明确民事主体依法享有知识产权，第2款将植物新品种和商业秘密与专利、商标、著作同等列为知识产权权利人依法享有的客体；第843条至第887条对技术合同系统规范；第1185条对情节严重的恶意侵犯知识产权行为依法予以惩罚性赔偿等可谓亮点十足，惊喜不断。

关于将植物新品种列为知识产权客体。植物新品种权作为知识产权的一种表现形式，属于民事私权范畴，这次《民法典》第123条将其明确为知识产权的权利客体，与专利、商标、著作权、商业秘密等权利客体并驾齐驱，同等重要，名正言顺，同样需要强化保护，是为法律一大进步，植物新品种行业一大幸事。

① 江本伟，北京高文律师事务所；王海阳，国浩律师（北京）事务所。

关于民法典技术合同法律规范。《民法典》第843条至第887条共45个条文，是对原《合同法》第322条至第364条共43个条文的“删一增三”，是技术类知识产权之运用与转移的合同法律规范。新增加的主要是第863条的技术许可合同及其与技术转让合同的区别，第876条明确扩大适用至“集成电路布图设计专有权、植物新品种权、计算机软件著作权”等其他技术类知识产权的转让与许可。整个条文有效增强和拓宽了技术类知识产权合同优化运用的法律，对律师开拓技术类业务提供路径和法律支撑。

关于将商业秘密列为了知识产权客体。各国多在竞争法构架下保护商业秘密，我国目前也主要在反不正当竞争法中保护商业秘密权益。而这次《民法典》第123条直接将商业秘密并列于作品、发明、实用新型、外观设计、商标、集成电路布图设计、植物新品种等知识产权客体之群，就此民法典上榜上有名，顺言正名。结合最高人民法院关于商业秘密纠纷案件相关司法解释，足见商业秘密纠纷及诉讼地位的重要性，那么如何调整法律适用，规范对商业秘密的保护，以及实务中关于商业秘密案件如何认定和救济，值得律师思考解决。

关于引入惩罚性赔偿制度。近年来，有关加大侵犯知识产权惩治力度，引入惩罚性赔偿制度，在理论和实务界呼声很高，也成为知识产权保护的聚焦热点之一。这次《民法典》第1185条，对情节严重的恶意侵犯知识产权行为依法予以惩罚性赔偿，开创了先河，设计与时俱进，知识产权保护地位得以提高，既对威慑侵权、强化保护具有重要意义，又为律师在知识产权保护实务工作中提供坚实依据，更是落实中办、国办关于强化知识产权保护意见，加大侵犯知识产权惩治力度的重要部署。

二、《最高人民法院关于审理侵犯植物新品种权纠纷案件具体应用法律问题的若干规定》最新修正引入惩罚性赔偿规范，法定赔偿上限跨入百万俱乐部

根据《民法典》《种子法》等规定，2020年12月23日，最高人民法院

对《关于审理侵犯植物新品种权纠纷案件具体应用法律问题的若干规定》实施修正。此次修正最大的变化就是加大了侵犯品种权行为的惩治力度，嵌入惩罚性赔偿规范，提高了侵权法定赔偿额度。

此次修正是贯彻落实《关于强化知识产权保护意见》的精神要求，是民法典确定侵权惩罚性赔偿制度后，在知识产权保护客体植物新品种领域实现法律一致性、统一性和与时俱进的重要举措，是《关于依法加大知识产权侵权行为惩治力度的意见》《关于全面加强知识产权司法保护的意见》的具体体现。从此，植物新品种权司法保护领域惩罚性赔偿有法可依，法定赔偿上限与侵犯专利权、商标权、版权及不正当竞争行为一起跨入百万俱乐部。

新解释为律师更好地开展植物新品种保护业务提供指引和依据，为提升植物新品种司法保护水平提供有力保障，有助于强化知识产权保护，推进现代种业高质量发展。

三、《最高人民法院关于审理植物新品种纠纷案件若干问题的解释》最新修正，增加和修改人民法院受理植物新品种纠纷案件的种类，内容更加明确具体

根据《民法典》《种子法》等规定，2020年12月23日，最高人民法院对《关于审理植物新品种纠纷案件若干问题的解释》的6个条款实施修正。一是将第1条受理植物新品种纠纷案件种类由11项增加到18项，种类增多、定义更加明确具体。如增加第（1）项植物新品种申请驳回复审行政纠纷案件；第（11）项假冒他人植物新品种权纠纷案件；第（12）项植物新品种培育人署名权纠纷案件；第（13）项植物新品种临时保护期使用费纠纷案件；第（17）项植物新品种行政奖励纠纷案件；第（18）项其他植物新品种权纠纷案件。将原第（10）项、第（11）项农业、林业主管部门依职权处罚的纠纷案件修正为第（14）项植物新品种行政处罚纠纷案件；第（15）项植物新品种行政复议纠纷案件；第（16）项植物新品种行政赔偿纠纷案件。二是将第

2条根据有关法律修订作出相应调整。三是将第3条根据管辖法院的调整作出同步修正，增加“当事人对植物新品种纠纷民事、行政案件第一审判决、裁定不服，提起上诉的，由最高人民法院审理”。四是将第4条侵权行为地作扩大性解释，定义更加明确。五是考虑到机构调整和改革，将第5条关于审理植物新品种申请驳回、品种权无效或更名行政纠纷案件的被告修正为植物新品种审批机关，名称更准确。六是将第6条“侵犯”修正为“侵害”，复审委员会修正为审批机关。

典型案例

一、蔡新光诉广州市润平商业有限公司侵害柚子“三红蜜柚”植物新品种权纠纷案[①]

案情聚焦

柚子品种“三红蜜柚”，系蔡新光改良培育的无性繁殖品种，2014年1月1日，被授予植物新品种权，品种权号为CNA20090677.9，品种权人蔡新光，保护期限20年。2018年1月5日、6日、7日和12日，曾木荣分四次在大润发超市购买“三红蜜柚”，由广州市润平商业有限公司（以下简称润平公司）开具发票，标明“三红蜜柚”及价格。蔡新光拍摄了大润发超市销售“三红蜜柚”的照片以及相关视频，于2018年3月23日向广州知识产权法院（以下简称一审法院）起诉，认为润平公司未经品种权人许可销售“三红蜜柚”果实的行为构成对“三红蜜柚”品种权的侵权。润平公司提供了“三红蜜柚”果实的进货合同，证明其销售的“三红蜜柚”果实具有合法来源。

一审法院驳回蔡新光的诉讼请求后，蔡新光不服一审判决上诉至最高人

① 一审案号：广州知识产权法院（2018）粤73民初732号；二审案号：最高人民法院（2019）最高法知民终14号。

民法院（以下简称二审法院）。二审法院于2019年12月10日作出驳回上诉，维持原判的决定。

律师评析

本案入选中国法院50件典型知识产权案例，其典型意义在于诠释了植物新品种繁殖材料的认定及构成侵害植物新品种权的标准，尤其是关于无性繁殖材料的法律界定，起到很好的普法作用。

案涉植物新品种是“三红蜜柚”，为柑橘属，系无性繁殖植物新品种，其果实是否属于植物新品种保护的繁殖材料范围进而构成侵权系本案要解决的核心问题。一审法院认为被诉侵权物是三红蜜柚果实，属于收获材料，不应被认定为三红蜜柚的繁殖材料。二审法院认为要解决案涉果实是否构成侵权，焦点是正确判断三红蜜柚植物新品种权的保护范围，且围绕上诉主张释法说理，较一审法院说理逻辑严谨，法律适用正确，裁判得体。

首先，关于判定植物新品种权的保护范围问题。根据我国植物新品种保护法律制度，授予品种权的条件是品种属于国家植物新品种保护名录中的属或种，且品种具备新颖性、特异性、一致性和稳定性并由适当命名。那么植物体的籽粒、果实或根、茎、苗、芽、叶等都可能具有繁殖能力，是否属于植物新品种权保护范围的繁殖材料，要取决于植物体繁殖出的植物的一部分或整个植物的新个体，是否与该授权品种的特征特性相同。本案被诉侵权果实虽可能具有繁殖能力或种性没有退化，但其繁殖出的个体是否与三红蜜柚保护的特征特性相同无法判定，本案也无证据支持，无法律法规规定属于受保护的繁殖材料。

其次，本案裁判值得赞扬，除了二审法院对繁殖材料认定标准，正确适用法律，作出充分论证和释法说理，甚至运用了生物学和植物细胞全能性理论知识及专家辅助人出庭参与技术问题说明等全面研判外，还反映出我国植物新品种权保护范围的法律局限性问题，起到问题导向作用。其一，虽然我国《种子法》第28条、《植物新品种保护条例》第6条及《关于审理侵犯植物新品种权纠纷案件具体应用法律问题的若干规定》第2条第1款都是关于植物新品种权保护范围的规定，但其保护范围较窄，仅限于繁殖材料；其二，就繁殖材料的解释可见《种子法》第2条第2款规定："本法所称种子，是指农作物和林木的种植材料或者繁殖材料，包括籽粒、果实、根、茎、苗、芽、叶、花等。"《植物新品种保护条例实施细则（农业部分）》第5条规定："《条例》所称繁殖材料是指可繁殖植物的种植材料或植物体的其他部分，包括籽粒、果实和根、茎、苗、芽、叶等。"《植物新品种保护条例实施细则（林业部分）》第4条规定："《条例》所称的繁殖材料，是指整株植物（包括苗木）、种子（包括根、茎、叶、花、果实等）以及构成植物体的任何部分（包括组织、细胞）。"《进境植物繁殖材料检疫管理办法》第4条规定："本办法所称植物繁殖材料是植物种子、种苗及其它繁殖材料的统称，指栽培、野生的可供繁殖的植物全株或者部分，如植株、苗木（含试管苗）、果实、种子、砧木、接穗、插条、叶片、芽体、块根、块茎、鳞茎、球茎、花粉、细胞培养材料（含转基因植物）等。"

穷尽现行有效法律法规和规章，对于某一具体品种如何判定植物体的哪些部分为繁殖材料，并未明确规定。据此本案原告主张三红蜜柚果实属于收获材料，其提出系繁殖材料应受保护的主张并没有法律依据。

最后，本案原告虽然败诉，但反映出我国品种权人要求提高品种权保护力度，扩大品种权保护对象范围的必要性和迫切性，凸显加入《UPOV公约》1991年文本的迫切需求。《UPOV公约》1991年文本在品种权保护形式、保护范围、保护力度、保护期限、保护实质性派生品种以及农民特权等方面较1978年文本有明显进步，有关收获材料的保护上，1991年文本较1978年文本做了明显扩展，范围更广，如将育种者权利的保护客体从繁殖材料延伸到了收获物，以及直接由收获物生产的某些加工品。如此，才能更好地保障品种权人的合法权益，尤其关乎无性繁殖品种。

二、安徽禾泉种业有限公司诉江苏丰庆种业科技有限公司、安徽乐利农种业有限公司侵害水稻“常糯1号”植物新品种权及不正当竞争纠纷案①

案情聚焦

常规稻“常糯1号”，由常熟市农业科学研究所选育，2017年9月1日，被授予植物新品种权，品种权号为CNA20131196.3，品种权人为常熟市农业科学研究所。2016年7月22日，安徽禾泉种业有限公司（以下简称安徽禾泉公司）将“常糯1号”成功引种到安徽省适宜生态区。2016年8月25日，常熟市农业科学研究所将“常糯1号”安徽省独占经营权授予安徽禾泉公司，并发布了《常糯1号维权公告》。后来安徽禾泉公司调查发现，江苏丰庆种业科技有限公司（以下简称江苏丰庆公司）、安徽乐利农种业有限公司（以下简称安徽乐利农公司）在未取得安徽禾泉公司授权的情况下，擅自在安徽省违法繁殖、生产、销售“常糯1号”；同时江苏丰庆公司、安徽乐利农公司还涉嫌套包灌装“常糯1号”，欺骗和误导广大种粮农民，对安徽禾泉公司实施不正当竞争。2018年8月28日，安徽禾泉公司向合肥市中级人民法院（以下简称一审法院）起诉江苏丰庆公司、安徽乐利农公司，请求：1.立即停止侵害“常糯1号”植物新品种权的行为及不正当竞争行为；2.对库存及尚未销售的侵权种子作灭绝活性处理；3.在《安徽种业》《江苏种业》上刊登声明，消除其因侵害品种权及不正当竞争造成的不良影响；4.共同赔偿安徽禾泉公司经济损失及因制止侵权支付的合理费用30万元；5.承担本案所有诉讼费用。

一审法院判定江苏丰庆公司赔偿22万，安徽乐利农公司赔偿3万。江苏丰庆公司不服一审判决上诉至最高人民法院（以下简称二审法院），二审法院撤销一审法院的判决；驳回安徽禾泉公司的起诉。

---

① 一审案号：安徽省合肥市中级人民法院（2018）皖01民初1465号；二审案号：最高人民法院（2019）最高法知民终130号。

律师评析

本案主要涉及区域品种权独家实施许可与品种权独占实施许可区别，未经品种权人明确授权普通实施许可合同被许可人能否单独提起侵害品种权之诉的问题，解决这个问题的关键是分清品种权的独占实施许可是以权利有效的法域为准，还是以权利行使的地域为准。

首先，关于独家实施许可与独占实施许可的认定问题，二审法院判定正确，纠正了一审法院的错误。其一，本案原告安徽禾泉公司提供的《常糯1号维权公告》和《委托授权书》意为证明其系独占许可被许可人，但两份证据却记载“独家在安徽省”区域内许可实施或者在安徽省适宜区域独占许可均限定了许可实施的地域范围，实际上原告所取得的是在安徽省域内的独家经营权而非品种权法域的独占许可。其二，被告江苏丰庆公司举证案涉品种在安徽省和江苏省均有品种权人的授权许可，由此可见，品种权人将案涉品种按照地域来划分许可给不同的经营主体。其三，地域性独家许可表面上仅授权一家，实质上不属于法律意义品种权的独占许可，其本质属于普通实施许可。因此，二审法院认定本案原告属于品种普通实施许可被许可人是正确的，一审法院事实认定错误。

其次，关于本案原告是否具有单独提起侵权之诉资格。依据《关于审理侵犯植物新品种权纠纷案件具体应用法律问题的若干规定》第1条规定，植物新品种权所有人或者利害关系人认为植物新品种权受到侵害的，可以依法向人民法院提起诉讼。前款所称利害关系人，包括植物新品种实施许可合同的被许可人。独占实施许可合同的被许可人可以单独向人民法院提起诉讼；排他实施许可合同的被许可人可以和品种权人共同起诉，也可以在品种权人不起诉时，自行提起诉讼；普通实施许可合同的被许可人经品种权人明确授权，可以提起诉讼。据此规定，本案原告自起诉至二审期间并没有取得品种权人的明确授权或追认，作为普通实施许可合同的被许可人单独提起本案侵权之诉无法律依据。一审法院判决被告构成侵权并承担赔偿责任法律适用错误，二审法院予以纠正，裁判得当。

最后，本案对种业企业实施品种权许可具有很好的启示和指导意义。关于品种独家经销许可与品种权独占实施许可的问题，是企业经营中比较突出，也是较易混淆的问题，经常有企业将区域独家许可理解成独占许可，将生产经营权许可理解成品种权转让，将独家代理和独占许可混淆，将品种经销与品种权许可混淆。独家与独占虽一字之差，但如果附加地域限制，本质上不属于法域意义的独占许可，而归属普通许可，就像在品种审定范围内授权某企业独家享有生产、加工、包装、销售的权利，更多强调的是一定地域内独家行使该品种的生产或经营，而不是对授权品种权利的独占实施许可。

综上，植物新品种权独占实施许可是指被许可人获得了在该植物新品种权的授权法域内唯一实施该授权品种的权利，如果被许可人获得的所谓“独占实施许可”被附加了授权法域内的地域限制，则该实施许可仅构成普通实施许可。在涉及签署植物新品种权实施许可合同时切记分清权利属性，注意是否存在权利的地域限制，以免合法权益受损。

三、安徽皖垦种业股份有限公司诉寿县向东汽车电器修理部侵害小麦“郑麦9023”植物新品种权纠纷案①

案情聚焦

小麦“郑麦9023”由河南省农业科学院选育，2003年3月1日被授予植物新品种权，品种权号为CNA20110443.8，品种权人为河南省农业科学院。

2015年9月，河南省农业科学院授权安徽皖垦种业股份有限公司（以下简称皖垦种业公司）在安徽省区域享有“郑麦9023”的独占实施许可权，包括但不限于自行生产经营，与其他单位联合生产经营，依法独立进行维权打假、诉讼等，授权期限自2015年9月30日起至2018年3月1日。2017年10

---

① 一审案号：安徽省合肥市中级人民法院（2017）皖01民初749号；二审案号：安徽省高级人民法院（2018）皖民终568号；再审案号：最高人民法院（2019）最高法民再371号。

月24日，皖垦种业公司向安徽省淮南市正诚公证处申请证据保全公证，在寿县向东汽车电器修理部（以下简称向东修理部）经销门店内，购买了两袋“郑麦9023”麦种。遂向安徽省合肥市中级人民法院（以下简称一审法院）起诉向东修理部，请求：1.向东修理部立即停止侵害“郑麦9023”植物新品种权的行为；2.向东修理部对库存和尚未销售的侵权种子作灭绝活性处理；3.向东修理部在《农民日报·现代种业周刊》上刊登声明，公开确认侵权事实，消除因侵权造成的不良影响；4.向东修理部赔偿皖垦种业公司经济损失及因制止侵权支付的合理费用（律师费、差旅费等）合计20万元；5.向东修理部承担本案全部诉讼费用。

一审法院判定：1.向东修理部于本判决生效之日立即停止销售侵害“郑麦9023”植物新品种权的小麦种子的行为；2.向东修理部于本判决生效之日起十日内，一次性赔偿皖垦种业公司经济损失及合理支出5万元；3.驳回皖垦种业公司的其他诉讼请求。

向东修理部不服一审判决，上诉至安徽省高级人民法院（以下简称二审法院），二审法院判定：1.撤销一审判决；2.驳回皖垦种业公司的诉讼请求。

皖垦种业公司不服二审判决向最高人民法院申请再审，最高人民法院提审本案，判定：1.撤销安徽省高级人民法院（2018）皖民终568号民事判决；2.维持安徽省合肥市中级人民法院（2017）皖01民初749号民事判决。

律师评析

本案属于中国法院50件典型知识产权案例之一，主要涉及侵权种子合法来源，电子数据证据认定及地域品种权实施许可三个问题。本案历经一审、二审和再审程序，最终由最高人民法院提审本案，作出终审判决，恰当解决了争议焦点问题，其显著之处是不仅明确了特定地域范围内的品种权独占许可只有取得品种权人明确授权才可以单独提起侵权之诉，还明确了销售商对所售种子的合法来源应尽谨慎审查的义务，否则应依法承担侵权赔偿责任。

本案原告侵权之诉资格的确立。首先，皖垦种业公司取得了品种权人授权许可，就案涉品种有权在安徽省区域行使生产经营、维权打假和独立提起民事诉讼的权利。其次，本案被告未经品种权人许可，以经营目的在安徽省所辖寿县销售涉案种子的行为构成侵权。最后，尽管二审当中被告提交了进货来源的证据，但因证据形式不符合法律规定，其证明力无法对抗原告所享有的具有区域独占实施许可但经权利人明确授权的诉讼权利。因而，依据《关于审理侵犯植物新品种权纠纷案件具体应用法律问题的若干规定》第1条之规定，原告享有针对本案被告的行为提起侵权之诉的权利，主体适格。

本案被告涉案种子合法来源的抗辩成立与否，关键在于对证据的认定和主观过错。目前，我国知识产权单行法中，《专利法》第77条和《商标法》第64条第2款有关于合法来源抗辩进而免除销售者赔偿责任的规定。但规定免除赔偿责任是以销售者善意和不存在主观过错为前提。综观本案，根据《种子法》第31条至第33条规定，从事主要农作物种子生产经营，必须取得农作物种子生产经营许可证，且须符合《农作物种子生产经营许可管理办法》的相关条件要求。被告向东修理部作为种子经销从业者，应当遵守法律规定和尽到审慎审查义务，其在二审中提交的所售麦种生产商的授权书和种子生产经营许可证等证据系复印件，在不能证明其真实性情况下，获法院支持改判驳回原告诉求，二审存在明显事实认定错误。反观原告在再审中提交一份来源农业农村部种子管理局官网公示的生产许可证打印件来反驳和质疑被告证据的真实性，更具有说服力。

依据《关于民事诉讼证据的若干规定》第10条第1款第4项规定，原告提供来自政府网站上公开的内容社会公众均可自由查询，属于根据日常生活经验可以推定的事实，同时直接来源于电子数据的打印件符合该解释第15条第2款视为电子数据原件的规定，显然原告证据的证明力要高于被告提供的复印件证据，最终被最高人民法院采信并否定被告涉案种子合法来源的抗辩，就顺理成章了。

四、青海民族大学诉青海金祥生物科技发展有限责任公司侵害蕨麻“青海蕨麻1号”植物新品种权纠纷案[①]

案情聚焦

蕨麻品种“青海蕨麻1号”由青海民族大学（以下简称原告）培育，2009年11月10日通过青海省农作物品种审定委员会审定，审定编号为青审蕨麻2009001号，审定意见为:“蕨麻青海蕨麻1号品种，经审定合格，可在我省中、高位山旱地及青南、环湖农业区地区推广种植。特向品种育成（引进）单位及主要育（引）种人颁发《品种合格证》。”2013年6月6日，原告与青海金祥工贸有限责任公司（以下简称金祥工贸公司）签订《蕨麻种植合作协议》。协议生效后原告向金祥工贸公司提供了蕨麻原种并进行相应的技术指导，金祥工贸公司支付研发费用，开始进行蕨麻种植。2014年3月11日，金祥工贸公司股东陈学厚、权仙丽注册登记青海金祥生物科技发展有限责任公司（以下简称被告），开始种植蕨麻。2015年9月后，因经营账目以及现场技术指导等问题引发纠纷。2018年7月4日，原告向青海省西宁市中级人民法院（以下简称一审法院）起诉被告，请求：1.被告立即停止播种“青海蕨麻1号”，并将现种植在门源回族自治县北山乡的2229亩“青海蕨麻1号”品种全部就地销毁；2.赔偿经济损失5171343.5元；3.本案诉讼费用由被告承担。经审查，原告对案涉品种只持有青海省农作物品种审定委员会颁发的《品种合格证》，未获得植物新品种授权。

一审法院判定驳回原告的诉讼请求。原告不服一审判决上诉至最高人民法院（以下简称二审法院），二审法院于2019年12月13日作出裁定：1.撤销一审法院（2018）青01民初332号民事判决；2.驳回原告的起诉。

---

① 一审案号：青海省西宁市中级人民法院（2018）青01民初332号；二审案号：最高人民法院（2019）最高法知民终585号。

律师评析

本案主要涉及提起侵害品种权诉讼的权利基础以及品种审定与植物新品种保护的关系问题。

1. 关于提起侵害植物新品种权之诉的权利基础

我国实行植物新品种保护制度，但授予品种权需要具备一定条件。根据《种子法》第25条和《植物新品种保护条例》第13条规定，授予品种权的首要前提是申请品种权的植物新品种应当属于国家植物品种保护名录中列举的植物的属或者种。目前，我国农业植物新品种保护名录已发布至第十一批，林业植物新品种保护名录发布至第四批。本案案涉“青海蕨麻1号”蕨麻品种是蔷薇科、委陵菜属，目前尚未被列入国家植物新品种保护名录中，不符合申请植物新品种保护的授予条件。一、二审法院据此判定原告无提起本案侵权之诉的资格是正确的。

2. 关于品种审定与植物新品种权的关系

品种审定与品种保护是种子企业极易混淆和误解的问题，要厘清两者的关系，首先要弄清两者的区别。品种审定与品种保护属于两个不同的制度，审定是市场准入的行政管理措施，属于行政许可；品种权属于植物新品种保护制度，是一项独立的民事权利，不能以获得品种审定的事实作为享有植物新品种权的认定依据。本案是原告将获得的《品种合格证》作为取得品种权的权利基础提起侵权之诉，犯了概念认识和逻辑错误，混淆了品种审定与品种保护。从品种通过审定和品种权授予条件角度，两者又存在相同之处。如主要农作物品种通过审定或非主要农作物登记的条件之一系申请品种须具备特异性、一致性、稳定性和符合条件的品种名称；品种权授权的主要条件系申请品种须具备新颖性、特异性、一致性、稳定性和符合条件的品种名称；即无论审定还是保护均须通过品种DUS测试，符合品种特异性、一致性和稳定性。

3.一审法院援引法律适用裁判方式错误，二审法院予以纠正

既然本案原告无提起侵权之诉的权利基础，就不具备立案受理后程序意义上的诉权问题，不符合《民事诉讼法》第119条规定的起诉的条件，应当裁定驳回起诉。而驳回诉讼请求，强调的是案件经审理后发现原告请求保护的实体权利不符合法律规定的条件，从而对其请求不予保护的司法行为，它所要解决的是实体意义上的胜诉权问题，针对的是不符合法律规定的实体请求，用判决的方式作出。所以，二审法院纠正一审援引法律适用错误符合法律规定。

蕨麻素有高原“人参果”之称，是青藏高原特有的资源植物，因富含各种营养和活性成分，蕨麻被藏区群众作为保健品和藏药使用，地上部分生长速度快、耐盐碱、耐干旱等也使其具有良好的生态价值。据报道，“青海蕨麻1号”成功实现了蕨麻从野生到人工栽培的飞跃，在青海和甘肃广泛种植，给当地带来数亿元经济收入，同时生态效益也显著。可惜的是无法受到植物新品种保护，否则就能发挥更大的知识产权和市场价值。

五、河南省金囤种业有限公司诉河北绿丰种业有限公司小麦“农大5181”植物新品种合同纠纷案①

案情聚焦

2013年7月29日，中国农业大学与河南省金囤种业有限公司（以下简称原告）签订了一份《小麦新品种“农大5181”品种权转让协议》，约定中国农业大学将小麦新品种“农大5181”在全国范围内的生产经营权独家转让给原告，原告有权对其他公司进行授权该品种的生产经营、连繁联销等经营活

① 一审案号：河北省石家庄市新华区人民法院（2017）冀0105民初4742号；二审案号：河北省石家庄市中级人民法院（2019）冀01民终2913号；再审案号：最高人民法院（2020）最高法知民终546号。

动。2017年6月1日，原告与河北绿丰种业有限公司（以下简称被告）签订《农大5181生产经营权转让协议》，约定原告授权被告在河北省（含河北省旱肥地）、北京市，天津市的审定区域内生产、经营“农大5181”小麦种子；授权期限为2017年6月1日至该品种退出市场止；2017年6月10日前被告向原告支付生产经营权费30万元，付费后原告提供相关生产经营手续；该品种生产经营权在本协议签订之前原告未授权转让给第三方。6月13日原告将公司对公账号发给被告，被告在6月15日向原告支付品种权费30万元，6月30日原告又将此款退还给被告。后因合同履行问题双方产生纠纷，被告将原告诉至法院，主张原告违约获得石家庄市新华区人民法院一审、石家庄市中级人民法院二审支持。进而发生本案原告向郑州市中级人民法院（以下简称一审法院）起诉被告要求继续履行合同义务，支付30万元生产经营权费，并承担违约金100万元。

一审法院判定：《小麦新品种“农大5181”品种权转让协议》继续履行；被告于判决生效之日起十日内向原告支付“农大5181”品种权生产经营权费30万元；驳回原告的其他诉讼请求。原被告均不服一审判决，上诉至最高人民法院（以下简称二审法院），2020年9月27日，二审法院终审判决：驳回上诉，维持原判。

律师评析

本案涉及植物新品种合同的效力和诚信履行，是植物新品种合同纠纷比较典型的问题。在推进社会诚信体系建设的时代，加强种子领域知识产权合同规范制定和诚信建设，对完善植物新品种保护制度，规范种业市场秩序具有重要意义。

1.关于本案诉争合同效力问题

根据《关于民事诉讼证据的若干规定》第10条规定，已为人民法院发生法律效力的裁判所确认的基本事实，当事人无须举证证明，当事人有相反证据足以推翻的除外。本案中，涉案协议成立并生效的事实已经过在先发生法律效力的裁判所确认，原被告双方无证据推翻。

2. 关于合同诚信履行问题

相信当事双方在签订涉案协议时，都秉持自愿平等和合法守信原则，为何后来双方分歧不断，关键在于合同文本不规范，合同履行不诚信。根据案情双方争议焦点之一是被告是否依约付款；之二是原告是否在先转让第三方。虽然涉案协议约定了费用支付时间和同区域排他许可条款，但未约定支付方式和账户，原告认为被告违约在先将款项退回，被告质疑原告违约在先，存在在先转让。从而反映出双方对合同履行彼此主张对方违约缺乏诚信。

3. 合同纠纷应及时依法解决

本案被告未在一审中提起反诉主张解除涉案协议，在二审程序中要求解除合同不符合法律规定，二审法院主持调解不成告知另行起诉于法有据。根据《关于适用民事诉讼法的解释》第328条规定："在第二审程序中，原审原告增加独立的诉讼请求或者原审被告提出反诉的，第二审人民法院可以根据当事人自愿的原则就新增加的诉讼请求或者反诉进行调解；调解不成的，告知当事人另行起诉。双方当事人同意由第二审人民法院一并审理的，第二审人民法院可以一并裁判。"

4. 本案启示

其一合同诚信原则应贯穿合同签订和履行整个过程；其二合同条款约定要清晰、明确、规范，尤其涉及财务税费、地址、联系人及通信方式等重要信息应在合同条款中列明，避免事后增加沟通成本和不必要的争议；其三合同纠纷应当及时依法解决；其四为了减少品种权转让纠纷和防范法律风险，不妨参考农业农村部最新发布的农业植物新品种权转让合同范本。

六、张有全、张民阁诉沛县胡寨镇农业技术推广服务中心凤杰门市部、江苏沛星种业有限公司侵害水稻“临稻16”植物新品种权纠纷案①

案情聚焦

“临稻16”（原名称为“宏实1号”），于2013年5月1日被授予植物新品种权，品种权号为CNA20070511.3，品种权人为张有全、张民阁，培育人为张有全。2017年9月原告张有全、张民阁向法院诉称：被告凤杰门市部、沛星公司未经许可，擅自生产、销售“临稻16”水稻种子，侵害了两原告依法享有的“临稻16”植物新品种权，给两原告造成了损失。请求法院依法裁判被告停止侵害“临稻16”植物新品种权的行为；被告向原告赔偿损失50万元。

被告沛星公司辩称：1.沛星公司未生产、销售“临稻16”水稻种子。2.沛星公司生产的标注为“早丰90”“镇稻99”的水稻种子，经观察，其特性特征与“临稻16”水稻种子不同，故沛星公司生产涉案水稻种子的行为未侵犯两原告的植物新品种权，两原告的诉讼请求无事实和法律依据，请求本院依法予以驳回。

由于被告对原告提供的沂南县水稻研究所出具的《鉴定报告》真实性不认可，故由法院重新委托农业部植物新品种测试（杭州）分中心对被诉侵权种子品种真实性进行鉴定。2018年3月27日，农业部植物新品种测试（杭州）分中心出具NO.2018-J-0113号《检验报告》。该报告记载作物种类为水稻，品种名称为“临稻16”，检验项目为品种真实性，检验依据为NY/T1433-2014，所用主要仪器为离心机、普通PCR仪、DNA分析仪（ABI3730XL），得出如下检验结论：“该种子样品SSR指纹数据与对照样品临稻16（XIN8141）SSR指纹数据进行比对，共比较48个位点，差异位点数为0”，并加盖了该

---

① 一审案号：江苏省南京市中级人民法院（2017）苏01民初1868号；二审案号：江苏省高级人民法院（2018）苏民终1485号。

中心检验报告专用章。在检验结果报告书中还列明了所比较的48个位点的具体名称和比较结果，并备注“该种子样品在RM85、RM190、RM72等7个位点上出现混杂”。

2018年6月7日，农业部植物新品种测试（杭州）分中心向本院出具《关于对2018-J-0113〈检验报告〉结果的解释》，对检验结论及备注内容进一步解释如下：“依据NY/T1433-2014，我中心对每份样品的20个个体的混合样进行检测，检测到该种子在RM85、RM190、RM72、RM339、RM551、RM8277、RM21这7个位点上出现混杂；考虑到该种子样品为常规稻品种，通常应为纯合，故对该种子样品进行5个单个个体的检测，发现简单多数与对照样品符合。综合以上检测结果判定该种子样品与对照样品差异位点为0，但在RM85、RM190、RM72、RM339、RM551、RM8277、RM21这7个位点上出现混杂，存在纯度问题。因我中心不具有对纯度进行判定的资质，故未在报告中作出纯度判定结论。”

被告沛星公司向本院邮寄了书面《鉴定申请书》，申请按GB/T19557.7的规定进行田间种植鉴定，法院未予批准其申请。

本案一审判决：1.被告沛县胡寨镇农业技术推广服务中心凤杰门市部自本判决生效之日起立即停止销售侵害原告张有全、张民阁“临稻16”植物新品种权的种子的行为；2.被告江苏沛星种业有限公司自本判决生效之日起立即停止生产、销售侵害原告张有全、张民阁“临稻16”植物新品种权的种子的行为；3.被告江苏沛星种业有限公司自本判决生效之日起十五日内赔偿原告经济损失45万元；4.驳回原告张有全、张民阁的其他诉讼请求。二审裁定驳回上诉，维持原判。

律师评析

当DNA指纹图谱显示品种间差异点位数为0时，除非有相反证据足以推翻该DNA指纹鉴定结论，否则不批准当事人重新进行田间观察鉴定的申请。

根据《关于审理侵犯植物新品种权纠纷案件具体应用法律问题的若干规定》第4条第1款之规定“对于侵犯植物新品种权纠纷案件涉及的专门性问

题可以采取田间观察检测、基因指纹图谱检测等方法鉴定”。因此，我国现行司法解释明确列举的两种鉴定方式分别是田间观察测试和基因指纹图谱比对，这两种鉴定方式都是我国司法审判认可的鉴定方式。两种鉴定方式中田间观察耗时长、成本高，但可靠性优于基因指纹图谱比对法。基因指纹图谱耗时短、成本低，其鉴定结果的准确性低于田间观察法。但随着基因指纹图谱技术的不断发展，目前的基因指纹图谱鉴定结果与田间观察结果的准确性已经基本趋于一致。

根据《玉米品种DNA指纹鉴定方法》（NY/T 1432–2007）品种间差异点位为0的判定为同一品种或极近似品种，差异点位为1的判定为近似品种，差异点位大于等于2的判定为不同品种。对于差异点位为1的近似品种，由于无法通过DNA指纹图谱直接判断两个品种是否为同一品种，因此应当允许当事人申请通过田间观察的方式重新鉴定，并最终以田间观察获得的鉴定结果为准。

本案中法院委托鉴定机构通过DNA指纹图谱比对的方式进行鉴定，最终鉴定结果显示授权品种与被控侵权品种差异点位为0，被判定为同一品种或极近似品种。但由于被控侵权品种检材中存在品种混杂，导致双方对鉴定结论意见不一。被告向法院申请通过田间观察鉴定，但并未提供足以推翻DNA指纹图谱鉴定结论的证据和理由，最终法院驳回其重新鉴定申请，并采纳了DNA指纹图谱的鉴定结果。

无论是一审法院还是二审法院都对采纳《鉴定结论》、驳回被告田间观察鉴定申请的理由进行了说明，认为DNA指纹图谱比对是对种子进行的基因层面遗传信息的对比，因此被控品种的鉴定样本与是否出现混杂无关，也与品种是否出现霉变无关。在排除混杂后，以检材中简单多数种子作为被检对象并无不妥，除非被告方对此有足以推翻这一鉴定结论的证据或理由，否则不应支持其重新鉴定申请。因此，在DNA植物图谱比对可以判定授权品种与被控侵权品种为同一品种或极近似品种的情况下，法官选择以DNA鉴定结果为认定事实的依据虽然在理论上存在误判的可能，因为即便最终结论是品种间DNA指纹差异点位为0，也仅能得出二者为

"同一品种或极近似品种"，仍然存在二者不是同一品种的可能（极近似品种不等于是同一品种）。但随着DNA指纹图谱技术的发展，鉴定基因点位总数的增加，这种品种间差异点位为0但却不属于同一品种的概率是极低的。这种情况下，法官可以根据民事证据的高度盖然性采纳DNA指纹图谱鉴定结果。这种做法符合审判及时原则，平衡判决公平与司法效率之间的关系，可有效避免部分当事人在此类案件中故意拖延诉讼，及时维护权利人合法权利。

七、四川陶然农业科技发展有限公司、四川丰橙现代农业科技有限公司侵害植物新品种权纠纷再审审查与审判监督案[①]

案情聚焦

再审申请人四川陶然农业科技发展有限公司（以下简称陶然公司）因与被申请人四川丰橙现代农业科技有限公司（以下简称丰橙公司）、雷波县农牧局侵害植物新品种权纠纷一案，不服四川省高级人民法院（2019）川知民终51号民事判决，向法院申请再审。

陶然公司申请再审称：原审判决对被控侵权物"金秋砂糖桔"是"中柑所5号"商品名称的事实，认定明显错误。不论"沙或砂"还是"橘或桔"，指向的都是同一授权品种，都不存在任何歧义。"金秋沙糖桔"作为授权品种"中柑所5号"的别称，在柑桔全行业已是众所周知的事实。原审法院对于是否需要进行被控侵权物与授权品种的对比鉴定以及举证责任分配的问题，适用法律明显错误。按一般常识判断，只要销售标的物的名称相同，即可推定为相同的品种；以相同的名称销售假冒授权品种繁殖材料的行为，同样构成侵权，依法也应承担赔偿责任。在有大量证据证明"金秋砂糖桔"就是"中柑所5号"的情况下，丰橙公司不认同其销售

① 一审案号：四川省成都市中级人民法院（2017）川01民初3702号；二审案号：四川省高级人民法院（2019）川知民终51号；再审案号：最高人民法院（2020）最高法民申648号。

的“金秋砂糖桔”就是“中柑所5号”，应由丰橙公司承担其销售的“金秋砂糖桔”不同于“中柑所5号”品种的举证责任。依据《民事诉讼法》第76条规定，对于专门性问题是否需要鉴定，并不取决于当事人的申请；法院认为需要鉴定，依法应当委托鉴定。但原审法院并没有依职权委托鉴定。陶然公司于2019年10月24日邀请授权品种的培育人曹某作为专家证人，同时聘请公证人员，前往雷波县溪洛米乡水田村，通过曹某本人的现场观察检测和公证人员在场公证提取涉案果树的果实和叶片，并将其送交西南大学柑桔研究所进行DNA检测，结果为涉案果树与陶然公司独家代理授权品种为相同品种。上述过程有以下新证据予以证明：曹某出具的《证人证言》、曹某与雷波县溪洛米乡水田村村支书周朝波在村长刘某家中谈话的《视频资料》、四川省成都市律政公证处出具的《公证书》以及西南大学柑桔研究所出具的《检验报告》。综上，请求撤销原审判决，依法改判，一、二审诉讼费用由丰橙公司等承担。

丰橙公司提交意见称：原审判决认定事实清楚，举证责任分配合法，陶然公司依法应当承担举证不能的不利后果。陶然公司在一、二审中均没有申请对被控侵权物与授权品种进行比对，也未能提供任何证据证明两者在特征、特性上具有同一性。陶然公司提交的新证据无法证明被控侵权物与授权品种系同一品种，依法应当驳回其再审申请。1.曹某的《证人证言》来自于“美篇”专栏，该“美篇”文章无法证明创作人的身份，不符合证人证言的形式要求，不具有真实性和合法性。即便是曹某本人的证言，由于曹某是授权品种的培育人，与本案有直接利害关系，其证言不能单独作为认定案件事实的依据。2.曹某与雷波县溪洛米乡水田村村支书周朝波及村长刘某谈话的《视频资料》，视频中人员身份无法确定，且视频内容与陶然公司的待证事实并无关联性，达不到陶然公司关于雷波县溪洛米乡水田村种植的砂糖橘是“中柑所5号”的证明目的。3.四川省成都市律政公证处出具的《公证书》仅能证实何磊在雷波县溪洛米乡水田村一果园内采摘了三串桔子（包括枝、叶、果）的事实，无法证实所采果园的归属，更加无法证实取样地的桔子树系源于丰橙公司。4.关于西南大学柑桔研究所出具的《检验报告》。该《检验报告》并非由具有鉴定资质的鉴定机构出具的鉴定结论，其后未附任何关于检测机构及检测人员的资质文件，不具有合法性。该《检验报告》的检验机构西南大学柑桔研究所与涉案植物新品种的品种权人中国农业科学院柑桔研究所实际上为同一个机构，与本案有直接利害关系。《检验报告》的对照样品并非来自国家农业部植物新品种保护办公室下属国家种质保藏中心，而是来自重庆市北碚区歇马镇柑桔研究所白鹤林果园，且没有其他任何证据证实该对照样品是涉案植物新品种“中柑所5号”。《检验报告》对DNA的提取方法和过程未进行任何描述，对实验过程、检测标准没有进行任何说明，其结果明显依据不足。

再审法院查明：曹某为涉案植物新品种“中柑所5号”的育种人，出具《检验报告》的西南大学柑桔研究所与中国农业科学院柑桔研究所为同一机构，中国农业科学院柑桔研究所为涉案植物新品种“中柑所5号”的权利人。

经再审裁定，驳回了陶然公司的再审申请。

律师评析

不能依据被控侵权品种与授权品种“别称”相同来推定二者属于同一品种。

由于本案一、二审判决未上网公开，因此只能看到本案的再审审查和审判监督裁定书。从公布的再审裁定书可以看出，本案的争议焦点为，本案被控侵权物与陶然公司请求保护的植物新品种“中柑所5号”是否属于同一品种。围绕这一争议焦点。查明这一事实首先需要明确“品种名称”与“品种别称”的概念，不要将二者混淆。品种名称是《种子法》里的概念，根据该法第22条“品种名称”一经确定，将成为该品种的通用名称且具有唯一性。但法律却从为对“品种别称”进行过规定，法律上也不存在“品种别称”的概念，因此，其不能与法律规定的“品种名称”的法律效力画等号。本案中原告的授权品种名称为“中柑所5号”，而被控侵权品种的名称为“金秋砂糖桔”。虽然原告表示在业内二者均指向“中柑所5号”，但这种业内的认为不能将“品种别称”等同于“品种名称”，并赋予二者同等的法律效力。因此也就不能仅依据授权“品种别称”与被控侵权“品种别称”为同一品种，而推定二者为同一品种。此时原告作为侵权事实的存在的主张方，应举证证明被控侵权品种与授权品种是同一品种，而不是要求被告方证明二者不是同一品种。

诉讼当事人对于自己主张的事实一定要清楚地认识到自己举证责任所在，稳妥起见，当事人应尽可能多地提交对自己有利的证据，不能盲目地寄希望于举证责任倒置或由法院依职权主动调查。即便是人民法院应当依职权调查的事实，如果对自己有利，亦应当积极申请法院调查，不要消极等待法院主动调查。

再审期间虽然原告方提交了自己委托鉴定机构作出的鉴定结论，但由于鉴定结论的出具单位与原告方有直接利害关系，未被法院采纳。这体现了法院对再审新证据证明效力审查的慎重，如果真的有可靠的新证据足以推翻原判决，当事人应当避开一切可能降低证据效力的因素，避免浪费宝贵的程序权利。

八、四川绿丹至诚种业有限公司、泸州泰丰种业有限公司侵害植物新品种权纠纷案[①]

案情聚焦

2018年3月23日绿丹公司向法院提起诉讼，请求：1.判令泰丰公司立即停止侵害即停止繁殖、销售与绿丹公司享有的“宜香优2115”品种权相同的种子的行为；2.判令泰丰公司立即将库存侵害“宜香优2115”品种权的稻种全部销毁；3.判令泰丰公司向绿丹公司赔偿损失300万元（含绿丹公司制止侵权行为的合理开支379014.6元）；4.判令泰丰公司在《中国种业》《农资财富杂志》上刊登公开声明，消除侵权影响。

---

① 一审案号：四川省成都市中级人民法院（2018）川01民初1217号；二审案号：最高人民法院（2020）最高法知民终793号。

经法院查明，品种名为“宜香优2115”的水稻品种于2011年5月9日申请植物新品种，于2016年3月1日获得授权，品种权人为四川农业大学、宜宾市农业科学院、绿丹公司，品种号为CNA20110346.6。2015年3月9日，前述权利人向绿丹公司出具了《授权书》，授权绿丹公司独占行使涉案品种的生产、经营、市场维护、维护打假等充分利用、保护该植物新品种的相应权利，授权许可实施期限至该品种被农业主管部门依法终止使用时止。原审庭审中，绿丹公司认可《授权书》形成时间晚于载明的2015年3月9日。

经绿丹公司申请，泰丰公司、绿丹公司共同确定，由原审法院委托农业农村部农作物种子质量监督检验测试中心（深圳）（以下简称深圳中心）作为鉴定机构使用分子指纹方法对第13979号公证书随附封存种子和“宜香优2115”植物新品种权申请新品种权时备份于农业部的种子进行比对鉴定，鉴定机构出具（2019）农种检报字第0066号检验报告，报告显示：通过对48对引物，采用毛细管电泳方法进行检测，“宜香优5979”与对照样品“宜香优2115”比较未检测出位点差异。

2015年1月10日农业部国家农作物品种审定委员会向宜宾市农业科学院颁发了审定编号为“国审稻2014014”的国家农作物品种审定证书，认定品种名称为“宜香优5979”品种符合国家稻品种审定标准，通过审定，适宜云南、贵州（武陵山区除外）的中低海拔籼稻区，重庆（武陵山区除外）800米以下籼稻区，四川平坝丘陵稻区，陕西南部稻区作一季中稻种植。稻瘟病重发区不宜种植。

2014年3月5日宜宾市农业科学院和泰丰公司签订《杂交水稻品种宜香5979授权使用协议》，宜宾市农业科学院同意将“宜香优5979”在国内的生产销售权有偿独家授权给泰丰公司使用。

2016年11月17日泰丰公司获得四川省农业厅颁发的农作物种子生产经营许可证，其中包括审定编号为“国审稻2014014”的“宜香优5979”稻种，有效期至2021年11月16日。

农业农村部种子管理局网站备案显示2017年和2018年由泰丰公司备案的委托代销和经营不分装的“宜香优5979”号种子分别为21180公斤和

12766公斤，共计33946公斤。

2017年5月26日，绿丹公司（甲方）与泰丰公司（乙方）达成《和解协议》，内容为"鉴于乙方生产销售的宜香1577侵犯了甲方享有的植物新品种宜香优2115之独占生产经营权，双方为避免诉累……乙方在本协议签订后三个工作日内向甲方一次性支付侵权补偿款人民币30万元……若乙方未按时且足额向甲方支付侵权补偿款项的，则本次侵权补偿款的金额调整为300万元"。

2018年3月29日，泸州市农业局收到绿丹公司举报泰丰公司侵犯"宜香优2115"植物新品种权与生产销售假种子举报信后，对泰丰公司"宜香优5979"库存种子和销售网点退货种子分别进行了抽样，同时提取了绿丹公司"宜香优2115"库存种子，于2018年4月16日送往深圳中心进行检测，对检材名称为"宜香优5979"的两个样品和"宜香优2115"的种子进行比对鉴定，鉴定机构出具了（2018）农种检报字第69号、（2018）农种检报字第70号检验报告，检验结论均为：通过对48对引物，采用毛细管电泳方法进行检测，与对照样品比较检测出差异位点数18个。泸州市农业局于2018年5月10日向绿丹公司就上述情况作出了"举报不实"的书面回复。

绿丹公司因本案支出公证费38000元，购买被诉侵权产品费用12578元，律师费70000元，财产保全费用5000元。

法院一审判决泰丰公司于本判决生效后立即停止繁殖、销售侵害绿丹公司"宜香优2115"植物新品种权的繁殖材料的行为；泰丰公司于判决生效之日起十日内赔偿绿丹公司经济损失700000元以及公证费、律师费、侵权种子购买费用等合理开支81044元，共计781044元；驳回绿丹公司其他诉讼请求。如果未按判决指定的期间履行给付金钱义务，应当依照《民事诉讼法》第253条之规定，加倍支付迟延履行期间的债务利息。案件受理费30800元，鉴定费2200元，财产保全费5000元，由泰丰公司负担。二审判决驳回上诉，维持原判。

律师评析

不同批次种子的鉴定结论不一致，不属于鉴定结论相互矛盾。

本案是一个典型的植物新品种“套袋”或“套牌”侵权纠纷，此类案件的主要特征是侵权人使用自己已有的品种名称和包装，实施销售他人授权品种的侵权行为。这种侵权行为具有很大的隐蔽性，给品种权人的维权和取证带来很大的障碍。本案中，被告使用“宜香优5979”的名称和包装来销售“宜香优2115”品种，原告方在取证过程中通过多个公证程序来固定证据值得借鉴。原告起诉前还通过行政举报的方式，制止被告的侵权行为。但可惜的是，经过行政机关采样鉴定，被告销售的“宜香优5979”与“宜香优2115”不是同一品种。后双方又通过法院委托，对原告经公证程序封存的“宜香优5979”的样本与“宜香优2115”进行比对鉴定，鉴定结果显示二者属于同一品种。

法院在论述行政机关鉴定结论与法院委托鉴定结论时明确提出，“针对同一种子批的检验，不同检测机构如果得出了不同的结论，应当认为检验结论之间存在冲突。针对不同种子批的检验，不同检测机构得出不同的结论，不能认为检验结论之间存在冲突。本案中，并无证据表明行政执法中前后二次4份检验报告与原审法院委托鉴定系针对同一种子批”，因此认定行政机关的鉴定结论并不与法院委托得出的鉴定结论相互冲突，可以同时被法院采纳用于认定不同的事实。

在“套袋”或“套牌”纠纷中经常出现行政机关鉴定结果与权利人封存样本鉴定结果不一致的情形，这是“套袋”或“套牌”侵权人逃避行政机关监督抽查的一种方式，也是其侵权隐蔽性的一个表示。侵权人经常只“套袋”或“套牌”一部分种子，表面上只销售未“套袋”的种子，以此来应付行政机关的抽查检验。但同时通过隐蔽手段存储、销售“套袋”或“套牌”的侵权种子，让行政机关难以查获其违法的证据。本案中会出现针对不同批次的种子行政机关与司法鉴定机关结论不同，正是由以上原因造成的。

本案中法院使用被告报备销售“宜香优5979”的数据作为计算原告因侵权遭受损失的依据，并最终在该报备数据的基础上酌情判定被告赔偿原告70万元。此处，需要注意的是，被告报备销售“宜香优5979”的数据是相关企业自行上报的数据，行政机关对该数据的真实性不作任何确认。并且按照行业惯常做法，企业报备销售的数量往往低于实际经营销售的数量。因此，除非原告同意按照报备销售的数据来计算侵权种子销售数量，否则法院不应直接按照该报备销售数据来确定侵权种子的销售数量。原告有权向法院申请要求侵权人提供相关品种种子的经营销售档案、检验检疫证书、销售合同、仓储合同及仓储记录等材料来确定侵权种子的实际销售数量。如侵权人拒绝向法庭提供，法院应当依法判决由其承担举证不能的不利后果。

本案中，原告方自己主张按照报备销售数量计算侵权损失的依据，法院虽予以采纳，但考虑到被告仅是在部分销售区域存在“套牌”侵权行为，不应将所有报备数量均认定为侵权销售数量，故予以酌情确定70万，不违反法律规定的处罚限额，二审亦予以认可。

九、河北兆育种业有限公司诉戴元民、睢宁县桃园镇朱美红农资门市侵害玉米“蠡玉88”植物新品种权纠纷案

案情聚焦

兆育公司成立于2008年1月2日，注册资本3000万元，经营范围为农作物种子育种技术研发、推广与咨询；主要农作物玉米种子生产、农作物玉米、小麦种子加工、包装、零售。

朱美红门市成立于2013年4月18日，经营场所在睢宁县桃园镇汽车站东30米，经营范围包括包装种子、化肥零售，经营者朱美红，经营形式个体经营。

戴元民于2016年4月25日与睢宁合丰农资有限公司签订《厂房租赁协议》，承租北街4号门面房从事农药、种子、各种杀菌剂、调节剂批发及零售业务。

2010年3月28日，兆育公司获准注册第6839816号兆育图文商标，核定使用商品为第31类：植物种子；谷种；植物种籽；菌种；自然花；小麦；谷（谷类）截止。注册地址河北省石家庄市长江大道13号1–1112室。2016年3月28日，经工商行政管理总局商标局核准，商标注册人地址变更为河北省石家庄市高新区湘江道319号天山科技园长江道1号B–1607室。

2011年12月3日，蠡玉科技公司向农业部申请“蠡玉88”玉米种植物新品种权，2015年11月1日获得授权，品种权号为CNA20111026.1，保护期限15年。2016年1月1日，蠡玉科技公司以独占许可方式许可兆育公司实施“蠡玉88”玉米种植物新品种权，兆育公司除有权生产、包装、销售“蠡玉88”玉米种子外，还可以对未经授权擅自生产、包装、销售“蠡玉88”玉米种子的单位或个人进行举报、申请行政查处，并有权以原告的名义提起侵权民事诉讼。授权期限自2016年1月1日至2019年12月31日。

2017年4月13日，兆育公司的委托代理人金向臣、李梓宁，江苏省睢宁公证处公证员张某、工作人员朱凯到位于睢宁××××镇客运站附近，公证购买到被控侵权“蠡玉88”玉米种子2袋。

兆育公司当庭提交了用档案袋封装的用于进行比对的“蠡玉88”玉米种子2袋，公证购买的贴有（睢宁公证处）封条的纸质包装盒1个。

经当庭查验，双方认可包装盒上封条完整未破损，包装盒封存完好。封条上有“睢宁公证处二〇一七年四月十三日封”字样，封条上加盖有“睢宁公证处”印章。

通过庭审比对，兆育公司认为从“蠡玉88”玉米种子外包装来看，被控侵权产品的外包装与兆育公司委托生产加工产品的外包装存在以下区别：1.兆育公司产品外包装上“蠡玉88”文字为粉红色，颜色较淡，而被控侵权产品外包装上产品名称“蠡玉88”文字为大红色，颜色较深；2.兆育公司产品外包装的气孔数4个，正面2个，位于包装袋的下部分，反面2个，位于包装袋的上部分，而被控侵权产品包装袋上的气孔为8个，正反面各4个，且正反面气孔一次穿孔成型。

兆育公司技术人员通过现场扫描，证实兆育公司包装袋上的单元识别码、身份码具有唯一性，可通过扫描二维码或追溯网址查询到种子的生产、加工、包装、发货物流码等信息，而扫描被控玉米种子包装袋上二维码后，发现单元识别码与产品身份码不一致，通过扫描二维码发现2包被控玉米种子包装袋上的单元识别码和身份码相同，不具唯一性，其编码规则违反了《农作物种子标签二维码编码规则》第3条的相关规定。

除上述几点区别外，兆育公司认为被控侵权种子无论是种子本身的颜色、形状，还是外包装袋上育种专家赵劲霖的头像、兆育公司的图文商标、标注的厂名、厂址及其他信息均无差异。

经一审判决，一、睢宁县桃园镇朱美红农资门市、戴元民自判决生效之日起立即停止侵害河北兆育种业有限公司享有“蠡玉88”植物新品种权的独占许可权、停止侵害河北兆育种业有限公司享有的兆育图文注册商标专用权及停止冒用河北兆育种业有限公司名称的不正当竞争的行为；睢宁县桃园镇朱美红农资门市自判决生效之日起十五日内赔偿河北兆育种业有限公司经济损失2万元；戴元民自判决生效之日起十五日内赔偿河北兆育种业有限公司经济损失18万元。本案案件受理费4300元，由睢宁县桃园镇朱美红农资门市负担1000元、戴元民负担3300元。二审裁定驳回上诉，维持原判。

律师评析

被控侵权品种名称与授权品种名称相同的情况下，可推定二者属于同一品种，适用举证责任倒置。

根据《种子法》第27条之规定，“授予植物新品种权的植物新品种名称，应当与相同或者相近的植物属或者种中已知品种的名称相区别。该名称经授权后即为该植物新品种的通用名称……同一植物品种在申请新品种保护、品种审定、品种登记、推广、销售时只能使用同一个名称。生产推广、销售的种子应当与申请植物新品种保护、品种审定、品种登记时提供的样品相符。”因此，品种的名称依据法律规定具有唯一性、独特性，在原告能够证明被告未经品种权人许可，擅自销售相同名称的品种的情况下，可直接推定被控品种与授权品种属于同一品种。如果被控侵权方对此有异议，应当予以举证说明，否则应当承担举证不能的不利后果。

本案中被控侵权人销售的品种名称与授权品种相同，被控侵权人又无其他相反证据能够证明自己销售的品种与授权品种不一致，同时又明确不申请品种鉴定，此时法院可以根据品种名称相同，直接认定被控品种与授权品种为同一品种构成对品种权人的侵权。

十、江苏苏乐种业科技有限公司、江苏省淮海农场有限公司侵害植物新品种权纠纷案①

案情聚焦

2010年11月29日，浙江省嘉兴市农业科学研究院（所）、东海县守俊水稻研究所、连云港市苏乐种业科技有限公司向农业部申请“苏秀867”植物新品种权保护，2015年11月1日获得授权，品种权号为CNA20101005.7。该植物新品种权目前处于有效法律状态。

浙江省嘉兴市农业科学研究院（所）、东海县守俊水稻研究所、连云港市苏乐种业科技有限公司授权苏乐种业公司永久独占实施“苏秀867”水稻品种的生产经营权和生产经营许可权。其他单位和个人未经苏乐种业公司许可，不得以商业目的生产和经营“苏秀867”水稻品种种子。

江苏省淮海农工商实业有限公司成立于2004年11月11日，注册资本1843.9万元。经营范围为林木种植；水果销售；淡水养殖；农业机械制造以及相关技术咨询服务；润滑油（限非危险化学品）、建筑材料（砂石除外）、五金、交电、金属材料（除贵稀金属）销售；土木工程、市政工程施工；水暖设备安装服务；室内外装饰服务；自由房产及市场租赁。

在本案审理过程中，江苏省淮海农工商实业有限公司更名为江苏省淮海农场有限公司。

大华淮海分公司成立于2000年4月19日，经营范围包括农作物种子销售（按隶属公司的种子经营许可证经营）。

2017年9月9日，南京市钟山公证处公证人员和某南京知识律师事务所的代理人胡玲以及权利人的工作人员来到淮海农场进行保全证据公证。以上人员首先来到射阳县“江苏省淮海农场”场部。随后来到淮海农场五分场。胡玲和权利人的工作人员以业务洽谈为由与一位自称“五分场的孙队长”的

① 一审案号：江苏省南京市中级人民法院(2018)苏01民初323号；二审案号：最高人民法院(2020)最高法知民终405号。

男子在分场的水稻田接触。代理人和权利人的工作人员现场向“孙队长”询问水稻种植情况，“孙队长”介绍淮海农场有七个分场、四十二个大队，其中五分场有四个大队。现场种植的水稻品种为“苏秀867”，本大队这个品种种植面积五六百亩，五分场这个品种种植面积约五千亩，邻近的六分场这个品种种植面积约六千亩。现在“苏秀867”是农场的主推水稻品种，种源是农场的大华统一提供。在征得“孙队长”同意后，权利人的工作人员现场在田中取得三株水稻样品。

公证人员和胡玲以及权利人的工作人员来到淮海农场六分场。以业务洽谈为由与一位自称“六分场的朱主任”的男子在分场的水稻田接触。代理人和权利人的工作人员现场向“朱主任”询问水稻种植情况，“朱主任”介绍六分场有六个大队。现场种植的水稻品种是“苏秀867”，六分场这个品种种植面积约五千亩。整个农场水稻种植面积约为八万亩，现在“苏秀867”代替“淮稻5号”是农场的主打水稻种植品种。在征得“朱主任”同意后，权利人的工作人员现场在田中取得三株水稻样品。

公证人员和胡玲以及权利人的工作人员来到淮海农场一分场。代理人胡玲和权利人的工作人员以业务洽谈为由与一位自称“一分场的黄队长”的男子在分场的水稻田接触。代理人和权利人的工作人员现场向“黄队长”询问水稻种植情况，“黄队长”介绍一分场有六个大队。现场种植的水稻品种是“苏秀867”，本大队这个品种种植面积约一千五百亩。整个分场这种品种种植面积约为五千亩，现在“苏秀867”是分场的主推水稻种植品种，种源均为大华提供。在征得“黄队长”同意后，权利人的工作人员现场在田中取得三株水稻样品。

公证人员和胡玲以及权利人的工作人员来到淮海农场二分场。代理人胡玲和权利人的工作人员以业务洽谈为由与一位自称“二分场的周队长”的男子在分场的水稻田接触。代理人和权利人的工作人员现场向“周队长”询问水稻种植情况，“周队长”介绍二分场有六个大队。现场种植的水稻品种是“苏秀867”，本大队这个品种种植面积约八百亩。分场的各大队都有这个品种种植，种源来自大华。在征得“周队长”同意后，权利人的工作人员现场在田中取得三株水稻样品。

公证人员和胡玲以及权利人的工作人员来到淮海农场三分场。代理人胡玲和权利人的工作人员以业务洽谈为由与一位自称“三分场的张技术员”的男子在分场的水稻田接触。代理人和权利人的工作人员现场向“张技术员”询问水稻种植情况，“张技术员”介绍现场种植的水稻品种是“苏秀867”，三分场水稻种植面积约一万三千亩，有一半以上是这个品种，全农场水稻种植面积约七万八千亩，其中“苏秀867”和“淮稻5号”约占80%。在征得“张技术员”同意后，权利人的工作人员现场在田中取得三株水稻样品。

公证人员和胡玲以及权利人的工作人员来到淮海农场四分场。代理人胡玲和权利人的工作人员以业务洽谈为由与一位自称“四分场的赵队长”的男子在分场的水稻田接触。代理人和权利人的工作人员现场向“赵队长”询问水稻种植情况，“赵队长”介绍现场种植的水稻品种是“苏秀867”，四分场水稻种植面积一万多亩，其中约40%是这个品种，种源是大华提供，今年是分场第一年种植。在征得“赵队长”同意后，权利人的工作人员现场在田中取得三株水稻样品。

公证人员和胡玲以及权利人的工作人员来到淮海农场七分场。代理人胡玲和权利人的工作人员以业务洽谈为由与一位自称“七分场的梁会计”的男子在分场的水稻田接触。代理人和权利人的工作人员现场向“梁会计”询问水稻种植情况，“梁会计”介绍现场种植的水稻品种是“苏秀867”，七分场水稻种植面积八千多亩，其中有三千亩是这个品种，种源是大华提供，七分场是农场最小的一个分场。在征得“梁会计”同意后，权利人的工作人员现场在田中取得三株水稻样品。

离开后当天，在公证人员监督下，权利人的工作人员从现场取得的水稻上剪取叶片，每株水稻取二片。每个分场三株水稻共取六片叶片，将取样的六片叶片分二个密封袋封存，七个分场共十四袋。公证人员封某封袋并在每个密封袋上标注淮海农场和分场名。封存后拍照，并将封存件交代理人保管。针对以上过程，南京市钟山公证处出具了（2017）宁钟证经内字第8053

号公证书。

2017年9月18日，南京知识律师事务所代理人胡玲向南京市钟山公证处申请证据保全公证。2017年9月19日18时左右，该处公证人员和胡玲以及权利人的工作人员来到江苏省盐城市一处地点，胡玲称此处附近均属于淮海农场地域，公证人员用手机定位并对现场一处加油站进行拍照。权利人的工作人员介绍测量方法为公证人员、代理人、权利人的工作人员现场驾车在农场区域道路上行使，使用测亩仪记录路线完成对行进路线区域内的面积测量，取得农场面积的初步证据。权利人的工作人员以上述地理位置为测亩开始地点和结束地点，代理人使用测亩仪依照上述方法测量，测量过程中公证人员使用手机的地图功能记录测亩仪行进的路线，测量结束后测亩仪显示的数据为28337.27亩，公证人员对测亩仪显示的初始画面和测量后的数据进行拍照和记录。

9月20日9时5分左右，公证人员、代理人、权利人的工作人员再次来到前述加油站处，此处为测亩开始和结束的地点，代理人使用测亩仪依照前述方法继续测量，测量过程中公证人员使用手机的地图功能记录测亩行进的路线。测量结束后测亩仪显示的数据为：9475.14亩。针对以上过程，南京市钟山公证处作出（2017）宁钟证经内字第7076号公证书。

审理中，大华淮海分公司向本院提出鉴定申请，申请对（2017）宁钟证经内字第8053号公证书封存的水稻样品进行植物新品种权鉴定。审理中本院向原告释明：根据举证责任分配，（2017）宁钟证经内字第8053号公证书封存的水稻样品是否为“苏秀867”的鉴定申请责任在于原告。2019年3月22日本院信息技术处出具（2018）苏01委鉴字第00145号退卷函：针对要求对涉案植物新品种“苏秀867”水稻品种与涉案公证书内水稻样品是否一致进行鉴定，该处于2019年3月20日委托给农业部植物新品种测试中心进行鉴定。双方当事人均到场，现场交接样本中，农业部植物新品种测试中心告知样本数量不足，无法接受。此后，原告提出鉴定申请，表示经与鉴定机构核实，鉴定不存在障碍。

被告抗辩：2017年5月2日，甲方大华东辛分公司与乙方苏乐种业公司签订《种子委托生产合同》，约定乙方委托甲方繁殖“苏秀867”品种种子。合同约定甲方不得扩散乙方委托繁殖的种子，不得截留或擅自处理乙方委托繁殖的种子，不得使用白皮袋等包装以种子用途向乙方以外的任何他方销售乙方所有品种种子。

苏乐种业公司（委托方）与南京知识律师事务所（被委托方）签订委托代理合同，约定被委托方接受委托方的委托，指派律师及其团队作为委托方的代理人，负责实施涉及苏乐种业公司植物新品种系列维权案件的相关工作。委托方按照每件维权案件胜诉净收益的20%向被委托方支付代理费。

苏乐公司向原审法院提交的（2017）宁钟证经内字第8053号公证书所附现场照片显示，场部门口悬挂了以下主体名称：“江苏省淮海农场”“中国共产党江苏省淮海农场委员会”“江苏省农垦淮海农场社区管理委员会”“江苏省农垦农业发展股份有限公司淮海分公司”；各分场场部大门有“淮海农场一分场”等；第五分场设置的展示牌显示“农业部（水稻）万亩高产创建示范片示范地点：苏垦农发淮海分公司”“种植品种：武育粳3号、淮稻5号”“实施单位：江苏省农垦农业发展股份有限公司淮海分公司”“江苏省淮海农场五分场社区永久基本农田保护片”，其他分场分别设置展示牌“江苏省淮海农场第三管理区永久基本农田保护区”“江苏省淮海农场第七分场社区永久基本农田保护片”等。取证过程中，高德地图显示实时位置是“国营淮海农场第五管理区”“国营淮海农场第三管理区”“国营淮海农场第四管理区”“国营淮海农场第七管理区”等。

二审期间，苏乐公司向本院提交了其工作人员在公证现场的同步录像，用以证明苏乐公司原审提交的第8053号公证书的内容是可信的，现场工作人员的身份可以确认。

本院组织当事人进行了证据交换和质证。大华淮海分公司对苏乐公司提交的证据的质证意见为：视频时间为2017年9月9日，文件夹形成时间也在原审审理之前，不属于二审的新证据。对视频内容的真实性、合法性、关联性均有异议，无法确认谈话人的身份。淮海农场公司的质证意见为：该证据不属于二审的新证据；视频内容及视频中出现的人物与淮海农场公司无关，无法核实真实性，就合法性、关联性无法发表意见。

法院一审判决驳回原告江苏苏乐种业科技有限公司的诉讼请求。案件受理费30800元由原告江苏苏乐种业科技有限公司负担。二审判决驳回上诉，维持原判。

律师评析

通过公证程序采集样本数量不足，导致无法对被控侵权品种进行鉴定，原告应承担举证不能的责任。

本案中，原告是授权品种“苏秀867”的品种权人，依法有权对他人侵害自己品种权的行为提起诉讼。其作为权利主张方提起诉讼时，有义务向法庭证明被控侵权品种落入了自己授权品种的保护范围，否则应当承担举证不能的责任。

本案公证内容存在如下几处瑕疵：

1. 未核实提供有利证言认定身份

公证书涉及部分人员的证言，从证言内容上来看，该证言是有利于原告的，但由于公证机关未能询问确认提供证言人的身份信息，导致法院无法查明相关人员的真实身份。最终法院无法采纳公证书中涉及的相关有利证言。

2. 采集被控侵权样本数量不足，导致无法对被控侵权品种进行DNA比对鉴定

品种鉴定使用的是DNA指纹图谱检测方法，使用以下技术规范：《水稻品种鉴定技术规程SSR标记法》（NY/T1433–2014）。品种是指经过人工选育或者发现并经过改良，形态特征和生物学特性一致，遗传性状相对稳定的植物群体。由于植物品种是个群体，需要足够的样本量才能在一定意义上代

表特定品种的特征特性，为了保证鉴定意见的科学性、可靠性，上述标准要求每份样品检测20个个体（种子、叶片或其他等效物）的混合样。本案中，原告委托公证机关进行证据保全时，在七个分场分别采集了3个个体的样本，没有达到司法鉴定对样本的要求。原告认为七个分场的全部个体应作为一个样本混合，与“苏秀867”进行同一性鉴定，被告则认为在无法确保七个分场的采样为同一品种前提下，不应将其作为一个样本进行鉴定。在双方当事人对于七个分场的采样是否可以作为一个样本存在争议的情况下，为保证鉴定意见的科学性、可靠性，应首先确定七个分场的采样为同一品种。即使将七个分场的采样混合作为一个样本，也需要先解决上述问题。为了确保能够代表特定品种的特征特性，来自七个分场的样本均需达到一定数量，每份样本需要有20个个体，才能符合《水稻品种鉴定技术规程SSR标记法》要求的条件，得出可靠的鉴定意见。本案中，公证机关的采样没有达到这一要求，因此，原告主张可以将七个分场的采样作为一个样本，共采集了21个个体，具备《水稻品种鉴定技术规程SSR标记法》所需的鉴定条件不能成立。鉴于原告没有证明被诉侵权水稻与“苏秀867”具有同一性，其应承担举证不能的后果。

重点关注

一、农业农村部办公厅发布《2020年度种业市场监管工作方案》，对加强种业市场监管提出具体要求和重点监管内容

事件回放

2020年3月6日，农业农村部办公厅印发《2020年种业市场监管工作方案》通知。工作方案分四个部分：一是基本思路与目标；二是重点内容；三是责任分工与工作机制；四是工作要求。重点内容部分着重从规范生产基地、推进许可备案信息化、严查非法转基因种子、严格监督种子质量、加强植物新

品种权保护、开展种畜禽和桑蚕种质量检查六个方面，进行监督检查和考核。通知要求各级各地农业农村主管部门，结合本地实际，认真抓好落实。

律师点评

2020年是全面建成小康社会目标实现之年，此次农业农村部印发种业市场监管工作方案，是根据党中央、国务院有关要求和种业监管工作实际，为切实加强种业市场监管，根据《种子法》《畜牧法》《植物新品种保护条例》《优化营商环境条例》等法律法规、配套规章和《关于强化知识产权保护的意见》、农业农村部2020年1号文件要求，落实2020年推进现代种业发展工作要点而制定。工作方案目标明确、思路清晰、重点突出，对2020年种业市场监管工作提出要求和重点内容，对强化知识产权保护，激发种业创新发展活力，营造种业创新发展的良好环境具有重要意义。

方案出台前农业农村部种业管理司组织省市农业主管部门、业务专家、专业律师和企业代表召开研讨会。受邀律师结合当前现状和实务经验，从检查形式、种子包装、生产经营档案管理、保护力度、法律适用及衔接等角度进行阐述和分析，指出问题并提出建设性意见，很多观点或意见被吸收或采纳。工作方案为种业执法监管指明方向，重点作物、重点区域、重点问题、重点监管，有助于整治种业市场乱象，优化营商环境，推进种业高质量发展。

二、2020种业知识产权保护线上论坛成功召开

事件回放

2020年3月28日，由南方农村报农财宝典和作物科学亚洲协会北京代表处共同举办的“2020种业知识产权保护线上论坛”成功召开，会期一天，议程丰富，会议邀请了农业农村部种业管理司领导、权威专家、律师和企业代表等作为演讲嘉宾，分别从实质性派生品种制度、DNA指纹技术、企业知识产权保护经验、市场维权案例分享、侵权案件办理等方面报告交流，并专题讨论新西兰佳沛奇异果侵权案引发的思考，为企业进一步提高植物新品种保

护水平，促进种业科技创新提供思路。

律师点评

维权和良性竞争是企业的共同愿望。此次线上论坛是新冠疫情形势下种业知识产权保护领域的一次形式创新，会议受到行业高度关注。律师代表从植物新品种侵权案件评析，结合具体案件就植物新品种侵权案件维权取证难、证据固定、责任承担及司法判决等方面析理明义，以案说法，取得很好效果。会议从加大知识产权保护力度，优化创新与营商环境，推进实施EDV制度，促进原始育种创新，加强企业能力建设，推动行业协作发展以及加强执法监管和提高维权专业技术支撑等方面进行充分交流。会议就加快修订植物新品种保护条例，建立配套的实质性派生品种保护制度达成高度共识，为强化种业知识产权保护和利用提供宝贵意见。

三、中国种子协会与美国种子贸易协会召开线上工作会

事件回放

2020年11月18日，中国种子协会应约与美国种子贸易协会召开线上工作会。双方就实质性派生品种引进、番茄褐色皱果病毒检测技术等进行了沟通交流，商定明年要共同举办番茄褐色皱果病毒检测技术研讨会，确定了下一步工作计划。双方就推动玉米种质资源进口，丰富我国玉米种质，培育优良品种充分交流。中国种子协会还邀请美国种子贸易协会参加明年3月在海南举办的2021中国种子大会，美方表示将积极组织会员和专家参与大会。双方还就基因编辑、草种子等方面的合作进行了交流。中国种子协会副会长兼秘书长蒋协新、副会长马淑萍、合作交流部主任马文慧参加了此次会谈。

律师点评

此次会议重要成果是关于在我国实施实质性派生品种制度达成共识，还就不同作物的实质性派生品种判定标准进行交流，如就番茄褐色皱果病毒

（ToBRFV）的检测技术标准进行探讨，为我国在此领域实现检测技术突破提供很大帮助。通过交流为加强我国种质资源保护和引进优秀资源，提高检验检测技术水平，统一技术标准提供路径，有助于提升我国知识产权保护水平。

四、中欧植物新品种权实施与维权国际研讨会线上胜利召开

事件回放

2020年11月30日至12月2日，中欧植物新品种权实施与维权国际研讨会在线上召开。本次研讨会是中方与欧盟植物新品种保护办公室（CPVO）签订的合作协议及年度合作计划内容之一，由农业农村部种业管理司、科技发展中心会同国家林业和草原局植物新品种保护办公室与CPVO共同主办，得到中欧知识产权合作项目（IPK）的大力支持。来自中国与欧盟政府部门、协会企业、科研单位、律师实务、企业知识产权等部门共100余人参加了本次研讨会。会议内容丰富，从遵守《国际植物新品种保护公约》，欧盟国家品种权实施法律及其经验、品种权实施与维权相关技术、欧盟农民自留种、海关在品种权实施与维权的作用等多角度阐述交流，并从农业育种者、观赏园艺育种者和农民视角探究如何进行品种权实施与维权，中国植物新品种保护最新进展、中国植物新品种维权策略、企业知识产权保护经验、DNA技术在新品种保护中的应用等情况深入探讨工作思路和举措。

律师点评

鉴于国际疫情形势，此次中欧植物新品种权实施与维权国际研讨会通过线上胜利召开，取得良好效果。中国虽加入UPOV公约，但执行的是78文本，在品种权保护形式、保护范围、保护期限、实质性派生品种保护、检测技术以及农民特权等方面较欧盟发达国家还存在一定差距，植物新品种权保护整体水平还较低。此次研讨会中方与欧方相互分享，特别是外方企业、律师和执法代表从品种权维护、边境海关维权、欧盟执法保护、统一裁判标准和规则、发挥种子贸易协会、提升DNA技术在育种者权利执法

种的应用、农民育种协会等方面分享经验，为我国品种权执法保护和企业维权提供了先进经验，为加快出台新修订植物新品种保护条例和实施EDV制度奠定良好基础。

加强与UPOV、CPVO的交流合作，对强化品种权实施与维权、切实保护育种者权益具有重要意义，也必将进一步加快我国植物新品种转化运用，提升维权和执法能力。

五、中国种子协会成功举办“2020现代种业企业法律应用能力提升培训班”

事件回放

2020年12月1日至2日，由中国种子协会举办的“2020现代种业企业法律应用能力提升培训班”在甘肃酒泉成功举行。国内外种子企业、制种企业、种业科研单位、种子管理部门、种子协会以及律师事务所、知识产权机构共90多个单位180余人参加了培训。会议安排课程丰富，涵盖法律法规解读、种子执法实务和典型案例分享等内容，为提升种业企业植物新品种保护法律应用能力问题提供良好借鉴和应对措施。

律师点评

此次会议是中国种子协会首次举办提升种业企业法律应用能力培训，对提高种业企业知识产权保护意识、提升法律风险防控能力、增强运用法律解决纠纷的水平具有重要意义。培训分为法律法规解读、种子执法实务和典型案例三个部分。

关于重点法律法规解读。第一，对未审先推行为的界定和处罚规定。省审品种在本省内的审定区域外推广销售、在本省外的引种区域外推广销售，均属于未审先推的处罚范围。第二，对种子销售行为的认定。以示范用种名义销售或试验示范用种是有偿的，均属于种子销售行为，应当遵守《种子法》关于种子销售的规定。第三，建议企业在种质资源利用中，表型性状鉴定和基因性状分析做到“两个精准”，共享惠益方案和资源管理能力做到“两个实化”。第四，对品种审定登记保护，建议企业在新品种保护上做到杂交种和亲本全面保护；在样品上做到“真实”，确保品种始终如一；在试验上做到“严格”，尽可能多做逆境试验；在登记上做到“主动”，避免面临售假风险；在质量上做到“加减”，提高标准做加法，问题品种做减法；在试验和推广上做到“求真”，试验求真、推广认真，不自欺、不欺人。第五，对生产经营许可的规定，建议企业走出条件要求的误区、副证管理的误区、非主要农作物、备案管理的误区和种苗管理的误区等。第六，解读《进出境动植物检疫法》《植物检疫条例》《植物检疫条例实施细则（农业部分）》《国外引种检疫审批管理办法》等法律法规规章中种子苗木植物检疫相关条款。如不在指定地点种植或者不按要求隔离试种，或者隔离试种期间擅自分散种子、苗木和其他繁殖材料的，植物检疫机构处以罚款；介绍了我国植物检疫机构和检疫审批分工，特别是从国外引进农作物种苗的检疫审批流程、申报方式、材料内容和注意事项等。

分析植物新品种保护进入法典时代及保护的几个典型问题。如《民法典》第123条规定，“民事主体依法享有知识产权”，将植物新品种列入知识产权权利客体；第1185条规定引入惩罚性赔偿制度。我国植物新品种保护力度仍然不够，保护仅限于繁殖材料生产和销售环节，对存储、运输、加工、进出口、许诺及许诺销售等环节未作相应规定，保护的客体仅限于授权品种繁殖材料，未衍生到特定条件下利用繁殖材料所获得的收获物等。

种子执法实务中，针对不同案件，建立地域协查机制，提高办案效率。关于种子质量纠纷鉴定，不同阶段采取不同的鉴定方法，如在事故发生初期做好田间现场鉴定，在种子销售的同一生态区，先由当地的种子管理或农技推广部门做好品种试种试验等。

专业律师从企业股权融资、种子企业经营风险与防控、种子质量与品种缺陷责任的区分角度进行详细讲解，不仅为企业会员提供种业法律服务，还提供合同、财务、金融等法律服务。培训促进企业自觉知法懂法用法，提高产权保护意识和风险防控意识，增强遇到法律问题及时采取应对措施能力。

六、国际植物遗传自由合作研讨会在三亚市胜利召开

事件回放

2020年12月7日至8日，国际种子联盟、中国种子贸易协会、荷兰种植协会、三亚崖州湾科技城管理局在海南省三亚市联合举办“国际植物遗传自由合作研讨会”。会议就生物多样性和遗传资源国际条约与国际基因库管理系统，种质资源管理和研究材料跨境交换的政策法规两个议题进行研讨交流。《生物多样性公约》（CBD）、《粮食和农业植物遗传资源国际条约》及《名古屋议定书》三个国际性公约确定了获取遗传资源和公平地分享资源使用所产生的所得，国家基因库管理及各国关于种质资源管理的法律法规进行交流，就种质资源交换的必要性形成共识，并对确保生物安全，简化检疫程序，促进种子保护和研究提出思路。

律师点评

2020年2月11日，国务院办公厅发布《关于加强农业种质资源保护与利用的意见》，力争到2035年，建成系统完整、科学高效的农业种质资源保护与利用体系，资源保存总量位居世界前列，珍稀、濒危、特有资源得到有效收集和保护，资源深度鉴定评价和综合开发利用水平显著提升，资源创新利用达到国际先进水平。此次在海南三亚召开国际植物遗传自由合作研讨会，既是贯彻落实国办意见的精神要求，又是探讨海南自贸港政策红利背景下如何加快建设全球动植物种质资源引进中转基地的具体实践。

研讨会有助于借鉴各国在种质资源管理与交流合作方面的成熟经验，对加快推进全球动植物种质资源引进中转基地建设，实现中国种业与国际种业的高质量对接具有重要意义，同时以种质资源的共享交流为纽带，带动育种创新和国际贸易全面发展，为全球种业的创新发展与合作交流提供新机遇。

七、2020年全国农业植物新品种保护研讨会在山东寿光成功举行

事件回放

2020年12月9日，由农业农村部种业管理司、农业农村部科技发展中心主办，中国种子协会承办的“2020年全国农业植物新品种保护研讨会”在山东寿光成功举行。研讨会发布了《2020年农业植物新品种保护十大典型案例》《农业植物新品种权转让合同范本》《植物新品种权复审申请指南》，截至2020年10月底，农业植物新品种权总申请量3.9万件，总授权量1.5万件。此次研讨会旨在交流各地加强植物新品种权执法的做法，探讨植物新品种权行政保护的有效模式，努力补齐植物新品种权保护的维权短板。

律师点评

首先，评选的农业植物新品种保护十大典型案例，涉及玉米、水稻、小麦主要农作物品种，具有很强的代表性。案例中所涉法律问题较为新颖和典型，如关于无性繁殖材料认定、合法来源抗辩、特定地域被许可人法律地位，共同侵权赔偿责任认定、电子化证据认定等问题的判定均具有指导意义。

其次，从维权角度入选案例突出表现了植物新品种保护领域维权难、举证难、成本高、赔偿低的问题。其赔偿确定额与专利权、商标权、著作权以及不正当竞争领域的侵权赔偿案件比较相差甚远。

最后，会议同时发布了《农业植物新品种权转让合同范本》和《植物新品种权复审申请指南》，有助于品种权主体提高品种权保护意识，规范合同及防控经营风险。

2020年11月30日，中央政治局就全面加强知识产权工作进行了第25次集体学习，习近平总书记强调创新是引领发展的第一动力，保护知识产权就是保护创新，必须从国家战略高度和进入新发展阶段要求出发，全面加强知识产权工作。农业植物新品种保护作为农业领域最重要的知识产权组成部分已上升到建设知识产权强国、构建新发展格局的国家战略层面，此次发布农

业植物新品种保护十大典型案例，旨在营造人人守法护法的市场环境，净化种业发展环境，让品种权+人获得与创新投入相当的回报，进一步激励育种创新，真正发挥种业“芯片”作用，将有助于激发种业原始创新活力，提升我国种业国际竞争力，为助力现代种业强国建设做出应有贡献。

八、党的十八大以来，中央经济工作会议首次提出要解决好种子和耕地问题

事件回放

2020年12月16日至18日，中央经济工作会议在京举行。会议首次提出要解决好种子和耕地问题，并列为2021年经济工作八项重点任务之一。中央认为保障粮食安全，关键在于藏粮于地、藏粮于技战略，要加强种质资源保护和利用，加强种子库建设。要尊重科学、严格监管，有序推进生物育种产业化应用。要开展种源“卡脖子”技术攻关，立志打一场种业翻身仗。要牢牢守住18亿亩耕地红线，坚决遏制耕地“非农化”、防止“非粮化”，规范耕地占补平衡。要建设国家粮食安全产业带，加强高标准农田建设，加强农田水利建设，实施国家黑土地保护工程。要提高粮食和重要农副产品供给保障能力。要加强农业面源污染治理。

律师点评

此次中央经济工作会议将“解决好种子和耕地问题”作为2021年经济工作八项重点任务之一，这是党的十八大以来首次在高规格的经济工作会议提出，足见中央高度关注粮食安全和耕地问题。

种子是农业的芯片，一粒种子，可以改变世界，也关系着中国人的饭碗安全。习近平总书记在吉林考察时，指出食为政首“我十分关心粮食生产和安全”“保护好黑土地这一‘耕地中的大熊猫’”“粮食是基础”，多次强调“中国人的饭碗任何时候都要牢牢端在自己手上，我们的饭碗应该主要装中国粮”。中国是农业大国，良种培育的关键是技术，所以必须尽快开展种源

"卡脖子"技术攻关，未雨绸缪，保障粮食安全。

据农业农村部披露数据显示，近十年，我国已审定、登记农作物品种3.9万个；农作物良种覆盖率在96%以上；良种对粮食增产的贡献率超过四成。尤其是水稻、小麦两大口粮作物品种实现完全自给，杂交水稻亩产潜力突破1000公斤并保持国际领先。但也存在一些种源需要进口，蔬菜、生猪、奶牛品种选育等方面技术水平距离国际先进仍有差距，亟须进行技术攻关。

针对中央提出的问题，农业农村部已提出相应战略和对策。解决好种子问题，一是落实藏粮于地、藏粮于技战略，抓住"两藏"战略中种子和耕地两个要害，从根本上确保国家粮食安全。二是加快启动实施种源"卡脖子"技术攻关，保持水稻、小麦等品种的竞争优势，缩小玉米、大豆、生猪、奶牛等品种和国际先进水平的差距，坚决打赢种业翻身仗，确保中国碗主要装中国粮，中国粮主要用中国种。三是推进种业创新，加强种子库建设，加快种质资源保护和利用。解决好耕地问题，一方面，确保耕地数量，坚决遏制"非农化"、防止"非粮化"。另一方面，加大提升耕地质量，主要抓手就是高标准农田建设。

九、海南省即将出台《海南自贸港植物新品种保护管理办法》

事件回放

2020年12月22日，海南省农业农村厅法律起草小组就制定《海南自贸港植物新品种保护管理办法》，在北京市农业农村局召开调研研讨会。农业农村部科技发展中心、海南省南繁管理局、海南省农业农村厅种业管理处、中国热带农业科学院、三亚市南繁科学技术研究院、北京市农业农村局种业处、北京市种子管理站、北京市种业协会、北京优秀农林企业代表及专家律师二十余人参加研讨。会议就《海南自贸港植物新品种保护管理办法》起草中的条款设计、法律衔接、强化保护路径和范围、鼓励科技创新以及加大侵权惩治力度等方面进行充分讨论和交流。会议还就强化品种权保护水平和力度，扩大保护范围，对标国际、体现特色等方面达成共识，同时与会人员纷纷为海南自贸港进一步开放种质资源，促进科技创新积极建言献策。

律师点评

2020年4月29日，第十三届全国人民代表大会常务委员会第十七次会议决定：授权国务院在中国（海南）自由贸易试验区暂时调整适用《土地管理法》《种子法》《海商法》的有关规定，暂时调整适用的期限至2024年12月31日。此次调整就种子进出口业务许可审批权限下放至海南省，将大大提高许可证核发效率，增强种业交流与合作，扩大种子产品市场开放，促进新品种的繁育和生产推广，有助于推动海南自贸港全球动植物种质资源引进中转基地建设和国家南繁科研育种事业发展。

制定《海南自贸港植物新品种保护管理办法》，是落实《海南自贸港建设总体方案》制度设计的要求，是完善海南知识产权保护制度，实施与国际接轨的具体举措。海南作为我国最大的经济特区，具有实施全面深化改革和试验最高水平开放政策的独特优势。众所周知，海南是种业育种天堂，拥有得天独厚的优势，具体到种业创新和新品种保护而言，既要借鉴国际先进经验，对标国际，又要体现特区特色，立足实际，强化产权保护。在《植物新品种保护条例》修订公布之前，根据海南自贸港建设和植物新品种保护发展的实际需要，出台《海南自贸港植物新品种保护管理办法》，应体现出保护水平高、保护范围宽、产权价值强、侵权假冒严惩、合法权益保护的特点，不妨大胆先行先试。

第一，条款设计上要体现出海南自贸港的区位优势和特色，大胆尝试，强化“简政放权、放管服结合”政策。大胆借鉴《UPOV公约》1991年文本，施行EDV制度、扩大保护对象范围、严格农民特权及提高海关出入境执法维权措施，参考种子法、专利法、商标法等单行法规定，结合中央文件及最高人民法院相关司法解释，考虑上下位法冲突和法律法规衔接问题的处理。发挥南繁科研育种基地优势，下放种质资源入境审批权限，放宽市场准入、引入社会资本，参与品种鉴定检验，增加品种权质押融资、提高科技创新力和成果转化力条款，激发育种积极性、鼓励种业创新。

第二，强化维权执法，提高保护力度。引入惩罚性赔偿条款、提高赔偿额度；条款中要明确规定维权开支、鉴定费、律师费等费用由侵权人承担，减少和降低维权成本，提振威慑；提高证据运用能力，参考证据规则和知识产权民事诉讼证据规定关于电子证据的运用，施行举证责任倒置，强化举证责任分配规则，由侵权行为人承担不利后果。建立农业农村与市场、海关、知产、交通等行政机关的信息沟通共享机制，建立公检法案件提前介入机制，实施案件处置前置化。

第三，增强司法保护，提高司法保护效能。提高专门化保护和推进司法队伍专业化建设，发挥自贸港知识产权法院作用；拓宽多元化调解渠道，引入专业律师服务等第三方服务机构，设立知识产权纠纷调解中心，提高纠纷解决效率。

第四，企业自律，提高保护意识和水平。建立海南种业基地知识产权保护和诚信发展联盟，推动海南种业育种现代化、信息化和国际化建设。

十、国家林业和草原局科技发展中心举办2020年全国林草知识产权保护与管理培训班

事件回放

2020年11月24日至27日，科技发展中心在深圳举办全国林草知识产权保护与管理培训班，国家知识产权局战略规划司派员指导，各省级林草主管部门知识产权管理工作负责人，国家林业和草原局有关直属单位知识产权管理工作负责人及林草知识产权试点示范、转化运用项目负责人共80人参加了本次培训。本次培训班邀请了国家知识产权局、中国（深圳）知识产权保护中心、中国农科院成果转化局、国家林业和草原局知识产权研究中心等单位的权威专家分别就国家知识产权战略实施、深圳知识产权发展历程、农业科技成果转化政策与途径、林草知识产权分析与信息服务等内容进行了专题讲解。培训班还组织学员到中国（南方）知识产权运营中心进行现场教学，了

解知识产权运营深圳模式生态体系的运行方式。

律师点评

2019年11月,《关于强化知识产权保护的意见》明确要不断改革完善知识产权保护体系，综合运用法律、行政、经济、技术、社会治理手段强化保护，促进保护能力和水平整体提升。此次培训班正是贯彻落实《关于强化知识产权保护的意见》精神和《国家林业和草原局办公室关于印发〈2020年加快建设知识产权强国林草推进计划〉的通知》的要求。

林草知识产权是知识产权保护的重要组成部分，其具体保护水平关系到知识产权保护制度的完善和林草高质量发展。此次培训坚持创新第一动力，深入深圳科技创新区，培训交流农业科技成果转化和林草知识产权分析与信息服务，对完善植物新品种保护制度，强化知识产权保护工作，全面提升林草知识产权的创造、保护、运用、管理和服务水平具有积极的促进作用。

CHAPTER 8

第 8 章 商用化

知识产权商业化热点问题观察[①]

2020年将永载史册，因为新冠疫情的病毒传播和科技发展对全球产生了重大影响，包括知识产生的方式和应用都因此而发生重大变化，而在知识产权商用化方面，也是如此，以美国技术出口管制为最主要影响，中国企业的知识产权合规工作成为一个新刚需。

综观2020年，知识产权商用化工作三大重点：以美国出口管制为主要内容的技术交易合规工作，数据和信息成为加强知识产权保护工作的新工作重点，科技成果转化工作欣欣向荣但还是任重道远。本文将分别介绍以上三个方面的内容，鉴于本文是从实务出发，以行业内的专业人士为读者，因此并非完整的学术性介绍，仅介绍个别知识点或者笔者观察到的问题，供大家讨论交流，最后做个总结，强调知识产权工作特别是商用化工作必须重视其受国际环境、社会和技术发展的影响。

一、美国出口管制法律法规对中国企业知识产权工作的影响

美国运用知识产权政策强调知识产权保护，这部分内容正是2020年1月15日中美贸易第一阶段协议中的主要内容。今天的美国已经确立了以长臂管辖为串联网络，以国家安全考虑强化打击力度的完整知识产权政策体系，包括专利、商业秘密、技术进出口管制、337调查、数据和信息保护，不仅取得了产业竞争上的优势和美元地位的稳固，并且从各种角度制裁其他“不听话”的国家，以确保其全球霸主地位的稳固。美国的政策可以说是指哪

---

① 楼仙英，金杜律师事务所。

打哪，看似“喜怒无常”，其背后实际有一条脊骨，也就是美国的根本利益——以美国为中心的世界经济贸易体系及相应的话语权。这套体系最重要的组成部分有六个：301调查，知识产权保护与美国国际贸易委员会（ITC）的337调查，关税壁垒，出口管制，经济制裁，以及反倾销反补贴调查。

本文选择仅介绍出口管制部分对中国企业的知识产权合规工作的影响，是因为知识产权商用化工作中最大份额的就是与美国的技术交易和专利技术许可。

（一）正确理解祖父条款原则

这个问题的提出，是很多中国企业认为本企业与美国公司的许可协议项下所涉技术并不需要向美国商务部工业与安全局（BIS）申请许可证或者已经得到许可证，因此，这些项目的执行就不用担心受到美国未来可能通过修改或颁布新的出口管制相关法律法规的影响，因为美国有“祖父条款”。

而事实上，美国的出口管制新规完全可能将现阶段不需要申请许可证的技术授权协议下的相关物项（包括但不限于技术、软件等）纳入许可证管理的范围之内。如果届时技术授权协议仍未履行完毕，则出口管制新规对在先签署的技术授权协议具有约束力，将可能导致外方无法继续提供剩余的技术资料、技术服务等。

因此，有必要给中国企业介绍一下“祖父条款”（Grandfathering）和保留条款（Savings Clause）到底是什么，在出口管制实践中是否默认适用该原则。帮助中国企业分析出口管制新规究竟对在先签署的技术授权协议是否具有约束力。

1.“祖父条款”的由来

“Grandfathering”又称“Grandfather Clause”或“Grandfather Policy”，中文通常译为“祖父条款”，是一种允许旧有体制下产生的事物免受新体制下新的法律法规约束的特权。即对于新颁布实施的法律法规，过往已形成的事实可以不受其约束和影响，新法只适用于现在和未来发生的情况。

“祖父条款”最早起源于美国的《杰姆·克劳法》，是19世纪末至1965

年宪法第二十四修正案《选举法案》出台前美国南部及边境各州对有色人种实行种族隔离制度的法律的泛称。根据《杰姆·克劳法》，选民资格需以人头税和/或文化测试来评定，其特例为南北战争前已经拥有选民资格的人及其后代可不受新法例约束继续拥有选举权，而在该时期拥有选举权的均为白人。由于该等受惠于新特例的选民与战前的一辈相差两代人，是继承祖父得来的权利，故称为“祖父条款”，其主要目的在于限制有色人种、部分文盲、贫穷白人选举权的同时，保障大部分白人投票的权利。

例如，俄克拉何马州的“祖父条款”明确规定为：“No person shall be registered as an elector of this state or be allowed to vote in any election held herein，unless he be able to read and write any section of the Constitution of the state of Oklahoma; but no person who was，on January 1，1866，or any time prior thereto，entitled to vote under any form of government，or who at that time resided in some foreign nation，and no lineal descendant of such person，shall be denied the right to register and vote because of his inability to so read and write sections of such Constitution.”

美国联邦最高法院在1915年的Cuinn v. United States 案中宣告“祖父条款”因违反1870年宪法第十五修正案中“right of citizens of the United States to vote shall not be denied or abridged by the United States or by any state on account of race，color，or previous condition of servitude”的有关平等投票权的规定而构成违宪。1965年宪法第二十四修正案《选举法案》颁发后，“祖父条款”被彻底废止。

2.“祖父条款”在其他法律法规中的体现

尽管美国南部各州的“祖父条款”随《选举法案》废止，但在其他一些美国法律中，“祖父条款”仍作为一种“新法不约束旧有事务”的立法基本原则被延续。体现在如银行法、税法、医疗补助法、环境法、部分国会自治法等，甚至扩展到特定国际环境法和国际贸易法。

在银行法方面，1982年的《Garn-StGermain法案》对《银行控股公司法案》中所谓“与银行业务密切相关”作了限制性解释，使银行通过控股公司架构拓展保险业务的可能性不复存在。例外中有两个“祖父条款”：一是针对1982年之前已经授权的业务，二是针对人口少于五千的地区非银行附属机构可以从事的业务。条款原文如下：“Title VI: Property, Casualty, Life Insurance Activities of Bank Holding Companies-Amends the Bank Holding Company Act of 1956 to prohibit bank holding companies and their subsidiaries from selling insurance as principals, agents, or brokers except: …（3）any insurance agency activity in a community of less than 5, 000 or which has inadequate insurance agency facilities;（4）any insurance agency activity lawfully engaged in by a bank holding company on May 1, 1982……”

在国际条约方面，1947年《关贸总协定临时适用议定书》（Protocol of Provisional Application of the General Agreement on Tariffs and Trade, GATT）第1条第b款规定，缔约方适用协定第二部分时，不必与现行的国内法律相抵触，也即允许原缔约方强制性国内立法与GATT条款不一致，前提是这些不一致的国内立法在签署GATT之前已经存在。该条款是GATT原始缔约方的权利，新成员可以通过谈判获得。条款原文如下：“The Governments of …… undertake, provided that this Protocol shall have been signed on behalf of all the foregoing Governments not later than 15 November 1947, to apply provisionally on and after 1 January 1948:（a）Parts I and III of the General Agreement on Tariffs and Trade, and（b）Part II of that Agreement to the fullest extent not inconsistent with existing legislation ……”

在GATT实施过程中，受“祖父条款”豁免的情形始终饱受争议。其一是原始缔约方从早先国内法继承的特权对其他国家不公，例如美国得以保留许多贸易报复和单边制裁的做法；其二是各国对“祖父条款”如何适用于授权性立法有不同认识，导致了诸多贸易争端。因此，《马拉喀什建立世界贸易组织协定》第16条规定：“每一成员应保证其法律、法规和行政程序与所附各协定对其规定的义务相一致。不得对本协定的任何条款提出保留。对一诸边贸易协定条款的保留应按该协定的规定执行。”随着1995年1月1日世界贸易组织的成立，“祖父条款”已不复存在，仅在区域贸易安排、出口信贷基准利率、知识产权保护等领域保留了明确的例外条款或国际条约之间的互相援引，而无统领协议各领域的该等规定。

3.“祖父条款”是否适用于出口管制

如前文所述，美国最初的“祖父条款”已经废止，现如今“祖父条款”主要用于指代美国现行法和特定国际条约中体现了“新法不约束旧有事务”这一立法基本原则的条款，该些条款旨在规定新法适用过程中对部分历史遗留问题或其他特定事项的豁免。

但是，美国出口管制的主要法规《出口管制条例》（以下简称EAR）中并没有“祖父条款”或是其他相类似的规定。2020年4月28日和5月15日，BIS密集出台了五项新规则，对EAR进行了修订，其中有三项修订是有关军民两用产品和技术的管制，两项修订是针对华为及其关联公司的。在目前的修订中同样没有“祖父条款”或是其他相类似的表述。

基于对于Westlaw和Lexis数据库的检索，没有发现具有法律效力的文件或司法案例表明“祖父条款”即使没有在成文法中规定但仍然属于普通法下的法律规则。

因此，无法得出美国出口管制法律法规默认适用“祖父条款”的结论，进而也不能当然地认为美国未来修改或颁布新的出口管制相关法律法规对在先签署的技术授权协议下的物项及技术出口行为不具有约束力。

综上，没有任何法条或者案例证明“祖父条款”在出口管制法中会适用；按照我们的理解，出口管制法应该适用从新原则。需要针对每个技术许可协议的内容具体分析是否会受到出口管制新规的影响，一句话，一项技术交易的交付或任何一个交易行为未终结，例如付款已完成但收据/发票未开具，技术文件已经交付，但还有一次培训或技术沟通会未进行，都会视作交易未完成，则都可能受到出口管制新规的影响。

4.出口管制新规中的保留条款或宽限期对已签约但未完成合同的影响

梳理BIS发布的一些新规不难发现，虽然BIS发布的修订并不涉及对于之前发布法案的完全豁免情形，但在每次发布的条文中会有相应的“保留条款”或“宽限期”的表述，具体举例如下：

（1）示例一：

BIS于2020年5月15日发布了一项暂行最终规则将美国出口管制范围扩大和延伸至某些非美国物项，如果该物项的接收方是华为或其被列入BIS实体清单的关联方。尽管此暂行最终规则即刻生效，但它设置了一条“保留条款”，该保留条款的适用对象包括暂行最终规则发布之日起已经在途的物项以及在发布新规前已经开始生产的物项。同时，该保留条款对于已经开始生产的物项给予了一定的“宽限期”，这些物项只要能在2020年9月14日之前从国外出口、再出口或转让将不受新规的管控。BIS于2020年5月19日在《联邦公报》上发布了此暂行最终规则，公开征求意见，征求意见的截止日期为2020年7月14日。条款原文如下：

Savings Clause

Shipments of foreign-produced items identified in paragraph（a）to footnote 1 in Supplement No. 4 of Part 744 of the EAR that are subject to § 736.2（b）（3）（vi）that are now subject to the EAR and require a license that were on dock for loading, on lighter，laden aboard an exporting or transferring carrier，or en route aboard a carrier to a port of export or to the consignee/end-user，on May 15，2020, pursuant to actual orders for exports，re-exports and transfers（in-country）to a foreign destination or to the consignee/end-user，may proceed to that destination under the previous license exception eligibility or without a license.

Shipments of foreign-produced items identified in paragraph（b）to footnote 1 in Supplement No. 4 of Part 744 of the EAR that are subject to §？ 736.2（b）（3）（vi）and started “production” prior to May 15，2020，are not subject to §？ 736.2（b）（3）（vi）of the EAR and may proceed as not being subject to the EAR，if applicable，or under the previous license exception eligibility or without a license so long as they have been exported，re-exported or transferred（in-country）before September 14，2020. Any such items not exported from abroad, re-exported or transferred（in-country）before midnight on September 14，2020, will be subject to §？ 736.2（b）（3）（vi）of the EAR and require a license in accordance with this interim final rule and other provisions of the EAR.

（2）示例二：

BIS于2015年1月29日在《联邦公报》上发布了《最终规则》，以修订EAR 15 CFR第730部分及其后各条。对任何人向乌克兰克里米亚地区内的几乎所有“受EAR影响的”物品的出口、再出口或转让施加许可证要求。最终规则在《联邦公报》上公布后生效。它旨在补充美国财政部的外国资产控制办公室（OFAC）根据13685号行政命令于2014年12月19日实施的克里米亚全面禁运。

《最终规则》里同样也设置了“保留条款”，对于符合条件的物项，给予一定的“宽限期”。只要其最终从美国出口、再出口或转让的日期在2015年3月2日之前，即可不受新规的影响。条款原文如下：

Savings Clause

Shipments（1）removed from license exception eligibility or that are now subject to requirements in § 744.15 of the EAR as a result of this regulatory action，（2）eligible for export，reexport，or transfer（in-country）without a license before this regulatory action，and（3）on dock for loading，on lighter，laden aboard an exporting carrier，or en route aboard a carrier to a port of export，on January 29，2015，pursuant to actual orders，may proceed to that UVL listed person under the previous license exception eligibility or without a license so long as the items have been exported from the United States，reexported or transferred（in-country）before March 2，2015. Any such items not actually exported，reexported or transferred（in country）before midnight，on March 2，2015，are subject to the requirements in § 744.15 of the EAR in accordance with this regulation.

从上述两个示例可以看出，BIS在出口管制新规中会通过“保留条款”的方式作出一段时间的宽限期。需要特别注意的是，宽限期的计算并不是以相关物项出口行为的合同签署时间为准，而是以相关物项是否已经完成装运、已经开始生产或已经完成出口等节点为准，也就是说“保留条款”所关注的更多是拟出口物项本身的实际状态，而非物项相关合同是否已经签署。

基于BIS于2020年5月15日发布的暂行最终规则，根据相关新闻报道，华为充分利用120天的宽限期，采购芯片和一些关键元器件，努力联络美国的供应商尽最大可能供货，以保证其在近两年内的硬件需求。从华为案例可以看出，充分利用宽限期的时间，要求合作方提前甚至超额完成合同标的的交付任务，是在面对出口管制新规之变时可以采取的应急措施之一。

5.小结

基于上述分析，没有法条和案例证明美国出口管制法律法规中会默认适用“祖父条款”的结论，进而也不能当然地认为美国未来修改或颁布新的出口管制相关法律法规对在先签署的技术授权协议下的物项及技术出口行为不具有约束力。同时，BIS在出口管制新规中一般会通过“保留条款”的方式给予一段时间的宽限期，其大多是以拟出口物项本身的实际状态作为计算基准，而可能不会关注物项相关合同是否已签署。

因此，如果美国未来修改或颁布新的出口管制相关法律法规将技术授权协议所涉的物项（包括但不限于技术、软件等）纳入许可证管制范围，则对于技术授权协议届时尚未完成履行的部分，可能将无法按照原来约定提供剩余的技术资料、技术服务等，除非取得相关许可证，必须具体个案进行分析论证。

二、军事最终用户清单（以下简称MEU清单）

（一）事实与背景

2020年11月，美国商务部产业安全局在《联邦纪事》上发布公告，在《出口管制条例》中新设了全新的管制清单——MEU清单，以进一步明确针对中国、俄罗斯和委内瑞拉军事最终用户（MEU）的监管。本次清单中共列举了117家实体，包括了89家中国实体和28家俄罗斯实体，该清单随后正式公告生效。另外，美国反洗钱监督机构在12月10日发布了新的指导意见，说明金融机构如果认为客户的个人身份信息与可疑交易有关，可以分享这些信息，基于《爱国者法案》。

MEU清单的本质是应公众的需求以及为减轻公众的合规负担而发布的“公开通知”。从源头上来看，MEU清单上的企业也都是美国各个产业的出口商、再出口商或转让方在4月28日军事用途/用户新规出台后主动向BIS询问的企业。可见美国产业链上相关企业对中国企业的态度在相当程度上影响着美国政府在出口管制方面的举措。

综上，这个新的MEU清单并非是对EAR关于最终用户和最终用途管制要求的实质性修改，而是对EAR于今年4月28日发布并于6月28日生效的针对中国、俄罗斯、委内瑞拉三国最终军事用户和最终军事用途管制规定的进一步澄清和补充。公告内容并未对原EAR第744.21节下关于MEU的定义、受MEU最终用途和最终用户管制的物项范围以及针对MEU的许可证颁发条件进行修改，乃至该清单本身的颁布也可以视为BIS根据EAR第744.21（b）节实施其对于相关出口商MEU风险告知的一种形式。

在MEU新规中，美国除了在EAR第744.21节下新增了对中国MEU的管控，还扩大了对于最终军事用途的定义，将支持或有助于“军事物项运行、安装、维护、修理、翻新、发展或开发”的行为也列入其中，由于该定义相对宽泛，令出口商难以判断，同时，支持最终军事用途行为的实体根据EAR第744.21（g）节的规定也将被视为MEU，出口特定物项（EAR第744节附录2所列物项）需遵守相关的许可证要求，这导致自MEU新规于2020年6月29日正式施行之后，关于MEU的问询激增。故在2020年6月26日，BIS就新规专门发布了MEU相关问答，但并不能完全解决诸多出口商的问题，有鉴于此，BIS在公告说明中声称，本次新增清单是为了应对自MEU新规实施以来业界所提出的大量对于相关交易实体是否属于MEU的审核判断需求，以减轻出口商对于MEU判断的繁重负担，同时，BIS也承认就单笔交易进行MEU告知程序对于BIS自身的执法是不现实的，而通过公布MEU清单的方式对相关MEU进行识别从其执法角度而言也是最现实和最有效率的。

需要注意的是，目前的MEU清单并非是对于军事最终用户的穷尽性列举，未被列入MEU清单的实体，如符合最终军事用户的相关定义，则仍可能在后续被认定为识别的MEU。根据公告，被列入MEU清单的实体将视为已被识别的MEU，与之开展的出口、再出口和境内转移均需遵照EAR第744.21节的相关限制和要求。

（二）MEU清单上主体可能受到的限制

如果仅仅从EAR第744.21节的条文来看，被列入MEU清单后，相关实体所受到的主要限制似乎仅限于即使基于民用最终用途，也难以获取EAR第744节附录2所列物项（相关许可证审查条件为推定拒绝）。但实际上，根据美国针对管控物项的对应管控理由和对应的许可证颁发条件，被列入清单的实体可能受到的影响远不止于此。最重要的影响之一是相关实体获取受国家安全（以下简称NS）原因所管控的EAR下受控物项难度将骤增。自今年4月28日BIS颁布新规取消相应的“民用最终用户”（以下简称CIV）的许可例外后，在2020年10月29日，BIS又发布了新的公告对受NS原因管控物项的许可证审查政策进行调整，并在EAR第742.4（b）节中加入相应条款强调NS原因管控物项的许可证审查要点在于确认相关物项向中国、俄罗斯、委内瑞拉三国最终军事用户和最终军事用途转移的风险。

如果认为相关物项会实质性有助于相关国家军事物项的研发、生产、维护、修理和运行，则相关许可证将采取推定拒绝的审查策略。

对于如何判断风险，BIS罗列了以下几个要素：1.基于声称最终用途出口的适当性。2.相关物项对于进口国武器系统性能的重要性。3.是否有EAR第744.21节所定义的MEU参与交易。4.交易各方的可靠性：（1）是否曾用出口许可证申请被拒绝；（2）任何一方是否曾参与非法的采购或转移行为；（3）交易各方是否有能力安全管理和储存相关物项；（4）BIS或其他美国相关政府机构是否曾对交易相关方进行过最终用途核查。5.交易参与任意一方是否曾参与满足最终军事用途的相关活动，例如开发、生产、维护、修理和运行武器系统、子系统和生产线。6.当地政府的战略和政策是否会导致相关出口物项的后续运用存在民转军的可能性。7.进口国出口管制体系的范围和有效性。

以上的第3项至第6项审查要素直接针对的对象就包括中国的MEU，这也意味着一旦被列入MEU清单，相关实体预计将难以获取管控原因为NS的EAR下受控物项。鉴于在商业管控清单（Commercial Control List，CCL）内，管控原因为NS的受控物项占有相当大的比例，包含了从半导体到航空领域诸多重要的商品、设备、材料、软件和技术，其影响远大于目前EAR第744节附录2所罗列的管控物项范围。而与受NS原因管控的物项类似，根据现行EAR规定，可能会受到影响的物项还包括诸如部分管控原因为区域稳定（以下简称RS）的物项以及根据EAR第744.17节限制向最终军事用户和最终军事用途提供的特定微处理器及相关技术和软件。虽然目前MEU清单没有明示其限制物项范围超过了EAR第744节附录2所列物项，但相关企业务必要仔细确认EAR各章节的具体规定，评估可能受影响物项的实际范围，并作好相应准备。

需要注意的是，BIS在公告中强调，列入MEU清单并非是认定MEU唯一标准，对于清单之外的其他实体出口商仍需履行相应尽职调查程序，以判断其是否属于MEU。根据公告的部分叙述和第一批MEU清单所列的部分实体性质，其中所透露的关键信息可能会对未列在MEU清单内的实体是否属于MEU判断起到比较重要的参考作用。例如，在公告中强调了对外国政府部门通过监督、融资、补贴、持股（包括有重大影响的少数股权）对国有企业运营的重大指引和控制作用，可能导致相关企业被视为MEU，这意味着相关实体的股权架构、资金来源等均可能影响BIS对特定实体是否属于MEU的判断。

三、数据保护正在成为知识产权工作的新重点

知识产权竞争的重点正在从专利竞争向数据竞争发展，而数据和信息权益，不仅是有价值的商业信息，也是国家安全法关注的范畴。美国的长臂管辖原则的威力很大程度上得益于其数据收集和数据处理及数据分析能力。

（一）我国涉及数据保护的立法与实践

我国涉及数据保护的立法情况大致如下：2015年《国家安全法》第25条明确提出“实现网络和信息核心技术、关键基础设施和重要领域信息系统及数据的安全可控”。2017年《网络安全法》将数据安全纳入网络安全范畴，基于网络安全保障目的为个人信息保护与数据安全的部分重要、核心制度奠定了基础。2018年《数据安全法》《个人信息保护法》纳入人大常委会立法规划。2019年国家互联网信息办公室相继发布《数据安全管理办法（征求意见稿）》《个人信息出境安全评估办法（征求意见稿）》等多部《网络安全法》体系的下位配套文件，大力推进国家层面的数据治理规则构建和具体制度设计。2020年《民法典》明确个人信息、数据、网络虚拟财产等属于合法权益。

执法实践层面，围绕个人信息非法采集和滥用、数据三性破坏等活动的数据安全专项治理行动空前有力。地方层面围绕数据跨境、数据安全保障、数据开放、数据权等问题积极先试先行，典型如《天津市数据安全管理办法（暂行）》《贵州省大数据安全保障条例》《深圳经济特区数据条例（征求意见稿）》《中国（上海）自由贸易试验区临港新片区总体方案的通知》《海南自由贸易港建设总体方案》等。2020年7月3日，历时3年制定时间的《数据安全法（草案）》正式向社会公开征求意见，备受关注。

（二）数据保护面临诸多难题

第一，数据保护问题本身的复杂性。数据安全问题横跨数据与安全两大领域，囊括数据静态安全与动态利用安全两大面向，涉及个人、企业、国家多方法益，同时还须考量区块链、人工智能、5G等新技术新应用对传统法律规则的冲击。

第二，我国先前经验相对不足。相较于欧美等国家或地区，我国的数据相关立法起步较晚，基于法律传统、文化差异、产业发展水平等因素的不同，国际经验借鉴也需进行根植于国情的本土化改造。近年来，国际社会围绕数据资源的角逐与博弈日趋激烈，以欧盟《通用数据保护条例》

（GDPR）、美国《加利福尼亚州消费者隐私保护法》（CCPA）等国际数据安全立法在互相融合的同时，诸多方面亦有明显分立。

第三，数据安全立法演变为全球范围内的利益协调与主权斗争工具。以美国《合法使用境外数据明确法》（Cloud法）以及相关国家的效仿或配合、欧盟《通用数据保护条例》为代表，立法趋势表现为争夺数据话语权，积极推行符合本国利益诉求的国际社会数据规则体系，扩张本国法律的适用范围、提升执法行为的域外效力。随着近年来中国综合国力的提升，数据安全成为个别国家针对中国专门立法的重要关切，部分数据相关的立法条款更是成为个别国家抑制我国新技术新应用发展的重要借口，以此营造不利于我国的舆论氛围，挤压我国产业的国际发展空间。

第四，数据安全治理“中国方案”亟待突破。作为当前全球第一数据资源大国和全球第二大数字经济体，中国人工智能、5G等新技术新应用场景越来越丰富，在某些领域和问题的规范与引导上已无成熟的国际经验可循。数据安全治理“中国方案”一直在探索，亟待突破和确立，为中国企业走出去、推进全球数字化进程、增进全球人民数字福祉贡献大国力量。

第五，数据权利保护的基础性问题尚未解决。现下正值我国国家通信信息技术发展应用从量变到质变的特定时期，国家层面的立法承担了“以安全保发展、以发展促安全”的数字经济支撑使命。在中央将数据定位为生产要素的背景下可以预见，未来数据的流通与共享将更加常态化，而现阶段以数据法律权属、数据法律性质为代表的诸多基础性问题还没有解决，部分已经确立的规则也未能在安全和产业发展之间找到一个很好的平衡点。

第六，立法衔接与协调问题亟待考量。如何与国家安全领域的《国家安全法》《网络安全法》《密码法》《出口管制法》以及制定中的《个人信息保护法》等进行衔接与协调是国家层面立法体系安排中需要考虑的重要问题。

从研究视角来看，数据领域基础性法律问题的解决还需要不断探索，加强数据权利的本质、内涵、外延、客体、分类的研究，为数据权利保护提供底层支撑，在此基础上，完备的国家立法应覆盖数据主权维护、数据权利确认、生命周期保护、供应链条监管、跨境传输审查、境外要素（资本、技术、产品、人员、服务）审查、数据主体监管、数据滥用禁制等数据权利法律制度。

（三）大数据时代亟须新的知识产权保护机制

大数据时代，数据本身不是生产力，却是发展生产工具的重要原材料。“算法训练模型+集中算力+大数据=快迭代强应用算法”已然成为人工智能企业发展的关键商业模式。

伴随着近些年共享经济、自动驾驶、智慧城市的兴起，出行、金融、医疗、汽车在内的多个领域均呈现出人工智能化的新业态，即算法/人工智能、数据、网络互相依赖、互相强化，形成新的行业技术领域和新的商业模式闭环。在这一新领域新业态背景下，人工智能领域中所述“算法”已和传统意义上的算法产生较大差别。

目前的法律规定及实践对于传统意义上的算法保护存在困难。一方面，算法本身难以获得专利授权，申请人往往需要套以“软件专利”的具体应用形式变相取得权利；另一方面，算法也难以通过著作权的形式获取充分保护，因为著作权保护的是“静态”的表达，即代码本身。当前环境下的算法是基于数据分析和机器学习的动态过程，著作权的静态保护显然难以跟上算法迭代的节奏。

与此同时，现行法律制度和专利环境对新业态下的“算法”能否赋予合适或者充分的保护同样存在疑问，而“算法”作为奠定企业产品技术优势和商业化基础的核心又恰恰是人工智能这一新业态下的主要创新成果。因此，亟须对人工智能新业态的核心创新成果的属性进行充分分析，结合行业发展需求设计合适的知识产权制度为其保驾护航。

（四）小结

中国是全世界最大的发展中国家，有着规模最大的数据市场，利用好这种优势，中国是人工智能等新兴产业最具发展潜力的国家；做不好数据保护和信息安全，则会牵制中国的发展。

数据保护和信息安全制度或许不是经济发展的充分条件，但可以看到，在未来的世界中，如果没有数据保护和信息安全制度，那么经济的发展必然只能停留在现有的水平，甚至在逆全球化思潮和保守主义的干扰下退行；对于中国这样的国家来说，甚至是没有退路的，数据保护和信息安全制度是实现第二个百年计划的基石，也是未来国际贸易和经济摩擦中的焦点问题。

事实上，2020年的新冠疫情，将数据和信息的重要性推到我们的面前，理性分析其对社会的深远影响，线上办公增加必然会成为一种不可逆转的趋势，这意味着不能只依赖线下，数据保护和信息安全应当被放置在最高优先级上，云和终端共同发展，引发软硬“互联网与数据新基建”的高速发展。

四、从案例看科技成果转化工作的任重道远

在当下的中国，人人都知道知识产权保护的重要性，国家层面和各地对于激励创新和鼓励科技成果转化的政策法规可谓雨后春笋层出不穷。然而凡事有其发展规律，正如财富不等于金钱，不是所有人都可以成为科技成果的“创新者”，其实大多数是“模仿者”而已。以下两个案例反映出我国当下科技成果转化工作中的一个难点，就是广大老百姓包括企业主缺乏对科技成果转化适格主体的认知。

一项成功的科技成果转化，某种意义上不是取决于科技成果本身的好坏，最重要的是有一个适格主体去进行转化，需要其具有战略眼光，并且有配套的综合能力，法律与政策只是“允许”这一切正常运行的前提，不是每个人都适合去追求政策红利的。

（一）案例一：叶某等与某科技服务公司合同纠纷

1.案情概述

2011年4月，某科技公司与徐某、叶某就合资组建有限责任公司（以下简称合资公司）签订《合资协议》，约定科技公司以“一炉两用”发明专利技术及其衍生技术（包括专利技术的所有权和使用权等，评估价值为人民币

199万元）评估作价出资150万元，持股比例为15%（专利评估价值中剩余的49万元暂放入成立后的合资公司，作为资本公积金由科技公司独享）；合资公司根据年终财务状况，经董事会研究后按照出资比例确定上一年度的分红额度。科技公司对合资公司的盈利在人民币150万元数额内有优先分配的权利，如果科技公司实际分配额度低于人民币150万元，由徐某、叶某按出资比例负责补足至人民币150万元并支付科技公司。如徐某、叶某违反本条约定，科技公司有权无条件退出本协议有关的合作。

2011年11月至2012年5月，邬某、丁某、吴某先后通过股权转让协议获取徐某在合资公司中的全部股权。2012年5月，黄某购买吴某在合资公司中的全部股权。合资公司多位自然人股东均为首次投资参与科技产业项目，并无科技成果转化投资经验，未能通过前期调研，预见“一炉两用”发明专利技术及其衍生技术在实际应用中并不成熟，技术最终满足市场需求还要继续投资以进行优化改良，未对后期投入资金量充分评估。

2014年初，投资人投入合资公司千万元资金耗尽，但生产线仍处于中试阶段，产品不稳定，根本无法投产。此时，自然人股东资金耗尽，均不愿继续对项目进行投资，认为科技公司提供的知识产权并不能直接投入生产经营并变现，此行为构成违约，并因此拒绝支付《合资协议》中约定科技公司享有的固定分红。公司陷入僵局。

2.法院观点及判决

法院认为，涉诉《合资协议》系各方当事人的真实意思表示，且其内容并未违反法律、行政法规的强制性规定，应属有效。法院最终判决各自然人股东按其持股比例分别向科技公司赔偿相应利息损失。

这样的案例，凸显一个问题，科技成果转化工作中的技术成熟度与投资人的认知不匹配，自然人并不适合参与风险投资。综观美国硅谷的成功经验，对于处于早期的技术成果转化，是以大公司设立的风险基金或者国家层面的特别是来自军方的项目为投资人或者成果转化实践的。某种意义上，这些自然人投资的失败是大概率事件。

（二）案例二：某生物公司与某医院专利权转让合同纠纷

1. 案情概述：

2014年，某军医大学附属医院（以下简称B医院）与某生物发展有限公司（以下简称A公司）签订《专利有偿转让合同》。合同约定：（1）B医院向A公司转让3件专利，价款人民币100万元；（2）B医院相关义务：指定专利领衔者某教授将专利编写为清晰、准确、完整的技术报告并交付A公司；向A公司转移菌种；B医院参与A公司后期研发、工艺形成等规模化生产过程。

后A公司以"B医院未按照合同约定将专利编写为清晰、准确、完整的技术报告并交付，也未将有关菌种转移给原告，涉案专利产品未得到市场认可，某教授并未有效完成后期研发指导工作，所提供的技术不能达到使用专利的技术效果"为由，诉至法院，请求解除合同。一审庭审中，A公司认可其生产销售了涉案专利产品，只是市场反响不好。

2. 法院观点及判决

法院认为，涉案合同的目的是"取得专利并最终实现规模化生产"，涉案专利技术已转化为相关产品且实现了一定的生产销售规模，涉案合同目的已经实现。关于被告提供的技术不能达到使用专利的技术效果的问题，法院认为"该事项并非合同约定义务，其属于原告的经营风险"，因此A公司主张的"所提供的技术不能达到使用专利的技术效果"，不属于《合同法》第94条第4项规定的"有其他违约行为致使不能实现合同目的"法定解除情形。驳回原告全部诉讼请求。

这个案例也凸显了参与科技成果转化的企业对技术成熟度的认知不到位，同样反映出在中国科技成果转化工作中有太多非适格的实践主体（例如自然人和小微企业），新闻报道和政府宣传中往往把个别成功案例大肆宣传，但没有提示适格的主体应该具备的基本条件。建议参考基金中的合格投资人概念，加强宣传，帮助有热情参与科技成果转化的自然人和小微企业自我评估技术成熟度和投资风险，从而促进科技成果转化的良性发展。

（三）小结

可以预见，未来的创新形式本身也将发生重大变化，特别是因为云计算技术的发展带来的知识的产生正在集中化，公用计算能力将快速发展，人工智能的发展最核心的是神经科技，而其发展也将依赖计算能力为基础，新的数字媒体可以方便地把知识输出给任何人和到世界其他地方去。这些变化，甚至使得创新的模式也会不像创新，例如《硅谷百年史》中提到，美国政府支助的HGP和私人资助的Celera宣布成功解码人类基因组，就是通过在数十亿比特的信息，在海量数据中寻找有用的信息完成的。

创新方式本身的变化与发展自然也会影响科技成果转化方式，正如金钱量化交易的，而财富很多时候是一种体验、感受和价值传承，科技成果转化的成功离不开点石成金的适格主体。

我国目前的法律法规主要还是以专利技术为主的成果转化体系，我们需要学习设立风险资本及其投资运营规则，建设一个科技成果转化综合机制，包括专利、商标等知识产权专门法的内容、鼓励人才流动的机制、加强商业秘密保护，以及鼓励创新的文化氛围。

习近平总书记在2020年12月2日主持中央政治局第二十五次集体学习时强调，“知识产权保护工作关系国家治理体系和治理能力现代化，关系高质量发展，关系人民生活幸福，关系国家对外开放大局，关系国家安全”“创新是引领发展的第一动力，保护知识产权就是保护创新”“要加强知识产权保护工作顶层设计”。我们必须清醒地认识到：

对于中国这样一个地理、经济、文化跨度极大的国家，让所有地区都采取基本一致的行动是低效的，只有通过差异化的政策和精细化的发展规划，才能真正落实产业布局，并帮助地方形成新时代的产业聚集效应，科技成果转化也是如此。

在未来相当长的一段时间里，科技成果转化工作任重道远，一方面涉及科技成果形成主体，也就是创新者，大多数对知识产权保护和法律的认识不完善、有片面性，甚至有些认知还是错误的。另一方面是关于科技成果转化者，对于其适格性，缺乏自我评估机制。

五、总结

今天，全球的生产与价值链已然形成一个稳定的模式，即发达国家控制资本、知识产权等要素，处于价值链的上游，而欠发达国家地区以生产原料、组装等分工为主要生产模式，居于价值链的下端。然而，新冠疫情就像一次意外的震荡，将碗中原本已沉淀分层的水再度搅浑，使得发达国家和欠发达国家都面临着各自的挑战。在这之中，作为最大的发展中国家，中国的处境无疑是独特的。在外部环境的剧变之下，内部性的问题更加凸显了其尖锐性：不能解决本土创新的痛点，就意味着中美贸易摩擦所反映的结构性问题、人力资本供给不足的问题、市场体制改革困难等一系列问题难以得到真正的解决方案。

本土创新的重要性体现在两个方面。首先，有了本土创新，才有真正意义上的可持续发展。其次，本土创新是贸易壁垒的重要组成部分。在知识产权制度的大框架下，无论是采用专利、品牌还是商业秘密进行保护，本土创新都能发挥其作为竞争工具的重要作用，成为面对越加复杂多变的国际环境的一柄利器。

美国有着全世界最为复杂的技术进出口管理制度，结合其长臂管辖原则，控制了全球最先进的制造业和互联网技术。正因如此，美国企业的合规成本是最高的，其次是日本企业，在20世纪经历了美国两次特别301调查后，日本企业在贸易合规方面的成本也非常高。《美国陷阱》这本书讲述的法国企业的故事体现了欧洲企业在贸易合规方面的惨痛代价。而贸易合规的核心内容就是知识产权合规。

中国企业需要以国际视野和全球化思维来理解知识产权合规的内涵，理解知识产权保护制度与关税保护、出口管制、反垄断、反补贴、反倾销这些法律法规之间的交叉与勾连关系，理解以长臂管辖为网络串联起来的知识产权组合拳法律武器库，理解在某些时候做一个局部正确的动作恰恰就是按下引爆炸弹的按钮触发危机。

中国企业要成为国际化的企业，合规工作首先要国际化；新技术的发展，特别是计算能力和数据技术的发展，使得知识产生的方式将是颠覆式的，新的生产方式要求知识产权要素识别和保护机制有新发展；国际关系和贸易争端的压力，使得合规工作必须跟上。

企业自主知识产权判定的实操之道[①]

摘　要：我国大部分技术类企业，经过了多年技术积累和自主创新，形成了自主知识产权的技术和产品。然而，在产品推广和走向国际舞台的过程中，所谓“自主知识产权”的成色究竟有多足，确是一个需要从法律角度进行判定的专业问题。本文尝试结合律师实务中遇到的问题，对企业在自主知识产权判定过程中所需考虑的问题和具体评估方式予以梳理，并提出实操建议。

关键词：自主知识产权　高新技术　产业创新

一、自主知识产权的认定及意义

1.何为“自主知识产权”

“自主知识产权”并非知识产权相关法律范畴中的概念，知识产权作为法律所明确界定的权利应当是自主而非他主的，故而也不存在与自主知识产权对应的“他主知识产权”。在我国语境中，自主知识产权是一种政策性语言或者说是政府文件中的用语。

根据《信息产业部关于印发〈我国信息产业拥有自主知识产权的关键技术和重要产品目录〉的通知》，自主知识产权，是指我国的权利人具有独立支配权或相对控制权的知识产权，即我国的公民、法人或非法人单位，所依法拥有的、可以独立地行使知识产权各项权能的知识产权，或虽然不拥有所有权，但在一个较长的时期内可以独立行使知识产权各项权能，并能不受他人制约地进行集成创新和引进消化吸收再创新的知识产权。自主知识产权的

① 傅广锐，金杜律师事务所。

来源方式主要包括：自主研发或设计；受让或受赠；企业并购或重组；获得5年以上的独占许可。

《高新技术企业认定管理办法》及《高新技术企业认定管理工作指引》对核心自主知识产权作了进一步明确，即企业作为权利人在中国境内（不含港、澳、台地区）注册的，通过自主研发、受让、受赠、并购等方式，获得对其主要产品（服务）在技术上发挥核心支持作用的知识产权的所有权。主要产品（服务）是指高新技术产品（服务）中，拥有在技术上发挥核心支持作用的知识产权的所有权，且收入之和在企业同期高新技术产品（服务）收入中超过50%的产品（服务）。

《高新技术企业认定管理工作指引》对企业知识产权情况采用分类评价方式，限定了核心自主知识产权的内容，其中发明专利（含国防专利）、植物新品种、国家级农作物品种、国家新药、国家一级中药保护品种、集成电路布图设计专有权等按Ⅰ类评价；实用新型专利、外观设计专利、软件著作权等按Ⅱ类评价。另外，发明、实用新型、外观设计、集成电路布图设计专有权可在国家知识产权局网站查验。

综上，自主知识产权中的知识产权应为受到法律保护的有效的知识产权，而不是失效了或无法强制实施的知识产权。也就是说，自主知识产权首先必须满足知识产权的时间性和地域性要求。一般语境下自主知识产权的权利主体是在中国境内的自然人、法人或非法人组织。自主知识产权对于权利内容也有一定要求，高新技术企业认定中的自主知识产权仅包括发明专利（含国防专利）、植物新品种、国家级农作物品种、国家新药、国家一级中药保护品种、集成电路布图设计专有权、实用新型专利、软件著作权，而将商标等排除在外。自主知识产权最为重要的是要符合“自主”的要求，即对知识产权的来源和取得方式有一定要求。需要特别注意的是，在申请高新技术企业及高新技术企业资格存续期内，知识产权有多个权属人时，只能由一个权属人在申请时使用。

2. 自主知识产权认定的意义

我国正在从知识产权引进大国向知识产权创造大国转变。知识产权工作正在从追求数量向提高质量转变。在知识产权加速转化运用过程中，高价值核心自主知识产权的价值充分凸显。2006年《国家中长期科学和技术发展规划纲要（2006—2020年）》出台，随之颁布和推出的还有一系列促进自主创新的法律法规和政策措施。为了“营造激励自主创新的环境，推动企业成为技术创新的主体”，国家在科技投入、税收激励、金融支持、政府采购、引进消化吸收再创新、创造和保护知识产权、科技人才队伍建设、教育与科普、科技创新基地与平台、统筹协调等方面都提出了配套政策和具体要求。对此，可从高新技术企业和科创板的认定标准两方面来考察。

首先，是否拥有自主知识产权在高新技术企业认定工作中起到“一票否决”的作用。根据《高新技术企业认定管理工作指引》规定，不具备知识产权的企业不能认定为高新技术企业。另外，企业核心自主知识产权的数量和质量对于企业申请高新技术企业也具有举足轻重的影响。高新技术企业评审实行打分制，其中核心自主知识产权是首要指标，所占分值高达30分，评估内容包括：技术的先进程度、对主要产品（服务）在技术上发挥核心支持作用的程度、知识产权数量、知识产权获得方式等。企业只有总分70分以上（不含70分）才算达标。因此，自主知识产权的数量和质量，是企业能否通过高新技术企业认定的硬标准，即使企业具备一定的创新能力、较高的产品档次、甚至在同行业中处于领先水平，但由于未达到知识产权相关要求，也没有机会进入高新技术企业行列。

此外，证券业协会和上交所在2019年3月18日主办的以科创板为专题的保荐代表人培训会上指出：“企业是否拥有自主知识产权的核心技术，这是基础。”而核心自主知识产权着重考察的是企业原始取得知识产权的能力以及对于核心知识产权是否具有控制力，尤其是授权难度大、含金量高的发明专利。

二、实践中自主知识产权认定的难题

实践中，如果开发的新技术、新产品属于原始创新，针对这一新创新申请取得的是一项或多项基础专利，这些专利的授权并不意味着其中所包含的全部技术创新成果都可以由专利权利人自己独立支配、行使，而不受他人专利或其他知识产权的制约和限制。在大多数情况下，一项新技术、新产品总要或多或少地受限于他人专有领域的技术或其他知识产权，只是涉及的数量及程度不同而已。

知识产权特别是专利权和著作权多数都是在前人基础之上完成的，在一个产品或产业中的关键技术环节完全自主是一种理想状态，即使那些已经形成垄断地位的大公司也很难在某一领域完全处于控制地位。

在实践中，在前人基础上完成自主知识产权开发大多体现为技术开发过程中对第三方技术的引进和对第三方技术的参考或仿照。在这两种情形下，企业在知识产权方面都可能面临相应的问题。

1. 自主知识产权开发存在早期第三方技术引进时可能面临的问题

产业技术的改进与升级，是国内企业赶超国外企业并拥有自主核心知识产权的最核心的命题。特别是一些大型技术类项目的早期，往往就是通过对引进境外技术进行消化、吸收并在此基础上进行再创新的。在这种“引进—消化吸收—再创新”模式下，由于创新技术是在对引进技术的消化吸收基础上形成的，实践中创新技术与引进技术的界限往往较难清晰地区分界定，甚至可能隐含引进技术的某些基本技术要素，这些是造成该模式下技术面临知识产权风险的重要客观原因。从主观上而言，国外企业出于压制国内同行竞争态势的目的，也会不惜利用知识产权、技术引进合同限制条款来遏制国内企业的竞争，这种竞争可以表现为国外企业对于国内企业认定自主知识产权提出各式挑战。

2. 自主知识产权开发过程中参考或仿照第三方技术时可能面临的问题

不同于前一种方式，此种情况下，企业不与第三方签署技术引进合同，而是通过参考或仿照已经公开的技术进行创新，并针对这一新技术和产品申请取得一项或多项基础专利。由于这种模式下未事先取得原技术所有人的许可，因而更需要对侵权的风险进行评估，进而为企业认定自主知识产权时原技术所有人提出侵权挑战做好准备。

三、自主知识产权的具体分析评估

对于不同获得方式的知识产权，企业应当在对其进行评估时有所区别和侧重。对于通过早期技术引进获得知识产权的，企业应当关注相关合同条款对其的限制，如许可的范围、区域、条件和期限等，以及企业对于相关技术的保密义务；对于参考、仿照第三方技术研发自主知识产权的，企业应当关注其自主知识产权是否构成对他人合法的在先权利的侵犯；即使企业不具有以上情形自主研发了相关技术，在先的相似技术的权利人仍有可能主张企业构成专利权、著作权和/或商业秘密侵权。以下，本文将对于这些情形中企业应当如何进行评估给出具体的分析指引。

1.在引进技术上开发自主知识产权的，应关注引进合同中的条款限制

在技术引进过程中，企业和技术提供方常常会签订一系列的合同，包括但不限于技术许可、转让、合作开发、技术服务等合同。如前所述，技术提供方可能会以企业违反这些合同中的限制条款为由挑战企业对于自主知识产权的认定。

针对此类违约风险，企业可以对技术引进过程中所签署的各种合同进行全面梳理，分析评估是否存在限制。这些限制可能包括：合同约定使用该技术的范围、区域和条件（例如引进技术只能由特定主体在合同期间内用于特定项目、用途、产品、国家）；合同约定以引进技术为基础开发的新技术（即前景知识产权）的归属；以及约定双方保密义务的保密条款（条款内容可以包括保密信息、保密范围、保密措施、保密期限等）等。

这种情况下，企业应当梳理相关合同中对于企业的各种限制，评估企业违约的可能性。就许可范围的限制问题，企业应当评估当前使用引进技术是否超出许可范围；就前景知识产权归属的限制问题，企业应当汇总整理双方在所有相关合同中对于前景知识产权权属的约定，充分评估该技术权属纠纷的可能性；就保密条款的限制问题，企业应当整理履行期间所获知的所有保密信息，关注这些信息是否已经落入公知信息，以及企业是否仍然需要根据原合同对这些信息予以保密，已明确企业当前保密义务的范围。

2.企业研发自主知识产权时参考、仿照第三方技术的，需要分析侵权的可能性

如前所述，由于未获得相关技术许可，对于研发自主知识产权时参考、仿照第三方技术的，企业应当评估自主知识产权是否构成对于所参考技术相关知识产权的侵权。第三方技术权人可能的主张包括企业构成专利侵权、著作权侵权和商业秘密侵权。

对于第三方技术权人可能主张的专利侵权，企业评估侵权可能性时需要了解：根据专利权的排他性与地域性，在一项专利的有效期内及授权地域范围内，任何进入该地域市场的产品、设备和工艺（包括通过独立研发获得的产品、设备和工艺），只要落入该专利的权利要求保护范围，就构成了专利侵权。接着，企业可以根据一般的专利侵权判定方法，对于自主知识产权作出侵权分析，也就是就自身技术是否落入对方专利范围作出判断。完整的专利侵权判定包括两个步骤：首先是文义侵权的判定；如果不成立，其次是判断是否构成专利法下的等同侵权，以作为文义侵权的补充。

对于计算机软件作品，第三方权利人还可能主张企业的软件作品构成著作权侵权，因此企业应当了解著作权侵权的判定方式。构成著作权侵权需要同时满足以下两点：一是涉嫌侵权的作品可能接触到著作权作品，二是涉嫌侵权的作品与著作权作品存在实质性的相似。

第三方也有可能主张商业秘密侵权，因此企业应当了解商业秘密侵权的判定方式。首先，技术信息构成商业秘密需同时满足以下特征：一是不为公众所知悉，二是具有商业价值，三是权利人采取了相应保密措施。如对方主张的技术信息未满足其中任何一项，涉嫌侵权人可以主张该技术信息不构成商业秘密，因而不存在侵权。如果对方技术信息构成商业秘密，企业应当就是否构成侵权作出评估。在商业秘密侵权认定的司法实践中，法院通常采取“相同或实质性相似+接触-合法来源”的侵权认定规则，即如果企业的技术与权利人以商业秘密保护的技术相同或实质相似，并且企业能够接触到权利人的技术信息，则可能被推定为存在商业秘密侵权行为，但企业的技术存在合法来源的除外。

综上，在不同的侵权情形下，企业可以分别根据以上规则对于自身知识产权是否构成侵权作出评估，充分了解构成侵权的可能性。

3. 企业完全自主研发知识产权的，也应评估侵权的可能性

如上所述，即使企业在研发过程中，并未参考、仿照第三方技术，在先的相似技术的权利人仍有可能主张企业构成侵权，如在先的相似技术的专利权人可能主张企业构成专利侵权。此外，企业自主研发过程中，研发人员可能曾在竞争单位工作，对原单位负有保密义务。如果企业自主知识产权与原单位以商业秘密保护的技术内容相似，原单位可能主张企业构成商业秘密侵权。

此外，对于软件开发类企业，应特别注意遵守开源组件相关协议的限制并注意其传染性。企业在以研发软件作为自主知识产权的过程中，可能会使用到部分开源组件，或该软件自身就是通过改写开源软件得到的。根据开源软件所使用的开源许可协议，企业使用这些开源软件就会构成自己对于遵守该软件相应开源许可协议的承诺。从定义上讲，这也是企业通过合同引进技术的一种方式。然而，不同的开源许可协议对于企业修改代码和再发布的权利义务设置会有所不同。

例如，如果开源软件适用GPL协议，企业如改写此类开源软件后再发布，则必须同样以开源形式发布。在某些许可协议下，使用开源软件甚至可能使得以此开发形成的单一程序全部变成开源。这种“传染性”意味着，企业使用这些开源组件形成自主软件的，都需要公开自主软件的源代码，而这将进一步影响到企业以该自主软件盈利的能力，企业此时可能也无法就自主软件注册知识产权。

四、后续建议

综上所述，为帮助企业在认定自主知识产权时有所依据和准备，我们建议企业根据自身情况，积极采取以下准备：

1.以引进技术为基础开发自主知识产权的，企业应当核查协议的约定

如前所述，许多企业会在原先引进技术的基础上开发自主知识产权，而引进技术和后续研发过程中会产生大量的相关合同。企业应当归拢整理这些原先签订的合同，逐一分析合同中的约定，明确这些约定对于企业自主知识产权的影响。在核查协议约定时，企业应当着重注意以下内容：

（1）遵守合同中关于知识产权的约定

为避免违约，对于合同约定了引进技术的使用范围的，企业应当注意技术引进合同中的该等限制，避免超出合同约定范围使用引进技术；对于约定了前景知识产权权属的，企业应当判断企业自身知识产权是否属于引进技术的前景知识产权，并分析适用这些约定后前景知识产权的真正权属，以确保企业对于自主开发或改进形成的前景知识产权享有完整且独立的权利，或为企业主张权属预先做好准备。

此外，对于技术引进合同及相关合同中的保密限制，不要误以为合同期限届至时保密限制随机消灭。这类合同约定的保密期限往往长于该合同期限，即签署方在相关合同终止后的相当一段时间内依然需要就相关信息予以保密。

（2）注意知识产权合同评估时法律适用的特殊性

在技术引进合同的限制结合相关知识产权进行分析的时候，特别需要注意，大部分技术引进合同往往约定适用外国法律管辖，但知识产权的特殊性又决定了其通常适用其注册地的规则，这种情况下可能会出现不同法律之间的交叉。举例而言，技术引进合同约定前景知识产权由外方和中方共有，合同约定适用境外法律管辖，但对于在第三国申请的前景专利应当适用该国的相关规则，此时，合同约定适用的外国法和专利申请地的法律之间可能会就共有专利具体实施规则的问题上出现不一致之处，对于具体共有规则的判定往往需要通晓两国法律的专业律师予以判定。

2.研发过程中参考第三方技术/产品的，企业应当确保不侵害该等第三方的权利

如前所述，企业在对自主知识产权进行评估时，应当重点就参考对象作出侵权分析。具体而言，针对专利侵权，可以通过委托第三方机构或自行开展自由实施调查（“Free-to-operate”，以下简称FTO），以基于特定的产品和研发项目，以特定的检索关键词在特定的检索条件下开展检索，并结合FTO结果，有针对性地调整研发方向，或通过请求宣告对方专利以主动出击，避免侵权风险。

对于著作权和商业秘密的侵权评估则相对较为复杂，建议根据产品的拟上市推广地，聘请专业的知识产权律师，结合研发时所参考的第三方软件代码/技术进行有针对性的个案评估，并为可能的纠纷做好准备。

3. 加强专利申请，并做出针对性布局

企业可以关注相关领域内的技术动向、特定地域内类似知识产权的布局数量和情况、未来生产经营销售的主要区域等，根据发展和营销战略，及时在特定司法辖区内就自主研发的技术/成果申请专利，以抢先占领形成垄断地位，并对后续可能遭遇侵权纠纷发难的相对方制造反制的可能性。

4. 建立健全内部知识产权制度

建立健全内部知识产权制度是技术类企业发展到一定阶段所必需的管理制度之一。除了常规的知识产权资产的申请、维护和维权规则外，还可以涵盖具体的FTO开展规则，以使得研发部门及时了解当前专利的侵权可能性；要求及时归档研发材料，则有助于企业在可能的知识产权纠纷中，主张自主知识产权具有合法来源这一抗辩；完善对外技术合作知识产权条款，以减少知识产权纠纷成本等。

后　记

随着我国知识产权制度的不断完善和权利意识的觉醒，知识产权保护在未来很长一段时期内都将是国家、企业和个人的重点关注对象。司法部、中华全国律师协会多次强调律师参与知识产权保护工作的重要性，这为知识产权律师提供了大展拳脚的空间。律师在知识产权保护中的作为与探索，也是知识产权保护的重要助推器。继《中国知识产权律师年度报告（2020）》，中华全国律师协会知识产权专业委员会(以下简称知产委)组织知识产权律师继续编撰以律师为视角的年度观察报告，即《中国知识产权律师年度报告（2021）》，我们希望通过汇总律师这一独特视角的观察思考，总结年度工作和进展，从而推动我国知识产权事业的长远发展。

本书由知产委部分委员和部分知识产权律师共同撰写完成，主要包括八个板块，分别为著作权、商标、专利、商业秘密、反不正当竞争法、商用化、植物新品种以及地理标志。大体按照新法观察、典型案例、重点关注三部分展开，部分新兴领域以论文形式行文，汇总并进一步分析2020年度知识产权各个领域的最新发展。参与撰写的均为业内优秀律师，有着多年从业经验，在知识产权服务领域均有所建树。他们结合自身的实践经验，从律师的角度对知识产权领域的最新发展、典型案例进行分析和点评。知产委主任班子连同业内的多位资深知识产权律师对全书书稿进行了细致的审读。

感谢中国法制出版社的程思老师、陆紫薇老师等各位编辑老师对本书的倾情付出。恳请各位专家学者与同行不吝赐教，我们将在今后的工作中调整改进，不断完善，谢谢！

中华全国律师协会知识产权专业委员会主任

2021年4月26日

图书在版编目（CIP）数据

中国知识产权律师年度报告. 2021 / 中华全国律师协会知识产权专业委员会主编. —北京：中国法制出版社，2021.5

ISBN 978-7-5216-1812-9

Ⅰ. ①中…　Ⅱ. ①中…　Ⅲ. ①知识产权—研究报告—中国—2021　Ⅳ. ①D923.404

中国版本图书馆CIP数据核字（2021）第068010号

责任编辑：程　思　陆紫薇　　　　封面设计：周黎明

中国知识产权律师年度报告. 2021

ZHONGGUO ZHISHI CHANQUAN LÜSHI NIANDU BAOGAO. 2021

编者 / 中华全国律师协会知识产权专业委员会

经销 / 新华书店

印刷 / 北京虎彩文化传播有限公司

开本 / 710毫米 × 1000毫米　16开　　　　印张 / 24.75　字数 / 326千

版次 / 2021年5月第1版　　　　2021年5月第1次印刷

中国法制出版社出版

书号ISBN 978-7-5216-1812-9　　　　定价：78.00元

北京西单横二条2号　邮政编码100031　　　　传真：010-66031119

网址：http://www.zgfzs.com　　　　**编辑部电话：**010-66066620

市场营销部电话：010-66017726　　　　**邮购部电话：**010-66033288

（如有印装质量问题，请与本社印务部联系调换。电话：010-66032926）